U0534996

当代齐鲁文库·20世纪"乡村建设运动"文库

The Library of Contemporary Shandong

Selected Works of Rural Construction Campaign of the 20th Century

山东社会科学院 编纂

/09

乡村：中国文化之本

梁漱溟乡村建设理论研究会 编

中国社会科学出版社

图书在版编目(CIP)数据

乡村:中国文化之本/梁漱溟乡村建设理论研究会编. —北京:中国社会科学出版社,2018.11(2020.11 重印)

(当代齐鲁文库.20 世纪"乡村建设运动"文库)

ISBN 978-7-5203-1970-6

Ⅰ.①乡… Ⅱ.①梁… Ⅲ.①梁漱溟(1893-1988)—城乡建设—思想评论 Ⅳ.①C912.82

中国版本图书馆 CIP 数据核字(2018)第 004769 号

出 版 人	赵剑英
责任编辑	冯春凤
责任校对	张爱华
责任印制	张雪娇
出　　版	中国社会科学出版社
社　　址	北京鼓楼西大街甲 158 号
邮　　编	100720
网　　址	http://www.csspw.cn
发 行 部	010-84083685
门 市 部	010-84029450
经　　销	新华书店及其他书店
印刷装订	北京君升印刷有限公司
版　　次	2018 年 11 月第 1 版
印　　次	2020 年 11 月第 2 次印刷
开　　本	710×1000　1/16
印　　张	23
插　　页	2
字　　数	375 千字
定　　价	79.00 元

凡购买中国社会科学出版社图书,如有质量问题请与本社营销中心联系调换
电话:010-84083683
版权所有　侵权必究

《当代齐鲁文库》编纂说明

不忘初心、打造学术精品，是推进中国特色社会科学研究和新型智库建设的基础性工程。近年来，山东社会科学院以实施哲学社会科学创新工程为抓手，努力探索智库创新发展之路，不断凝练特色、铸就学术品牌、推出重大精品成果，大型丛书《当代齐鲁文库》就是其中之一。

《当代齐鲁文库》是山东社会科学院立足山东、面向全国、放眼世界倾力打造的齐鲁特色学术品牌。《当代齐鲁文库》由《山东社会科学院文库》《20世纪"乡村建设运动"文库》《中美学者邹平联合调查文库》《山东海外文库》《海外山东文库》等特色文库组成。其中，作为《当代齐鲁文库》之一的《山东社会科学院文库》，历时2年的编纂，已于2016年12月由中国社会科学出版社正式出版发行。《山东社会科学院文库》由34部44本著作组成，约2000万字，收录的内容为山东省社会科学优秀成果奖评选工作开展以来，山东社会科学院获得一等奖及以上奖项的精品成果，涉猎经济学、政治学、法学、哲学、社会学、文学、历史学等领域。该文库的成功出版，是山东社会科学院历代方家的才思凝结，是山东社会科学院智库建设水平、整体科研实力和学术成就的集中展示，一经推出，引起强烈的社会反响，并成为山东社会科学院推进学术创新的重要阵地、引导学风建设的重要航标和参与学术交流的重要桥梁。

以此为契机，作为《当代齐鲁文库》之二的山东社会科学院"创新工程"重大项目《20世纪"乡村建设运动"文库》首批10卷12本著作约400万字，由中国社会科学出版社出版发行，并计划陆续完成约100本著作的编纂出版。

党的十九大报告提出："实施乡村振兴战略，农业农村农民问题是关系国计民生的根本性问题，必须始终把解决好'三农'问题作为全党工作重中之重。"以史为鉴，置身于中国现代化的百年发展史，通过深入挖掘和研究历史上的乡村建设理论及社会实验，从中汲取仍具时代价值的经验教训，才能更好地理解和把握乡村振兴战略的战略意义、总体布局和实现路径。

20世纪前期，由知识分子主导的乡村建设实验曾影响到山东省的70余县和全国的不少地区。《20世纪"乡村建设运动"文库》旨在通过对从山东到全国的乡村建设珍贵历史文献资料大规模、系统化地挖掘、收集、整理和出版，为乡村振兴战略的实施提供历史借鉴，为"乡村建设运动"的学术研究提供资料支撑。当年一大批知识分子深入民间，投身于乡村建设实践，并通过长期的社会调查，对"百年大变局"中的乡村社会进行全面和系统地研究，留下的宝贵学术遗产，是我们认识传统中国社会的重要基础。虽然那个时代有许多的历史局限性，但是这种注重理论与实践相结合、俯下身子埋头苦干的精神，仍然值得今天的每一位哲学社会科学工作者传承和弘扬。

《20世纪"乡村建设运动"文库》在出版过程中，得到了社会各界尤其是乡村建设运动实践者后人的大力支持。中国社会科学院和中国社会科学出版社的领导对《20世纪"乡村建设运动"文库》给予了高度重视、热情帮助和大力支持，责任编辑冯春凤主任付出了辛勤努力，在此一并表示感谢。

在出版《20世纪"乡村建设运动"文库》的同时，山东社会科学院已经启动《当代齐鲁文库》之三《中美学者邹平联合调查文库》、之四《山东海外文库》、之五《海外山东文库》等特色文库的编纂工作。《当代齐鲁文库》的日臻完善，是山东社会科学院坚持问题导向、成果导向、精品导向，实施创新工程、激发科研活力结出的丰硕成果，是山东社会科学院国内一流新型智库建设不断实现突破的重要标志，也是党的领导下经济社会全面发展、哲学社会科学欣欣向荣繁荣昌盛的体现。由于规模宏大，《当代齐鲁文库》的完成需要一个过程，山东社会科学院会笃定恒心，继续大力推动文库的编纂出版，为进一步繁荣发展哲学社会科学贡献力量。

山东社会科学院
2018年11月17日

编纂委员会

顾　　问	徐经泽　梁培宽
主　　任	李培林
编辑委员会	唐洲雁　张述存　王兴国　王志东 袁红英　杨金卫　张少红
学术委员会	（按姓氏笔画排列） 王学典　叶　涛　刘显世　孙聚友 杜　福　李培林　李善峰　吴重庆 张　翼　张士闪　张凤莲　林聚任 杨善民　宣朝庆　徐秀丽　韩　锋 葛忠明　温铁军　潘家恩
总 主 编	唐洲雁　张述存
主　　编	李善峰

总　序

从传统乡村社会向现代社会的转型，是世界各国现代化必然经历的历史发展过程。现代化的完成，通常是以实现工业化、城镇化为标志。英国是世界上第一个实现工业化的国家，这个过程从17世纪资产阶级革命算起经历了200多年时间，若从18世纪60年代工业革命算起则经历了100多年的时间。中国自近代以来肇始的工业化、城镇化转型和社会变革，屡遭挫折，步履维艰。乡村建设问题在过去一百多年中，也成为中国最为重要的、反复出现的发展议题。各种思想潮流、各种社会力量、各种政党社团群体，都围绕这个议题展开争论、碰撞、交锋，并在实践中形成不同取向的路径。

把农业、农村和农民问题置于近代以来的"大历史"中审视不难发现，今天的乡村振兴战略，是对一个多世纪以来中国最本质、最重要的发展议题的当代回应，是对解决"三农"问题历史经验的总结和升华，也是对农村发展历史困境的全面超越。它既是一个现实问题，也是一个历史问题。

2017年12月，习近平总书记在中央农村工作会议上的讲话指出，"新中国成立前，一些有识之士开展了乡村建设运动，比较有代表性的是梁漱溟先生搞的山东邹平试验，晏阳初先生搞的河北定县试验"。

"乡村建设运动"是20世纪上半期（1901到1949年间）在中国农村许多地方开展的一场声势浩大的、由知识精英倡导的乡村改良实践探索活动。它希望在维护现存社会制度和秩序的前提下，通过兴办教育、改良农业、流通金融、提倡合作、办理地方自治与自卫、建立公共卫生保健制度和移风易俗等措施，复兴日趋衰弱的农村经济，刷新中国政治，复兴中国文化，实现所谓的"民族再造"或"民族自救"。在政治倾向上，参与

"乡村建设运动"的学者，多数是处于共产党与国民党之间的'中间派'，代表着一部分爱国知识分子对中国现代化建设道路的选择与探索。关于"乡村建设运动"的意义，梁漱溟、晏阳初等乡建派学者曾提的很高，认为这是近代以来，继太平天国运动、戊戌变法运动、辛亥革命运动、五四运动、北伐运动之后的第六次民族自救运动，甚至是"中国民族自救运动之最后觉悟"。① 实践证明，这个运动最终以失败告终，但也留下很多弥足珍贵的经验和教训。其留存的大量史料文献，也成为学术研究的宝库。

"乡村建设运动"最早可追溯到米迪刚等人在河北省定县翟城村进行"村治"实验示范，通过开展识字运动、公民教育和地方自治，实施一系列改造地方的举措，直接孕育了随后受到海内外广泛关注、由晏阳初及中华平民教育促进会所主持的"定县试验"。如果说这个起于传统良绅的地方自治与乡村"自救"实践是在村一级展开的，那么清末状元实业家张謇在其家乡南通则进行了引人注目的县一级的探索。

20世纪20年代，余庆棠、陶行知、黄炎培等提倡办学，南北各地闻风而动，纷纷从事"乡村教育""乡村改造""乡村建设"，以图实现改造中国的目的。20年代末30年代初，"乡村建设运动"蔚为社会思潮并聚合为社会运动，建构了多种理论与实践的乡村建设实验模式。据南京国民政府实业部的调查，当时全国从事乡村建设工作的团体和机构有600多个，先后设立的各种实验区达1000多处。其中比较著名的有梁漱溟的邹平实验区、陶行知的晓庄实验区、晏阳初的定县实验区、鼓禹廷的宛平实验区、黄炎培的昆山实验区、卢作孚的北碚实验区、江苏省立教育学院的无锡实验区、齐鲁大学的龙山实验区、燕京大学的清河实验区等。梁漱溟、晏阳初、卢作孚、陶行知、黄炎培等一批名家及各自领导的社会团体，使"乡村建设运动"产生了广泛的国内外影响。费正清主编的《剑桥中华民国史》，曾专辟"乡村建设运动"一节，讨论民国时期这一波澜壮阔的社会运动，把当时的乡村建设实践分为西方影响型、本土型、平民型和军事型等六个类型。

1937年7月抗日战争全面爆发后，全国的"乡村建设运动"被迫中

---

① 《梁漱溟全集》第五卷，山东人民出版社2005年版，第44页。

止，只有中华平民教育促进会的晏阳初坚持不懈，撤退到抗战的大后方，以重庆璧山为中心，建立了华西实验区，开展了长达10年的平民教育和乡村建设实验，直接影响了后来台湾地区的土地改革，以及菲律宾、加纳、哥伦比亚等国家的乡村改造运动。

"乡村建设运动"不仅在当事者看来"无疑地已经形成了今日社会运动的主潮"，① 在今天的研究者眼中，它也是中国农村社会发展史上一次十分重要的社会改造活动。尽管"乡村建设运动"的团体和机构，性质不一，情况复杂，诚如梁漱溟所言，"南北各地乡村运动者，各有各的来历，各有各的背景。有的是社会团体，有的是政府机关，有的是教育机关；其思想有的左倾，有的右倾，其主张有的如此，有的如彼"②。他们或注重农业技术传播，或致力于地方自治和政权建设，或着力于农民文化教育，或强调经济、政治、道德三者并举。但殊途同归，这些团体和机构都关心乡村，立志救济乡村，以转化传统乡村为现代乡村为目标进行社会"改造"，旨在为破败的中国农村寻一条出路。在实践层面，"乡村建设运动"的思想和理论通常与国家建设的战略、政策、措施密切相关。

在知识分子领导的"乡村建设运动"中，影响最大的当属梁漱溟主持的邹平乡村建设实验区和晏阳初主持的定县乡村建设实验区。梁漱溟和晏阳初在从事实际的乡村建设实验前，以及实验过程中，对当时中国社会所存在的问题及其出路都进行了理论探索，形成了比较系统的看法，成为乡村建设实验的理论根据。

梁漱溟曾是民国时期宪政运动的积极参加者和实践者。由于中国宪政运动的失败等原因，致使他对从前的政治主张逐渐产生怀疑，抱着"能替中华民族在政治上经济上开出一条路来"的志向，他开始研究和从事乡村建设的救国运动。在梁漱溟看来，中国原为乡村国家，以乡村为根基与主体，而发育成高度的乡村文明。中国这种乡村文明近代以来受到来自西洋都市文明的挑战。西洋文明逼迫中国往资本主义工商业路上走，然而除了乡村破坏外并未见都市的兴起，只见固有农业衰残而未见新工商业的

---

① 许莹涟、李竟西、段继李编述：《全国乡村建设运动概况》第一辑上册，山东乡村建设研究院1935年出版，编者"自叙"。

② 《梁漱溟全集》第二卷，山东人民出版社2005年版，第582页。

发达。他的乡村建设运动思想和主张,源于他的哲学思想和对中国的特殊认识。在他看来,与西方"科学技术、团体组织"的社会结构不同,中国的社会结构是"伦理本位、职业分立",不同于"从对方下手,改造客观境地以解决问题而得满足于外者"的西洋文化,也不同于"取消问题为问题之解决,以根本不生要求为最上之满足"的印度文化,中国文化是"反求诸己,调和融洽于我与对方之间,自适于这种境地为问题之解决而满足于内者"的"中庸"文化。中国问题的根源不在他处,而在"文化失调",解决之道不是向西方学习,而是"认取自家精神,寻求自家的路走"。乡村建设的最高理想是社会和政治的伦理化,基本工作是建立和维持社会秩序,主要途径是乡村合作化和工业化,推进的手段是"软功夫"的教育工作。在梁漱溟看来,中国建设既不能走发展工商业之路,也不能走苏联的路,只能走乡村建设之路,即在中国传统文化基础上,吸收西方文化的长处,使中西文化得以融通,开创民族复兴的道路。他特别强调,"乡村建设,实非建设乡村,而意在整个中国社会之建设。"[①] 他将乡村建设提到建国的高度来认识,旨在为中国"重建一新社会组织构造"。他认为,救济乡村只是乡村建设的"第一层意义",乡村建设的"真意义"在于创造一个新的社会结构,"今日中国问题在其千年相沿袭之社会组织构造既已崩溃,而新者未立;乡村建设运动,实为吾民族社会重建一新组织构造之运动。"[②] 只有理解和把握了这一点,才能理解和把握"乡村建设运动"的精神和意义。

晏阳初是中国著名的平民教育和乡村建设专家,1926 年在河北定县开始乡村平民教育实验,1940—1949 年在重庆歇马镇创办中国乡村建设育才院,后改名中国乡村建设学院并任院长,组织开展华西乡村建设实验,传播乡村建设理念。他认为,中国的乡村建设之所以重要,是因为乡村既是中国的经济基础,也是中国的政治基础,同时还是中国人的基础。"我们不愿安居太师椅上,空做误民的计划,才到农民生活里去找问题,去解决问题,抛下东洋眼镜、西洋眼镜、都市眼镜,换上一副农夫眼

---

① 《梁漱溟全集》第二卷,山东人民出版社 2005 年版,第 161 页。
② 同上。

镜。"① 乡村建设就是要通过长期的努力，去培养新的生命，振拔新的人格，促成新的团结，从根本上再造一个新的民族。为了实现民族再造和固本宁邦的长远目的，他在做了认真系统的调查研究后，认定中国农村最普遍的问题是农民中存在的"愚贫弱私"四大疾病；根治这四大疾病的良方，就是在乡村普遍进行"四大教育"，即文艺教育以治愚、生计教育以治贫、卫生教育以治弱、公民教育以治私，最终实现政治、教育、经济、自卫、卫生、礼俗"六大建设"。为了实现既定的目标，他坚持四大教育连锁并进，学校教育、社会教育、家庭教育统筹协调。他把定县当作一个"社会实验室"，通过开办平民学校、创建实验农场、建立各种合作组织、推行医疗卫生保健、传授农业基本知识、改良动植物品种、倡办手工业和其他副业、建立和开展农民戏剧、演唱诗歌民谣等积极的活动，从整体上改变乡村面貌，从根本上重建民族精神。

可以说，"乡村建设运动"的出现，不仅是农村落后破败的现实促成的，也是知识界对农村重要性自觉体认的产物，两者的结合，导致了领域广阔、面貌多样、时间持久、影响深远的"乡村建设运动"。而在"乡村建设运动"的高峰时期，各地所开展的乡村建设事业历史有长有短，范围有大有小，工作有繁有易，动机不尽相同，都或多或少地受到了邹平实验区、定县实验区的影响。

20世纪前期中国的乡村建设，除了知识分子领导的"乡村建设运动"，还有1927－1945年南京国民政府推行的农村复兴运动，以及1927－1949年中国共产党领导的革命根据地的乡村建设。

"农村复兴"思潮源起于20世纪二三十年代，大体上与国民政府推动的国民经济建设运动和由社会力量推动的"乡村建设运动"同时并起。南京国民政府为巩固政权，复兴农村，采取了一系列措施：一是先后颁行保甲制度、新县制等一系列地方行政制度，力图将国家政权延伸至乡村社会；二是在经济方面，先后颁布了多部涉农法律，新设多处涉农机构，以拯救处于崩溃边缘的农村经济；三是修建多项大型水利工程等，以改善农业生产环境。1933年5月，国民政府建立隶属于行政院的农村复兴委员会，发动"农村复兴运动"。随着"乡村建设运动"的开展，赞扬、支

---

① 《晏阳初全集》第一卷，天津教育出版社2013年版，第221页。

持、鼓励铺天而来，到几个中心实验区参观学习的人群应接不暇，平教会甚至需要刊登广告限定接待参观的时间，南京国民政府对乡建实验也给予了相当程度的肯定。1932年第二次全国内政工作会议后，建立县政实验县取得了合法性，官方还直接出面建立了江宁、兰溪两个实验县，并把邹平实验区、定县实验区纳入县政实验县。

　　1925年，成立已经四年的中国共产党，认识到农村对于中国革命的重要性，努力把农民动员成一股新的革命力量，遂发布《告农民书》，开始组织农会，发起农民运动。中国共产党认为中国农村问题的核心是土地问题，乡村的衰败是旧的反动统治剥削和压迫的结果，只有打碎旧的反动统治，农民才能获得真正的解放；必须发动农民进行土地革命，实现"耕者有其田"，才能解放农村生产力。在地方乡绅和知识分子开展"乡村建设运动"的同时，中国共产党在中央苏区的江西、福建等农村革命根据地，开展了一系列政治、经济、文化等方面的乡村改造和建设运动。它以土地革命为核心，依靠占农村人口绝大多数的贫雇农，以组织合作社、恢复农业生产和发展经济为重要任务，以开办农民学校扫盲识字、开展群众性卫生运动、强健民众身体、改善公共卫生状况、提高妇女地位、改革陋俗文化和社会建设为保障。期间的尝试和举措满足了农民的根本需求，无论是在政治、经济上，还是社会地位上，贫苦农民都获得了翻身解放，因而得到了他们最坚决的支持、拥护和参与，为推进新中国农村建设积累了宝贵经验。与乡建派的乡村建设实践不同的是，中国共产党通过领导广大农民围绕土地所有制的革命性探索，走出了一条彻底改变乡村社会结构的乡村建设之路。中国共产党在农村进行的土地革命，也促使知识分子从不同方面反思中国乡村改良的不同道路。

　　"乡村建设运动"的理论和实践，说明在当时的现实条件下，改良主义在中国是根本行不通的。在当时国内外学界围绕乡村建设运动的理论和实践，既有高歌赞赏，也有尖锐批评。著名社会学家孙本文的评价，一般认为还算中肯：尽管有诸多不足，至少有两点"值得称述"，"第一，他们认定农村为我国社会的基本，欲从改进农村下手，以改进整个社会。此种立场，虽未必完全正确；但就我国目前状况言，农村人民占全国人口百分之七十五以上，农业为国民的主要职业；而农产不振，农村生活困苦，潜在表现足为整个社会进步的障碍。故改进农村，至少可为整个社会进步的张本。第二，他们确实在农村中不畏艰苦为农民谋福利。各地农村工作计划虽有优有劣，有完有缺，其效果虽有大有小；而工作人员确脚踏实地在改进农村的总目标下努力工作，其艰苦耐劳的精神，殊足令人起敬。"① 乡村建设学派的工作曾引起国际社会的重视，不少国家于二次世界大战后的乡村建设与社区重建中，注重借鉴中国乡村建设学派的一些具体做法。晏阳初1950年代以后应邀赴菲律宾、非洲及拉美国家介绍中国的乡村建设工作经验，并从事具体的指导工作。

总起来看，"乡村建设运动"在中国百年的乡村建设历史上具有承上启下、融汇中西的作用，它不仅继承自清末地方自治的政治逻辑，同时通过村治、乡治、乡村建设等诸多实践，为乡村振兴发展做了可贵的探索。同时，"乡村建设运动"是与当时的社会调查运动紧密联系在一起的，大批学贯中西的知识分子走出书斋、走出象牙塔，投身于对中国社会的认识和改造，对乡村建设进行认真而艰苦地研究，并从丰富的调查资料中提出了属于中国的"中国问题"，而不仅是解释由西方学者提出的"中国问题"或把西方的"问题"中国化，一些研究成果达到了那个时期所能达到的巅峰，甚至迄今难以超越。"乡村建设运动"有其独特的学术内涵与时代特征，是我们认识传统中国社会的一个窗口，也是我们今天在新的现实基础上发展中国社会科学不能忽视的学术遗产。

历史文献资料的收集、整理和利用是学术研究的基础，资料的突破往往能带来研究的创新和突破。20世纪前期的图书、期刊和报纸都有大量关于"乡村建设运动"的著作、介绍和研究，但目前还没有"乡村建设运动"的系统史料整理，目前已经出版的文献多为乡建人物、乡村教育、乡村合作等方面的"专题"，大量文献仍然散见于各种民国"老期刊"，尘封在各大图书馆的"特藏部"。本项目通过对"乡村建设运动"历史资料和研究资料的系统收集、整理和出版，力图再现那段久远的、但仍没有中断学术生命的历史。一方面为我国民国史、乡村建设史的研究提供第一手资料，推进对"乡村建设运动"的理论和实践的整体认识，催生出高水平的学术成果；另一方面，为当前我国各级政府在城乡一体化、新型城镇化、乡村教育的发展等提供参考和借鉴，为乡村振兴战略的实施做出应

---

① 孙本文：《现代中国社会问题》第三册，商务印书馆1944年版，第93—94页。

有的贡献。

由于大规模收集、挖掘、整理大型文献的经验不足，同时又受某些实际条件的限制，《20世纪"乡村建设运动"文库》会存在着各种问题和不足，我们期待着各界朋友们的批评指正。

是为序。

2018年11月30日于北京

编辑体例

一、《20世纪"乡村建设运动"文库》收录20世纪前期"乡村建设运动"的著作、论文、实验方案、研究报告等，以及迄今为止的相关研究成果。

二、收录文献以原刊或作者修订、校阅本为底本，参照其他刊本，以正其讹误。

三、收录文献有其不同的文字风格、语言习惯和时代特色，不按现行用法、写法和表现手法改动原文；原文专名如人名、地名、译名、术语等，尽量保持原貌，个别地方按通行的现代汉语和习惯稍作改动；作者笔误、排版错误等，则尽量予以订正。

四、收录文献，原文多为竖排繁体，均改为横排简体，以便阅读；原文无标点或断句处，视情况改为新式标点符号；原文因年代久远而字迹模糊或纸页残缺者，所缺文字用"□"表示，字数难以确定者，用（下缺）表示。

五、收录文献作为历史资料，基本保留了作品的原貌，个别文字做了技术处理。

编者说明

　　1987年10月，由山东大学社会学系、山东社会科学院社会学研究所、山东省邹平县政协联合发起的梁漱溟"乡村建设运动"学术讨论会在梁先生1930年代主持的乡村建设实验所在地山东省邹平县召开，这是1949年后学术界第一次召开的关于梁漱溟乡村建设实验的学术研讨会，梁先生获知会议召开的讯息，虽因年迈没有亲自莅临会议，但派长子梁培宽先生、次子梁培恕先生及孙辈们代为出席。会后，山东省社会学学会成立了梁漱溟乡村建设理论研究会，作为学会的分支机构，对梁漱溟的乡村重建思想及邹平乡村建设实验区进行系统研究。研究会编辑出版了会议论文集《乡村：中国文化之本》。本次编辑，以山东大学出版社1989年版本，收入《20世纪"乡村建设运动"文库》。

编　　序

一

1987年深秋，由山东大学社会学系、山东社会科学院社会学研究所、山东省邹平县政协联合发起的梁漱溟"乡村建设运动"学术讨论会，经过一番紧张的筹备，在邹平县召开。这是自50年代那场全国性政治批判后第一次举行的在严格的学术意义上研讨梁漱溟的思想及社会活动的会议，引起了知识界的普遍关注。全国26个单位的60余位专家学者参加了会议。

梁漱溟先生是国际知名的学者和社会活动家。20世纪的30年代，他在山东成立了乡村建设研究院，并以邹平县作为实验基地，企图在承接传统的基础上，发动、引导和组织农民，进行民族自救，实现社会现代化的理想。这次活动反映了饱经忧患的知识分子在民族悲运中的社会良心和文化意识，以及他们对社会民主的探索和追求。

从一个大的历史跨度看，产生梁漱溟的时代还远没有结束，乡村建设运动的教训及它对未来路向的选择仍有着深重的时代意义。首先，乡村建设运动触及到一百年来中国人最关心的一个问题，即中国文化与现代生活之间的复杂关系。它认为我们生于既成的传统中，传统在相当程度上规范了我们的思考模式与文化经验，因此，我们无法抛弃自己的传统根底，只有实现文化传统的现代转化，社会的现代化才有可能。总结这次活动的经验教训，对我们目前正在进行的现代化建设，或许能提供一个独特的参照格局。其次，举行这次讨论会，也是出于这样的考虑，大约在二三年前，在全国范围内兴起了相当规模的文化比较热潮，它反映了"以天下为己任"的知识分子对社会发展进程的焦虑，以及积极参与改革的努力。但是，直到目前为止，大多数学人还是纸上作业。对于这个关系到民族前程的时代大课题，仅限于抽象层面的分析比较，而不能使这种知识工作与现实的社会力量相结合，恐怕还会重蹈"五四"先驱们的覆辙——他们热情呼唤的"德""赛"两娇客并没有在中国大地扎下深根。在这方面，50年前那批知识分子脱下西装革履、抛弃高官厚禄而走向民间进行大众文化的教育工作，以提高整个民族的文化素质，它会不会对今天的知识分子有些启发作用？

二

这次学术讨论会，围绕梁漱溟先生的乡村建设运动，从哲学、社会学、历史学、教育学、文化学等不同的学科角度，对乡村建设运动作了较全面的探讨，形成了一些共同认识，也提出了一些不同看法，涉及的主要问题有：

（一）关于乡村建设运动的性质

与会同志一致认为，乡村建设运动是一种社会改良主义运动。它希望用和平的、非暴力的手段建设乡村，刷新中国政治，复兴中国文化。这是与中国共产党领导的以农村包围城市、武装夺取政权的运动相对立的。但它也不同于国民党政府所推行的社会改良政策，在政治倾向上，乡建派是处于共产党与国民党之间的"中间派"，代表着一部分爱国的知识分子对中国现代化道路的选择与探索。对乡村建设运动的改良主义属性，有两种看法：一种观点认为乡建运动属"空想的社会主义"。持这种观点的学者指出，从乡村建设运动的最终目的和社会理想看，是要消灭私有制，实行计划经济，实现社会平等，这符合经典社会主义的定义。在其手段和具体目标设计上，它又是空想的、不可能实现的。对梁漱溟的这种社会主义构思，有的学者称为"空想的、改良的社会主义"，有的称为"中国式的、带有封建色彩的小资产阶级的空想主义"，有的称为"儒家社会主义"。另一种观点认为乡建运动属"具有封建色彩的资产阶级或小资产阶级改良主义"。他们认为空想社会主义产生于资本主义发展早期的资本原始积累时期，30年代的中国不存在类似的经济环境，因而乡村建设运动不可能是"社会主义"的。有的学者进一步指出，乡村建设运动要实现的理想社会，只不过是传统儒家的"大同"理想在新的历史条件下的推演，在本质上有别于近代资本主义发展初期的空想社会主义。

（二）对梁漱溟乡村建设运动的评价

与会同志指出，为了正确地评价梁漱溟的乡村建设运动，首先要搞清梁漱溟的乡村建设理论和他所领导的乡村建设运动的区别。从指导思想上看，梁漱溟的乡村建设理论对乡村建设运动有重大的指导作用，但邹平的活动不仅受梁漱溟思想理论的影响，同时还受其他理论的影响，例如中国共产党的影响，陶行知先生的影响等。从组织人员看，邹平的实验汇集了各方面的人士，左派、中间派、右派都有，他们也实际上影响了乡村建设运动。其次，要搞清梁漱溟在邹平的乡村建设运动同全国各地的乡村运动的区别。在20世纪30年代，复兴农村是全国性的运动。恢复历史的本来面目，是学术工作的基础。

对梁漱溟乡村建设运动的具体评价，主要有三种观点：第一，多数学者认为，对乡村建设运动的评价要一分为二。他们指出，乡村建设运动是梁漱溟先生立足于民族的苦难与危机，对中国社会发展道路所做的一种积极有益的探索和尝试。在邹平的实践中，对旧社会秩序进行了一些改革实验，采取了一些措施，如县政改革、普及教育、风俗倡导、农业改良、组织合作社等，都与现代化的要求相适应，这是应该肯定的。但是，作为一种社会改良主义，它没有能力解决农村业已分化严重的土地问题，这样就没有一个伟大的力量来支持这个运动，故它不可能解决中国的根本问题。同时，在当时的历史条件下，它客观地起到了维护国民党军阀政府的作用，延缓了中国革命的历史进程。有的学者认为，在客观上，对乡建理论体系及实践活动，应基本否定。在微观上，对乡建运动所采取的某些措施，如推广科学技术、改良社会风俗、植树造林等，应予以肯定。有的学者认为，无论在哪一个层次上，都应一分为二地具体分析，如在宏观上它对中国古代社会发展的特殊道路问题，传统社会的伦理关系掩盖阶级关系，以及文化传统的重建不能离开民族传统等，仍是今天值得我们重视的学术观点。第二，有的学者认为，对乡村建设运动应"双重否定"。持这种观点的同志认为，乡村建设运动的指导思想是封建的孔孟之道，是与

"五四"以来的新文化运动背道而驰的。从实践上看,历史已经证明乡建运动是失败的,所以应该从理论和实践上对其进行"双重否定"。第三,认为乡村建设运动是一种"早熟"。少数学者指出,同梁漱溟认为中国文化早熟一样,乡村建设实验也是一种早产的社会改良实验,它在当时的社会环境中无疑受到了种种局限,不能成功,如果它在今天进行,或许会有另一种结果。

(三)研究乡村建设运动的现代意义

重新研究50年前的乡村建设运动,究竟有什么现实意义?这是此次讨论会争论的焦点。有人认为,中国新民主主义革命胜利以后,我国的社会建设,无论在哪个方面,都远远地超过了乡村建设的工作,因此乡村建设运动对我们今天的现代化建设不可能再有什么意义。大多数学者认为,在中国社会现代化这样一个宏观的背景下,重新对乡村建设运动进行研究,具有直接的现实意义。它的某些经验可以为我们采用,有些则对我们的现代化建设有借鉴、启发意义,如强调农村是中国社会的基础和根本,强调农村经济、政治、文化的协调发展和整体推进,强调现代化必须尊重自己的民族传统,在现代化建设中把民族固有精神与西方的科学技术与团体组织结合起来,等等。倡导知识分子与农民结合振兴民族的观点,在当时是难能可贵的。众多的有学历、有地位的知识分子,放弃城市的优越生活,深入闭塞的乡村,他们忠于自己的理想,懂得民族的真正力量主要在农村,其动机是应该肯定的。知识分子必须深入到社会实际中去,寻求解决中国现实问题的答案,避免纸上谈兵,这也是今天的知识分子努力的方向。另外,邹平的实验,以一个县的规模来进行全面的社会改革,这对于今天的农村发展实验,也有方法论上的启发意义。

由于是1949年后第一次召开乡村建设运动的专题讨论,有些问题只能在这次会议上提出来,深入的研究还有待于今后。这些问题包括:梁漱溟的乡村建设理论与实践的关系,梁漱溟整个思想体系与他的乡村建设理论的关系,乡村建设运动在梁漱溟一生中的学术和社会活动中的地位,邹平的乡村建设与全国乡村建设运动的关系,以及邹平乡村建设与当时中国政治的关系等等。

三

最后把本文集的成书过程说明一下。

在邹平的学术讨论会上，三家发起单位酝酿成立了梁漱溟乡村建设理论研究会。会后，研究会即组成编委会，对专家学者向大会提交的论文进行了整理编辑。文集所收入的论文，我们相信是各位作者多年研究的心血结晶。另外，为了汇集、保存史料，我们选编了梁漱溟各个时期有关乡村建设研究的文章和有关材料，此项工作得到了梁漱溟先生本人及其亲属的支持和配合。不幸的是，在本文集即将付印之际，梁先生在北京溘然长逝。我们谨以此书纪念这位一生忧国忧民、为民族振兴而孜孜以求的跨世纪学者。

文集的具体编辑工作，是在梁漱溟乡村建设理论研究会顾问、山东大学社会学系主任徐经泽教授、山东社会科学院社会学研究所所长周正三研究员、研究会会长、邹平县政协陈元德主席的指导下，由杨善民、李善峰两位年轻学者完成。限于我们的学术水平，加上各人都有自己繁忙的教学、科研任务，整个编辑工作只能在业余时间进行，不足之处实属难免，我们欢迎读者诸君的批评、指正和赐教。

山东大学、山东社会科学院、山东省邹平县的有关领导以及山东大学出版社李武林教授对本书的出版给予了热情支持，责任编辑王福震同志为本书做了大量工作，在此一并深表谢意。

编　者

目　次

乡村建设的意义 ……………………………………………………（ 1 ）
在梁漱溟"乡村建设运动"学术讨论会上的讲话 ……………（ 5 ）
文化的民族性与人的主体性重建
　　——梁漱溟的乡村教育理论 …………………………（ 9 ）
试论梁漱溟与孔学
　　——兼论"乡建派"的政治思想 ……………………（ 30 ）
乡村建设运动的现代思考 ………………………………………（ 47 ）
梁漱溟乡村建设的社会学观 ……………………………………（ 67 ）
教育即乡村建设
　　——梁漱溟教育思想初探 ……………………………（ 74 ）
乡村：中国文化之本
　　——梁漱溟乡村建设运动的理论构想 ………………（ 85 ）
梁漱溟的社会政治思想透视 ……………………………………（ 106 ）
传统文化现代转化的一次尝试
　　——以梁漱溟在邹平的实验为例 ……………………（ 120 ）
乡村建设运动：一个宏观的考察 ………………………………（ 142 ）
评梁漱溟的乡村建设理论及其在山东的实践活动 ……………（ 161 ）
梁漱溟的乡村建设运动与韩复榘 ………………………………（ 171 ）
国共两党与山东乡村建设运动 …………………………………（ 180 ）
从邹平的实践析梁漱溟的乡村建设运动
　　——一个文史工作者的观点 …………………………（ 193 ）
对邹平乡村建设实验的实证研究 ………………………………（ 214 ）
试从邹平农民的反映看乡村建设运动 …………………………（ 232 ）

邹平乡村建设的金融业及其成就 ……………………（244）
第三条道路：改良的社会主义
　　——梁漱溟乡村建设理论检讨 ……………………（260）
社会学视野中的乡村建设运动 ……………………（273）

附录
乡村建设理论（摘录）……………………………（298）
回忆我所从事的乡村建设运动 ……………………（313）
我的努力与反省（摘录）……………………………（321）
今天看来犹是对症下药 ……………………………（326）
梁漱溟乡村建设活动大事记 ………………………（327）

乡村建设的意义

梁漱溟

乡村建设的意义　　总言之，救济乡村便是乡村建设的第一层意义；至于创造新文化，那更是乡村建设的真意义所在。乡村建设除了消极地救济乡村之外，更要紧的还在积极地创造新文化。所谓乡村建设就是要从中国旧文化里转变出一个新文化来。

什么叫作创造新文化？

那么，所谓创造新文化这句话又怎么讲呢？要讲明这句话，就不得不先说一说什么叫文化。所谓文化，本来有狭义的和广义的两种讲法：狭义地讲是单指社会意识形态说；广义地讲，则一个社会的经济、宗教、政治、法律乃至言语、衣食、家庭生活等等，统统包括在内。换句话说，所谓文化，就是一个社会过日子的方法。一个社会有一个社会的过日子的方法，（西洋人有西洋人的一套生活方法，中国人也有中国人的一套生活方法。）他那个过日子的方法，便名之曰他的文化。那么，怎样叫创造新文化呢？从这旧文化崩溃告诉我们非换一个新办法不可，非换一个新办法不能适应这个新环境。但是怎样换法呢？就把西洋的办法全盘移植到中国来吗？就把中国变成一个纯西洋式的近代国家吗？这个也不行。因为中国自有他相演数千年的历史背影，想让他完全学西洋变成一个纯西洋式的近代国家也是不可能的。

以上我们说过：中国文化将要有一个大的转变，将要转变出一个新文化来。"转变"二字最切当，这便是我们创造新文化的办法；我们就是要从旧文化里转变出一个新文化来。"转变"二字，便说明了将来的新文化：一面表示是新的东西；一面又表示是从旧东西里转变出来的。换句话说，他既不是原来的旧东西，也不是纯粹另外一个新东西，他是从旧东西里转变出来的一个新东西。用譬喻来说：中国好比一棵大树，近几十年来外面有许多力量来摧毁他，因而这棵大树便逐渐就炭枯了。先是从叶梢上慢慢地焦枯下来，而枝条，而主干，终而至于树根；现在这树根也将要朽烂了！——此刻还是将朽烂而未朽烂，若真的连树根也朽烂了，那就糟了！就完了！就不能发芽生长了！所以现在趁这老根还没有完全朽烂的时候，必须赶快想法子从根上救活他；树根活了，然后再从根上生出新芽来，慢慢地再加以培养扶植，才能再长成一棵大树。等到这棵大树长成了，你若问："这是棵新树吗？"我将答曰："是的！这是棵新树；但他是从原来的老树上生长出来的，仍和老树为同根，不是另外一棵树。"将来中国新文化的创造，也正和这棵新树的发芽生长的情形是一样。这虽是一种譬喻的话，可是道理却很切当。

什么叫中国文化根本动摇？

以上我们以大树作譬喻，说中国文化的根就要崩溃了，就要动摇了；但指实来说，什么叫中国文化根本动摇？什么是中国文化的根呢？前边我们说过：中国文化是以乡村为本，以乡村为重；所以中国文化的根就是乡村。不过这个说法，还未详尽，现在我们可以这样说：什么是中国文化的根呢？

1. 就有形的根来说，就是"乡村"——乡村就是我们中国文化有形的根；

2. 就无形的来说，就是"中国人讲的老道理"——那真有道理的老道理就是我们中国文化无形的根。

中国文化有形的根就是乡村，无形的根就是老道理。所以所谓中国文化已崩溃到根，已根本动摇，也就是说中国的乡村已经崩溃，中国的老道理已经动摇了。前边我们也曾说过：中国文化自近百年来即开始在哪里变化，在哪里破坏。最初的破坏，还没有到乡村——无论是变法维新或者是辛亥革命等，都是先从上层中央政府改变起，再渐渐地间接地影响到乡村；先从沿江沿海通都大邑破坏起，才渐渐地延及到内地乡村。所以我们说他是先从叶梢焦枯起,才渐渐地焦枯到身干老根;他是一步紧逼一步,到最近十年来,可就真的逼到乡村来了!乡村真的大受破坏了!

最近的破坏,已经破坏到中国文化有形的根,已经破坏到乡村,这是第一层的意思。再说第二层:最近的破坏,也已破坏到中国文化的无形的根,已经破坏到中国的老道理了。换句话说,我们中国,偌大一个民族,有这些人在一块生活,他总有他过日子的方法,总有他的规矩、制度、道理一套东西;这一套东西到最近几十年来就渐渐地受到破坏了!在最初的时候,还只是破坏了粗的地方。如从前有皇帝,以后没有了,从前的种种礼节仪式(作揖跪拜等)现在也改了;这都是些粗的破坏。——有没有皇帝,作揖跪拜等,都比较是粗而见于外的办法制度,初时只破坏到这些。至于那深处细处道理的根本处,还没有被破坏,还没有怎样动摇。可是慢慢地一层一层就破坏到深处细处了,到最近十年来,道理的根本处,也真的动摇了。现在有的中国人,所信从的道理,与从前的老道理大不相同了……所以因此就把中国的老道理破坏了,老道理的根本处也已经动摇了。但真要根本破坏了吗?不会的。

从真精神里开出一个新局面来

我们相信,中国的老道理是站得住的。从粗处看自然是有许多要改变的地方;但根本深处细处是变不得的。现在虽有邪僻的学说在摧毁他压迫他,而真金不怕火炼,正因为有这种种的摧毁压迫,反可以把他的一段真精神真本领锻炼出来,显得他到底是经得住火烧水烫,到底是破坏不了的。等到经过一番锻炼之后,中国的真精神就要透露出来,将为人人所信从了。所以我们可以说:中国的老道理,不但能够站得住,并且要从此见精彩,开出新局面,为世界人类所依归。——不过我们要注意,新局面的开出,是从老道理的真精神里开出来的。必待老道理的粗处浅处须要改变处,通统破坏完了,然后才有转机,才能从真精神里发生新芽,转出一个新局面来;不然,不追问到底,不追问到根本处,新局面是转变不出来的。换句话说,最近的破坏,已经破坏到中国文化的根;既已破坏到根,所以新文化的开创,亦非从头另来不可,亦非从老根上再转变出一个新局面来不可。——以乡村为根,以老道理为根;另开创出一个新文化来。无论是政治、经济……什么组织构造，通统以乡村为根。从此开出新道路，救活老民族。"开出新道路，救活老民族"，这便叫作乡村建设。

从创造新文化上来救活旧农村就叫作乡村建设

总括以上的意思来说，乡村建设的意义是什么呢？乡村建设包含两个意思：一因乡村破坏而有救济乡村之意；二因中国文化要变而有创造新文化之意。现在我们想把这两句话前后倒过来说，倒转过来说则更切当，就是"从创造新文化上来救活旧农村"，这便叫作乡村建设。开头我们说过：自中西两个不同的文化相遇以来，中国文化相形见绌，老文化应付不了新环境，遂不得不改变自己学西洋以求应付西洋。但结果学西洋没有成功，反把自己的老文化破坏了，把乡村破坏了。老文化破坏殆尽，而新文化未能建立，在此青黄不接前后无归的过渡时期，遂陷于混乱状态。这是中国最痛苦最没有办法的时候。所以现在最要紧的就是赶快想法子创造一个新文化，好来救活旧农村。"创造新文化，救活旧农村"，这便叫作乡村建设。

选自《乡村建设大意》，邹平乡村书店 1936 年 1 月版

在梁漱溟"乡村建设运动"学术讨论会上的讲话

梁培宽

我的发言与各位不同,不是问题的探讨,而是介绍家父梁漱溟先生本人解放后对过去乡建运动的认识,认识错误何在,以及今日认为仍不能放弃的是什么。

须要说明的是:(一)原来书稿用的是书面语言,听起来不够口语化;(二)本文非为此次会准备的一篇发言稿,而是由几篇文稿摘编而成。虽在不同段落内添加一个小标题或联结成转折的词语,但在文字组织上仍不够严密;(三)在我看来,有的地方不深不透或者似不能自圆其说,均不作修饰改动,以存其真;(四)不作发挥(即拔高);(五)摘编后未经家父本人过目。

一、错在"中国特殊论"

"我的错误实错在过份强调中国问题的特殊。"

"……我对于近百年来中国社会所发生的变化,早料到它不成社会主义不止,多年来便提出对外求得民族解放,对内完成社会改造两句口号。……同时在问题如何解决上,我亦始终没有那种教育救国论一类思想,而是强调第一必要解决当前政治问题。(注:指非使政权掌握在革命一方面不可。)""我不走武力夺取政权之路,……。我乃是自始认定中国不属一般国家类型,因为中国革命应当别论的。"

那么,中国问题的特殊又何在?

"下列三点我至今不放弃原有的意见:(一)……历史背景特殊——秦汉以来两千余年只有一治一乱之循环而没有革命;(二)……文化背景特殊——秦汉后的中国,是融国家于社会,它没有构成阶级统治,不属一般国家类型;(三)近百年世界大变通后乃引发了中国革命……。"

根据以上三点，对中国革命问题，他作出了以下两点判断：

"（一）……1911年后，为了完成中国革命所需要解决的政权问题，不再是政权属谁的问题，……。其问题乃在政权分裂、单弱、不固定，……。只需有了统一稳定的国权，就能完成中国革命。……。"

"（二）由于以上判断。我虽极强调解决当前政治问题为第一必要，却全然无意要取得政权，而把功夫用在力求如何使散漫的中国社会联成一体，有其明朗的一大要求可见，以为树立国权之本。过去我所做的乡建运动。以至抗战中和胜利后所有为国事的一切奔走活动，都是作这个功夫。……。"

根据以上判断，他提出自己认为中国革命应走的路线：

"……中国政治问题须要分两步解决。树立统一稳定的国权是为头一步。有此统一稳定的国权即可进行有方针有计划的建国——建设一个政治上达成民主主义，经济上达成社会主义的新中国。必须到建国完成，方为政治问题的完全解决，是为第二步。从开头到末尾说作两步，却全靠一个乡村建设运动贯彻其间。乡建运动实是建国运动；它为自己创造出它在政治上所需的前提条件——统一稳定的国权——于先，又随着经济和文化的建设而推进政治的民主化，以至奠立完美的民主制度于后。"

乡建运动如何创造出一个"统一稳定的国权"呢？

他的设想是：乡村建设在"空间上代表着广大要求，时间上又有其远大前程。当此运动广泛展开于全国而成立其一大联合组织的时候，散漫的中国社会不是就联系为一体了吗？"而"当此一大社会从乡建运动而统一起来，武力就有了主体。"

二、"无秩序"还是"有秩序"？

"若干年来我坚决不相信的事情竟出现在我眼前——一个全国统一稳定的政权竟从阶级斗争而奠立起来。同时其另一方面，当然就是我所深信不疑者完全落空。这就使我不能不好好反省究竟错在哪里。"

错在以为"无秩序"，实在是"有秩序"。

他认为："1911年后秩序破坏，军阀彼此对立混战"，现在认识到"社会旧秩序（法律制度礼俗教条等）已失，而新秩序未立。"……然而，……财产私有制是公认的制度。剥削一般仍有效，……则秩序亦还是有的。"

"……尽承认其（阶级）有所缺乏，并不曾轻忽其阶级本质。要必在认识其缺乏阶级之中而把握其（多少）有阶级一面，然后才有办法解决社会问题。……。"

三、"特殊处理"之不对——不分敌我

"……革命是讲斗争的，而我则讲联合。……革命……必须武装斗争；要统一于下，全在把握社会人心的共同趋向。如今看来我错在哪里呢？很简单，我不该片面强调联合，把联合与斗争对立起来，……联合是可以讲的，却要在斗争中讲就对了；特殊处理是应该有的，但离开一般而作特殊处理那就错了。"

"根本原因则在没有敌我分别。""在我眼中看中国人都是一样的，从其待我联合而言则不是我。（但亦非敌）从我要联合他而言则不是敌。……假如说一生作了一个梦，那就是联合之梦。作梦时是一个人，梦醒时还是一个人。"

关于"没有敌我分别"的问题，"具体地来说，我所看轻者就是地主与农民的问题。我认为至少是对于中国多数农村此时应把它看成整个的，而不要分化斗争于乡村之内。乡村内部不是没有问题的，然而整个乡村外面的问题——整个乡村遭到破坏——则更严重。……。""我总期望土地问题要容乡村运动建立起统一国权后再解决。"

四、总结一句

"毛主席实事求是，从斗争求联合的联合政权今天成功了；我那种主观主义要联合不要斗争的联合政权本出于空想，今天自然落空。事实既经证明历史作出定论，三十年自以为革命的我。临未来还只有承认是改良。"

五、今天仍在坚持的看法

"我以一个生长在大都市（北京）的知识分子而自愿投身乡村建设运动者，最初动机就是想从小范围的地方自治团体入手以养成国人从事民主政治生活的能力。中国要走向民主，全在从散漫转进于组织，全在国人学习组织团体来生活，在政治上就是组成地方自治团体，在经济上就是组成互助合作社，……此在四五十年后之今天回首看来犹是对症下药，未云有误。"

六、最后介绍几点情况

1. 《毛泽东书信选集》（１１８页）中有一九三八年一月十二日致艾思奇同志的信里写道："梁漱溟到此，他的《乡村运动理论》有许多怪议论，可去找他谈谈。"艾思奇同志是否有关此事的记述，我不得而知。但据家父记忆，艾思奇确去见过他，同去的还有周扬同志。

2. 在一九三八年一月访延安时与主席争论的话，据他所写回忆录记载，有以下一段："我总执持两句话：中国老社会有其特殊构造，与欧洲中古或近代社会均非同物。中国革命是从外部引发的，而不是内部自发的。此特殊性即由老中国社会之特殊构造而来。他（指毛主席）相当承认我的话。但他说，中国社会亦有其一般性，你太重视其特殊性，而忽视其一般性。我回答他：中国之所以为中国正在其特殊性。"

3. 一九四二年周恩来总理曾托人带一密信至桂林，建议家父去苏北解放区建立乡村建设或民盟的据点。现在看来，如果当时此事能成现实，很有实验意义。因为邹平是在不搞阶级斗争的条件下进行的乡建试验；在苏北解放区，如果开展乡建试验，是在搞阶级斗争的条件下进行。将两种不同条件的试验结果加以对比，可能会获得一些有意义的结果。

我的介绍完了，谢谢大家。

文化的民族性与人的主体性重建

——梁漱溟的乡村教育理论

宋恩荣　毕诚

"我生有涯愿无尽，心期填海力移山"①。除非经过人生、政治、事业之坎坷，有着超常的生活厚度的志士仁人，是绝不会生发如此伟大、激烈、忧患、奋发的救世抱负和淑世情怀。这是梁漱溟先生的自白，也是他早年乡村建设的真情实感。作为一位真诚的爱国者，他不仅勇于独立思考，而且怀着深沉的民族忧患意识，勇于探索和大胆开拓，致力于中国文化和社会的改造和建设，成为一个脚踏实地的"实践家"②。他对社会改造的艰苦努力，尤其早年矻矻于乡村建设，以乡村为中国文化之本，着力于文化的民族性和人的主体性重建的教育实践与理论探索，在今天农村教育改革的理论与实践探索中，颇值得重新认识和反思。

一　从文化价值选择到民族前途选择

梁漱溟的思想与实践是与中国近现代的特殊历史背景分不开的。自鸦片战争以后，中国政治、经济、文化的连连惨败，近百年来像一股无止无息的惊涛骇浪荡激着整个中华民族的心理和意识。人们从切肤之痛愤、惊恐、犹豫、茫然不知所措的状态中日渐觉悟，面对帝国主义列强铁蹄的蹂

---

① 《梁漱溟教育文集》，宋恩荣编，江苏教育出版社1987年版，第419页。(以下简称《文集》)。

② 参见梁漱溟著《中国民族自救运动之最后觉悟》中《主编本刊之自白》。(以下简称《觉悟》)。

躏和大规模的经济掠夺，积极寻找保国保种、抵御外侮、拯救民族危机的道路。早期的洋务派奋起兴办军事工业，学习西方现代军事技术和工业制造技术，但是甲午海战的结果证明这条道路救不了中国。后期洋务派大力发展民族工业，大办现代教育，效法日本，但是"中体西用"的道路也救不了清朝。继孙中山辛亥革命以降，一股民族自救运动的高潮一浪高过一浪地向前推进，各种社会思潮围绕救亡图存的严酷现实问题展开政治、经济、文化、军事、教育等急迫思考和探索，企图找到中国失败的病根和救治的药方。军事失败了，政治失败了，经济被掠夺，农村纷纷破产，传统社会的经济基础彻底解体，只有奄奄一息的民族文化在作垂死挣扎。能否使民族文化在"全盘西化"中再生，从而抢救这一息生机而使民族复兴，这成为新文化运动时期中国知识分子深切关注和急需回答的历史课题。

自1917—1924年，血气方刚的梁漱溟生活和思考在新文化运动的发源地北京大学。在此之前他参加过孙中山领导的革命，热衷于社会主义，但是由于辛亥革命的失败，理想破灭，曾两度自杀，由醉心于社会主义的热潮急转入消极避世的印度佛教。在新文化运动期间他并没有向中国封建制度和文化冲击的动力，却潜心于印度佛教学的研究，转而进入东西文化及其哲学的冷静思考，乃至在他29岁时发表了他的成名作《东西文化及其哲学》。尽管他不是激流勇进的搏浪儿，但作为新文化运动的观潮者，身处北京大学乃受过思想领袖李大钊、陈独秀、胡适之、鲁迅、蔡元培等人的影响，也与来华传播西方进步思想的文化巨人罗素、杜威、泰戈尔等有过接触。同时传入国内的马克思学说、柏格森哲学、奥本海末尔的文化学，以及斯宾格勒、斯宾塞等人思想也对他产生过深刻的影响。然而，梁漱溟还是不能像新文化运动的领导者们那样举起拳头冲击"孔家店"，同时也没有像"国粹派"那样僵硬脑袋顶护着孔夫子偶像与世水火，而是继续在观潮台上以冷静睿智的思想和民族忧患的情愫，分析和比较人类各种文化的价值和生命力，苦苦寻索一条能够复活民族生机的文化建设之路。

1922年，梁漱溟在山西省讲演《东西人教育之不同》，开始就文化价值比较、选择的学术研究转向对文化生成机制即教育的关切。次年，在山东曹州六中演讲，认为社会主义者所提出的经济问题是比政治问题更为深层的问题①，初步提出"农业立国"的主张。1924年辞去北大教席，为实践自己的新认识、新设想，赴山东试办第六中学高中部。指出："教育应当是着眼一个人的全生活而领着他走人生大路，于身体的活泼、心理的活泼两点，实为根本重要；至于知识的讲习，原自重要，然固后于此"②。在《重华书院简章》中亦指出："在集同志，各自认定较为专门之一项学问，或一现实问题，分途研究，冀于固有文化有所发挥，立国前途有所规划，同时并指导学生研究，期以造就专门人才"③。是时，整个社会的平民教育思潮、职业教育思潮、实用主义教育思潮、留法勤工俭学思潮等风起云涌，均以"教育救国"为其根本精神与动力。梁漱溟赶上时代潮流，毅然辞去大学教授而走向现实社会，主张"农村立国"，以教育为本，走"教育救国"之路。但是，他与早期进步平民教育家邓中夏、毛泽东等不同，与黄炎培、陶行知、晏阳初等也不同，他的旨趣既不是启蒙劳动人民的阶级斗争觉悟，也不是希冀以西方文化科学知识来武装工农和改造农业和工业，而是主张"要复兴古人讲学之风，使讲学与社会运动打成一片"。他十分怀恋儒家文化和阳明学派的教育，企图通过恢复重华书院，重光中国文化为苦难深重的中华民族开创新生之路。严格地说，梁漱溟这时的教育思想尚未明确，也没有找到如意的教育实验基地。不久，他结束了曹州办学回到北京独自"苦闷"，同时重新补课，与熊十力和德国学者卫西琴等人一同研究心理学和儒学。

1927年，由于国共合作使北伐战争节节胜利，这给梁漱溟以莫大的精神振奋，"数年往来于胸中的民族问题，就此新经验后，从容反省，遂使积闷风痊，不期而一旦开悟消释"，"否认了一切的西洋把戏，更不沾恋，……相信了我们自有了立国之道，更不虚怯！"④ 他从对东西文化问题的"沉思不解"而转入"沉思在中国民族前途问题上"，"因为那文化问题，要抽象些，或难理会得；而此则眼前实际的水深火热之苦，数十年转陷益深，茫无涯岸，不早令人心焦了么！"⑤ 既然否认了

---

① 《文集》，第370页。
② 同上书，第371页。
③ 同上书，第372页。
④ 《觉悟》，第12页。
⑤ 《觉悟》，第6页。

"全盘西化"与"西洋把戏",则使得他对东西文化价值重新思考。不过,这种思考不再是从前的哲学抽象思辨和主观判断,而是面对严酷的社会现实,从民族前途来着想的。此年他在上海与国民党要人李济深分析国家发展大势,敏锐地觉察到最近的未来将是军阀割据的小局面。军阀割据不是解决民族前途的办法,他认为只有"乡治"才是"替中国民族在政治上在经济上开出一条路来"的"立国之道"[①]。坚定了"乡治"决心之后,他参观考察陶行知的晓庄学校,认为这是一所理想的学校。随后他到广州代李济深担任广州政治分会建设委员会主席,并任一中校长。在广州一中讲演中他阐发了他的乡治主张,指出:"所谓乡治者,是我认为我们民族前途的唯一出路。因为构成中国社会的是一些农村,……其实是农村兴盛,全个社会才能兴盛;农村得到安定,全个社会才能真安定。设或农村没有新生命,中国也就不能有新生命。我们只能从农村的新生命里来求中国的新生命,却不能从中国的新生命里,去求农村的新生命。我的所谓乡治,就是替农村求新生命的方法"[②]。于是他决心从乡治着手建设农村的新生命,从而探求解决民族前途问题的方法。

1929年,他离粤北上,先后考察了黄炎培所创办的中华职业教育社所办于江苏的乡村改进会、晏阳初于定县翟城村的中华平民教育促进会实验区、山西阎锡山的"自治"。回到北平后因广州政局变化未能返粤开办乡治讲习所,遂计划写作《中国民族之前途》。后经王鸿一介绍与梁仲华等合作筹办河南村治学院,被聘为河南村治学院教务长,同时接办北京《村治》月刊。从此开始他的乡村建设实践和理论建设。他批评民国以来社会上的各种文化思想和平民教育运动,指出:"我眼中的乡治或村治,……是看作民族自救运动四五十年来再转再变,转变到今日——亦是到最后——的一新方向。这实是与四五十年全然不同的一新方向;——以前都是往西走,这里便要往东走"[③]。"从我要作的社会运动看去,正是一种最实在的文化运动。我的乡治主张正是切就政治问题,而为

---

① 《觉悟》,第19页。
② 《文集》,第376页。
③ 《觉悟》,第21—22页。

人生大道的指点"①,"现在之中国问题并不是其社会内部自己爆发的问题,而是受西洋文化的势力(欧美并日本在内)压迫打击,引起文化上相形见绌之注意,而急求如何自救的问题"②。提出乡治是以文化为中心的民族自救运动,是对各种文化价值选择后"中国民族自救运动之最后觉悟",也是对中国民族前途的最佳选择。尽管次年因蒋冯阎中原大战迫使河南村治学院停办,使他转入山东邹平县成立乡村建设研究院,地点变换了,并且将"村治""乡治"改为"乡村建设",但是他的这些主张非但没有动摇,而且随着乡村建设试验的发展日渐形成了他的乡村教育理论。

二 乡村建设与乡村教育的关系

梁漱溟认为:"文化随人产生,人随文化陶养。"③ 人是文化性的高级理性动物,文化是人类生存与发展的一种客观需要。人类进步表现为文化的进步,文化进步亦是促进人类进步的重要因素。人类文化不仅有时间性、社会性、地域性,而且还有民族性,任何一个民族之所以有生命力,主要在于它创造和获得了一种具有独立生命与价值的文化。文化作为一个民族共同心理长期积淀的产物,表现为一种"民族的生活样法",是人们生活所依靠的一切。"一个社会的经济、宗教、政治、法律乃至言语、衣食、家庭、生活等,统统包括在内。换句话说,所谓文化,就是一个社会过日子的方法"④。社会在不断发展变化,"社会过日子的方法"也要随之发展变化,因此文化也就需要改造与建设。所谓文化改造,不是彻底抛弃民族固有的有生命与价值的传统文化,因为民族生命与价值最终取决于它固有文化的生命与价值潜力的发挥。也就是说,一个民族的独立与生存发展,必须依靠其从固有文化体系中的深层价值体系中派生出民族生命的活力。

他指出:"中国的失败自然是文化的失败,西洋的胜利自然亦是他文

---

① 《觉悟》,第25页。
② 《文集》,第379页。
③ 《觉悟》,第99页。
④ 梁漱溟:《乡村建设大意》,邹平乡村书店1936年版,第18—19页。(以下简称《大意》)。

化的胜利"①。因为西洋文化是一种"意欲"(will)向前要求的一种强力(power)文化,而中国则是以"意欲"自为调和持中的弱而无力的文化。但是,这种弱而无力的文化不是中国儒家本原文化的本色。在梁漱溟看来,"其实孔子的教化之已不得而见之,所贻留于后者不过是些孔子的语言道理,其影响到人生的势力是很勉强的,真正中国的人生之开辟一定前乎孔子,而周公当为其中最有力之成功者。周公并没有多少道理给人;他给人以整个的人生。……中国文化之精英,第一是周公礼乐,其次乃是孔子道理"②。周公礼乐成之甚早,周秦之际已是王道衰而霸道起,汉代只收拾余烬,仅存糟粕,魏晋衰竭,佛教传入,至唐代佛教盛行,中国人生的内容与面目自此已全非。宋明清时有人挽救之,但均不是以继往开来,因此"大体上中国的人生远从两千年(汉)近从八百年(宋)递演至此,外面已僵化成一硬壳(体合人情的伦理渐成不顾人情的礼教),内容腐坏酵发臭味(儒释道三合化为文昌帝君教,读书人咸奉之,贪禄希荣迷信鬼神);自欧化东来予一新颖而剧烈之刺激,近数十年乃一面为硬壳之破裂崩坏,一面为腐臭之宣扬播达;苟非残生将次断命,便是换骨脱胎之候。盖不独于今日为西洋所丑化了的中国人不足以见所谓中国人生,即倒退六七十年欧化未入中国之时,固已陵夷衰败至最后一步,不成样子;——几乎是从无宗教复返于有宗教"③。这就是说,中国文化已丧失了它的生命与价值,已经到了非"革命"不可的地步。因此乡村建设的根本问题就是"创造新文化,救活旧农村"的问题。他指出,乡村建设就是民族的自救,民族自救首先是民族文化的重建。"现在最要紧的是赶快想法子创造一个新文化","所谓创造新文化即是从旧文化里转变出一个新文化来。""它既不是原来的旧东西,也不是纯粹另外一个东西,它是从旧东西里转出来的新东西"④"乡村建设就是要创造一个新文化,创造新文化要以农村为根,要以中国的老道理为根,……从农村开端倪,来创造一个新文化,创造一个新社会制度"⑤。

---

① 《觉悟》,第99页。
② 同上书,第68页。
③ 同上书,第68—69页。
④ 《大意》,第20页。
⑤ 同上。

从文化着手建设乡村，这就决定了乡村建设的内容和性质是乡村教育。他说："中国原来是一个大的农业社会。在它境内见到的无非是些乡村；即有些城市（如县城之类）亦多数只算大乡村，说得上都市的很少。就从这点上说，中国的建设问题便应当是'乡村建设'。"① 由于中国是以农业为主的国家，所以中国的文化则与西方"都市文明"不同，只是一种"乡村文明"。乡村文明要发达，天然要根植于农业经济。而"想要农业发达，不是片面的；在其社会的方方面面（政治经济教育）都有密切关系，而实为整个乡村的事。如此方方面面都顾到的促兴农业，换句话说，那便是'乡村建设'了。——只有乡村建设，促兴农业，能解决这多数人没饭吃的问题"②。那么，我们可以明白了，"今日的问题正为数十年都在'乡村'破坏一大方向之下；此之问题解决唯有扭转这方向而从事于'乡村建设'；——挽回民族生命的危机，要在于此。只有乡村安定，乃可以安辑流亡；只有乡村产业兴起，可以广收过剩的劳力；只有农产增加，可以增加国富；只有乡村自治当真树立，中国政治才算有基础；只有乡村一般的文化能提高，才算中国社会进步。总之，只有乡村有办法，中国才算有办法，无论在经济上、政治上、教育上都是如此"③。"所谓乡村建设，事项虽多，要可类归为三大方面：经济一面，政治一面，教育或文化一面。虽分三面，实际不出乡村生活的一回事；故建设从何方入手，均可达于其他两面"④ 乡村建设包括政治、经济、文教三大内容和任务，梁漱溟认为如果按照正常顺序则经济在先，然后才有政治改进和教育改进的需要，亦才有作政治改进教育改进的可能。可是，乡村建设是以促进整体社会进步为急务的，所以它作为社会革命的手段之教育应当打破这种正常顺序，必须先行于二者或并行二者。因为在他看来，中国社会革命或改造，根本在于文化的改造，"教育之在社会，其功用为绵续文化而求其进步"⑤，并制约暴力的破坏因素。

梁漱溟认为"乡村建设"实为社会改造，然社会改造时期的教育与

---

① 《文集》，第41页。
② 同上书，第44页。
③ 同上书，第45页。
④ 同上书，第47页。
⑤ 同上书，第101页。

社会改造前的教育不同，与改造后的教育亦有区别。他以苏联革命为例，指出教育"或于暴力革命前为宣传运动组织运动，或于暴力革命后为完成社会改造之种种工作（如今苏俄之所为），盖莫不有教育在焉。更直接言之，盖不为一种教育（如苏俄在经济建设上的五年计划实可认为是一种教育）。由是而论，徒教育固未足以改社会，而社会改造于前后卒又不能不仰赖于教育以竟其功"①。但是梁漱溟所讲的教育乃是中国社会改造时期的教育，即乡村教育，它是完成乡村建设的工程，它的教育作用、内容、对象等都不同于平时学校教育，更不同于他国社会改造之教育。其特点如下：（一）中国社会是乡村社会，中国社会改造是乡村改造，乡村改造的方法探讨不得不归到教育，教育即作为乡村改造的方法，则必须面对乡村社会，因此"让社会教育与乡村建设合流的是中国社会问题"②。（二）"中国社会现在是革命时期中，可是，我们的革命，与其他的革命不同。其他的革命（或者是人家的革命）大半是社会内部问题的爆发；而中国的革命，是外部引发的，不是内部自发的"③ 由外部引发的革命，其教育亦必须是由"先知先觉"来启发民众，唤醒民族自觉和民族文化自觉。"中国虽已用过暴力革命，可是，旧秩序被推翻，新秩序尚待建立，建立新秩序，也就是革命。这个时候，正是一个顶需要教育的时候，……中国的此时，正好似一块空白，专等着教育来填补"④ 所以说，此时乡村教育就是乡村建设。（三）由于中国民族文化的特殊性和民族革命的特殊性，作为乡村建设时期的乡村教育，与平时教育的性质与作用即"绵续文化而求其进步者"不同，它不是面对儿童和少年，而是"应着重成人教育，应以全力办民众教育，办理社会教育；因为我们着意在改造文化、创造文化，而不是绵续文化"⑤。成人教育主要是农业教育，因此施行的办法有二：一是要教育民众化，二是创造一种特殊环境即使受教育者置于其地而教育之。这是学校教育不能办到的，必须以社会式的教育为主体，即乡约、乡农学校等形式的教育，教以农业改良，教以乡村自治等

---

① 《文集》，第102页。
② 同上书，第243页。
③ 同上书，第247—248页。
④ 同上书，第248页。
⑤ 同上。

等。他概括地说："此刻的中国，天然的要注重民众教育或说社会教育。此民众教育或社会教育，即乡村建设。中国的民众多在乡村，故民众教育，即乡村民众教育。中国是乡村社会，故社会教育即乡村社会教育。此种教育，是很活的、很实际的教育；此教育即乡村建设"①。由上所述可见，梁漱溟把乡村教育等同于乡村建设，要求教育乡村社会化和乡村民众化，与乡村建设合流，着重起到改造文化、创造文化的作用。这些教育思想仍然是以他的文化哲学和社会改良主义为理论基础的。

梁漱溟再三强调他的乡村教育是一种有别于狭义的学校教育的社会教育，其教育概念是一种大教育。他说："什么是教育？统同是教育。在学校里读书是教育，在家庭做活也是教育；朋友中相得的地方是教育，街上人的谈话，亦莫不是教育。教育本来是很宽泛的东西。至于教育的功用，不外为'绵续文化而求其进步'。换句话说，就是'不使文化失传，不使文化停滞不进'。人类不能不有生活，有生活就不能不有社会，有社会就不能不有教育，教育是很天然的。无论作广义的解释或狭义的解释，都不外'绵续文化而求其进步'这个定义（所谓文化者，一切文物制度、礼俗习惯莫不属之）。教育的功用，就是如此"。梁漱溟规定教育的功用是绵续和发展文化，这是抓住了教育的本质与作用。但是他又强调文化具有民族的特殊性，从而要求中国乡村教育主要是"理性"教育而不是知识技能和现代生活全部内容的教育，谈到底只是围绕乡村建设而实施的教育，这样又把已经展开了的大教育概念的外延缩小了，内涵上也过于固定化。总之，他的乡村教育理论没有超出"乡村建设"的范围，既是乡村建设的一种动力与手段，同时又必须严格制约于乡村建设的性质、目的、规模与作用。如果说，乡村建设是一个大系统的话，乡村教育则是其中的一个子系统，既受大系统的控制，同时也受政治系统、经济系统的制约。所以，他的乡村教育理论是与乡村建设的政治理论、经济理论紧密结合在一起的，而三者的理论前提都是他的文化论。其目的要在重建文化的民族性，借此来振兴民族文化，挽救民族覆亡的命运，复苏民族的生机，从而从容地通过乡村建设的道路走向现代化。

---

① 《文集》，第249页。

三　从人生态度选择到教育模式选择

既然梁漱溟把乡村教育与乡村建设粘着地糅合在一起,以其文化哲学为理论基础,那么,作为教育理论的逻辑起点又是什么呢?或者说决定教育理论的文化哲学又是从哪个方面来阐述教育的呢?

梁漱溟说:"文化是什么东西呢?不过是那一民族生活的样法罢了。生活又是什么呢?生活就是没尽的意欲(will)……和不断的满足与不满足罢了。"① "考虑西方文化的人,不要单看那西方文化的征服自然、科学、德谟克拉西的面目,而需着眼在这人生态度、生活路向。"② "我以为人的精神是解决经济现象的,但却非意识去处置他。……欧洲人精神上有与我们不同的地方,由这个地方既直接的有产生'德谟克拉西'之道,而间接的使经济现象变迁以产生如此的制度……"③。梁漱溟的文化哲学是把文化归因为生活路向和人生态度,把生活和人生归因为"意欲"的不同精神;"意欲"既是生活和人生的内驱力,同时又是人生态度的最本质体现。因此,任何民族文化的价值与生命最根本的是由"意欲"起决定作用。他批评近代自孙中山以来的一切民族自救运动者虽然抱着良好的愿望,希冀建立一个与西方并列于民族之林的"近代国家",但是,"曾不知近代国家是怎样一个东西。他的政治背后,有他的经济;他的政治与经济出于他的人生态度;百余年间,一气呵成。我国数千年延续活命之根本精神,固与大异其趣,而高出其上,其何能舍故步以相袭"④。人生态度或"意欲"在文化中既然有如此重要的作用,则分析、观察、比较乃至判断不同文化类型的方法和标准就要在人生态度或意欲上着手,同时改造文化和创造文化也应当以此为起点。

他说:"我以为我们去求一家文化的根本或源泉有一个方法。……通是一个民族,通是一个生活,何以他那表现出来的生活样法成了两样彩色?不过是他那生活样法最初本因的意欲分出两异的方向,所以发挥出来

---

① 梁漱溟:《东西文化及其哲学》,第24页。(以下简称《哲学》)。
② 同上书,第57页。
③ 同上书,第47页。
④ 《觉悟》,第104页。

的便两样罢了。然则你要求一家文化的根本或源泉,你只要去看文化的根源的意欲"①。他认为西方文化是"以意欲向前为根本精神","中国文化是以意欲自为调和折中为其根本精神","印度文化是以意欲反身向后要求为其根本精神"②。中、西、印三种文化的根本或源泉即意欲的不同,所以开出的文化模式不同并"生活中解决问题方法的不同":西方是"遇到问题……对于前面的下手,这种下手的结果就是改造局面,使其可以满足我们的要求"。中国则是"遇到问题不去要求解决,改造局面,就在这种境地上求我自己的满足"。印度则是"遇到问题他就想根本取消这种问题或要求"③。梁漱溟根据他对文化价值与作用的认识,将人生态度分为三种:西方文化中的"意欲"为"第一路向"的人生态度,中国为"第二路向"的人生态度,印度则为"第三路向"的人生态度。第一态度开出的是"个人本位主义"的社会和"个人本位主义"的文化(如美国),进而形成"社会本位主义"的文化和社会(如苏联)。第二态度(以中国为代表)开出的是"伦理本位"的文化和社会。第三态度开出的是印度社会和印度文化,它既不像西方人的要求幸福与"个人本位主义",也不像中国人的安遇知足与"伦理本位",而是努力解脱这个生活的问题,"既非向前,又非持中,乃是翻转向后"④。他指出,三种态度开出的三种文化各有优缺点;三种态度又决定各自的文化模式及其生命与价值。由于中国旧社会制度被推健,旧的文化模式已不完全适用现代化的样法,"近百年来,中华民族之不振,是文化之失败"。"文化上之失败,是由于不能适应世界大交通的环境"。"所以民族复兴问题即是文化重建问题"⑤,文化重建问题就关系到选择什么人生态度问题。他说:"第一,要排斥印度的态度,丝毫不能留;第二,对于西方文化是全盘接受,而根本改过,就是对其态度要改一改;第三,批评的把中国原来的态度重新拿出来。这三条是这些年来研究这个问题之最后结论"⑥。

---

① 《哲学》,第24页。
② 同上书,第55页。
③ 同上书,第53—54页。
④ 同上书,第66页。
⑤ 梁漱溟:《乡村建设理论》,第50页。(以下简称《理论》)。
⑥ 《哲学》,第202页。

这样选择人生态度，是对文化深层的生命与价值的历史思考。首先，因为文化模式、生命与价值等是由人生态度决定的，既要复兴民族文化生命和重建民族的文化，那么中国人的固有文化生命之根本或源泉必须坚持，当然是"批评的把中国原来态度重新拿出来"，而不是不加改造地顽固地坚持。其次，全盘接受西方文化而改变其态度为中国之态度，也亦是改造文化的客观需要。因为"态度"选择必须依据社会问题的解决为满足的，不同的"问题"都应有相应的"态度"和解决的法子。"问题及态度，各有深浅前后之序；又在什么问题之下，有其最适当的什么态度。虽人之感触问题，采取态度，初不依其次第，亦不必适相当；而依其次第适当以进者，实为合乎天然顺序，得其常理。人类第一问题之下，持第一态度走去，即成就其第一期文化；而自然引入第二问题，转到第二问题，成就第二期问题，转到第三态度，成就其第三期文化"① "所谓世界三大系文化者，盖有其三不同之人生态度为根本。然总观人类文化至今日，实尚在第一问题之下"②。所谓第一问题即人对"物"的问题，第二问题即人对"人"的问题，第三问题即人对"自己"的问题。梁漱溟认为中国古代人生态度是属于第二态度，它超越了第一期文化而形成早熟状态，所以比起西方第一期文化来显得"不同而不及""过而不及"，特别是对待现实的中国所面临的第一问题，与西方文化相比显得相形见绌。按理说，中国应当是放弃第二态度采取第一态度才对，这就是当时"全盘西化"的主张。但是梁漱溟认为这只看到问题的表面，没有抓住中国文化的特殊性和世界文化发展的规律。原因何在？其一，民族复兴就是民族文化重建，民族文化要有生命与价值必须不失掉自己的根。这仍然是上面的老问题。其二，西方物质文明的文化已近走到尽头，因为它已解决了"第一问题"，因此当它即将向第二期文化转变时，必然要采取"第二态度"。如果中国放弃已有的优势，而去步西方的后尘，则中国永远处于被动落后的地位，相反，只要中国人坚持固有的人生态度，同时又接受和利用西方强力文化解决"第一问题"，这样超前赶捷，驾轻就熟，中国就会由落后转为领先，由被动变为主动。他说："中国人果知耻而至死不易吾精神也，

---

① 《觉悟》，第64页。
② 同上。

则是其所以生者方劲然以在，何忧前途无活命？中国人其果审于世界文化转之机已届，正有待吾人之开其先路，而毅然负起其历史的使命；所谓民族自觉者，觉此也"[1]。实际上，梁漱溟是从历史的、战略的眼光来分析和探讨民族文化重建的，而把重建的基点立在人生态度的改变上。一方面他表现出强烈的民族文化自信心和乐观态度，一方面也表现出他对人文主观能动性和道德主体性的深刻关切，另一方面也反映了他对文化的物质基础和作为现代化灵魂与动力的科学技术等认识的片面性。

基于上述认识，梁漱溟从乡村教育即乡村建设的考虑，从人生态度的选择转入教育模式的选择。与当时教育思潮中效法英、美、日、德教育模式的各种观点不同，他的参照系却是以农业为主并且具有相同于中国民族忧患意识与处境的丹麦。将丹麦的教育与中国的教育作了文化上、历史上的比较，认为丹麦农业之发达与农业合作隆盛，都是因为得力于复兴民族文化的教育。

梁漱溟认为，丹麦教育的根本精神是在职业教育与书册学问之外，始终着力于民族文化的传播以觉醒一般民众的精神生活，不断地培养和提高人的生活态度。丹麦教育是一种民众教育，教育的对象是广大的乡村民众，特别是成人。其教育组织是以乡村社会组织为基础的民众高等学校。这种组织不是像普通学校一样的教育机构，而是民间自发组织和结成的社会团体，教学内容主要是生活的，具有生活化、"人生之道"的特点。这种由民间自发兴起的生活教育，实际上是一种成人补习教育，纯粹出于人生生活的需要。学校是由私人经营，学生自愿参加，政府只给津贴而一切不干涉。学校富于家庭情谊生活气味，师生关系融洽，教学是以师生同学间的谈话方式进行的，所以没有统一规定的课程与教学计划。丹麦教育随着人生态度的改进和民族感的提高，然后逐渐增加科学教育和职业训练的学校。如此文学艺术渐渐取替宗教，以科学技术知识来改进农业等[2]。

梁漱溟十分赞赏丹麦教育以民族文化来启发人生态度和民族意识的做法。如民族历史知识，对于感到民族覆亡恐惧的人们是极易唤醒民族意识和民族自信心的。又如用国语教学对于形成民族文化精神和民族内聚力也

---

[1] 《觉悟》，第110页。
[2] 《文集》，见《丹麦的教育与我们的教育》。

很重要。他认为中国古代"教化"具有丹麦教育的相同性质，但自现代西方教育取替了古代教育之后，就日益脱离中国人生和乡村，一是专重知识技能的训练，二是私人办学为官方办学所取代，死板教条，毫无生活意义。他对此十分不满，批评现代教育是舍本逐末，重智轻人。他说："知识技能是生活的工具，是死的；……必待活泼的生命去运用，而后其功乃著"①。人是教育的目的，教育只是通过文化陶养来培养人的；人借助文化工具更好地生活，教育才传递人们以文化，并非人为知识技能而活着而生活。也就是说，生命是本体，知识技能只是本体之用，人生行谊理性是生命与价值的主体，知识的获得是次要的。"有了内心生活的觉醒，则知识的搜求是容易的"。因此乡村教育应以人生行谊教育为立足点，着重激发人们向上欲求自拔的人生态度，然后发达其他知识技能。他指出："中国教育今当着重于乡村教育民众教育。然使所谓民众教育徒琐琐于识字，于常识，于农业改良，而于吾人如何处兹历史剧变的世界，无所启发指点，则可云毫不相干。"② "我们非必求符于丹麦教育；然观于丹麦教育，固有引起我们对此刻中国教育问题之认识者。"③ 他认为中国教育模式宜以丹麦教育为借鉴，"始终以人生问题为中心"，"中国教育除非从此没办法则已，如其有办法，必自人生行谊教育之重提，而后其他一切知识技能教育乃得著功；抑必将始终以人生行谊教育为基点而发达其他知识技能教育焉"。④

梁漱溟主张以人生行谊教育为基点而展开知识技能和职业教育，实则是以重建人的主体性为鹄的。因为民族自救在于民族觉悟，民族觉悟在于个体主体性的觉悟，主体性是道德"理性"的体现，而这种"理性"又正是中国文化的本质特征所在。这样，民族文化的觉悟与人的"理性"觉悟统一起来了，文化的民族性和人的主体性重建也统一起来了，由此教育开发，不仅个体的人生态度会得到改造，而且民族文化的根本或泉源即"意欲"也会得到改造。本体发生了变化，适应了激烈剧变的世界环境，则知识技能之用也十分自然成为人的生活的工具了。这一思想显然是出自

---

① 《文集》，第91页。
② 同上书，第92页。
③ 同上。
④ 同上。

儒家"有德必有用"的"体用一源"论,在理论上修正了长期以来的"中体西用"的缺陷,但是又过高地估价了道德作用与价值。在这一思想理论指导下,梁漱溟的乡村建设与乡村教育的实践以"建设新礼俗"为指归,落入儒家社会教化的俗套,制约了乡村建设向现代化殿堂铺展道路的功效。

四　文化的民族性与人的主体性重建

梁漱溟认为中国民族既要觉悟到民族自救的方法必须从文化建设着手,更应当通过乡村建设和乡村教育来改造文化,创造新的社会制度,通过乡村的建设道路来解决中国社会问题,终于现代化的实现。因此,乡村建设与乡村教育的问题终归于中国文化的现代化改造问题。"中国文化将要有一个大的转变,将要转变出一个新文化来。'转变'二字便是我们创造新文化的办法。我们就是要从旧文化转变出一个新文化来"①。说穿了,就是要将文化的民族性与人的主体性进行重建。

他认为,中国旧文化表现有如下几个主要特点:(一)中国社会自周秦之际封建制度解体之后,便陷入盘旋往复,一乱一治,周而复始的状态,失去了社会应有的发展前途,已不可能有本质的变革,也不可能产生出革命,只是一种特殊的农业社会。(二)这种传统社会的结构是伦理本位与职业分途。所谓伦理本位,即一切社会关系均以亲子血缘的家庭伦理关系为基础而展开,"于人生各种关系中,家乃至天然之基本关系,故又为根本所重。……由是而家庭与家族,在中国人生上占重要位置,乃至亲戚乡党,亦为所重。习俗又以家庭骨肉之谊,推于其他,如师徒、邻居,社会上一切朋友同侪或比于父子关系,或比于兄弟关系"②,"社会生活,国家生活,君与臣、官与民,比于父母与子女关系,其政治目的全在维持大家伦理之相安"③。政治、经济、文化、意识等都反映伦理情理关系和道德义务关系。所以中国是一种伦理本体的社会,缺乏集团生活。社会是

---

① 《大意》,第19—20页。
② 《理论》,第25页。
③ 同上书,第285页。

家庭的扩大化，个人与团体均被消融其间。所谓职业分途，即指秦汉以后的社会，士、农、工、商四民只有不同职业的区别，而没有"阶级对立"。而且职业对于每一个人来说是可以变换流动的。因为中国的土地可以自由买卖，常常流动转易人手。政治上由于取士制度特别是科举制度对全民开放，所以社会地位也经常变易，没有严格的世垄和阶级对立。因此中国历来政治局面的维持只是需要礼俗教化，从天子到庶民"一以修身为本"，"不以积极的强制求统治"①。（三）中国社会意识和心理是"理性"的而非宗教的。因为宗教"是从超绝人类知识处立他的根据，而以人类情态上安慰勖勉为事者"②。中国人没有整个系统的宗教信仰，也没有大规模的宗教行为即"国家制度团体组织的宗教活动"③。但是这不是说"中国没有宗教"，而只能说"中国几乎没有宗教"。"替代一个大宗教，而为中国社会文化中心的，是孔子之教化。……不过孔子的教化，实与世界其他伟大宗教同样的对于人生具有等量的安慰勖勉作用；他又有类似宗教的仪式"④。梁漱溟认为这些特点决定了中国民族文化的重建和人的主体性重建的基础（根）。但是，仅从这些根上发出新芽来是不可能的，因为他认为中国文化已失去固有的生机创造能力，"自其文化开发之初到他数千年之后，也没有什么两样，……假如没有外力进门，环境不变，他会要长此终古！"⑤那么，怎样既要抱住这个"根"，又要使它发出"新芽"来呢？

梁漱溟认为这就是使中国文化进行现代化改造与建设，即乡村建设。因为中国文化的根在乡村。乡村是中国文化有形的根，而"中国人讲的老道理"这个无形的根也在乡村。"中国是一个以乡村为本的社会，百分之八十以上的人口住在乡村，过着乡村生活，……中国的命运寄托在农业，寄托在乡村"⑥，但是由于近几十年的外国影响使之遭到严重破坏，所以，"创造新文化，救活旧农村"乃是当务之急。"天下事无论什么都

---

① 梁漱溟：《中国文化要义》，第 283 页。
② 《觉悟》，第 58 页。
③ 同上书，第 59 页。
④ 同上书，第 60—61 页。
⑤ 《理论》，第 49 页。
⑥ 《大意》，第 12—14 页。

要使他本身有生机有活气，这样才能吸收外旁的养料"①。救活旧农村，首先要使农民自己觉悟或自觉，即要以教化的手段使其道德主体性建立起来。而主体性的建立乃是一种重建的工作，是新建设的问题。因为社会发生了变迁，环境变化了，人的"生活样法"也得变，中国已不是过去闭关锁国的时代，而是受到外力的影响，因此就需要根据新生问题特点"建设新礼俗"。"所谓新礼俗，就是中国固有精神与西洋文化生长处二者为具体事实的沟通调和（完全沟通调和成一事实，事实出现我们叫他新礼俗）。不仅是理论上的沟通，要紧的是从根本上调和沟通成一事实。……当中国精神与西洋长处二者调和的事实有了时，就是一个新社会的实现，也是人类的一个新生活"②。这就是说，乡村建设对文化的民族性与人的主体性重建工作，要在使中国固有精神与西方文化长处在事实沟通调和成为一"事实"的问题。

西方文化长处有哪些呢？又怎样沟通调和呢？他认为西方的物质文明、科学、民主、团体组织等都是其长处，都是中国需要补充的。沟通调和的办法是建立一个基于"伦理本位"的旧社会组织之上的全新的乡村社会组织。"这个社会组织乃是以伦理情谊为本原，以人生向上为目的。可名之为情谊化的组织或教学化的组织，因其关系是建筑在伦理情谊之上，其作用为教学相长。这样纯粹是一个理性组织，他充分地发挥了人类的精神（理性），充分容纳了西洋人的长处。西洋人的长处有四点：一是团体组织——此点矫正了我们的散漫；二是团体中的分子对团体生活为有力的参加——此点矫正了我们被动的毛病；三是尊重个人——此点比较增进了以前个人的地位，完成个人的人格；四是财产社会化——此点增进了社会关系"③。他认为只要成为一"事实"，不仅是人类正常的文化，也是未来的文明。因为它是出自人的主体性和文化的民族性逐步地自觉地"理性"展开，而不是像历史上一切组织那样机械地不自觉地演变而成的。既是伦理与政治的统一，又是"理性"与"理智"的调和；既是个体与团体的融合，又是经济与情谊的沟通；同时它还是生活化、社会化、

---

① 《大意》，第30页。
② 《理论》，第285页。
③ 同上书，第175—176页。

教学化等综合的新组织构造、新礼俗。它比起过去的五伦,只是"添了团体对分子、分子对团体一伦而已。这一团体组织是一个伦理情谊的组织,而以人生向上为前进的目标"①。这个组织也就是梁漱溟所谓的"乡农学校"或"乡约",亦即他所理想的社会组织模式和教育模式。

梁漱溟说:"新的组织,具体的说是什么样子呢?一句话就是:这个新组织即中国古人所谓'乡约'的补充改造"②。这个"乡约",不是明清政府以政治力量推行的而是乡村人自己发动的,具体说来是宋代吕和叔创造的、清代陆桴亭改造过的"乡约"的再加工。保持它的人生向上精神和伦理情谊,同时又使它更加社会化、现实化、具体化,突出乡农学校的教化作用,注意人的"意欲"向前向上,"把经济放在这种人生中"③,以避免西方经济支配人,物支配人的不良后果。

为了实现乡村建设的目标,梁漱溟十分注重"乡农学校"的地位与作用。他说:"所谓乡农学校这个东西,是补充改造后的乡约中自然要有的机关"④。它是乡约实施教育的组织,也是乡约精神的体现。其结构为校董会、校长、教员、乡民(学生)四因素。他说:"我们的乡农学校所划的范围,是由一百五六十户至三四百户,在此范围内,先成立校董会。校董会中都是些领袖人物,再从校董中推出一个校长,来主持教育的事情;教员可以从外边去聘请,聘请一个有知识,更明白的人来做教员,学生即本地农民(尤以成年农民为我们的主要学生,也可以说是从成年农民入手,而不止于成年农民,男女老幼皆在学生之列)。只有教员是外来的,其他三项都是本地人。范围如此划定,内容如此配置,则构成为一种组织"⑤。但是还不够,还"必须靠有知识、有眼光、有新的方法、新的技术(这些都是乡村人所没有的)的人与他合起来,方能解决问题"⑥。这个四有的人就是城里的知识分子,包括从外国留学回来的知识分子,他希望通过他们与农民的结合来共同实现乡村文化建设和中国文化改造。这

---

① 《理论》,第175页。
② 同上书,第187页。
③ 同上书,第206页。
④ 同上书,第215页。
⑤ 同上书,第216—217页。
⑥ 同上书,第220页。

一思想是来自他关于中国问题解决的动力是知识分子的理论。

梁漱溟主张乡村建设要依靠知识分子和现代科学知识是对的，要求知识分子从城市走向乡村与农民打成一片，也是新文化运动以后的正确方向。但是，在此也暴露了他的乡村建设理论的逻辑矛盾和困境。一方面他强调中国文化的根在乡村，农民自觉是民族自觉的前提，并且农民有创造文化救活旧农村的能力，另一方面他又否认中国文化的根在农民的"理性"之中，农民教育必须依赖于知识分子，这样就把乡村建设的主人由农民改变为知识分子，成为少数知识分子的一种文化教育事业。这种错误正像18世纪法国唯物主义者提出的"人类社会的改善依靠教育"的命题一样陷入理论困境，"认为人是环境和教育的产物，因而认为改变了的人是另一种环境和改变了的教育的产物，——这种学说忘记了：环境正是由人来改变的，而教育者本人是受教育的。因此，这种学说必然会把社会分成两部分，其中一部分高出于社会之上"。①

同时，他主张乡村教育是文化建设事业，必须脱离政治系统的控制，但又希望教育机关接受政府经济津贴。这又是一个理论上的矛盾与错误。因为他并不清楚，即使是纯粹私人的教育，只要它接受政权的经济津贴，就势必要受政权的支配、统制、影响，乃至决定其教育的性质与目的。政权干预教育不单是政治手段，即使是最理想的民主政权也是要通过经济手段来控制教育的。乡村教育企图独立于政治之外，而又希求政府予以经济扶助，这无疑是一种迂阔的幻想。尤其是在现代阶级斗争十分尖锐的情况下，企图远离社会现实，通过乡村建设与教育来解决中国社会问题，走改良主义的道路，显然是行不通的。后来梁漱溟认识到："我的错误，实错在过分强调中国问题的特殊"②，"既然客观形势上中国不可避免地卷入世界旋涡，而终必出于阶级斗争一途，那么，阶级斗争便是解决中国问题的真理"。③

梁漱溟乡村教育的实验历时7年，所取得的社会改良成就是不可否认的。他的乡村建设和教育理论，在今天需要我们正确认识与评价，从中吸

---

① 《马克思恩格斯选集》第一卷，第17页。
② 《文集》，第403—404页。
③ 同上书，第403页。

取经验教训。我们认为，如下两点是值得注意的。

（一）乡村教育的理论基础是他的文化哲学，强调文化模式与教育模式的同一性，并从人与社会的文化本质和中国文化的特殊性出发，来分析、探讨中国社会落后的原因和解救办法，从文化层面和途径提出了自成一家的社会教育学说，为中国文化改造和社会、教育的改造提供了观察问题和解决问题的理论与方法。同时他从文化价值的选择转入民族前途的选择，从人生态度的选择转入教育模式的选择，为中国民族文化或民族精神文明（主要是伦理）的重建，提供了具有一定科学价值的理论根据，反映了中国文化建设的特殊性，是对建设具有中国民族特色的文化体系的大胆探索。通过对中国问题现象背后的文化心理结构的冷静分析与研究，指出文化的民族性和人的主体性重建应当从乡村建设着手，以乡村教育为根本途径，而且在理论上论证了它的可能性与必要性，这就有力地批判了"全盘西化论""国粹论""中体西用论"等等错误的文化格调，坚定了民族文化的自信心。这些在当时历史背景下是难能可贵的，在今天仍有重要的现实意义。

但是，由于他过分强调了民族文化的特殊性和文化哲学的价值论、目的论等方面的错误，片面地以"伦理本位"与"职业分途"取代和否认了社会阶级矛盾和阶级斗争，要求经济包容在人生问题上解决，忽视了农村的根本问题是土地问题，从而使得他的乡村建设和乡村教育走向共产党农民运动和阶级斗争的对立面，乃至为国民党反动派利用而导致彻底失败。[①]

（二）梁漱溟的乡村教育理论以重建人的道德主体作为奋斗目标，企图通过个人的道德觉悟来使整个民族觉悟，从而充分调动人的主观能动性，在中国处于激烈剧变被人欺侮和宰割的逆境中，使广大乡村自由、散漫、无力、贫困的农民联合起来，组织起来，通过传统文化的教育来形成民族的内聚力，使对民族覆亡怀着恐惧心理的人们振作起来，改造自己，改造社会，改良农业，改良政治经济文化等，这都是值得充分肯定的。尽管梁漱溟继承了儒家，但是他把儒家重视人的道德主体性的修身理论，改造并提炼到民族自救和民族自觉这个历史课题上来了。他强调通过乡村组

---

① 参见高奇著《中国现代教育史》，北京师范大学出版社1985年版，第153—158页。

织的建设来改造旧社会"伦理本位"的人际关系和学习、吸收西方的民主、团体组织、重视个人、经济合作等优点，重视民众文化素质提高和社会组织结构的改造与重建，要求教育先行，并且把教育的重点放在农村，这些确乎抓住了中国现代化建设的特点。近几年来我国农村经济体制改革的巨大成就，确实证明农村不仅是中国经济之本，而且也是中国文化之本，中国的社会问题解决必须注重以农村为基本，经济上去了，但文化、教育上不去还是不行，农村政治、经济的改革，必须抓好文化与教育改革，农村改革是社会整体的改革，如果只抓表面的现实的眼前政治与经济问题，而忽视这些现象背后的社会深层结构的文化问题，改革势必难以深入。最近，人们开始认识到农村教育的重要性，把农村文化建设问题提到议事日程上来，重新认识和反思梁漱溟的文化哲学和乡村建设理论，这是很有现实意义的。但是，毋庸讳言，近来梁漱溟思想研究的一个普遍倾向是只注重他的文化哲学方面的著作研究，轻视他的乡村建设实践经验的认真总结，特别忽视他的乡村教育理论与实践的经验教训的探讨，教育、学术界对此努力不够，这不能说不是一个引人深思的问题。我们认为，尽管梁漱溟乡村教育理论与实践有许多落后的因素，如以"建设新礼俗"为指归，强调封建伦理行谊教育，强调从人的主体性中派生出人的价值和知识技能，在理论上将"理性"与"理智"对立起来，在价值观上抬高人伦道德而轻视科学文化知识等等，但是梁漱溟的乡村教育理论中仍有许多有价值的东西尚待人们去认识和探讨。例如他提出文化模式与教育模式相适应的问题、乡村教育与乡村建设的关系问题、文化的民族性与人的主体性重建问题，以及他的大教育观，他的办学实践经验，乃至他作为乡村建设和乡村教育的倡导者实践者的素质与条件，他的爱国主义热情，大胆探索与开辟新路子的勇气，不唯书不唯上独立思考的学风与人格，凡此等等，在今天仍然值得我们认真地反思，或许能从其中得到某些启迪和养料。

试论梁漱溟与孔学

——兼论"乡建派"的政治思想

朱玉湘

孔子是春秋末年的大思想家。当时我国历史正处在剧烈的社会动荡时代,他作为一个思想政治代表人物,是改良派和保守派,其主导思想是企图挽救贵族统治的没落,但也注意到新的社会力量的兴起,并主张对民众的斗争作一定的让步。他的思想对后世影响很大,有的吸取其学说中的积极因素,有的发挥其错误的东西。随着历史潮流的变化,孔子及其学说,不断地被利用和改造,孔学在我国历史上经过许多变化,各个时代有各个时代的孔学,各个学派也有各个学派的孔学。在近代中国的资产阶级思想代表人物中,力图利用和改造孔学的,有康有为、谭嗣同、章太炎,还有梁启超和梁漱溟。梁漱溟则是"五四"运动以来提倡孔学现代化最积极的代表人物。在今天,我们研究和总结梁漱溟先生使孔学现代化的经验教训,仍有其现实意义。

一

梁漱溟在1921年发表了《东西文化及其哲学》(以下简称《哲学》),主张恢复和发扬孔子思想为代表的东方文化,被称为"东方文化救国派"。在五四运动后期的东西文化的大论争中,他主张继承旧文化,自成一家之言,既是传统文化的改革者,又是新文化运动和新民主主义革命的对立者。他从20年代起又先后在河南和山东搞村治或乡村建设运动,并出版了《中国民族自救运动之最后觉悟》《乡村建设理论》等著作,重复和发展了《哲学》一书的基本观点,成为当时高唱"乡村建设救国论"

最有力量的一派。

梁漱溟作为一个中国现代儒家的代表人物，在20世纪初的中国出现不是偶然的。资产阶级领导的辛亥革命虽然推翻了中国历史上最后一个封建王朝，建立了中华民国，但是，它没有完成反帝反封建的任务，中国社会的基本矛盾在继续加深着。在思想政治战线上曾出现过以袁世凯和张勋、康有为为代表的两股复辟势力。他们都利用孔子的思想为其政治上复辟帝制制造舆论，大搞尊孔复古。一时间，孔教会、孔道会、同善社等团体，纷纷出笼。代表封建主义的孔学仍有其社会基础，封建的三纲五常、忠孝节义的说教，再加上崇拜鬼神的愚昧迷信，形成了束缚人民思想的精神枷锁。这表明资产阶级领导的辛亥革命缺乏彻底反封建文化的一课。1915年，陈独秀创刊的《新青年》杂志发起了冲决封建的精神罗网的斗争，在《新青年》的影响下，形成了伟大的新文化运动。新文化运动作为反封建的文化思想斗争，不仅是戊戌维新与辛亥革命的继续，而且具有空前的彻底性和不妥协性，其斗争的矛头，直接转向以孔学为代表的一切旧思想和旧道德，掀起了"打倒孔家店"的潮流。新文化运动初期所宣传的民主和科学，是从西方资产阶级思想武器库中学来的，在一定的历史条件下，这个思想武器有反封建的进步作用。但是，1914年第一次世界大战的发生，暴露了资本主义制度发展到帝国主义阶段不可克服的矛盾，表明了资本主义的腐朽性和西方资产阶级的文化思想日趋没落。1917年俄国十月社会主义革命的胜利，是马克思列宁主义的胜利，是科学社会主义思想的胜利。人们已经从资本主义文化的没落中，看出它并不是人类文化发展的极峰，人类文化要走向更高的阶段，即社会主义文化和共产主义文化阶段。但是中外资产阶级思想家不愿也不敢追求这种新文化。西方资产阶级学者，如柏格森、罗素等，在发觉了资本主义世界并不美妙的情况后，徘徊无主，悲观失望，便回过头来，企图从东方文化中寻找安身立命的地方。在中国，本来宣扬西方资产阶级文明的梁启超，第一次世界大战结束后，从欧洲归来也反对西方文化。他们把科学的发达看成是战争罪恶的根源，认为科学发达，物质文明进步，造成了物质的机械的人生观；又由机械的人生观造成了一场破坏性严重的大战。地主资产阶级学者不愿承认社会主义一定代替资本主义的客观规律，却由此而认为"西方科学文化"破产了，绝对永恒的价值还是属于东方精神文化。坚持这种观点最有力的则是梁漱溟。

梁漱溟在《哲学》序言中说:"看着西洋人可怜,他们当此物质的疲敝,要想得精神恢复,而他们所谓精神又不过是希伯来那点东西,左冲右突,不出此圈,真是所谓未闻大道,我不应当导他们于孔子这一条路上来吗?我又看到中国人蹈西方的浅薄,或乱七八糟,弄那不对的佛学,粗恶的同善社,以及到处流行种种怪秘的东西,东觅西求,都可见其人生无着落,我不应当导他们于至好至美的孔子路上来吗?"梁漱溟不同意当时认为五四新文化运动是中国的文化复兴的看法,而把新文化运动说成是西洋文化在中国的兴起,并认为"若真中国的文艺复兴应当是中国自己人生态度的复兴"①,亦即孔子对人生的态度。他认为中国文化以"孔子作个枢纽;孔子以前的中国文化差不多都收到孔子手里;孔子以后的中国文化运动又差不多都由孔子那里出来。"②但由于新文化运动的开展,封建文化的主要代言人早已被打得丢盔弃甲,他们在理论上提不出有力的论据与新文化运动相对抗,只能用怒骂代替战斗。梁漱溟对这一点看得很清楚。他说:"那些死板烂货也配和人家对垒吗?到现在谈及中国旧文化便羞于出口,孔子的道理成了不敢见人的东西,只为旧派无人,何消说得?"正当五四时期反孔斗争推翻了两千年来对孔学的迷信的关键时刻,他深感"谈到孔子羞涩不能出口,也是一样□从为人晓得,孔子之真若非我出头倡导,可有哪个出头?"③梁漱溟以孔学在现代中国的继承者自居,并认为只有孔学才能使中国人真正找到出路。他说:"照我的意思是要如宋明人那样再创讲学之风,以孔颜的人生为现在的青年解决他烦闷的人生问题,一个个替他开出一条路来去走,一个人必先确定了他的人生才得往前走动,多数人也是这样,只有昭苏了中国人的人生态度,才能把生机剥尽死气沉沉的中国人复活过来,……这是唯一无二的路。"④

梁漱溟是中国现代史上鼓吹孔学现代化的第一个人,所以被称为现代中国的孔夫子。值得指出的是,尽管梁漱溟的主张不合时宜,并且与新文化运动针锋相对。但是,在当时有不少人对孔学不区分精华与糟粕和否定

---

① 梁漱溟:《东西文化及其哲学》,商务印书馆1926年3月版,第213页。
② 同上书,第145页。
③ 同上书,第206页。
④ 同上书,第213页。

文化继承性的时候，他都试图从高层次上探讨中国传统文化出路问题，也不无积极的意义。

二

梁漱溟的东方文化救国论，是建立在唯心主义的文化观和历史观的基础上的。他反对历史唯物主义的基本原理，主张社会意识决定社会存在，认为人类有三种意欲的方向，因而也就有三条不同文化发展的方向。一条是"以意欲自为调和持中为其根本精神的"中国文化；一条是"以意欲向前要求为根本精神的"西方文化；一条是"以意欲反身向后为其根本精神的"印度文化。[①] 他在"意欲决定文化论"的基础上，又进一步提出了世界历史循环论，认为西方资本主义文化已经没落，东方文化即将兴起，世界进入第二阶段，要走中国的路，走完中国的路，再走印度文化的路。中国的路，也就是孔子的路。他认为中国文化的特点"调和""持中"集中地体现了以孔子为代表的儒家思想的基本精神。五四时期"打倒孔家店"的潮流，集中攻击的就是程朱理学。程朱理学把汉代君权神命论改变为天理，宣扬"存天理，灭人欲""饿死事小，失节事大"等旧礼教。人们在史无前例的文化思想运动中，开始从理学教条束缚中解放出来，掀起追求科学知识、追求真理的热潮。在这种条件下，再叫人们相信神圣不可侵犯的"天理"是不会有什么效果的，因为程朱理学的"理"不是我们所理解的客观事物的规律或人们对客观规律的认识，而是上帝的代名词，是客观唯心主义。梁漱溟对孔学的辩护与发挥，是站在陆九渊、王阳明学派主观唯心主义立场，提出"锐敏的直觉"以发挥孔子的仁和和王阳明的良知。他说："泰州一脉尤觉气象非凡；孔家的人生态度颇可见矣。如我之意，诚于此一派补其照看外边一路其庶几乎！明末出了不少大人物如黎洲，船山……诸先生乃至其殉难抗清的许多志士，其精神无论如何不能说不是由此种人生态度的提倡。到了清代实只有讲经一派，这未始于孔学无好处，然孔家的人生无人研究，则不能否认。……唯一戴东原乃谈人生……戴氏之思想对于宋人的反抗，我们承认确是纠正宋人支离偏

---

① 梁漱溟：《东西文化及其哲学》，商务印书馆1926年3月版，第55页。

激之失。其以仁义礼智不离乎血气心知，于孔孟之怀盖无不诉合。自宋以来，种种偏激之思想，固执之教条，辗转相传而益厉，所加于社会人生的无理压迫，盖已多矣；有此反动，实为好现象。"① 王阳明的良知良能的学说，当然从哲学上讲是主观唯心主义。但是，他讲人的主动性，提倡凡事用自己的良知进行判断，要求人不盲从，可以起到打破传统思想束缚的作用。李贽、黄宗羲都是王阳明学派分化出来的反对程朱理学的进步学者。梁漱溟尊孔，同样不承认理学是天经地义，反对盲从。他说："我是先自己有一套思想来看孔家诸经的，看了孔经，先有自己的意见再来看宋明人书的，始终拿自己思想作主。"② 梁漱溟强调主观独立思考用在反程朱理学有积极作用，用来反对马克思主义就反动了。

孔子的基本思想是"仁"和"礼"。他认为"仁"就是"爱人"，并主张"节用而爱人""博施于民而济众"。他主张实行"仁政""德治"，对人民的压迫剥削不要太重。他还把"仁""义"的思想归纳到"礼"范围，认为"礼以行义，义以生利；利以平民，政之大节也。"③ 他认为只要各个方面都能"克己复礼""己所不欲，勿施于人""己欲立而立人，己欲达而达人"，就能做到"君君臣臣父父子子"，实现其所谓"归仁""复礼"的社会。这种貌似全面公正、主张折衷调和的理论，把社会的进步和发展，归结到个人情欲的克制和内心的修养上，本来在政治上具有很大的欺骗性，是唯心主义的空想。而梁漱溟则一步提出了"孔子之不认定的态度""孔子之一任直觉""孔子之不计较利害的态度"等命题，把孔子的"仁"提到了中西文化相互根本区别的高度。他说："一认定，一计算，在我就失中而倾欹乎外了。平常人都是求一条客观呆定的道理而秉持之，孔子全不这样制定这个是善那个是恶，这个为是那个为非，这实是大错！我们觉得宋明学家算是能把孔子的人生重新提出的，大体上没有十分的不对，所有的不对，只在认定外面而成了极端的态度和固执（明人稍好一点），他们把一个道理认成天经地义，像孔子那无可不无可的话不敢说出口"，并且认为"调和折衷是宇宙的法则，你不遵守，其实已竟无

---

① 梁漱溟：《东西文化及其哲学》，商务印书馆1926年3月版，第150页。
② 同上书，第214页。
③ 《左传》，成公二年。

时不遵守了。"① 梁漱溟夸大事物对立统一中的平衡和调和的意义，抹煞斗争性在事物发展变化中的决定作用，只承认统一与联合，否认矛盾与斗争，这是他后来否认中国社会存在阶级和阶级斗争的认识上的根源。

梁漱溟把孟子所说的不虑而知的良知，不学而能的良能，称之为直觉。他说"此敏锐的直觉，就是孔子所谓仁"。他甚至把孔子所说的"刚毅木讷近仁"和"巧言令色鲜矣仁"，当作仁不仁的分别，来反对理智，认为理智给人一个计算的工具，"从墨子的应用主义到西方的实利主义都是计较利功"；他还特别指出："孔家不计较利功之由于违仁的一个意思。计算始于认定前面，认定已失中，进而算计更失中；……大约儒家所谓王霸之辨，就是一个是非功利的，一个是功利的。而在王道有不尚刑罚之一义，在霸术则以法家为之代表，这也是一个可注意的地方。"② 到 30 年代，梁漱溟为了开辟一条"新治道"，对儒家主张的以仁义治天下的"王道"大加发挥。他引证孔子"导之以政，齐之以刑，民免而无耻；导之以德，齐之以礼，有耻且格"的话，接着说："即反对刑法之意。反对刑法与反对武力是一致的，古之儒家，他承认只有作师的人可以作君。如果上述所说的话可通，那么，这种政治既最合乎中国人的理想，又不违背民治精神，实是再好不过，并且不但不违背民治精神，且是民治主义的进步，民治的进步将要离开了法治而为人治。"③ 春秋时代，周天子为诸侯国的共主，称"王"的强有力的诸侯纠合各国尊王室，抵御外侮则称霸。孔子对齐桓、晋文的"霸业"是很推崇的，但到了孟子以及后来的正统儒家，竟歪曲发展成了所谓崇王霸之辨。孔子政治思想体系中是有以仁为主的道德特色，但是，如果忘掉孔学除了"礼乐"以外，还有"刑政"，那就不对了。孔子曾经狂热地歌颂郑国镇压"萑苻之盗"。当然，这不是孔子政治主张的主要方面。王道与霸道，是古代君主统治人民互相补充的两种手段。儒家鼓吹英雄政治、贤人政治，并把它说成是孔子的"王道"理想，但在中国历史上从来就没有实现过。自从汉武帝"罢黜百家""独尊儒术"后，一直实行"外儒内法"的封建统治法术。中国没有经过资

---

① 梁漱溟：《东西文化及其哲学》，商务印书馆 1926 年 3 月版，第 123—124 页。
② 同上书，第 135 页。
③ 梁漱溟：《乡村建设理论》，重庆乡村书店 1939 年 5 月版，第 158—159 页。

本主义独立发展阶段，法制观念和习惯不强，以人定法和以言为法的人治余毒很深。梁漱溟在当时鼓吹人治反对法治只能符合以蒋介石为代表的大地主大资产阶级的法西斯独裁统治的要求。

30年代，梁漱溟更进一步发挥了儒家的义利之辨。他说："西洋人是主张自己的权利，中国人则看权利是对方给的。西洋人之所以争，即因为他是从自己出发，中国人则是以对方为重，老是不许自己说话，开腔便要从义务上出发——这一点应当注意！所谓义利之辨也就是这个意思：从义来说话，则是我对你应该如何如何，从利来说，则是你对我该如何如何。"① 其实孔子虽然强调统治阶级应当通晓统治的义理，但是他还是认为应当"足食足兵"，主张"富民""利民"，只是到了后来的儒家才提出"义利之辨"，强调"正其谊不谋其利，明其道不计其功"。梁漱溟站在反对资本主义商品生产的立场，专从中国传统思想中寻找根据。他说："从中国一般人的性情上看，自然有很适宜的地方。孟子'王何必曰利'一类的话，在书上很多很多，都可以见出中国人不是功利主义者。商业利润在过渡期间的中国合作社里边，大概不能没有。申言之，我们（中国）的合作社，商业利润是可以要的，产业利润绝不能要。"② 封建地主阶级既不关心人民的生活，也不关心生产经营，但却用宗教幻想和政治幻想掩盖着剥削。中国封建社会里的士大夫高唱"正其谊不谋其利，明其道不计其功"一类貌似清高的调子，正是这种物质生活条件的反映，《易经》说："利者义之和也。"《墨经》说："义，利也"。古代思想家认为义和利是统一的。马克思主义的义利观更是辩证统一的。梁漱溟片面地把伦理与物质利益对立起来，是形而上的，不可取的。

孔子的政治思想，是同我国民族的传统伦理道德观念相结合，同以血缘关系为基础的宗法制度相适应的，因而易为人们所接受。梁漱溟为了找到通向理想社会之路，特别发挥儒家的伦理思想。他认为资本主义社会以钱为本位，从个人本位出发自由竞争，人受物的支配，不是正常形态的社会，而在共产主义是以社会为本位，只重团体，抹煞个人，只有中国的伦理本位是正常的。他说："本来在中国原来的社会（未受西洋影响的社

---

① 《乡村建设理论》，重庆乡村书店1939年5月版，第160页。
② 《中国合作运动之路向》，《乡村建设旬刊》第四卷第23期刊。

会）其经济既非个人本位的，亦非社会本位的，他的财产是属于全家的。而家的范围又不一定，父母只能算一家，全族的也可算一家，甚至亲戚朋友凡有伦理关系的有共财通财之义，故中国的财产与其说是个人的，毋宁说是全家的，与其说是一家的，毋宁说是伦理的，彼此既有伦理情谊的关系，彼此就互相负有义务，你有钱不给亲戚、朋友、同乡用，简直不行。凡是与你有关系的人，你的财产他都有份。在伦理和你有关系，在财产上也就和你有关系，中国自古就有这种风气，现在我们的组织是发挥伦理情谊，所以有产大家用的风气一定可以提倡起来。"① 梁漱溟说共产主义只重团体抹煞个人，是曲解的，勿须多论。问题在于应怎样看待中国传统的伦理关系。尊老爱幼，父慈子孝，兄友弟恭，这是中国的道德传统，也是与西方社会生活的重要不同之处，有值得批判继承的内容。但是，在阶级社会里，一切按阶级来划分，家庭是中国封建社会最基本的单位，有剥削阶级的家庭，也有劳动者的家庭。两者又都是家长制和私有制占主要的地位。像《红楼梦》中的贾府，是典型的封建大家庭，表面上看是一家，而婆媳、姑嫂、兄弟、姐妹之间，在财产问题上，勾心斗角，互相倾轧，实际上兄弟们早已各自经营。封建社会以君臣、父子、夫妇、兄弟、朋友为五伦，以为这是不可改变的常道。这种纲常之教的重心在于三纲，即君为臣纲，父为子纲，夫为妻纲。有此三纲就能使家族政治化和政治家族化。孔子所说，"其为人也孝弟，而好犯上者鲜矣，不好犯上而作乱者，未有也"② 的修养治平大道理，就是中国伦理政治的精髓。把家族与政治紧密联结之后，往往会出现"一人成佛，鸡犬升天"，或者"一人犯法，九族株连"。当然，家族结构与职能，无论形式或内容，从历史上看，经过许多变化。随着资本主义生产关系在我国出现与发展，自给自足的自然经济已经逐步分解，宗法家族制早已暴露其腐朽性。中国近代资产阶级在其黄金时代，尚坚持同乡团结和家族团结，如江苏荣氏家族组成的茂新、福新、中新集团，广东郭氏兄弟共管的永安集团和简氏南洋兄弟烟草公司，山东桓台县以苗氏家族为主的桓台帮等，他们企业的家族关系，在资金筹措，经营管理和技术引进，以及使企业与政府搞好关系等方面，有消

---

① 《中国合作运动之路向》，《乡村建设旬刊》第四卷第 24 期刊。
② 《论语·述而》。

极作用,也有积极作用。在我国今天社会主义的农村家庭,仍然是一个生活和生产的集体,不少专业户实行联产计酬的组织,是由同姓家族或亲戚关系组成的。尽管各家各户发展生产,改善生活都受国家政策和计划的调节与指导,个人和集体、国家的关系已不同于旧社会,优良的传统经过正确的引导,也有了新的含义,成为新的道德风尚。但也要清醒地看到由长期封建社会延续下来的家长制作风和家族宗派思想流毒仍未彻底消除。

家族制度本身并不是生产兴隆或衰落的主要原因,依靠家族管理生产或企业,在中国古代和近代都存在过,越是在生产力水平低下的条件下,家族制度所起的作用越大。"十九世纪初,当法国的资产阶级形成为实业阶级的时候,也有类似的情况。家族结构也是法国资产阶级向近代资本主义过渡的支点。"① 以血缘关系为基础的宗法的和田园诗般的关系,在经历过封建社会历史阶段的国家都存在。因此,严格说来传统的伦理关系并非是中国独有的特点,它反映了封建社会的共性,正如马克思在《共产党宣言》中所揭示的那样:"资产阶级撕下了罩在家庭关系上的温情脉脉的面纱,把这种关系变成纯粹的金钱关系。"② 孔子主张求财利也应本于仁义,他教人"见利思义"③,并说"不义而富且贵,于我如浮云。"④ 他们政治思想体系的核心所谓"仁政""德治",形式上显得庄严崇高而又温情脉脉,更具有感动人心的魔力,实际上反而把反动统治阶级的本质掩盖起来,更便于维护旧的等级制度和统治秩序。当今世界,某些亚洲的资本主义国家或地区的资产阶级为了缓和调整同无产阶级的矛盾关系,也力图从儒家思想中寻求补救资本主义创伤的灵丹妙药。有的学者紧跟着又提出孔学的第三个时期的设想,实际上,这是不可能的。梁漱溟先生60多年前所预言的孔学为代表的东方文化将成为世界文化,并没有变成现实。一切资本主义国家的社会统治思想,在主导方面只能是资产阶级思想,万变不离其宗。只有社会主义和共产主义制度下人与人之间的平等互助关系,才能代替资本主义制度下人们之间"纯粹的金钱关系"。梁漱溟强调

---

① 〔法〕M. C. 白吉尔:《中国近代资产阶级的社会结构》,《社会科学战线》1984年第四期。

② 《马克思恩格斯选集》第一卷,人民出版社1977年版,第254页。

③ 《论语·宪问》。

④ 《论语·述而》。

孔子所主张的人生向上的态度不无积极意义，但他站在陆王学派的立场发挥孔子的仁和王阳明的良知，反对西方计较功利的文化生活方式，对孔学的辩护和发挥是不全面的。

三

梁漱溟为代表的乡村建设派，在把孔学现代化的过程中，表现其政治思想有显著特点。

首先，他不同于一般坐而论道儒家，主张走政教合一的道路。

梁漱溟反对用"民治"的概念，他说："民治本来就是法治，政教合一恰好是破坏法治的，必须要走人治的路。……但是如果走政教合一的路则须尊贤智，势将使命令在上，一切事情都取决于他一个人，听他一个人的话。此则为命令，而非法律，所以人治与法治二者不相容。"① 梁先生所尊的贤智是儒家的代表人物。所谓政教合一是儒家走过的道路。孔子曾担任过鲁国季氏政权的中都宰相司寇等职，但他的大半生是从事教育工作的，他提倡"学而优则仕"，晚年"周游列国"，宣传自己的思想政治主张，走做官行道的路子。所谓道学政是儒家的传统。梁漱溟正是继承和发扬了这个传统。他在60年代后期做的思想总结中说："自己既归宿于儒家思想，且愿再创宋明人讲学之风——特有取于泰州学派之大众化学风——与现代的社会运动融为一事，……此后我之从事乡村运动即是实践所言。"② 第二次国内革命战争时期，梁漱溟投靠军阀韩复榘，不仅担任山东乡村建设研究院院长、邹平实验县县长，还充当了韩复榘的高级政治顾问。

20世纪初的梁漱溟，像孔子一样，看到"天下无道"，并认为要开辟新治道必须从乡农学校入手。乡农学校不仅是山东邹平乡建工作的着手点，而且是乡建派政治思想的核心。梁漱溟认为中国的问题在于文化失调，只须从文化改造做起，慢慢恢复"法制伦理"和"社会秩序"就行了。他夸大文化教育的作用，强调用乡村教育推动乡村建设，认为没有教

---

① 《乡村建设理论》，重庆乡村书店1939年5月版，第149页。
② 《自述早年思想之再转再变》，《中国哲学》第一辑。

育,一切政治、经济都无从做起。他们的具体做法是把以前的行政区域都取消了,将乡公所和村公所改称"乡学"与"村学"。"乡农学校"的任务,既对学众进行教育,又提倡社会改良运动,它一方面是教育机关,一方面又是自治机关,可称之为"行政机关教育化"或"社会学校化"。梁漱溟为了给上述主张寻找根据,还借用杜威的实用主义教育学说,自称"杜威与我有互相发明处""我是祖护杜威的"。他说:"教育是什么?统同是教育。在学校里读书是教育,在家庭里做活也是教育,朋友中相得的地方是教育,街上人谈话,亦莫不是教育,教育本来是很宽泛的东西,"①并认为"各乡校不必有相同的功课:各乡校事实上必须应付他的环境来解决问题,例如有匪患的地方,他们自要感觉到讨论匪患问题,我们的教员就可以帮助他想办法。大家都赞同一个办法以后,就可以领着农民去做;例如成立自卫组织,作自卫训练,也就是此时此地乡校的功课。再如此地可以造林,我们的教员点出来使他们注意,并且帮着他们想办法。……当这去实行的时候,就是此地乡校的功课。"② 梁先生这种教育主张,在当时举国一致死读书的空气笼罩着旧中国,不能说毫无一点积极的意义。但他过分强调什么都是教育,实际上是取消或降低专门进行教育的作用,即使他主张开办的学校,也不让学生获得有系统的和基本的知识。

应当指出,梁漱溟所说的实践,与中国共产党人所提倡的理论结合实际的原则含义不同。他在1940年曾经明白说过,其实当我们埋头下面做些零碎事的时候,我们的眼光,我们的言论却是注意上面政治的(自《村治》月刊以来如此)。他又说:"这里划一区,那里划一县的做法,原不过作一点研究和开风气而已,说不上什么乡村建设。"③ 梁先生认为政府有惰性,只有社会运动团体才能创造和创新,要创新则"非有学术研究实验的态度不可",但是要做乡村建设实验,必须有经费,而经费来源,不外乎靠外国资产阶级募捐和政府支持。梁漱溟则是走靠政府支持的途径,但又怕乡村建设工作变成地方下级行政,不愿明确称"政教合

---

① 《梁漱溟先生教育文录》,第272页。
② 同上书,第173—174页。
③ 《抗战与农村》。

一"，强调以社会团体的名义出现。

梁漱溟创办的乡农学校不是什么新鲜东西，而是把北宋大官僚地主集团的代表吕和叔及其兄弟提倡的"乡约"加以改装而成的。他说："中国古有'吕氏乡约'，后来常说'乡约地保'的'乡约'其制即本于吕氏。原古人所谓乡约，即一乡之人彼此相行共勉于为善。其相约事业分四大项：一、德业相劝；二、过失相规；三、礼俗相交；四、患难相恤。……总其用意，正和我们现在成立村学乡校的意思相仿。亦可以说我们正是要师法古人。"①"吕氏乡约"提出后，历代儒家代表人物如朱熹、王阳明和吕新吾等人又继续研究实行。他们一面依靠封建地主阶级的政权，一面以学者的面貌出现，领导着自己培养出的学生去实行。梁漱溟在新的历史条件下，对"乡约"进行了改造和发展。他所说的"中国人只能走伦理情谊的路"，实际上就是从孔孟到宋明理学家所宣扬的那套明心尽性、与世无争的奴隶道德，通过乡农学校灌输到农民身上，使之取消斗争，俯首帖耳地受地主阶级的统治。他亲自写的《乡学村学须知》，对学长、理事、教员和学众都提出了具体要求。规定学长"要抚爱后生调和大众"；学众要"敬长睦邻""尊敬学长，接受学长的训饬"。他说："学长是一村一乡之师，超居众人之上，对于大家的是非曲直，自能主张公道，理事对于监督教训自亦乐于接受——乡村政治的运用，其妙在此。我们即把中国向来年高硕德、表率群伦的教化思想装在村学乡学组织里，积极发挥去。而乡村事务责任则由年轻有力精明强干的人去负担。由学长在上面监督吸引他，凡事均有强调和缓冲余地，正面冲突自可避免。"② 这真是梁先生颇费心思的"妙用"。他不是孤立地搞政治，而是在教育形式下体现政治，是将政治上统治者与被统治者的关系纳入乡村学校的师生关系中去体现，用师生关系掩盖阶级关系，用阶级调和来取消阶级斗争。

中华民族素有热爱文明、关心社会、维护社会治安的优良传统。乡约或各种形式的民约是具有中国特色和悠久历史的自我管理的传统形式。当然，在旧中国这一传统在本质上不可能为劳动人民管理社会生活，它顶多在戒烟、戒赌博、戒游惰等方面，发挥一点积极作用，又往往被反动统治

---

① 《梁漱溟先生教育文录》，第204页。
② 同上书，第339页。

阶级所利用，有时甚至成为束缚劳动人民争取自身解决的绳索。从王阳明在江西的"乡约"到梁漱溟在山东的乡村建设研究院或乡农学校所起的作用，就是明证。但是这种形式，毕竟是可利用和改造的具有民族特点的形式。由于我国农村长期处在一种自给自足的小生产状态，生产力水平低下，文化发展缓慢，交通不发达，许多社会事务只好靠乡村群众自己管理自己。群众约规是广大人民自己制定的自我教育和自我约束的一种重要形式。

其次，以梁漱溟为代表的乡建派，不同于醉心于西方资产阶级民主政治的学者，是中国式的具有深厚封建色彩的资产阶级改良主义。

近百年来，在半殖民地半封建的中国，一直存在着三条不同的政治路线。一条是代表大地主大资产阶级利益的反革命路线，一条是代表人民利益的革命路线，另一条是动摇在二者之间的改良主义的政治路线。从"五四运动"到国民党统治时期陆续出现的改良主义派别，有很多是打着"教育救国""科学救国""文化救国""工业救国"和"卫生救国"等旗帜出现的。梁漱溟则是由"东方文化救国"进而发展成为"乡村建设救国"的。上述种种救国方案，大都是对现实不满的资产阶级和小资产阶级知识分子从西方资产阶级思想武器库中移植过来的东西，思想内容显得贫乏单调，不太具有中国特色。而梁漱溟的资产阶级改良主义是比较有理论、有纲领和自成体系的。它在30年代中国大地上出现的乡村建设运动的各个派别中，也是独树一帜的。晏阳初为代表的"平民教育派"和华洋义赈会的"合作运动派"，从其背景看带有买办色彩。国民党搞的江宁实验县和兰溪实验县同样是搬外国的经验。梁漱溟的资产阶级改良主义则是以中国传统文化思想为依据，较多地反映了中国固有的文化。梁漱溟把中国的问题归结为中国文化早熟的结果。他说："若开头是非常大的天才，其思想太玄深而微密，后来天才不能出其上，就不能另外有所发明，而盘旋其范围之中。……所谓孔子太周到妥贴的，不是别的，就是他那调和的精神，从这精神出来的东西最能长久不倒，却由此就耽误了中国人，中国文化是由于出了非常的天才，没有什么别的缘故。"①②

任何社会都是由经济、政治和文化三个互相联系互相区别的因素而构

---

① 《东西文化及其哲学》，商务印书馆1926年3月版，第154—155页。
② 《乡村建设》第五卷第15期。

成的,梁漱溟把中国落后的原因归结为文化早熟,是片面的。近代中国社会停滞不前的根本原因,是外受帝国主义的压迫,内有封建势力的统治,特别是中国存在着封建和半封建的土地剥削制度,是我们民族被侵略、被压迫、穷困及落后的根源,是我们国家民主化、工业化、独立统一及富强的基本障碍。然而梁先生不但否认帝国主义和封建军阀是革命的对象,而且看不到土地问题的严重性,只承认中国是大贫问题。1935 年,他领导的山东乡村建设研究院调查部,对邹平县调查所得的结果:以自耕农最多,占农村户数的百分之八十六点三六,占土地的百分之八十六点二八。① 因而他反对中国共产党领导的土地革命,把革命说成是"有意分化农村""是分化斗争的道路",主张功夫在教育,走所谓"调整协和之路"②。正因为梁先生夸大了文化教育的作用,回避最根本的政权问题,必然走上改良主义的道路。

梁漱溟在河南办"乡村自治",后来又到山东搞"乡村建设",都是得到了封建军阀韩复榘的大力支持的。韩复榘在 1930 年中原大战时背叛冯玉祥投靠了蒋介石,但非蒋家嫡系,作为地方势力仍然和蒋介石集团有矛盾。他为了维持和巩固自己的统治并与蒋介石相抗衡,在政治上特别看重"乡村建设"这个法宝。

韩复榘到过日本,对日本国民所受的教育很满意。1933 年秋,他到邹平县乡村建设研究院视察工作并对该院师生训话,他说"他的(日本人)不论人是如何体面,不问事如何不体面,都愿安分地去做,这无怪他们国家的兴盛无己了。"③ 这就是说,他希望通过教育手段,把山东人民训练成为"安分守己"不敢"犯上作乱"的奴隶,并指望山东的乡村建设"由一村而两村,一县而两县,这样推下去,如果有几县办的好,就是国家如何的扰乱,都到不了这个范围以内。"④ 可见韩复榘很懂得,要维持其统治地位,除了枪杆子外,还必须利用梁先生的笔杆子,方能长治久安。梁先生也认为自己在反对共产党方面比蒋介石和韩复榘更高明。他说:"要想消除共产党的农民运动,必须另有一种农民运动起来代替才

---

① 《答乡村建设批判》,《中国农村》,1940 年 9 月版,第六卷第 10 期。
② 同上。
③ 《乡村建设旬刊汇要》第一卷。
④ 同上。

可以。我们的乡村组织除了一面从地方保卫上抵御共产党外，还有一面就是我们这种运动实为中国农民运动的正规，可以替代共产党。"① 很明显，梁漱溟的乡村建设运动是和中国共产党领导的土地革命相对立的。他一方面承认现状，与当时的反动政府通气，另一方面又表示有所不同或对现存政权少有不满。他身为山东省政府的高级顾问兼邹平实验县县长，却又是以民间在野的学术研究团体的面貌出现，有很大的欺骗性。所以，国民党政府也容许改良主义的"乡村建设运动"存在。1935年10月25日，梁漱溟在题为《我们的两大难处》的讲演中也不得不承认："头一点要谈社会改造而依附政权；第二点是号称乡村运动而乡村不动"。这就是说，梁漱溟的乡村建设实际上是维护半殖民地半封建的统治，正如列宁所分析的，"一般说来改良主义就在于人们只限于提倡一种不必消除旧有统治阶级的主要基础的变更，即是保存这些基础相容的变更。"② 以梁漱溟为代表的乡建派的政治思想的实质正是如此。

但是，以往总是把梁漱溟笼统地说成是封建文人或地主阶级的代言人，这种评价似乎有点简单化。我们并不否认他是现代中国的尊孔派，在辛亥革命时期，他赞同康有为所唱的"虚君共和论"③。他五四以后的思想政治主张，也仍然未完全突破"中学为体，西学为用"的模式；可是，他已经不是19世纪末封建的士大夫。20世纪的梁漱溟是资产阶级的代表人物，他从反对军阀混战主张召开国民息兵会到拥护胡适派的"好人政府"，乃至发动乡村建设运动，主观上还是想推动社会向前发展的。他为了使孔学"与现代化的社会运动融为一事"，竭力使孔学现代化，不仅用俄国无政府主义思想家克鲁泡特金的"互助论"附会孔子的调和思想，而且宣扬柏格森的生命力论，将孔子描绘成为生命主义者。可见，他尊孔复古，并未完全拒绝西方资产阶级的民主和科学。他花费了几十年的时间对中国传统伦理思想和政治制度进行研究，并力图使之符合现代化的历史潮流。正因为如此，则显示其资产阶级改良主义具有较浓厚的封建色彩。

最后，以梁漱溟为代表的乡建派的政治思想具有民粹派的特色。

---

① 《乡村建设理论》，重庆乡村书店1939年5月版，第280页。
② 《列宁选集》第二卷，第479页。
③ 《我的自学小史》，上海华文书店1947年版，第37页。

梁漱溟自称"很接近新民主主义或社会主义",并且引用恩格斯所说的理想社会是"社会掌握生产手段的时候,商品生产已取消,同时生产物对于生产者支配,亦已取消。……而人类对自然乃开始为意识的真实的主人"一段话,主张"生产与社会都社会化"①,也成为中国近代历史上的社会主义流派之一。我们从梁漱溟提出知识分子"到民间去"的口号,避免资本主义发展,否认工人阶级是领导力量,蔑视人民群众的力量,主张只要发展自治或"合作社"就能过渡到社会主义等观点来看,与俄国近代社会主义流派之一的民粹派颇有相似之处。但梁漱溟却不同于俄国19世纪60年代到70年代革命运动中作为小资产阶级派别的民粹派。他虽然承认兵祸、匪乱、苛捐杂税是造成中国农村破产的政治原因,把外国经济侵略和洋买办等当作经济上破坏的力量,有同情农民的善良愿望,可是他并不主张发动农民去反对以国民党为代表的大地主大资产阶级的反动统治。在这一点上,他不如俄国以拉甫罗夫等为代表的小资产阶级派别,他们主张发动农民去反对沙皇专制制度和地主统治,有较大的革命性。梁漱溟则不敢正视中国存在着不合理的封建土地制度。他们用组织农村合作的办法代替土地革命或土地制度的改革。梁漱溟主张新社会是伦理本位合作组织而不落于个人本位社会或社会本位的两个极端。他说:"我之所谓'合作主义',即指这种个人与团体的均衡而言,我们这种'合作主义'是社会主义的一种。我们就是一面以合作为方法,一面以合作为理想。我们往前走,合作是我们的目的,也是我们的手段。"② 梁先生所说的合作主义究竟是一种什么社会主义? 从他的经济思想中可以看得清楚。他说:"像是从前有的族产、义庄、义学,以及其他同乡各种组织所有的义举,本来均为团体负责的雏形。现在要发挥此意,从地方社会一村一乡着手,积极作去。再加上我们是走由合作社以增值财富的路,而如此增值的财富,可以多数归公,可以用之应付大家生活的需要,办理公益事情。如此一步一步地往理想社会里去。"③ 在旧中国农村有不少公共土地。有的是宗族性的,例如各姓祠堂所有的土地;有的是宗教性的,例如佛教、道

---

① 《乡村建设理论》,重庆乡村书店1939年5月版,第290页。
② 《中国合作运动之路向》,《乡村建设旬刊》第四卷第23、24期刊。
③ 《乡村建设理论》,重庆乡村书店1939年5月版,第292—293页。

教、回教等所有的土地；有的是社会救济或社会公益性的，例如义仓的土地和为修桥补路而设置的土地；有的是教育性的，例如办义学的学田。但是，所有这些土地或财产，大多数都掌握在地主豪绅手中，成为剥削农民的工具。梁先生所说的义庄义学等义举，往往以为统治阶级巧取豪夺的不义之举。以梁先生为代表的乡村建设研究院，抗战前在邹平县建立美棉运销、信用、林业、桑蚕和织布合作社307处。这些合作社与真正的社会主义相去太远。根据1935年10月的调查，邹平县美棉运销合作社社员土地统计资料，在2094户中，大部分是地主富农，其中占土地120亩以上的地主27户，130亩以上的地主43户。① 这种合作社实质上是地主富农的合作社。今天，在美国仍然有人把梁漱溟称作中国的民粹主义者。如果说梁先生是中国的民粹派的话，我认为他与80年代到90年代出现的俄国自由主义的民粹派相同。90年代的俄国民粹派把农村贫农生活困苦，农村阶级斗争及富农的剥削贫农的情形一概抹煞，根本放弃了反对沙皇政府的革命斗争。他们代表富农阶级的利益，与沙皇制度妥协，并极力反对马克思主义。在世界已经进入帝国主义和无产阶级革命的时代，各国社会主义流派，比马克思、恩格斯在《共产党宣言》中所指出的更为多样和复杂。梁漱溟的"社会主义"，是封建的社会主义和小资产阶级空想的社会主义的混合物，而其封建社会主义的色彩更为浓厚，"它有时也能辛辣、俏皮而又尖刻地评论刺中资产阶级的心，但是它由于不能理解现代历史的进程而总是令人感到可笑。"② 历史已雄辩地证明乡建派所走的道路，在中国是行不通的。他离开人类社会发展的一般性，片面强调中国社会历史的特殊性，是不可能找到解决中国问题出路的。

　　当然，尽管如此，我们对梁漱溟先生及其所代表的政治思想，不能一笔抹煞。他本人有爱国救民之心，是值得肯定的；他在探索中国现代化道路的过程中，重视农村问题，注意中国的文化传统和历史特点，反对生搬硬套外国的模式；以及他的教学做合一、反对关门办学的思想等等，都是值得我们借鉴的。

---

① 《乡村建设》第五卷第16、17合刊。
② 《马克思恩格斯选集》第一卷，人民出版社1977年版，第274页。

乡村建设运动的现代思考

刘邦富

乡村建设运动,是梁漱溟先生在20世纪30年代倡导的有理论、有组织、有计划的社会改良运动。梁先生的宇宙观、历史观、文化观,对乡村建设运动的产生和发展,起了决定的作用。本文从乡村建设运动的理论基础、重要特点和实际意义三方面,谈谈自己的初步认识。

一 乡村建设运动的理论基础

梁先生对中国的问题,有自己的系统看法。他认为,中国的问题是一个"文化早熟"或者"理性早启"的问题。这是他"认识老中国"和"建设新中国"的重要依据,也反映了他的宇宙观、历史观、文化观对他直接或间接的支配。

(一)"生命主义"是乡村建设运动最高层次的理论基础

梁先生关于"中国文化早熟"的理论,直接是受他的"意欲"主义的历史观和"意欲"路向的文化观所支配的,而他的"意欲"主义的历史观和"意欲"路向的文化观,则是由他的"生命主义"的宇宙观所支配的。

他认为,"宇宙为一大生命",形形色色的世界就是"此生命之开展表现"。如他在《勉仁斋读书录》一文中说:"宇宙为一大生命;生物进化与人类社会之进化同为此大生命之开展表现,抑且后者固沿自前者之势来。"①

---

① 见《中国民族自救运动之最后觉悟》,中华书局1933年版,第369页。以下简称《觉悟》。

这就是说，"宇宙"同"大生命"是一个东西。所谓"进化""生生相续""先活""自然"等等，在他看来都只是这"宇宙大生命"的表现。这种观点，在他的《东西文化及其哲学》（以下简称《哲学》）一书中，就作了明确的表述。他说："照我的意思，尽宇宙是一生活，只有生活，初无宇宙。……宇宙实成于生活之上，托生活而存在。这样大的生活是生活的真象，生活的真解。"① 这就是说，"宇宙"是一"大生命"，也就是一"大生活"。在宇宙大生命的"生生相续"或"多的相续"中，是有区别的。在这种区别中，最为重要的是"人"同"物"的区别。因此，他提出了"宇宙大生命的核心"问题。他在《杜威教育学之根本观念》一文中说："宇宙是一大生命，了解生命就了解宇宙。虽然到处是生命之所表著，可是有一个地方是宇宙大生命的核心，这个地方就是人。生命是活的，宇宙最活的就是人心，果能体认人心，就可体认出宇宙的生命来了。"②

梁先生认为，"人"是有"人身"与"人心"的区别的。"人身"是"物"，同无生物、有生物、动物等"物"一样是"有对"的，分彼此的。它们虽也属"生命之所表著""大生命之开展表现"，却不能代表"宇宙本体"，作为"宇宙大生命的核心"。因为它们不能"体认出宇宙的生命来"。"人心"是非"物"，具有超"有对"而达于"无对"的本能，即无物无我无能无所，"体认出宇宙的生命来"。这才是"宇宙本体"同一的"宇宙大生命的核心"。这种观点在他的《人心与人生》一书中，表述得最为明确。他说："宇宙本体浑一无对，人身是有对的，妙在其剔透玲珑的头脑通向无对，而寂寞无为的自觉便像是其透出的光线。一即一切，一切即一，宇宙本体即此便是。人心之用寻常可见，而体不可见；其本益即宇宙本体耳。"③ 从这里可以看出，区别"人身"与"人心"是非常重要的。体认"一即一切，一切即一"的便是"人心"而不是"人身"，平常所见的只是"人心之用"，而不是"人心之体"。所以，他又说："宇宙之大，万有之繁，一若不出了了之一心。"④ 在他看来，"心"

---

① 《东西文化及其哲学》，商务印书馆 1922 年版，第 48 页。以下简称《哲学》。
② 见《梁漱溟教育文集》，江苏教育出版社 1987 年版，第 224 页。
③ 《人心与人生》，学林出版社 1984 年版，第 145 页。
④ 同上书，第 36 页。

可以包罗"宇宙之大，万有之繁"，与"宇宙大生命"完全同一。从这里可以看出，他所谓的"宇宙大生命""宇宙本体"，实际上不过是纯粹的、大写的"精神"。

梁先生的"生命主义"的宇宙观同他的"中国文化早熟"论有密切的关系。在他看来，宇宙大生命的"开展表现"是逐渐进行的过程，由无生物到有生物，由动植物到人类，是经过了很长的逐步发展过程，人类理性的开展也应当是逐步开展的过程。而中国古代的圣贤过早倡导和开发了"人类的理性"，过早注重了人类的"自觉""自主""自如"，因而造成了"中国文化的早熟"，或者"人类理性"开启早的结果。具体来说，他认为，由于周公孔子这些中国古初的非常天才，他们的"意欲"决定了中国的社会和文化发展的性质和方向，造成了"中国文化的早熟"。可见，"生命主义"在最高层次上支配和决定了他所倡导的乡村建设运动，而"意欲"主义在次一级层次上支配和决定了乡村建设运动。

（二）"意欲"主义是乡村建设运动重要的理论基础

梁先生认为，宇宙是一个"大生命"，"万有之繁"都出之于"心"，其实这个"心"，又可以叫作"意欲"，或者"大意欲"。他在《哲学》一书中说："这探问或追寻的工具其数有六：即眼、耳、鼻、舌、身、意。……在这些工具之后则有为此工具所自产出而操之以事寻问者，我们叫他大潜力或大要求或大意欲——没尽的意欲。"[①] 他认为，在探问和追寻的后面有一个主宰者，它对这些工具起着支配和主宰的作用，这就是他所谓的"大意欲——没尽的意欲"。这也就是"心"。按照他前面讲的观点，运用眼、耳、鼻、舌、身、意这些工具"探问或追寻"，这是"人心之用"，是人们常见的。而这个"大意欲""没尽的意欲"，则是"人心之体"，是人们不常见的。就宇宙来说，"大生命""大意欲""人心""宇宙本体"，它们支配着世界。形形色色的世界，不过是它们的"表现"。就人类社会的发展和人类文化的发展来说，"意欲"支配一切，"意欲"的路向决定着社会文化的方向。"意欲"是社会生活和文化发展的根本或泉源，有什么样的"意欲"，就有什么样的社会生活和文化生活。所

[①] 《哲学》，第49页。

以，他把"意欲"的不同路向，作为划分人类社会和人类文化"两异"的方法论依据。

梁先生把"意欲"分成三种路向，因而人类社会和人类文化也被分成三种类型。他在《哲学》中说："所有人类的生活大约不出三个路径样法：（一）向前面要求；（二）对于自己的意思变换、调和、折中；（三）转身向后去要求；这是三个不同的路向。这三个不同的路向，非常重要，所有我们观察文化的说法都以此为根据。"① 正是从这个"根据"出发，经过比较以后，梁先生才得出了"中国文化早熟"的结论。为了了解这个结论，必须对他所谓的三种路向和三类文化作简要的分析。

梁先生认为，"意欲"的第一条路向，产生和发展了第一种类型的社会生活和第一种类型的文化。西方的社会生活和文化生活，正是这种类型的表现。他具体解释说："就是奋力取得所要求的东西，设法满足他的要求；换句话说就是奋斗的态度。遇到问题都是对于前面去下手，这种下手的结果就是改造局面，使其可以满足我们的要求，这就是生活本来的路向"②。梁先生称这条路向为"生活本来的路向"，在一般情况下，人类的"意欲"都朝着这条路向走，人类的社会生活和文化生活，也都是沿着这条路向形成和发展。西方从古代到近现代，虽然有过曲折，但是，仍然顺着从"无意"到"有意"走着这条路。

然而，这不是一条理想之路，"意欲"向前的境界也不是一种理想的境界，梁先生所赞扬的是"意欲"的"第二条路向"。

梁先生认为，"意欲"的"第二条路向"产生和发展的是第二种类型的社会和第二种类型的文化。中国是这方面的典型。他解释说："中国人的思想是安分，知足，寡欲，摄生，而绝没有提倡要求物质享受的；却亦没有印度的禁欲思想。不论环境如何他都可以满足安受，并不定要求改造一个局面，……而为与自然融洽游乐。"③ 这条"意欲"的路向，是向里用心，注重人类的"自觉""自主""自如"。中国古初的圣贤之所以属于"非常天才"，就是因为他们过早就把中国引上了这条道路。

---

① 《哲学》，第54页。
② 同上书，第53页。
③ 同上书，第56页。

梁先生认为，中国走第二条路向，比西方走第一条路向要合理。在第二条路向上发展起来的"伦理本位"的社会和"伦理本位"的文化，要比在第一条路向上发展起来的"个人本位"的社会和"个人本位"的文化，以及"社会本位"的社会和"社会本位"的文化，更为合理和高明。它虽然没有由第一条路向而发展起来的种种长处，如"科学""民主"，但也没有由第一条路向而产生的短处和弊病，如"个人本位"过于偏重于"个人"，"社会本位"过于偏重于"社会"。在第二条路向上发展起来的"伦理本位"的社会和"伦理本位"的文化中，既能注重"个人"，又能注重"社会"，可以称之为最理想的"相对主义"体系。他在《中国文化要义》（以下简称《要义》）一书中说："伦理本位者关系本位也。非唯巩固了关系，而且轻重得其均衡，不落一偏。若以此理应用于社会与个人之间，岂不甚妙！"① 他接着又说："中国伦理化思想，就是一个相对论。两方互以对方为重，才能产生均衡。……是一个活道理，于必要时自能随其所需而伸缩。——一个难题，圆满解决。"② 这里所说的"难题"，就是指在走第一条路向时，不是偏重于"个人"，就是偏重于"社会"。这个"难题"在第二条路向指导下，在"伦理本位"的原则中，得到了合理的解决。在第一条路向上，不仅注重"人"对"物"的关系，而且常常以对"物"的态度对"人"。这就不免会发生损"物"和损"人"的问题，也将会发生损害"社会"的问题。这是注重"物""欲"的必然结果和表现。第二条路向，不是注重"物""欲"，而是注重"情理"、注重人与人的关系。因而在解决"人"与"物"的关系时注重"人"，而不是"物"；在解决人与人的关系时，更不能采用对"物"的态度对"人"，而是强调彼此照顾对方，以注重"情""义"为重。

梁先生认为，中国走第二条路向并不是自然演成的，而是由几个"非常天才"的古圣贤开创的。他说："中国之所以走上此路，盖不免有古圣人之一种安排在内，非是由宗法社会自然演成。这即是说：中国伦理组织社会，最初是有眼光的人看出人类真切美善的感情，发端在家庭，培

---

① 《中国文化要义》，成都路明书店1949年版，第101页。以下简称《要义》。
② 同上书，第101—102页。

养在家庭。"① 从家庭、宗法社会中，看出人类真切美善的感情，因而安排中国走上第二条路，这是一个决定性的原因。这既是第二条路优于第一条路的重要原因，又是"中国文化早熟"的重要原因。

梁漱溟先生认为，"意欲"的第三条路向，以印度为代表。他解释说："原来印度人既不像西方人的要求幸福，也不像中国人的安遇知足，他是努力于解这个生活的；既非向前，又非持中，乃是翻转向后。"② 这第三条路向，既反对人们向外追求，也反对人们在"生活"中"安遇知足"，而是要求人们从现实生活中解脱出来，对人生采取超脱的出世态度。梁先生虽然一度曾"折入佛家一路"，这时他却是不赞成第三条路向的。

梁先生从"意欲"的三条路向和由此产生的人类社会和人类文化三种类型的分析中，得出了改良中国社会的方案。他在《哲学》一书中，说到我们现在应持的态度时，提出三点结论。这实际上是他后来倡导和组织乡村建设运动的基本指导思想。他说："第一，要排斥印度的态度，丝毫不能留；第二，对于西方文化是全盘承受，而根本改过，就是对其态度要改一改；第三，批评地把中国原来态度重新拿出来。这三条是这些年来研究这个问题之最后结论。"③ 他不采取出世的态度，反映了他对人生的积极态度和爱国主义的精神。对西方文化，他认为在"根本改过"的基础上，应当"全盘承受"。在乡村建设运动中，积极提倡采取西方的科学技术、优良品种等等措施，是这种主张的具体实践。对中国文化，虽然提出需要"批评"的问题，基本精神是要把"原来态度重新拿出来"，这就是他的乡村建设运动中最重要的理论依据。他强调"伦理本位主义"，注重中国固有精神，建设"理性"的社会等都是这种精神的体现。

二　乡村建设运动的重要特点

梁先生的乡村建设运动，在"生命主义"和"意欲"决定论的支配和指导下，有以下四个比较重要的特点：（一）"往东走"；（二）"走礼

---

① 《要义》，第96页。
② 《哲学》，第66页。
③ 同上书，第202页。

的路";(三)从乡村入手,从农业入手;(四)提倡社会改良主义。这四点是统一的,从不同的角度体现了乡村建设运动的本质和特征。

(一)"往东走"

19世纪末20世纪初,中华民族处于灾难深重的危亡时期,救亡图存是当时最为迫切的理论和实践问题。先后有许多先进的中国人,从西方寻求救国富民的真理。梁先生在青少年时期,对于向西方学习,走西方近代社会发展的路,也是非常积极的。他在《觉悟》一书中回忆说:"在中学读书时,专爱留心时事,天天讨论我们应该革命或立宪的问题。始而我是倾向于立宪论的,后来也跟着朋友干革命了。辛亥革命我们组织京津同盟会,亦闹了些手枪炸弹的把戏。"① 按照梁先生的观点,无论倾向于"立宪论",或者"干革命",都是走"意欲"的第一条路向,即学习西方的"个人本位主义",希望在中国发展资本主义。

但是,乡村建设运动,则完全不同了。这时他不仅自己不再"往西走"了,而且号召和组织大家都不要"往西走",而"往东走"了。他在《觉悟》一书中说:"我是看作中国民族自救运动四五十年来再转再变,转到今日——亦是到最后的一新方向。这实是与四五十年来全然不同的一新方向;以前都是往西走,这便要往东走,我不能牵牵扯扯裹混在往西的人堆里,干我往东走的事;——事原是大家的事,原要大家往东走才行,我一个往东走没有用的。"② 他所说的"再转再变",指的是,先转到学习资本主义,后转到学习社会主义,这都是"往西走"。这最后的新方向,则是"往东走",即倡导和组织乡村建设运动。

梁先生为什么是"往东走",也就是说,他为什么认为中国不能"往西走",只能"往东走"? 这同他提出的所谓在民族自救运动中"有一大的矛盾"有关系。他在《理论》一书中说:"现在中国人之所以如此糟糕,是因为其中有一大的矛盾。当代中国感受西洋的刺激,而有一种精神上的兴奋,一种很高的理想(自由平等、社会主义),一个民族自救的要求,可算民族的向上自拔;所以此时许多维新家、革命家爱好真理,并且

---

① 《觉悟》,第3页。
② 同上书,第21—22页。

有一种伟大的愿力为民族社会牺牲。但不料,这种兴奋起来的劲,一方面固是向上,同时另一方面也含着一个向下(离开固有精神而倾向于西洋的粗野),我们所谓矛盾即指此。"① 当时的民族自救运动的形势是不是真的"糟糕",以及引起所谓"糟糕"的原因何在?这里不去研究。但从梁先生的观点中,明显表现出尽量贬低西方的精神,尽量抬高中国固有的精神的倾向。他接着说:"西洋精神实在是比较粗浅的,对于中国精神之深处而说,就是往下了。每一度的向上皆更一度引入向下去,继续不断的向上正即是继续不断的下降。"② 以中国的精神为精深,把西洋精神称为粗浅。所谓"向上"和"向下"的"矛盾"也由此而生。

梁先生解决矛盾的办法就是不"往西走",而"往东走",这就是他的乡村建设运动。如他说:"今后中国人向上兴奋的新方向,将不会再是一个矛盾的、混杂的、向上又含着向下的;以后再向上就是真的向上。这个新方向是什么?老实不容客气地说:就是我们的乡村建设运动!……从此扩充发展,开出新的生机,完全将中国社会复活起来!"③ 如果按照"完全将中国社会复活起来"的要求看,乡村建设运动确有一定的复古性,但是,不能因带有一定的复古性而归结为复古主义。这是应当加以区别的。

(二)"走礼的路"

梁先生在《理论》一书中提到中国"只能走礼的路"。他说:"我们走路只能走一边,不能走法的路。只能走礼的路。"④ 为什么中国只能走礼的路,不能走法的路呢?这个问题同上面所说的只能"往东走",不能"往西走"一样,即中国只能沿着"意欲"的第二条路向走,而不能走"意欲"的第一条路向。具体说来,"往东走""走礼的路"才是符合"理性"的原则。

梁先生认为,"走礼的路"才能体现和贯彻"伦理本位主义"的原

---

① 《理论》,第137页。
② 同上书,第137—138页。
③ 同上书,第139页。
④ 同上书,第254页。

则。他对儒家伦理名分的赞扬,就是明显的体现。他在《要义》一书中说:"儒家之伦理名分,自是意在一些习俗观念之养成。在这些观念上,明示人格理想;而同时一种组织秩序,亦即安排出来。……春秋以道名分,实无异乎外国一部法典之厘订。……然而却不是法典,而是礼。它只从彼此相对关系上说话,只从应有之情与义上说话,而期望各人之自觉自勉。"① 他认为,伦理名分有法典之效,却不是法,而是礼。这就是礼的高明。礼所强调的是应有、相对、情义、自觉自勉,这是符合理性原则的。法所强调的是必须、绝对、无情、惩罚制裁,这是不能贯彻理性原则的。因此,中国"只能走礼的路"。

梁先生认为,中国人的"理"同西方人的"理"含义不同。这是中国"只能走礼的路"的重要依据。他在《理论》一书中说:"中国说的'理'与西洋所说的'理'不同;……一个是主观情理,一个是客观事理。"② 他所谓的情理就是指理性,事理就是指理智,所以,他又说:"所谓理性即'平静通晓而有情'之谓也。……西洋人之所谓理性,……只差'而有情'三个字;中国人的理性,就是多'而有情'三个字。"③ 有情的是理性,是中国人注重的,无情的是事理,是西方人注重的。法重事理;礼重情理。因此,这一差一多,一有一无的区别,就是中国"只能走礼的路"的重要原因。

由于重情理和重事理的不同,因而在追求和努力的方向上也各不相同。重事理,必向外求,计较得失在外,必须用法加以限制和调整。重情理,必向里用力,尚修养、尊自觉,必须用礼来教化。因此,梁先生认为,重礼还是重法的问题,则是关系着社会的治、乱的大问题。他在《觉悟》一书中说:"治乱问题就存于天子与庶人彼此向里用力,抑向外用力间。"④ 在一个社会中,人们彼此都向外用力,计较得失,必然互争互夺而至乱。如果人们彼此向内用力,重情义,必然互尊互让而至治。走礼的路,是乡村建设运动的方向。

---

① 《要义》,第131页。
② 《理论》,第132页。
③ 同上书,第181页。
④ 《觉悟》,第86页。

（三）从乡村入手，从农业入手

梁先生认为，中国社会的振兴和发展，只能从乡村入手，从农业入手。他认为在当时，从"有形的事实"来看，只有乡村还可算着"中国社会的根"。这是他坚持从乡村入手来改造中国和建设中国的根据。他在《理论》一书中说："有形的事实是乡村，无形的道理是理性，这两个地方，原来就是中国社会的根；除此以外都不算。"① 在梁先生看来，中国的社会本来就是理性早熟的体现，无形的道理同有形的事实是一致的。这就是说，不仅中国的乡村，就是中国的城市都体现了理性的精神。后来都市文明发展起来，资本主义的工商业在城市中发展，破坏了原来的理性精神，争夺代替了礼让，城市不再成为中国社会的根了。只有乡村仍然具有原来的作用和地位。因此，他把乡村作为振兴中国社会和发展中国文化的前进基地，复兴中国固有精神的起点。

梁先生认为，从乡村入手，也与乡村的特点有关。乡村具有特别适合培养和发展人类理性的环境和条件。如农民生活在乡村的优美环境中，因而具有宽舒自然的性情，很适于理性的发展。农民对付的对象是生物，因而能诱发他们的生活兴趣，产生和发展一种艺术味道的人生。农民最重乡土观念、家族观念和家庭观念，这正好是培养和发展伦理情谊的良好条件。如此等等的特点和长处，是城市（工业、商业）所不具备的。

当时中国的乡村经济，主要是农业经济。从乡村入手，也就是从农业入手，只是分析角度不同的问题。梁先生认为，从乡村入手，从农业入手，具有从农业引发工业，形成农、工、商业互相逐进，良性循环的意义。他在《理论》一书中说："西洋近代是从商业到工业，我们是从农业到工业；西洋是自由竞争，我们是合作图存。……重要关键从一个地方分：工业是随商业起来呢？还是随着农业？一切命运都决定于此。"② 是不是走农业引发工业的路，是不是走合作图存的路，这是关系着决定中国命运的大问题。从这里可以看到，梁先生是在同资本主义的发展作对比的基础上，提出了应当如何解决中国自己的发展道路问题。

---

① 《理论》，第187页。
② 同上书，第393页。

由于资本主义的工商业的发展,必然造成严重的失业问题。因此,梁先生对合作图存的作用和意义是非常重视的。他在《觉悟》一书中说:"现在资本主义的工业,是发财的路而不是养人的路。……农业则不是发财的捷径,而正是养人的路;尤其从'合作'发达起来的农业,最是养济众人的一条大道。"① 梁先生不仅看到合作在经济上的意义,而且强调合作精神能够正确解决个人和社会的关系。他说:"合作既异乎所谓个人本位,亦异乎所谓社会本位,恰能得其两相调和的分际,有进取而无竞争。"② 他认为"个人本位主义"和"社会本位主义",都各有所偏,这是西方走"意欲"第一条路向的产物。把个人与社会合理的结合起来,则是"伦理本位主义"的要求,理性社会的基础。也就是说,他实际上希望以合作作为桥梁通向理性的社会。

梁先生注重从乡村入手,从农业入手还同他考虑解决资金和市场的问题,供求关系问题有密切联系。他在《理论》一书中说:"盖中国图兴产业于世界产业技术大进之后,自己手工业农业破产之余,外无市场,内无资本,舍从其社会自身辗转为生产力、购买力之递增外,更有何道?是即所谓必由复兴农村入手者已。"③ 农业发展起来,农民的供求需要,不仅在数量上将会增加,在品种上将会增多,而且在质量上将会提高。这对民族工业、商业的发展将会造成广阔的有利环境和条件。这不仅解决了资本和市场的问题,而且奠定了农业、工业、商业互相促进,良性循环的基础。所以,梁先生说:"所谓中国建设必走乡村建设之路者,就是说必走振兴农业以引发工业的路。换言之,必从复兴农村入手,以达于新社会建设之成功。"④

由此可见,从乡村入手,从农业入手,是同梁先生关于乡村建设运动的总目标完全一致的。

(四) 提倡社会改良主义

梁先生的乡村建设理论,实际上是一种具有空想性的社会改良主义理

---

① 《觉悟》,第239页。
② 同上书,第238页。
③ 《理论》,第16页。
④ 同上书,第14页。

论。在这种理论指导下进行的乡村建设运动,也是具有空想性的社会改良主义运动。

梁先生的改良思想是建筑在否定中国有阶级和阶级斗争基础上的。他认为,中国既不存在革命的阶级,也不存在被革命的阶级。他说:"中国政治经济问题,皆是如何建成功新秩序的问题,而没有旧势力之可推翻。凡以军阀为民主革命的对象,以有钱有地的人为社会革命的对象,均属错误笑话。"① 由于不承认中国有阶级和阶级斗争这个重要的历史事实,因此,他不把军阀作为封建的或资产阶级的代表,人民反对军阀的斗争,也不作为阶级斗争的表现,从这个认识的基础上,着手解决如何建成新秩序的问题,不能不是空想的社会改良主义。

梁先生的上述思想,在对农民地位的看法上,表现得非常清楚。他说:"今日中国社会需要整理改造,而不是阶级革命;农民地位需要增进,而不是翻身。以侥幸心理领导农民,以仇忌心理留贻社会,更非所以建设新社会之道。"② 不要翻身的增进,无论作如何安排,最多只能在原来不合理的关系中改良,而不能根本改变不合理的关系。农民如此,中国社会也是一样。无论如何整理改造,也不能超越阶级剥削和阶级压迫的现实而进入所谓的理性社会。

梁先生虽不承认中国近现代社会需要阶级革命,但是,他却殷切希望并积极主张进行社会改良。他认为,这种改良是应当用教育的及和平的方式,由社会自己进行。他说:"假令中国社会将来开出一个新组织构造的路子来,一定不是从国家定一种制度所能成功的,而是从社会自己试探着走路走出来的;或者也可叫作一种教育家的社会运动,或也可说社会运动者走教育的路开出的新构造。"③ 他又说:"天然要走教育的路,也就是走理性的路,与强力恰相反。再明白一点说:从教育启发他自觉而组织合作社,而形成其自治团体。"④ 这些话,从不同的角度说明了乡村建设运动的性质和特点。称它为教育家的社会运动,或者称社会运动者走教育的路开出的新构造,都是符合实际的。反映了他只用教育来达到整理改造的

---

① 《觉悟》,第 220 页。
② 《理论》,第 284 页。
③ 同上书,第 141—142 页。
④ 同上书,第 142 页。

目的。他的理论和目的。在科学性和现实性上是很不够的,但是,在理论思维和具体实践上,却提供了一些有益的经验和值得重视的问题。

三 乡村建设运动的意义

梁漱溟先生倡导和组织的乡村建设运动,从总体上看在基本理论和基本实践上都是错误的和不能成功的。但是,在思想内容、思想方法和具体实践经验方面,却提出和论述了一些值得研究和重视的问题,积累了一些经验和教训。

(一) 强调中国的传统,注重中国特殊性的

梁先生提出建设新中国,是从认识老中国而来的,提出注意研究建设新中国和认识老中国的关系,这是很有意义的。在中国近现代哲学史上,曾发生过"中学"与"西学"关系之争,就是同这个问题有关。梁先生的《东西文化及其哲学》一书,对这个问题作了比较系统的分析和回答。乡村建设运动就是在他这种理论认识基础上的实践。在中国近现代,注重西方文化和西方哲学而轻视、否定中国文化和中国哲学的倾向时有发生,无论是否成为主要倾向,都是值得重视的重要问题。相反,死抱着中国旧的过时的传统和制度不放,以为这是我们的民族文化的精华,反对学习和吸收西方的科学文化,无论是否得势,同样是值得重视的重要问题。从原则上看,这两种倾向和观点都是错误的。梁先生的思想和他倡导的乡村建设运动,虽不属于上面所说的第一种倾向,也不能归结为第二种倾向。也就是说,梁先生虽有过分抬高和夸大中国固有的精神的一面,也有承认需要吸收和运用西方文化的一面,由于有过分抬高和夸大中国固有精神的一面,因而过去往往把梁先生和他倡导的乡村建设运动作为第二种倾向看待,虽有某些依据,但是并不全面,因而也是不符合实际的。在梁先生的思想中,在他倡导的乡村建设运动中,都比较注重维护和发展中国固有的传统,注重中国社会自身的特点,并把它作为建设新社会,开创新事业的重要依据。这种理论和精神具有一定理论和方法论的重要意义。

中国是一个有悠久历史和灿烂文化的国家,虽不是如梁先生认为的那样,由中国古初的几个比西方古初的圣人更聪明的非常圣人开创出的早熟

的文化，但它具有自己的特色。在漫长的发展过程中，它积累了比较丰富的历史经验，形成了比较突出的民族精神和民族特色。在近现代为争取民族独立，实现国家富强的过程中，吸取西方近代现代的科学文化固然重要，恢复和发展中华民族的优良传统，也是至关重要的大问题。他说："古宗教之蜕化为礼乐，古宗法之蜕化为伦理，显然都经过一道手来的。礼乐之制作，犹或许以前人之贡献为多；至于伦理名分，则多出于孔子之教。"① "礼乐"之教得力于周公，"伦理"之教得力于孔子，周孔在民族的历史和文化的发展上都作出了突出的贡献。从表面看他注重的是"礼乐"、伦理之教，其实应当特别值得注意的是，梁先生所注重的不只是历史上存在的周、孔所具体论证的"礼乐""伦理"的具体内容，而是注意其所贯串的民族精神。他说："在儒家领导下，二千多年间，中国人养成一种社会风尚或民族精神，……这种精神，分析言之，约有两点：一为向上之心强；一为相与之情厚"②。中华民族的民族精神，是不是由儒家一家养成，这是另一个问题，这里不说，但是，儒家在中华民族民族精神的养成上，确实起了重要的作用。梁先生所注重的不是儒家的具体主张，而是儒家对民族精神所作出的贡献。他所谓的"向上之心强""相与之情厚"，其实也就是他所谓的"理性"精神。他对周公、孔子的赞扬，是赞扬他们规定了"理性"精神；对"礼乐""伦理"的赞扬，是赞扬他们体现了"理性"精神。他着手乡村建设运动，是希望在改造现存的社会和建设未来社会时能够保持和发扬这种"理性"的精神。一般说来，发扬本民族的优良传统，保持和发展本民族的特色，对于改造每一个时代的现存社会和建设每一个时代的未来社会，都是至关重要的问题。因为任何民族在任何时代都不能割断历史；现在是由过去发展而来的，未来又是过去、现在发展的结果。从这个意义上看，梁先生在乡村建设运动中，注重中国的特色，坚持中国的优秀传统和民族精神，在理论上和方法上都具有一定的积极意义。

但是，这并不是说，梁先生注重的都是中华民族的精英。也有封建性的过时的东西，由于认识的局限被作为民族的精神加以赞扬和保持了，这

---

① 《要义》，第124页。
② 同上书，第146页。

是不对的。由于在理论上没有弄清而把一定时期的思想和制度同民族精神完全等同起来了。以孔子和儒学为例,在孔子和儒学思想中反映的中国传统哲学和传统文化的特征,是应当保留和发展的。这是中华民族的精英。但是,孔子和儒学当时自身的局限性,特别是历代封建统治阶级利用孔子和儒学为巩固封建专制主义服务,加进了许多封建反动的内容,决不能把它看成是中华民族的精英,应当彻底批判它们,特别要防止它们在新的条件下继续为害。不能因为在改造旧中国和建设新中国的问题上存在着精华和糟粕不分或者把糟粕误认为是精华的问题,而否定注重发扬中华民族的精英和坚持中国特色的这种合理的精神和态度。

(二) 强调情理,注重自觉

梁先生运用"理性"原则认识和改造中国,要把中国建成理性的社会。他所谓的理性,从广义上来说,既包括"情理",又包括"物理",而以"情理"为主、为重。从狭义上来说,单指同"物理"相对的"情理"。但是,无论从哪个角度来看,强调"情理",注重人的自觉,这是他经常特别强调的。

梁先生认为,世间之理可分为二,这是就"物理"与"情理"的区别而言的。他指出"理性"和"理智",或"情理"和"物理",是互相密切联系在一起的。他以计算数目为例,计算之心是理智,而求正确之心便是理性。数目算错了,不容自昧;就是一极有力的感情,这是无私的感情。他特别注重的是"理性",即无私的感情。所以,他说:"理智之用无穷,而独不作主张;作主张的是理性。理性之取舍不一,而要以无私的感情为中心。"① 这就是说,无论从"理智"与"理性"、"物理"与"情理"的区别和联系来看,值得更为注重的是"理性""情理",因为它是"作主张"指方向的。但是,"理性""情理",只有在"无私的感情"支配下,才能做出正确的主张,指明正确的方向。这也就是他注重人的自觉的基础和依据。

梁先生还从人类与物类的区别,来说明"理性""情理"的重要。他认为,物类是偏乎本能的生活,是先天决定的,代代如此。人类是偏乎理

---

① 《要义》,第138页。

智的生活，并能代表宇宙大生命创进不已。物与物的关系是隔的，不相通的，或者周而复始的，所以谈不上发展和创进。从发展和创进的角度看，应当注重和强调的是人，或者人心，即理性精神。他在《理论》一书中说："一个人的生命，就是一个顶大的可能性，就是一个顶大的可以发挥的材料，……是个或此或彼的，……等着你去充实他，去发挥他，去利用他，或者说是等着你去享用他。……即人生是应当努力向上，去圆满，去发挥，去享用天所给他的机会（这个机会就是他的身体、他的头脑、他的生活、他整个的一套）。"① 这不仅表明，在物类与人类的关系上，他强调了人类创造的意义，而且表明，在人身与人心的关系上，他强调了人心的创造意义。因为，在他看来"物"与"物"是"有对"的，"人身"是"物"，"人身"与"人身"也是"有对"的。人类为什么会超"有对"而进于"无对"，全在于"人心"。"人心"非"物"，而有超"有对"的能力，"能洞开重门，融释物我，通乎宇宙万物为一体。"② 所以他把自觉、自主、自得放在非常重要的地位。他在解释西方人的理性同中国人的理性的差别时，关键在有"情"无"情"。就是说，西方人讲的"理性"只有"平静通晓"，重在"物理"，中国人讲的"理性"则是"平静通晓而有情"，区别在"而有情"，虽只有"而有情"三字之差，这一差一多之间，却反映了两条不同的路向，两种不同文化的区别。梁先生希望通过乡村建设运动，把中国原来态度重新拿出来，其中最重要的内容就是注重"情理"，发扬自觉。他要"根本改过"西方的"态度"，也就是把西方所"差"的，换成中国所"多"的。所以，他希望建设的理性社会，实际也可以称之为最互相了解，最互相尊重，最自觉的社会。他在《理论》一书中说："现在我们所说的这个组织，是完全从理性上求得的，……在这个社会组织里，人与人的关系都是自觉的认识人生互依之意，他们的关系是互相承认（互相承认包含有互相尊重的意思），互相了解，并且了解他们的共同目标或共同趋向。"③ 用梁先生的理论和方法，要想实现互相承认、互相尊重、互相了解而又目标一致的自觉社会，是不

---

① 《理论》，第129页。
② 《觉悟》，第75页。
③ 《理论》，第176页。

可能的。但是，他始终强调注重情理、注重自觉，并使之贯穿在社会生活和人生活动的全过程中，这是很有启迪意义的。

（三）强调农村和农业的重要意义

梁先生在乡村建设运动中，特别强调中国农村和农业在中国近现代社会的发展中，具有特别重要的战略意义。他认为，要把中国建成一个理性的社会，必须以乡村为基础，因为乡村保留的理性传统最为深厚，农民最适宜于理性的开发和传播。他强调农村在中国近现代的政治、经济、文化的发展中，具有重要的战略意义，这在一定程度上反映了中国的特点，体现了中国的特色。对中国农村是否作认真研究，以及所研究的结果是否正确；对农村的积极性和潜力是否充分利用和发挥，以及利用和发挥得是否正确。这不仅会对中国近现代社会变革和建设的速度发生很大的影响，而且有可能影响变革和建设的成败。

在帝国主义侵略和压迫加深，中国的民族资本主义有所发展的条件下，一般人把眼光盯在城市，注重都市文明的发展。在这种条件下，梁先生注意到乡村，走出大学的校门，从城市来到乡村，开展乡村建设运动，宣传农村为本，城市为末，城市为农村服务。看到这一层关系，不仅对农村发展是有利的，而且对城市的发展也是有利的。

在都市文化的发展中，确实有许多矛盾和弊病存在，而这种矛盾和弊病在乡村并不存在。如何发展乡村固有的良好的东西，避免都市文化带来的种种弊病，从这个意义上提出问题和认识问题，会得到许多有益的启迪。如在工业农业近代化现代化的过程中应当注意保护生态环境，以及维护和发展"艺术味道的人生"等问题，也可以从总结农村的生态发展和农民的生活经验中得到启示。

梁先生重视农村的作用和意义是同重视农业的作用和意义分不开的。他认为，近代中国的经济发展，特别是工业的发展，应当走从农业到工业的道路，也就是说，中国近代工业的发展，不能像资本主义发展初期的西方那样从发展商业中发展起来，而是应当随着农业的发展而发展起来；应当在农业引发工业的基础上，使农业和工业、商业互相促进、协调发展。这样既可以解决资本和市场的不足问题，又可以解决就业养人的问题。关于中国工业、农业、商业的关系及其发展先后次序的基本设想和理论，在理论上和论据上，虽不够完善，而且没有实现的必要环境和条件，但是，能系统地提出论证这个问题，注意寻找一条不同于西方资本主义初期的发展道路，以符合中国的国情，这是值得注意研究和总结的。

（四）注重知识分子同乡村居民的结合

梁先生的乡村建设运动体现和贯彻了注重知识分子同乡村居民相结合的精神，认为这是解决中国的统一和富强最重要的社会力量。这是值得重视的。

梁先生在《觉悟》一书中，提到解决中国问题应当靠什么人的问题。认为要解决中国的问题，只能靠"知识分子与乡村居民"相结合。他说："中国问题之解决，其发动主动以至于完成，全在其社会中知识分子与乡村居民打并一起，所构成之一力量。"① 从这里可以明确地看到他对知识分子和乡村居民特别注重，对知识分子和乡村居民的结合给以特别重要的估价，其中包含着重要的内容和深刻的道理。虽然把中国问题的解决，从"发动主动以至完成"，全部归结为"知识分子与乡村居民"相结合，不能说是全面、正确的，但是，他所体现的注重知识分子，注重知识分子同乡村居民的结合的思想，是正确的和有意义的。他说："要知道，中国问题根本不是对谁革命，而是改造文化，民族自救。……于此际也，先识先觉知识分子明明是主而不是宾矣。"② "主"就是主人，"宾"就是客人。把知识分子看成是中国革命和建设的主人而不是客人，这当然是符合实际的。至于他论证的理论和论据以及问题的提法，并不完全科学，这是另一个问题，应当区别对待。

梁先生注重知识分子是同他注重"理性"，注重"人心"的自觉分不开的。他说："有两个原则要记住：一是人类的力量在理智，缺乏理智便没有力量；一是力量生于积极活动，若消极的要求不成功力量。"③ 知识分子自然属于有知识、有理智的，因而也是应当属于有力量的。从注重理智的力量因而注重知识分子，这是很自然的。加之他认为中国问题是属于

---

① 《觉悟》，第208页。
② 同上书，第211—212页。
③ 《理论》，第344页。

"改造文化"的问题,因此,知识分子是"主"而不是"宾",这是符合逻辑的。

梁先生不仅从知识分子的长处中,看到了知识分子的积极作用,他还从知识分子的短处中,从知识分子的消极性中,看到了知识分子的力量。他认为,当时中国社会的"散""乱",是由知识分子造成的。他说:"散莫过于他们,他们领着头散;他们领着头乱。要想中国社会不散不乱,必自他们不散不乱始。"① 这些话也不都全对。但是,他却由此看到了知识分子也能在中国的社会改造和建设中起积极的重要作用。

同梁先生对知识分子的消极作用估计过大一样,他对知识分子的积极作用,也有估计过高的倾向。他说:"中国问题真可说是个变例;革命的不在多数被压迫剥削的劳力生产者,顾在少数可以压迫剥削他人以自了之人。"② 这样看待和评价劳力生产者和知识分子都是不恰当的。但是,梁先生在乡村建设运动中,注重知识分子的思想不应以此而否认它的积极意义。

梁先生注重知识分子的思想,是同他关于知识分子同乡村居民相结合的思想密切联系在一起的。知识的力量,要在积极活动中才能产生和表现出来。他认为,中国知识分子的用武之地,就是当时的农村。他说:"社会的生路要在乡村求,知识分子的生路也要在乡村求。"③ 知识分子的"生路"在乡村,这就是要以农民为后盾,同农民结合起来。所以,他又说:"知识分子今后要想在解决中国问题上表现力量,非与农民联起来,为农民说话,以农民为后盾不可。"④ 他认为,知识分子到乡村去与农民结合,可以"为乡村扩增耳目""为乡村添喉舌""为乡村添脑筋",从而使"乡村间居民"由一种潜伏的力量变成解决中国问题的现实力量,他说:"所谓革命知识分子所必凭借的社会中潜伏之一大力量,我是指乡间居民而说。……革命的知识分子要下乡间去,与乡间居民打并一起而拖引他上来。"⑤ 知识分子不能没有"凭借",不凭借乡间居民,就不能发挥

---

① 《理论》,第 345 页。
② 《觉悟》,第 213 页。
③ 《理论》,第 358 页。
④ 同上书,第 336 页。
⑤ 《觉悟》,第 214 页—215 页。

自己应有的作用,也不会有力量,乡间居民得不到知识分子的引导,也不能把潜伏的力量表现出来。经过"下去"和"上来"的结合,使之融成一体,实际上互相都起了重大的变化,这时才能真正成为解决中国问题的重要力量。所以他又说:"我们自始至终,不过是要使乡间人磨砺变化革命知识分子,使革命知识分子转移变化乡间人;最后二者没有分别了,中国问题就算解决。"① 按照梁先生的思想,中国问题的解决,当然是理性社会的建成,在这个自始至终的过程中,知识分子同乡间居民的结合是一个极其重要的关键问题。虽然提出和论证这个问题的理论基础和重要概念,有不精确和不科学的地方,如"乡间人""乡村居民""知识分子""革命知识分子"等,尚缺乏定性的分析。但是,从中确能感到他在一定程度上,看到了知识分子同农民的重要,以及他们的结合将会对中国的改造和建设产生的伟大力量,这是很有意义的。

梁先生倡导和组织的乡村建设运动,其意义不会只有以上四条,也不会只有积极意义的一面。他不赞成甚至反对工农武装革命的理论和路线,从而提出了与之相反的社会改良主义的理论和路线,这是历史事实。但是,不能因此而否认或者不去研究他在理论和实践中,所提出的具有理论意义的理论和方法,具有实际意义的经验和具有启迪意义的问题。相反,只有真正认真弄清了这些问题,并给以正确的分析评价,从中吸取正面的经验和反面的教训,这才是有益的。梁先生为中国独立、统一和富强而作的理论思考和实践活动,确有许多不切实际之处,但是,从中可以看到所贯穿的爱国主义精神。他赞成国共两党第二次合作,拥护抗日民族统一战线,反对日本帝国主义的压迫和侵略,以及在日本投降后为国内和平作了许多有益的工作,这些都同他的爱国主义思想一脉相承的,是应当特别加以肯定和赞扬的。

---

① 《觉悟》,第 217 页。

梁漱溟乡村建设的社会学观

韩明谟

一 30年代中国乡村建设运动的社会历史背景

中国共产党领导的中国革命运动，创造着中国的历史，也深深地影响着整个中国历史发展的进程。乡村建设运动的兴起，首先与中国革命运动的胜利与失利有着直接的联系。自1927年革命遭受失利至1937年抗日战争爆发为止的10年内战期间，革命走着曲折的道路，而乡村建设运动的某些活动，在客观上是为扑灭这个革命的火种，为扑灭土地革命的成果出谋划策的。

其次，乡村建设运动虽然是属于知识分子、属于资产阶级的农村改良运动，但它却与当时国民党政府的农村复兴运动同出一源，事实上在很多方面也难分难解。帝国主义的剥削与压迫，遭致农村经济破产，中国共产党领导的革命运动如火如荼，大量地主与资金流入大城市。为了给资金寻找出路，农村复兴便是一途。旧中国的城乡关系是城市掠夺农村的关系。聚居在城市中的帝国主义者、地主、军阀、官僚、买办、商人高利贷者，通过地租、捐税和超额利润，继续维持其剥削农民的关系。

第三，中国的乡村建设运动，从思想上与实际做法上，也受到了美国乡村生活运动的影响。美国乡村生活运动是谋求农村生活的改良而兴起的一种农村生活研究与建设的运动。20世纪初年，因为受到了工业革命和城市发展的影响，许多美国农村中发生各种严重问题。如农业生产减少，一般经济贫乏，生活程度低落，教育水平下降，青少年离村的逐渐增多，乡村呈现全面解体衰败现象。当时的老罗斯福（To Roosevel）总统，鉴于这种危机情况，于1908年命令组织一个美国乡村生活委员会，由7名对乡村生活有研究的学者为委员，对农村进行调查，1911年写出报告，于是乡村生活与建设逐渐引起各方注意。1912年美国社会学年会，即以乡村生活的研究为主题。从此，这一运动为美国农村经济与农村社会学奠定了基础。以后每年与美国农业推广、乡村教育、农村经济学与农村社会学相互在一起的各地区的活动就频繁起来。而中国兴起乡村建设运动的许多领导人，如晏阳初、陶行知以及其他诸多参加者，在思想上和做法上实际上受到美国这一运动和杜威实用主义哲学等的影响。

二　关于梁漱溟先生"乡村建设"的社会学理论

（一）梁漱溟先生对中国社会的最基本论点是中国是一个以所谓"伦理"为本位的社会。他认为中国数千年相延的社会组织构造现已崩溃，而新的尚未建立。乡村建设运动就是为了寻找一条建设新的社会组织机构做出的努力。西洋社会以人为本位，苏联社会以阶级对立为本位，而中国社会则是以伦理为本位。也就是要建立一个新的礼俗社会。中国不能走法律之路，而要走礼俗之路。

（二）梁等认为，中国没有阶级，历史上也没有阶级。中国社会是靠所谓教化和职业分立。认为"生产工具为一部分人所垄断"的现象是不存在的。职业分立是机会均等的表示，各有前途的意思。中国政治是消极无力的政治、礼让客气的社会。

（三）梁等认为，关于革命的对象，帝国主义与军阀都不成其为革命对象。"他们在中国今日的社会上并未形成一种社会秩序，中国今日是没有秩序"。

（四）他们认为"中国问题是由外来引发而生的。而这两次的外来，近代民治主义与反近代社会主义潮流，在中国只是破坏旧秩序而不能造成新的国家权力，即因为中西文化在精神上有其截然相异之处"。

（五）至此，梁漱溟先生主张"中国建设必走乡村建设之路，必走振兴农业，以引发工业之路"，即必从复兴农村入手。

梁的乡村建设具体办法是从组织乡村入手，要从文化教育开始，培养新组织，训练新习惯。要依靠社会的文化团体为主力，现实的政权系统为副力。如何实现这种措施呢？要办乡农学校。梁漱溟办的乡农学校不同于晏阳初办的平民学校。因为乡农学校是政治教育合一的。乡农学校是个正规化的组织。校董会、校长，也就是农村中的领袖。他们的理想是，乡农学校不仅为一村一户的组织，而且可以扩大为地方自治组织，并可发展为未来的政权组织。

三 对梁漱溟先生"乡村建设"的评价

（一）从以上材料不难看出，梁漱溟领导的乡村建设运动，实是一个抱残守缺的，欲要维持一个几千年来摇摇欲坠的封建社会，一个以地主统治为中心的小农经济社会，一个重人治、轻法制的所谓"礼俗社会"。校长就是乡长，也就是旧社会的那个保甲长之流。

（二）在经济上，他们主张所谓"合作经济"。"吾人愿用一名词来帮助说明吾人对经济的主张，即'合作主义者'，即从社会组织中，发达社会关系，走伦理情谊之路，以彼此保障经济。走合作的路，以增值社会财富，促成财产社会"。①② 但什么是合作经济呢？所谓合作经济，并不构成独立的社会经济形态。它的性质取决于占统治地位的生产关系和国家的阶级性质。在资本主义制度下，农民合作社，包括生产合作社、供销合作社、消费合作社和信用合作社等，不过是农民小生产者为了减少资本家和地主的剥削而联合起来的，可以使劳动群众作为消费者或生产者的利益在一定的范围内受到保护。因此，在一些资本主义国家曾经有过不同程度的发展。但是，由于在资本主义经济占统治地位的条件下，合作社往往不能摆脱对资本主义大工业、大银行、大商业的依附，在市场竞争规律的自发支配下很容易破产。可是在30年代的中国，基本上没有合作社的传统。国民党立法院通过的所谓合作法，鼓吹合作运动，那不过是为了欺骗农民与中国共产党领导的农民土地革命相抗衡罢了。他们组织的合作社，大多为地主豪绅所把持，甚至作为盘剥农民的工具。而梁漱溟所提倡的合作经济，其本质上与上述分析并无二致。从此可知，梁漱溟所谓"振兴农业

---

① 以上引文见许莹涟等编《全国乡村建设运动概况》第一辑，1935年10月；梁漱溟著《中国民族自救运动之最后觉悟》、《东西文化及其哲学》。

② 《全国乡村建设运动概况》。

以引发工业"实是"纸上谈兵",历史证明,是没有出路的。已故经济学家孙冶方同志批评当时乡村建设运动说:"一切乡村改良主义运动,不论它们在理论上和实际上有什么不同,但是都有一个共有的特征,即是都以承认现有的社会政治机构为先决条件;对于阻碍中国农村以至阻碍整个中国社会发展的帝国主义侵略和封建残余势力之统治,是秋毫无犯的"。同时,把经济学家千家驹批评晏阳初平教会的话用来批评梁漱溟的乡村建设也是非常适合的。他说:"平教会的工作实包含着一个不能解决的矛盾。他们想不谈中国社会之政治的根本问题,但他们要解决的却正是这些根本问题。他们不敢正视促使中国农村破产的真正原因,但他们所要救济的却正是由这些原因所促成的国民经济破产与农村破产。""如果我们不从这些基本问题上着眼(指帝国主义及封建残余之剥削),结果岂不实验自实验,破产自破产,而且有一天破产的浪潮会把实验的一点基础也打击得粉碎呢?"

(三) 再看,梁漱溟先生的乡村建设运动究竟靠谁来进行?靠谁来维持的呢?从其经费来源看得很清楚,那就是靠山东军阀韩复榘的拨款。他们1931年得到韩复榘的拨款107508元,1932年得了117780元,1933年得了122900元,1934年得了116700元,没有这几十万元,他们的运动就无法进行,甚至寸步难行。但即令用了这几十万元,农民仍然是与他们处于对立的状态。他们说:"本来最理想的乡村运动,是乡下人动,我们帮他们呐喊。退一步说,也应当是他们动而我们领着他动。现在完全不是这样。现在是我们动他们不动。他们不惟不动,反与我们闹得很不合适,几乎让我们作不下去。此足见我们未能代表乡村的要求;我们自以为我们的工作对乡村有好处,然而乡村并不欢迎。""我们是走上了站在政府一边来改造农民而不是站在农民一边来改造政府的道路。……我们与农民处于对立的地位。"①②③ 这段话说出了他们的难处,也揭示出了乡村建设运动的本质,即不是代表农民的,而是代表当时国民党、军阀政府的。

(四) 梁漱溟先生的乡村建设运动是建立地主武装,以对抗中国共产

---

① 孙冶方:《为什么要批评乡村改良工作》,载《中国农村》第二卷第五期,1936年5月1日。

② 千家驹:《中国农村建设之路何在?》,载《申报月刊》第三卷第十期。

③ 《乡村建设理论》,转引自《中国现代教育史》,华东师范大学出版社1983年5月版。

党的土地革命运动的。他们认为"共产党在中国从某一点上看是一种农民运动"。解决的途径就是想办法"积极地有所替代""消极地有所防止"。"吾人之组织，即所以替代错误的农民运动者，同时有力量挡住匪扩大，防止匪产生"①。梁漱溟在答李蒸的信说："我们明明白白为了乡村自政自卫，我们何尝从教育出发，何尝办教育"。这不是已经说得够明白了吗？

基本说来，乡村建设运动为国民党的反动统治起了出谋划策的作用。薛暮桥在评论当时的乡村改良运动说："假使邹平的乡村建设是复古运动，那么定县的平教实验便可说是维新运动。"② 这个说法是恰当的，因为不论复古还是维新，其共同点是维护当时的反动政府。正如孙冶方批评的那样："改良主义者也曾感到地主、高利贷者、土豪、乡绅们对于农民们的苛刻剥削，然而他们都以为只要有一个好政府出现，就会把这些乡村发展的障碍连根除去的。他们是把铲除封建残余势力的责任交给'青天大老爷'了。"③

梁漱溟先生所进行的乡村建设，实际上是配合国民党政府的反革命围剿，反对共产党领导的农民革命运动。这还可以从他们自己的话中看得更清楚，他公开声言："要想清除共产党的农民运动，必需以另一种农民运动来代替才可以。我们的乡村组织，除了一面地方保卫上抵御共产党外，还有一面，就是这种运动实为中国农民运动的正轨，可以代替共产党。"④这种"正轨"的农民运动，"替代共产党"的农民运动，只是当时山东军阀韩复榘这位自命为"青天大老爷"的文盲军官，才愿意以几十万元来支持。梁漱溟自己也说："青年们对于今天所谓国民党，已失望到干净地步不消再说，你设想他将跟着章太炎、胡适之先生呢？还是跟着共产党走？共产党在眼前短期将成一时有力的倾向，殆为必然的。我们如果不指出这一厌是人心的新方向，不能开辟一条给社会有力分子情甘努力的大道，则举国看到要走上死路，其将成为何等的惨事啊！"⑤ 事实上，梁漱

---

① 《全国乡村建设运动概况》。
② 薛暮桥：《旧中国的农村经济》。
③ 孙冶方：《为什么要批评乡村改良工作》。
④ 梁漱溟：《乡村建设理论》，第280页。
⑤ 梁漱溟：《中国民族自救运动之最后觉悟》。

溟先生与共产党争夺青年，也提不出"一条给社会有力分子情甘努力的大道"。他在邹平的政绩，当时中央大学社会学教授柯象峰就指出："据参观的人说，他们能把散漫的民众组织起来，施以团体的训练，结果好多农民因受教化熏陶，都能彬彬有礼。在精神方面，确有进步，不过因为不甚注意物质的建设，结果外表看不出多少成绩，像这近乎唯心论的办法，的确值得吾人注意和检讨。"① 其实，梁漱溟先生既不相信青年，也不相信农民，更害怕农民组织起来。他说："乡民愚迷而有组织，且为武装组织，其危险性实大。"因此他主张训练"有家财"的人来做连庄会员，来代替"愚迷"乡民的武装组织，这样可以免得"为人（按指共产党）利用，酿出祸来。"② 无怪乎到了建国之后，毛泽东同志还是严厉地批评他是"冒充'农民代表'""他搞所谓'乡村建设'有什么'乡村建设'呀？是地主建设，是乡村破坏，是国家灭亡！"③

（五）乡村建设运动当然不是一无是处。首先，众多的知识分子，他们能够不辞劳苦，深入农村，这在当时是难能可贵的。有些高级知识分子，有的是从国外留学回来的，"他们有的是资格、学历、地位，他们原可以在城市中高官厚禄地享受物质生活，但是他们宁愿跑到农村里去吃苦，他们忠于自己的理想，懂得民族的主要力量是在农民，……不管他们的理想是否真能为农民谋幸福、为民族谋光明，他们的动机总是纯洁的。"④ 许多知识分子通过乡村建设运动，逐渐在了解农民的基础上转变为马克思主义者，中国共产党后来有些负责干部是从这个运动中成长起来的。同时，乡村建设也着眼于农业技术的改进，作物品种的改良，也取得了一定的成绩，这也是不可否认的。通过了一定的教育，提高了人们的文化水平，也是不容忽视的。但这种技术上的成就，由于是"专从农村中去解决农村问题"所以也受到一定的限制。

梁漱溟先生是一个思想家，是一个理想主义者，而不是一个实干家。

---

① 柯象峰：《中国社会组织强化问题之检讨》，载《社会学刊》五卷三期，1937年4月20日。
② 薛暮桥：《旧中国的农村经济》。
③ 《批判梁漱溟的反动思想》，载《毛泽东选集》第五卷，第111页。
④ 孙晓村：《乡村运动大联合的理论与实践》，载《中国农村》第二卷第十期，1936年10月1日。

他说:"我本来无学问,只是有思想。"梁漱溟先生主张"要吃现成饭不行,必须自己创造",其独立自主,思考问题的精神是值得敬佩的。但他往往只谈论伦理道德、不明实务,又缺乏真正的富国强兵之术,因此也往往只能提出些不切实际的说教,做些当时统治者的帮闲工作。这便注定梁先生的乡村建设是此路不通的。

教育即乡村建设
——梁漱溟教育思想初探
潘伯庚

梁漱溟先生于20世纪二三十年代倡导并积极从事"乡村建设运动"。他说:"一点一滴的建设,无非是一点一滴的教育","教育即乡村建设。"① 所以他的乡村建设运动,也就是乡村教育运动。

乡村建设、乡村教育是20世纪20年代在我国兴起的一个社会运动。由于帝国主义的侵略与封建主义的长期统治,我国的民族工业得不到发展,农村经济崩溃。搬用外国的教育制度,不适合我国社会的需要,更不适合我国农村社会的需要,急需改革。当时许多学者和教育工作者倡导乡村建设、乡村教育运动以改进乡村生活。倡导者的思想观点与目标不同,所办的乡村事业各有特点。这样出现了平民教育促进会、中华职业教育社、中华教育改进社、农村建设协进会、乡村建设研究会等组织。许多大学也参加了这一运动,以梁先生为代表的山东乡村建设研究就是其中的一个。

梁漱溟先生原籍广西桂林,1893年生于北京。顺天中学堂毕业后,曾参加辛亥革命运动的组织——中国革命同盟京津支部。他早年研究佛学,在北大讲授过印度哲学。28岁时转而信儒家思想。他认为西方重知识的个人本位社会不适合中国;重情意的伦理本位是中国社会的优点。他以伦理本位的思想为指导,借鉴丹麦"民众教育"的经验,以"乡村建设为目标",以"民众教育方法"设计了乡村建设方案。乡村教育是这个

---

① 《梁漱溟教育论文集》,第193、195页。

方案的主干。根据政权与教育合一，知识分子"乡村领袖"结合，社会教育、成人教育与儿童教育、学校教育结合并以成人教育为主的原则，设计了从国学、省学、县学到乡村学的体系。这个体系以儒家的伦理道德为主要内容，辅之农村的生产、生活知识；采取我国宋代"吕氏乡约"的形式并吸取西方合作团体的经验组织乡农学校，在山东菏泽、邹平两县进行了实验。

乡村建设与乡村教育运动，不论其倡导者如何努力，其主观愿望如何善良，企图用教育来改造社会，都没能也不可能全面地从根本上解决中国农民的问题。历史已有力地证明中国农民问题的解决，只有在马克思主义思想指导下，在先进生产力的代表工人阶级的先锋队——共产党的领导下，以工农联盟为基础，走农村包围城市，武装夺取政权，然后城市领导农村，废除封建的土地所有制，发展农村商品经济的道路。梁漱溟先生的乡村建设没有，也不可能全面解决农民问题，但在某些方面还是有成果的。在梁先生的感召下，许多有志的知识青年到农村去，把现代的科学知识带到闭塞的农村，推动农村教育，特别是民众教育的发展，在开发民智方面起了积极的作用。在这过程中形成的梁先生的教育思想有许多合理的成分，应该进行研究总结。本文拟就他教育思想中的几个问题作初步探讨，以期作为改革教育的参考。

一　着眼于乡村教育

梁漱溟先生认为西方的个人本位主义社会是自由竞争、阶级对立的社会，是工业发展、城市发展而农村破产的社会。中国是伦理本位的社会，是人本社会，"礼让"的社会。中国没有西方那样的大城市，都是乡村，县城、城镇也不过是乡村。中国乡村有贫富的区别，没有阶级的对立。外国入侵以来办洋务、搞维新，仿西方的模式，结果乡村破产、愈来愈愚、愈弱、愈贫；而愈贫，则又愈弱、愈愚。因此，他认为救中国不能走西方靠自由竞争、靠法律的路，只能靠"礼俗"。"礼俗"的形成靠"教化"。所以中国的出路是"乡村自治""乡村建设"，归根结底是"乡村教育"。"乡村建设"是要恢复古代文化，发扬民族精神，创造新文化、"新礼俗"。乡村教育可以起到这个作用，一方面绵续文化，一方面创造新文化、"新礼俗"。他说:"数十年来屡说要普及教育,但受教育的人,却见其少,不见其多。农业教育办了几十年,而社会上新农业不兴;工业教育办了几十年,而社会上新工业不兴。"① 他批评当时"乡间儿童到县城里入了高等小学以后,便对他旧日乡村简朴生活已过不来:旧的饭亦不能吃了,旧日衣亦不能穿了,……而乡村农家应具的知识能力,又一丝无有,……乡间的劳作一切不能作,……在小学已是如此,再进一步而入中学,再进一步而入大学,则其习惯之濡染一级高一级,其所学之无裨实际,不合于社会需要,亦弥以愈远。"② 他还指出当时"社会中吃饭最成问题的,似更在受过教育,有知识的那般人。"③ 他认为教育失败的原因是生吞活剥地搬移外国的教育制度,不合中国农村社会实际所致。他认为教育的成败并不是教育本身的事,而在于社会的出路是否正确。他说:"教育的成功或失败,我们要从社会出路上问消息。"④ "若社会出路不在此,而教育却以此为方向,便彼此相毁,一齐没有出路。"他反复引用丹麦发展民众教育,振兴丹麦农业,发展经济做根据,论证"乡村建设"是中国社会的唯一出路;"乡村教育"是中国教育的唯一出路。乡村教育有学校教育和社会教育(民众教育、成人教育)两方面。学校教育的任务是"绵续文化而求其进步",这是对社会未成熟分子进行的。平时重视学校教育。而在社会改造时期,创造新的文化,更重视社会教育,重视民众与成人教育。因为改造旧文化主要是成人,而创造新文化也主要靠成人。"民众教育救中国""社会教育与乡村建设合流"这就是梁漱溟先生的结论。

因此,梁先生倡导并创办了"山东乡村建设研究院"培养乡村建设的骨干。他设计的"社会本位的教育系统"规定,国有国学,省、县、乡、村也各有学。把学校教育与社会教育、民众教育、成人教育融为一体,成为一个统一的系统。对乡学、村学的学众、学长、学董和教员、辅导员的职责也作了具体规定。实行"乡村自治"与教育合一,主持乡学村学的"学董"是"乡村领袖";监督办学的"学长"是乡村中"德高

---

① 《梁漱溟教育论文集》,第 198 页。
② 同上书,第 121 页。
③ 同上书,第 154 页。
④ 同上书,第 199 页。

望重"的"长者"("绅士");教员负责小学及民众教育的教学、教育工作;政府委派的辅导员指导乡村建设与乡村教育工作。辅导员和教员都通过乡村建设研究院进行培训。研究院为他们供应乡村建设所需的"材料"。

梁先生想通过"民众教育"建设乡村,振兴中国的农业、复兴农村,从而"引发工业",以改变乡村"愚、弱、贫"的状况。这条路是走不通的,但他着眼于乡村教育的思想有许多闪光的东西,值得我们今天振兴农业做参考。

梁先生看到中国社会的主要问题是农民问题、农村问题,号召知识分子和有识之士与农民结合,到农村去为乡村建设、乡村教育服务,这是可贵的见解。农业是基础,我们现在的问题,还是农村问题,农民问题,教育为农业服务,知识分子下乡仍然是我们当前要解决的重要问题。发展农业仍然是农村的首要任务,农村要富、要活,就得发展工业、副业、商业与第三产业。发展农村商品经济,需要教育为它服务。农村的生产关系改变了,又有了正确的政策,但不解决农民愚昧落后的状况,不普及与提高教育水平,发展农村经济,要农村富裕起来是不可能的。农村经济的发展,一靠政策,二靠科学。政策有了,科学就得靠教育。愚昧的农村,怎样接受现代科学技术,保持农村经济的繁荣昌盛和持久的发展呢?改革教育体制,普及9年制义务教育主要在农村。现在我们领导农村工作的同志看到这个问题的深远意义没有?看到了,下大力解决没有?要是没有,可以从梁漱溟先生这里得到启发,学习梁先生的精神。

梁先生还有一个重要的思想是农村教育要适合农村社会的实际需要,适合农村广大儿童的实际。他说在邹平城里不能找到适合多数儿童的教育,因为邹平城里条件比乡下优越得多。他要求村学乡学的"学众"学习"乡规民约",学习农业、蚕桑、养蜂等农村需要的科学知识。也许有人要说梁先生的这些是众所周知的,不是什么"远见卓识"。可就是这些普通的真理我们又实行得怎样呢?我们现在在教育要求上几乎全国是划一的,眼睛瞅着城市,一些教育的实验、教材的编写、教学方法的改革似乎都着眼于城市。这些对大多数农村不一定是雪中送炭,有的可能是拔苗助长。现代化建设需要高水平的教育、高水平的人才,需要重视先进的城市。但广大的农村,要赶上现代化的步伐是要下一番苦功夫的。农村的教育水平与科学技术水平，距城市的水平，距离现代化的要求不是三年、两年号召号召就能解决的。需要有识之士进行几十年乃至上百年的艰苦努力才能解决。梁先生的意见还是对我们有启发的。

梁先生在强调教育"在事实上不离开社会"的同时，强调教育"在精神上要领先现社会"，所以在他的乡村建设体系中十分重视精神的陶炼。

二　着眼于精神陶炼

梁先生认为西方是个人本位的文化，它的教育偏重知识的传授。中国是伦理本位的文化，教育偏重于情意的陶冶，偏重于人与人之间和谐关系的养成，"人生向上"精神的陶炼。他说："情意是本能的，所谓不学而能，不虑而知的。"知识是后天习得的，是生活的工具。"工具弄不好，固然生活弄不好，生活本身（情意方面）如果没弄妥贴恰好，则工具虽利将无所用之，或转自贻（伊）戚；所以情意教育更是根本的。"①② 所以他乡村教育体系着眼于精神陶炼。他以丹麦的教育作为依据。他说："丹麦农业之发达、合作之隆盛，皆以其教育为原动力"。而丹麦的民众高等学校并没有农业或合作一类功课，也不施行职业训练，而是着力于文化的传播，教人"爱上帝、爱邻人、爱丹麦"，培养人们友爱精神，唤起民族精神的觉醒。师生同学间的友爱是丹麦教育的精髓。由于学"爱人爱神的道理"要年纪大一点才能领会，所以丹麦的民众教育着重在18至30岁的青年成年人。农村青年男女在学校里精神觉醒了、思想开展了，热忱鼓动起来了，丹麦的农业振兴了。这就是丹麦教育与文化运动的实际效果。所以"丹麦的教育即是一个人格感应的教育""人感人的教育"。③ 总之，他认为"丹麦教育是一种非生产的教育"，是在技能训练与书本教育之外的"人生的教育""精神的教育"，近乎我们的精神陶炼。④ 他又以我国学习西方教育制度的教训来证明，他认为学习西方培养的军事、政

---

① 《梁漱溟教育论文集》，第202页。
② 同上书，第4页。
③ 同上书，第27—30页。
④ 同上书，第69页。

治、工业、农业人才都没有用处,主要的还在于唤醒民众,精神上觉醒了,才谈得上学习知识、技术。他进一步从理论上进行阐述,他说:"精神"是本体,"'有体必有用',不在用上求而用自有。反之,在中国人手便讲知识技能,专在用上求,忽略了生命的本体,结果无体亦无用。"① 他批评杜威的主要缺陷在于忽视"体"。总之,他认为:"一个没有精神的人什么也干不好!一个颓败死板的民族,想让他农业改良,组织合作,实万不能!"② 所以做乡村工作的人首先在于精神陶炼,乡村教育、民众教育要着眼于精神陶炼。

"中国民族精神"是梁先生精神陶炼的内容。他认为"中国民族精神是人本的现世的。"③ "民族精神"源于古人,源于孔子学派的儒家思想,也就是儒家的孝、悌、忠、信、仁、义、礼、智等伦理道德。④ 具体以《吕氏乡约》为蓝本。"乡约"就是"一乡之人相约共勉于为善"。乡约的内容分四大项:"一、德业相劝;二、过失相规;三、礼俗相交;四、患难相恤。"梁先生认为"乡约"的内容是随着社会的发展而发展,他十分赞赏清朝陆桴亭对"乡约"的解释,陆桴亭认为"乡约"应包括社学、社仓与保甲三个方面。经梁先生的补充改造,认为"乡约"应包括教育、经济与合作团体。他并根据当时农村的情况对乡约的四项内容进行了具体的阐释。这就是梁先生的"老根子已不能要,老根子又不能不要",要在老根子上发新芽,复兴中国民族精神,创造新文化、新民俗的具体实施。⑤

人本主义与科学主义是现代哲学与教育理论上争论的重要问题。各执一端都免不了片面性。梁先生重视精神陶炼、重视情感陶冶有其积极的方面,但把知识、技能的掌握、科学技术的学习与职业的训练放在次要的地位就失之偏颇了。在梁先生倡导乡村运动的年代,确有盲目搬运西方的东西,月亮也是外国的圆等崇洋媚外、民族虚无主义的思想,强调"民族精神"有其积极意义。现在仍存在这方面的问题,还要继续发扬中华民族的民族精神。但我们发扬民族精神不能与吸收外国优秀的、进步的文化

---

① 《梁漱溟教育论文集》,第59页。
② 同上书,第73页。
③ 同上书,第76—77页。
④ 同上书,第87页。
⑤ 同上书,参见第167页。

对立起来，决不能恢复儒家的一套伦理道德，更不能搞国粹主义。要以历史唯物主义的观点批判继承与发扬中华民族的优秀传统，并吸收外国的优秀文化与进步文化来丰富我们的民族精神。以发扬民族精神为借口而拒绝马克思主义更是不对的。强调精神陶炼而把中国封建的伦理道德、把精神的东西提到"本体"的地位，那就难免有唯心主义的嫌疑。

梁先生着眼于精神陶炼的功过是非应作具体分析。他提出的精神陶炼的内容有些是不足取的，上面已经论述过，但他重视精神陶炼的作用，把它放在重要位置上的思想还是有意义的。在某种意义上说是揭示了教育规律的。现在我们对外开放、对内搞活，学习外国的先进科学技术，引进现代化设备是完全必要的；但精神陶炼，中华民族优秀文化传统的教育也是不可缺少的。在与外国人打交道的过程中，丧失国格人格者有之；丧失民族尊严者有之，索贿、受贿出卖祖国利益者亦有之。在对内搞活的过程中，一切向钱看，掠夺性经营有之；搞"坑""骗""假""冒"者有之；行贿、受贿有之；请客送礼有之；把人际关系变成尔虞我诈、赤裸裸的金钱关系、利害关系，甚至见死不给钱不救，也有之。这些虽然是少数现象，但它说明被金钱腐蚀、污染的深度。物质文明发展了，没有精神文明与之相配合，没有精神文明走在前头，这样的物质文明能维持多久，是值得研究的。现在学校教育、特别是成人教育重视知识技能、重视成才，而对精神方面的要求很少，甚至没有，这是教育的一大弊端。我们应该从梁漱溟先生这里得到启示，学校教育、社会教育、成人教育加强"精神陶炼"已是刻不容缓了。当然，我们不是教育万能者，前面已讲过，我们不能同意把精神的东西看作"体"。在物质生产与分配领域，不能脱离现社会，抛弃"按劳分配"的原则，重犯左的错误，但也不要过于迷信物质利益的作用，应给"各尽所能"划点地盘，为共产主义道德的极大提高争点地盘。在肯定物质起决定作用的前提下，强调精神走在前头，这是符合历史辩证法的。

三 着眼于学会学习

梁漱溟先生认为杜威的主要观念是"生命"，"生命是活的，宇宙最活的就是人心"，人是"宇宙大生命的核心"。他肯定杜威"教育即生活""教育即生长""教育即社会"的命题和"科学方法"——"思维术"。他认为杜威所说的生活、生长、发展、变化与教育是一个意思。他说：杜威"处处着眼'主动''自发'，反对'被动'排斥'机械观'；要'变化'，反对呆板；要'创新'，反对守旧。生长是不断的自新、创新。"①

梁先生认为人所以有主动性、能创造，所以无所不能，是因为人类有智慧、能进行抽象思想，不断进行学习。他说："教育就是学习，不但要学习，还有学习怎样随时会学习的一个能力"。人类的长处在乎时时刻刻创新，找出新方法来。……学会如何学习，此之谓生长。② 他认为杜威的这个思想与《大学》中"苟日新，日日新"是一样的。"教育不是教你成功个什么，是教你更会受教育，教你学习更会学习。"③ 梁先生是反对"现代手足不勤心思不用的教育的"，他办学着力于引导学生"走路"，他在改造广东一中的方向中说："要学生拿出他们的心思耳目手足的力量，来做他们自己的生活""要他们用他们自己的心思才力，去求他们自己所需要的知识学问"。为此他提出十条办学措施：

第一，要废除或者极力减少校内杂役。……最好是能够完全废除。……

第二，要废除或者减少校内的职员，而把许多公共的事情交给学生去照料。……

第三，废除吃零饭和包饭的厨房制度，并要改良这种厨房的办法。伙食让学生自己办。……

第四，废除贸易部、西餐部以及洗衣部。……

第五，废除把学生看作被治者而教职员是治者的办法。……

第六，废除或减少——至少也要改良——讲授课本的教授法。……

第七，想以一个班为小范围，由各小范围做他们自己的事。……

第八，注重班主任制。……

第九，注意写日记。……

---

① 《梁漱溟教育论文集》，参见第 78—79 页。
② 同上书，参见第 9—10 页。
③ 同上书，参见第 13 页。

第十，注重保护自己的身体。……①

对学生进行灌输，还是教会学生学习，这是传统教育思想与现代教育思想争论的焦点。在二三十年代，梁先生就注意到学生自学能力、动手能力和主动性、创造性的培养，提出"学会学习"，而且在教育实践中采取措施进行实践，这是难能可贵的。这个问题仍是我们现在教育中的主要问题。学生自己动手解决自己生活和集体生活中的问题，更是一个突出的问题。现在的学生，特别是重点中学的学生，说挖苦一点是"学习机器"，是"四体不勤、五谷不分""衣来伸手""饭来张口"的"书生"。就是说我们现在的教育思想水平，在某些方面还没有达到二三十年代梁漱溟先生的水平。这不值得深思吗？

四　着眼于成人教育

梁先生认为"在平常的时候，可以重在儿童教育，加速使社会中未成熟的分子使之成熟，好让他们来绵续文化而求其进步。在中国的此刻（按：指中国二三十年代），已非平常时期，应着重成人教育，办理社会教育；因为我们着意在改造文化、创造文化，而不是绵续文化。我们的此刻，正是中国文化的一个转变时期，正是除旧布新的时候。所谓除旧，旧是在成人身上，除旧则必对成人下功夫；所谓布新，尤须对成人而言。""施行成人教育，即所谓创造新文化，即所谓乡村建设，即所谓社会教育。"② 后来他把自己的教育主张总结为六点：

1. 教育大众化，并力求教育普及；

2. 重视成人教育、民众教育、社会教育，且力求其适应当前政治和经济的需要；

3. 初等教育与民众教育合并办理；

4. 社会教育与学校教育合流不分；

5. 以政治的力量推行教育，以教育的力量完成建设（政治、经济、文化、军事）；

---

① 《梁漱溟教育论文集》，参见第13—14页。

② 同上书，参见第108—114页。

6. 纳社会运动于教育之中，从改造教育来完成社会改造。

梁先生在研究社会发展趋势，强调成人教育的基础上，提出了"终生教育"的思想，认为"教育时间放散而延长"是势所必然，并提出三条根据：

1. 现代生活日益繁复，人生所需要学习者，随以倍增，卒非集中童年一期所得尽学，由此而教育延长及成年之趋势，日见迫重。

2. 社会生活既繁密复杂，而儿童较远于社会生活，未及参加，在此种学习上以缺少直接经验，效率较低，或至于不可能，势必延至成年而后可，又唯需要为能启学习之机；而唯成人乃感需要。借令集中此种学习于童年，亦徒费精力与时间，势必待成年需要，卒又以成人教育行之。

3. 以现代文化进步社会变迁之速，若学习于早，俟后过时即不适用；其势非时时不断以学习之不可。①②③

梁先生对学校教育与儿童教育的作用、功能的见解值得商榷，但他对成人教育、终生教育的思想是站到了时代的前列。这些思想现在已为全世界所接受，并在逐步付诸实施。我们应该重视学校教育、重视普及义务教育和职业技术教育，同时也应该重视成人教育。在我们这个开放改革时期，是科学技术长足进步和社会观念、人际关系大变革的时期。成年人要适应时代的要求，不仅要不断更新知识、技术，而且要更新观念。在某种意义上说，在社会变革时期更需要新思想观念与伦理观点。目前社会上出现的许多问题，在一定程度上与思想准备不足有关。由于思想准备不足，一些错误思想，资产阶级思想，甚至封建的残渣就趁虚而入、趁虚泛起，对开放改革起阻碍作用，甚至破坏作用。重视成人教育，特别是重视成人的思想教育尤为重要。因此梁先生着眼成人教育、着眼成人的精神陶炼的意见是有现实意义的。

总之，梁漱溟先生从中国的实际、中国的文化实际，特别是农村的实

---

① 《梁漱溟教育论文集》，第193—194页。
② 同上书，第212页。
③ 同上书，第147页。

际来思考教育改革的思想，对我们现在还是具有方法论的意义的。过去由于"左"的影响对梁漱溟先生的乡村建设运动、乡村教育运动曾作过不公正的评价。现在我们应该用历史主义的观点对梁先生的教育思想作出正确的评价，吸取对我们有用的东西，为当前的教育改革服务。

乡村:中国文化之本

——梁漱溟乡村建设运动的理论构想

李善峰

梁漱溟20世纪30年代主持的乡村建设运动有其庞大而系统的理论构架,其整个乡村重建的实践都建构在以乡村为本位的基础之上。无疑,当年曾轰动一时的历史事件终因整个活动的改良倾向与时代生命的脱序而归于失败,然而,在选择民族现代化道路的探索中,他们的奋斗却是发乎心灵的。由于这次活动的学术视野所涵盖的是整个人类文明的命运,它所提出的问题远比要解决的问题重要的多。经过半个多世纪的时空置换,它以悲剧色彩所留下的启迪还是能引起人们深深的思考。从世界范围来看,中国的现代化决不是单纯赶上目前世界的先进水平,如果它在自身的改革和建设中不能为人类找到一条新的出路,它将辜负整个世界对它的期待。梁漱溟的努力,较早向我们提供了这一历史性信息。

一

具有悠久历史的中国民族,当它斯文地迈着方步走向近代的时候,突然遇到了以火与血开路的西方文明的严峻挑战。这种挑战是整体性的。中国第一次被迫纳入了世界性的现代化潮流中去。外国资本主义的侵略,历史进程的急剧转折,迫使中国人向古代告别,在内忧外患交相煎熬中向着近代起步的中国,再也不容许拖着沉重的脚步在老路上匍匐爬行。怎样才能使这个古老民族重新站起来,列身于世界民族之林,这是历史赋予近代中国全民族的使命。

人们都在思考和行动。走富强的路,西方是唯一的参照系,于是,在西方文明狂飙般的侵袭下，引起了中国社会空前激烈的回应：1865年创办第一所具有近代技术的江南制造局，1898年的新法要求学习西方民主，1905年废除科举，1911年推翻清朝建立共和……然而，道路并不顺利，自强新政的洋务措施，在开矿、练军、举办工业方面积累了33年的成绩，经不起甲午海战的一次考验。康、梁、谭等人的维新，更是在残酷的现实面前或避难海外，或人头落地而败下阵来。辛亥革命推翻了专制，却重新开始了专制中的混乱。

这是一个很特殊的时代。对社会体制的变化曾寄于过高期望的中国知识分子，在经历了辛亥、民初的政治沧桑之后。突然发现他们应当抓紧去做的，是更迫切的整个国民的精神的工作：让国民自主地掌握社会发展的方向。于是，对中西文化进行比较，从而为中国社会指出一条方向，就成了许多知识分子的至上宏愿。

由于占中国文化主导地位的儒家文化在资本主义文明的挑战面前几乎完全丧失了应付的能力，它的一整套价值观念和思维模式又反过来压抑了中国人的现实感，因此，它理所当然地遭到了五四主流知识分子的猛烈批判，陈独秀、鲁迅、胡适等人，从近代西方文化中提取了一种标识时代前进的价值观念即民主和科学的精神，以此作为武器，对中国传统的礼乐教化进行了全盘否定性的攻击。他们认为传统文化完全是一种混乱、老朽和"吃人"，应该送进历史的博物馆而代之以全盘的西方文化。

启蒙运动总免不了要从批判现状和传统开始，也就是先做破坏性的工作。但破坏了旧的，用什么新的来代替呢？胡适曾在那篇引起争议的"我们走哪条路"的文章中说："我们要建立一个治安的、普遍繁荣的、文明的、现代的统一国家。"① 这只是对未来社会的一种空泛描绘，怎样才能达到这个目标？他又说："我们……集合全国的人力智力，充分采用世界的科学知识与方法，一步一步自觉的改革，在自觉的指导之下，一点一滴地收不断的改革之全功，不断的改革收功之日，即是我们的目的达到之时。"② 这完全是一种一厢情愿的主观愿望，没有现实的力量来支持这种建设方案。因为现实的中国人——他们作为中国传统文化的载体，实在

---

① 《胡适文存》第四集第四、五卷，台湾远流出版公司1686年7月版，第10页。
② 同上书，第17页。

不是胡适辈所要依靠的、可以信赖的力量。

启蒙一旦脱离实际，其现实作用便成了纸上谈兵。一点一滴的引进工作，如果脱离自己的民族传统，是不会成功的。故而，以梁漱溟为代表的另一部分人，开始面对20世纪初的社会历史现实，试图从中国传统文化中找出民族文化的根本精神，作为新文化的源头活水，并以它为主体来吸收、接受、改造、同化西方的近代思想，在此基础上寻找当代中国社会、政治、文化诸方面的现实出路。

就在以《新青年》为代表的西化论和全盘反传统达到高潮的时候，与胡适同年进入北京大学的梁漱溟，在思想革命的大本营，树起维护传统的旗帜，公开提倡孔学。1918年，梁在《北大日刊》上登一广告，征求共同研究东方学的人，结果应征者寥寥。他感慨地说："今天的中国，西学有人提倡，佛学有人提倡，只有谈到孔学羞涩不能出口。孔子之真，若非我出头提倡，可有哪个出头？这是逼得我自己来孔家生活的缘故。"① 更深层的原因，恐怕还不是在于感情用事，而在于不满当时思想界的现状，"看见中国人蹈袭西方的浅薄，或乱七八糟弄那不对的佛学，却不见其人生的无着落，我不应当导他们至善至美的孔子路上来吗？"② 他的豪杰之行，以及坚强的性格，不久，商务印书馆就出版了他的成名作《东西文化及其哲学》。它虽然是一本被胡适指责为"笼统""武断"的书，在当时的思想界却产生了广泛的社会影响。这是一部首次将中国文化纳收世界文化架构中讨论的大著，内容尽管有些粗鲁的地方，但其比较文化的方法是极富创造性的。这就是他从文化多元论的立场出发，认为一种在历史上曾经有独立生命与价值追求的文化，作为一个民族生活心理长期积淀的产物，是绝不会随社会发展的不同阶段而改变的。（正是这一点，使得梁这本著作，在今天人们寻求各种文化体系的深层价值观念及民族文化心理积淀时，重新为人们所关注。）

在这部大著中，梁不满意当时对中西文化作简单的表层划分，如静与动、自然与人为、依赖与独立、直觉与理智、精神与物质等等，他要求在哲学层次上解决中西文化的区别问题，在他看来，中西两种文化具

---

① 梁漱溟：《东西文化及其哲学》，商务印书馆1922年版，自序。
② 同上。

有根源的不同，这就是由"意欲"的不同造成的不同方向的生活方式的不同。

"文化……不过是那一民族生活的样法罢了。生活又是什么呢？生活就是没尽的意欲（Will）……和那不断的满足与不满足罢了。"① 在他看来，中西"通是个民族，通是个生活，何以他那表现出来的生活样法成了两异的彩色？不过是他那为生活样法最初本因的意欲分出两异的方向，所以发挥出来的便两样罢了。然则你要去求一家文化的根本或源泉，你只要去看文化的根源的意欲。"② 根据梁的观点，不同文化之所以不同，主要是导致不同文化特异色彩的精神的不同，不同的精神则来自不同的意欲。

这一看法十分强调了人的主体性在文化形成中的作用，从梁在不同场合使用的"意欲"的不同模糊含义来看，"意欲"大体上含有文化主体、心理沉淀、文化心理结构以及主观能动性等几层意思。已有研究者指出，这除了他不自觉地承受了儒家传统约定俗成、强调人心的内在道德和理智力量模式的影响外，主要还受了他早年所认同的佛教阿赖耶识，柏格森的"生命冲动"，尼采的"唯意志论"的启发。

他认为，正是"意欲"这人类文化的深层动因决定了不同文化之间的差异。"考究西方文化的人，不要单看那西方文化的征服自然、科学、德谟克拉西的面目，而需着眼在这人生态度、生活路向。"③ 他认为西方文化、中国文化、印度文化的不同及其根源在于："西方文化是以意欲向前要求为其根本精神的；中国文化是以意欲自为调和持中为其根本精神的；印度文化是以意欲反身向后要求为其根本精神的。"④ 这三种人生态度的不同代表了人类要解决的三类问题，即人对物的问题、人对人的问题和人对自身生命的问题。西方是"遇到问题……对于前面的下手，这种下手的结果就是改造局面，使其可以满足我们的要求。"中国则是"遇到问题不去要求解决，改造局面，就在这种境地上求我自己的满足。"印度

---

① 梁漱溟：《东西文化及其哲学》，商务印书馆1922年版，第24页。
② 同上。
③ 同上书，第57页。
④ 同上书，第55页。

则是"遇到问题他就要根本取消这种问题或要求。"① 举个不太恰当的例子,在要求居住的"意欲"之下,面对环境中倒塌的房子这个障碍,西方的态度是将旧房拆除,重建新屋,中国人则想法维修旧居,而印度人干脆取消住房的需求。他认为这三种解决问题的方法恰好代表了人类文化在历史上的三个阶段,也就是三个路向,西方为第一路向,中国为第二路向,印度为第三路向。由此,他断言,这三种文化都有自己存在的历史根据,人为地取消是根本不可能的。

在此基础上,梁认为,被一些西化论者所反复赞赏的科学与民主的精神不过是西方人"意欲向前要求"的产物和结晶,他不认为这种结晶只是属于西方文化的东西,它本来是人类最初的、本来的路向,这个路向发展出来的有价值的东西,世界其他文明(中国和印度)也是可以发展出来的,只是中国和印度在没有走完这第一路程,没有充分发挥这些精神的时候,就"中途拐弯到第二或第三路上来",把以后方要走到的提前走了。

由是,我们不难看到,在梁的文化模式里,并不存在中西两种文化天然的、绝对的不可沟通,不存在"要学西方就必须抛弃中国"的非此即彼的二分模式。科学与民主,作为"生活本来路向的东西,具有普遍的价值""现代西方文化所谓科学和德谟克拉西之二物是无论世界上哪一地方人皆不能自外的。"②"这两种精神完全是对的,只能为无批评无条件的承认。……怎样引进这两种精神实在是当今所急的,否则我们将永远不配谈学术。"③

怎样引进科学与民主这两个时代娇客呢?按照梁的文化公式,这只能立足第二阶段中国文化的现实,在由"意欲"决定的中国文化真精神的基础上,补走第一路:

第一,要排斥印度的态度,丝毫不能容留;

第二,对于西方文化是全盘承受,而根本改过,就是对其态度要改一改;

---

① 梁漱溟:《东西文化及其哲学》,商务印书馆1922年版,第53—54页。
② 同上书,第9页。
③ 同上书,第206页。

第三，批评地把中国原来的态度重新拿出来。①

"明白的说，照我的意思，是要如宋明人那样再创讲学之风，以孔、颜的人生为现代的青年解决他烦闷的人生问题，……中国的文艺复兴，应当是中国人自己人生态度的复兴。"②

也就是说，只有在复兴孔、颜人生态度的基础上，才可以去学习西方，"只有踏实地奠定一种人生，才可以真吸收溶取了科学和德谟克拉西两精神上的种种学术、种种思潮而有个结果。"③ 他认为西化论者和全盘反传统主义正是忽视了这一必须进行的前提性工作。

这是梁最终的学术结论（他以后的著作只是对这一结论进行修补和发挥，而断没有更改和超过它），也是他一生为之努力的方向。种种烦闷解开了。"当初我的思想是从实在的问题中来，结果必回归于实在的行动中去。"④ 既然要再创王艮学派的讲学之风，加上他实践家的气质，就在他暴得大名之时，1924 年，年少气盛的北大教授梁漱溟，毅然辞去北大教席，深怀"吾曹不出如苍生何"的儒家忧患意识，穿着布底老鞋，奔向民间，着手恢复和发挥孔颜乐处的人生态度并进行中西融通的实际工作了。

二

既然要恢复和弘扬儒家的人生态度，那就必须在理论上弄清这种态度真实的和本来的含义。故此，梁对儒家文化的分析，其重点工程就理所当然地放在挖掘儒家固有的核心精神和价值体系，并以人类的和世界未来的眼光重新加以界定。当然，要再现中国人之被中国人"意欲"决定的动态的功能和结构，必须回到对历史本身的思考中去。

从"意欲"出发，他认为，"孔子的东西不是一种思想，而是一种生活。"⑤ "他专谈现实生活，不谈现实生活以外的事"⑥ "这一个生字是最

---

① 梁漱溟：《东西文化及其哲学》，商务印书馆 1922 年版，第 202 页。
② 同上书，第 199 页。
③ 同上书，第 202 页。
④ 梁漱溟：《我的努力与反省》，漓江出版社 1987 年版，第 63 页。
⑤ 《东西文化及其哲学》，第 214 页。
⑥ 同上书，第 210 页。

重要的观念,知道这个就可以知道所有孔家的话。孔家没有别的,就是要顺着自然道理,顶活泼流畅地去生发。他以为宇宙总是向前生发的,万物欲生即任其生,不加造作,必能与宇宙契合,使全宇宙充满了生意春气。"①

由对生命精神的体认,使儒家思想形成了自己的特点,这就是以超乎变化、对待、对立之上的"无对"为生命本体,以崇尚直觉、意欲持中为人生道理和以内省、反求诸身、乐天为特征的人生追求。所有这一切也就是"仁"和"刚"。"刚就是里面力气极充实的一种活动。……我今所要求的,不过要大家往前动作,而此动作最好要发于直接的情感,而非出自欲望的考虑。"②"刚毅木讷近仁,全然露出一个意志高强,情感充实的样子。"③ 也就是说,作为中国路向代表的"仁"和"刚",是一种超功利的,以人的情感、直觉、意欲持中等感情存在为特点的生活态度,它强调了生活的活泼、流动、愉悦,强调了人与自然、宇宙的高度一致和内在超越。

在梁看来,孔子只用两个工具来设置这种生活方式,即礼与乐。通过这两者达到智和情的融和持中,并调整和修饰人类的原始本能。孔子作礼与乐的目的即在于为人类生活创造一种情绪与精神的稳定性。他认为,孔子的这种设计负有宗教的功能,但却不含宗教的缺陷(如迷信和出世主义),它通过审美而达到了上述目的,从而使中国的人生达到了"似宗教非宗教,非艺术亦艺术"的精神境界。梁总结说:"中国古人正有见于人类生命的和谐——人自身是和谐的(所谓'无礼之礼,无声之乐'指此);人与人是和谐的(所谓'能以天下为一家,中国为一人'者指此);以人为中心的整个宇宙是和谐的(所以说'致中和天地位焉,万物育焉''赞天地之化育与天地参'等等)。"④ "就在儒家领导之下,二千多年间,中国人养成一种社会风气,或民族精神,除最近数十年寖寖渐灭,今已不易见得外,过去中国人的生存,及其民族精神之开拓,胥赖于此,这种精

---

① 《东西文化及其哲学》,第210页。
② 同上书,第211页。
③ 同上。
④ 梁漱溟:《中国文化要义》,学林出版社1987年版,第133页。

神，约有两点：一为向上之心强，一为相与之情厚。"① 到这里，梁漱溟全力对以儒家为主体的中国文化进行了全新的价值重估，他重新解释了孔子的学说，为孔子树立起了一个新的形象，把他描绘成中国古代的人文主义者和具有健全主体意识的学者，从而找到了中国文化的"真"精神亦即"理性"。

结论得出后，问题也接着来了。按照他的文化理论，这种真正意义上的中国文化，应该在第一条路向走完之后，才会出现。那么，这个本来应在第一个文化之后才会出现的东西，怎么早就出现了呢？他解释说："其实文化这东西，点点俱是天才的创造，偶然的奇想。"② 中国的文化圣哲不像西方的贤者只注意到面对人类的眼前问题，他们令人难解地在问题真正出现之前即预示了第二路向的种种问题，而他们对这些当时尚未出现的诸问题的关心却将他们的文化在第一路向全部完成之前，就设定到第二条路向上去了。"我觉得中国古时的天才天分高些，此即便是中国文化所由产生的缘故。"③

这种显然肤浅的解释在梁那里算不上是什么理论难境，却刚好为下一个更严峻的问题提供了理由，就在他阐释孔子的文化长处时，现实中的中国文化，在中西文化冲突中，却遭到了前所未有的失败。原因何在？梁认为，这恰恰是源于中国文化的早熟。孔子在第一路向完成之前，就把中国文化设向了第二路向，中国的天才超越了他们所处的物质环境，跳过了人类社会必经的向外追求物质的阶段，而达到了比中国文化演化层次所赋予的更高一层的人性理解，即对人际关系的把握，故中国文化实际上是一早熟的产品。他指出，中国社会所处的自然环境，其赖以进一步发展的经济的和理智的准备不足以使中国文化充分发展其自身。其历史结果是，中国文化的真精神在二千多年的现实进程中作了不成熟的尝试，这种尝试既未成功亦未完全失败，而是在含混的状态中停滞不前。

"明明还处在第一问题末了之下，第一路就不能不走，哪里能容你顺当去走第二路？所以就只能委委曲曲表出一种暧昧不明的文化——不如西

---

① 梁漱溟：《中国文化要义》，学林出版社1987年版，第134页。
② 《东西文化及其哲学》，第44页。
③ 同上书，第154页。

洋化那样鲜明，并且耽误了第一路的路程，在第一问题之下的世界现出很大的失败。"① "我们不待抵抗得天行，就不去走征服自然的路，所以至今还要见厄于自然。我们不待有我就去讲无我，不待个性伸展就去讲屈己让人，所以至今也未尝得从种种权威底下解放出来。我们不待理智条达，就去崇尚那非论理的精神。就专好用直觉，所以至今思想也不得清明，学术也都无眉目。并且从这种态度，就根本停顿了进步。"②

这样，由孔子首创的中国文化的理性（向上之心强和相与之情厚）之根本理想在中国历史的实际进程中变成了一种马虎和潦草，只产生了其真精神的萌芽。本来中国文化不讲规定，"大家要晓得天理，不是认定一个客观道理，如臣当忠、子当孝之类。"③ 现在却不得不讲规定。由是，儒家便成了从功利、政治、伦理、道德诸方面一系列固定的观念、教条与制度结合而成的"死硬教条"，从而走到了它的反面。

从此出发，梁与彻底的反传统论者又殊途同归了。他强烈地攻击眼前的中国文化与历史上的儒家孔学并非真正儒家的表现，中国历史上存在的生活方式也不是真正的中国文化，他指出，中国文化的病根全在其早熟，"好比一个人的心理发育，本当与其身体发育相应，……但中国则仿佛一个聪明的孩子，身体发育未全，而智慧早开了，那由其智慧之早开，转而抑阻身体的发育，复由其身体发育之不健全，而智慧遂亦不得发育圆满良好。"④ 它具体表现为幼稚、老衰、不落实、落于消极亦再无前途、暧昧而不明爽五大病症。⑤ "这种不痛不痒真是一个无可指名的大病，以至变局骤至，就大受其苦，剧痛起来……一旦世界交通，和旁人接触，哪得不相形见绌？"⑥ 他指责国粹派无视东西交通文化相遇的社会现实，注重传统文学和文字的研究为只知道"堆积一些陈旧古董"和"死板板烂货"。除了梁自己心目中的儒家文化的萌芽，他事实上几乎否定了所有的中国文化。他主张把传统中国文化"根本打倒！非有此种解决，中国民族不会

---

① 《东西文化及其哲学》，第154页。
② 同上书，第203页。
③ 同上书，第200页。
④ 梁漱溟：《中国民族自救运动之最后觉悟》，1933年版，第96页。
⑤ 参见《中国文化要义》，第297—302页。
⑥ 《东西文化及其哲学》，第203页。

打出一条活路来。"①

他感叹地说:"中国的伟大非他,原只是人类理性的伟大,中国的缺欠,亦是理性早启,文化早熟的缺欠。"② 理性需要保持,早熟则需要补课。与陈独秀、胡适等人不同的是,他并不是把传统文化打倒了事,而是以更高的学术视野,在更高和更深的层次上把握和预测了世界文化和中国文化的未来。

根据梁的文化三路向的公式,西方文明走的是人类本来的第一路向,即征服自然获得物质利益的路向,"人类头一步问题是求存,所有衣食住种种物质的需要都是要从自然界取得的,所以这时态度应当是向前要求的,就着前面下手的,对外改造环境的,以求征服障碍的,……近世以来,西洋的人生都是力持这态度,从这态度就有他那经济竞争——人与人之间的生存竞争。当西洋人力持这态度以来,总是改造外面的环境以求满足,求诸外而不求诸内,求诸人而不求诸己,对着自然界就改造自然界,对着社会就改造社会,于是征服了自然,战胜了权威。"③ 这种人生方向产生了两种态度,即科学与民主的精神。对外在世界理智计算的态度引发了科学的发展,为了征服自然而获得个人权力的欲望,引发了民主的精神。科学和民主又反过来加剧了人们对外在自然和社会的征服。

然而,在梁看来,解决生活问题本身还并不就是生活本身,它更不能解决人生意义的问题。"生活"与"解决生活问题"的区别是"目的"与"手段"的区别。④ 西方向外征服的态度在不知不觉中把生活外化为手段,外化为工具性的生活者和理智的存在物,他认为,大约理智是给人作为一个计算的工具,而计算实始于为我,所以理智每随占有行动而来,因这妨碍情感和连带自私之两点。也就是说,西方基于征服的理智主义、机械计算的心理、自私和强力虽然增加了知识和财富,取得了现代化的成功,但却将人与其他人以及自然界分离开来,而失去了人类先天的情感、直觉和乐趣。所以,现代化带来的负面影响是"精神上受了伤,生活上吃了苦","弄得自然对人像是很冷,而人对自然更是无情。并且从他们

---

① 《东西文化及其哲学》,第67页。
② 《中国文化要义》,第319页。
③ 《东西文化及其哲学》,第166—167页。
④ 同上书,参见第133—134页。

那理智的分析的头脑，把宇宙所有纳入他那范畴悉化为物质，看着自然只是一堆很破碎的死物，人自己也归于自然内，只是一些碎物合成的，无复囫囵浑融的宇宙和神秘的精神。人处在这样冷漠寡欢干枯乏味的宇宙中，将情趣斩伐的净尽，外面生活富丽，内里生活却贫乏至于零。"① 这种冷酷的关系甚至伸展到家庭，"开口就是权利义务，法律关系，谁同谁都是要算账，甚至于父子夫妻之间也都是如此"②。

相比之下，"虽然中国人的车不如西洋人的车，中国人的船不如西洋人的船，中国人的一切起居享用都不如西洋人，而中国人在物质上所享受的幸福，实在倒比西洋人多。我们的幸福乐趣，在我们能享受的一面，而不在享受的东西上——穿锦缎的未必便愉快，穿破布的或许很乐。"③

因此，西方文化由第一路走到现在，是接近向第二路转变的时候了。梁论证说："盖第一路走到今日，病痛百出，今世人都想抛弃他而走这第二路，而走第一路的神情，尤其是第一路走完，第二问题移进，不合时宜的中国态度遂达其真必要之会"。④

也就是说，机械生产带来了西方社会普遍的痛苦，人类生活必须有一根本转变，由第一路向变为第二路向，亦即由西洋态度变为中国态度。因为社会经济等低的问题解决之后，精神、情感等高的问题就会出来，"以对物的态度对人，人类渐渐不能承受这态度，……以前人类似可说在物质不满足的时代，以后似可说转入精神不安宁时代。物质不足必求于外，精神不宁必求于己。"⑤ 由此转入自己对自己问题的时代，转入人对人问题的时代。这样，中国态度就成为必需的了。"简而言之，世界未来的文化就是中国文化的复兴。"⑥

梁认为，这种转变，在西方时下的思想界已经十分明显。"西洋近年来为其领路的思想界，是怎样的不知不觉变了方向，……大约其根本关键只就在他向外的视线回转过来，……一双向外的视线从看天文地理一切物

---

① 《东西文化及其哲学》，第 128 页。
② 同上书，第 177—178 页。
③ 同上书，第 152 页。
④ 同上书，第 151 页。
⑤ 同上书，第 199—200 页。
⑥ 同上书，第 176 页。

质而看到动植物一切生物，由看到生物而看到生命，绕了一个周围，不知不觉回转到里面来。"① 梁在这里所说的西方思想界人物，大约包括柏格森、尼采、倭铿以及罗素、杜威、泰戈尔等。他把西方一次大战后的悲观情绪，统统解释为与他们欣赏中国文化态度有关。梁的兴奋点并不在于具体研究这些思潮，而是把它们作为"中国文化复兴"的例证。

西方所要学习中国的是什么呢？是原始儒家的人生态度，以及与此相关的礼乐。他们将礼乐慢慢取代西方社会建立在"利用大家的计较心"之上的法律与宗教。由于宗教为理智主义所毁，法律又造成了许多不幸，故西方社会在将来必须"靠着尚情无我的心理"，用礼俗维持社会秩序与个人修养，而放弃法律与宗教。他肯定地预言："我虽不敢说以后就整盘的把孔子的礼乐搬出来用，却大体旨趣就是那个样子。"②

虽然世界未来文化是中国文化的复兴，但在中国本土，由于其文化的早熟而导致第一路没有走到底，现在还有补课的必要，因此，他才主张，对西方文化全盘承受而根本改过。

他主张全盘承受的，就是代表西方近代物质文明的科学与民主的精神，他说："近代西洋是以科学技术和团体组织这二点见长。"③④ 而中国所缺乏的，也正是这二个东西，"我国有二大缺欠，一是团体组织，二是科学上的组织技能。"⑤ 这二样东西应该无条件地接受，但不能硬性地套用，而要根本改过。也就是说，只有在继承作为中华民族文化认同的代表的优良传统的基础上，才能有选择地吸取外来文化，从而完成传统文化的现代转化，使中国文化在"旧邦新命"中得以创新。梁的这一态度，是照顾到历史教训的，近代以来，中国向西方引进了几乎文化的所有领域，先是物质的，后是制度的和精神的，但都没有成功，他认为主要是人们的态度没有改变的缘故。

我们认为，在五四以来所有通过中西文化比较而探求民族现代化道路的思想家中，梁漱溟是比较精细的一位。他既不像西化派那样，视传统文

---

① 《东西文化及其哲学》，第 199 页。
② 同上书，第 176 页。
③ 同上书，第 196 页。
④ 梁漱溟：《乡村建设理论》，重庆乡村书店 1939 年版，第 50 页。
⑤ 梁漱溟：《乡村建设大意》，邹平乡村书店 1936 年版，第 47 页。

化为漆黑的一团，也不像国粹派那样在外来冲击面前夜郎自大。他超乎了这两者。用极严密的学术性工作，指出了传统的特点和价值，也指出了正是这些特点和价值，在近代西洋文明的挑战面前，溃不成军，同时又指出了这些价值只有在转变了态度，与西方文化融通后，才能继续发挥作用而不至于被时代所淘汰。在梁的体系里，传统和现代之间不可调和的两橛关系并不存在，正是在这一点上，他比陈独秀、胡适，比辜鸿铭、林纾，甚至比他尊重的梁启超，高出了一个层次。那种认为他肯定了传统文化的价值从而把他作为五四对立面的看法，实在是一个相当大的历史误会。下面我们会论及到，他比同时代的知识分子更迫切地希望在中国建立民主政体，实现富国强兵。

然而，他也为自己的理论设定了一个无法解决的困境，这就是中国在现代化过程中，既应保持传统的价值，又要学习西方的科学技术与民主政治，既要获得现代化的物质利益，又要避免现代化的负面影响对人类理性的百般蹂躏。这种鱼和熊掌可以兼得的一厢情愿，在现实的社会进程中是不可能实现的。他基于自己的文化理论而落于实践层面的乡村重建计划，也终因理论的内在困境而难于实现。

三

中国传统文化因其理性早启而在历史上没有真正完成它自己，但却留下了真精神的萌芽，亦即留下了中国文化的根。那么，对梁来说这事关重大的中国文化之根，存在于什么地方呢？梁认为它存在于乡村。他说："中国文化是以乡村为本，以乡村为重，所以中国文化的根就是乡村。"① 分而言之，"就有形的根来说，就是乡村，——乡村是中国文化有形的根；就无形的根来说，就是中国人讲的老道理——那套有道理的老道理就是中国文化无形的根。"② 在他看来，"中国文化原来是以乡村为本的，中国原来就是一个以乡村为本的社会，而西洋各国便与此不同。例如英国，全国人口的百分之七十都住都市，只有百分之三十的人口住在乡村，这哪

---

① 梁漱溟：《乡村建设大意》，邹平乡村书店1936年版，第21页。

② 同上。

里还能说是以乡村为本呢？我们中国，百分之八十以上的人口都住乡村，过着乡村生活；中国就是由二三十万乡村构成的中国。……中国一直到现在还是以乡村为本，以农业为主，国命所寄托，还是寄托在农业，寄托在乡村。"①

这样，只有农村和农业——它们作为中国文化的根，才是中国真精神萌芽的承担者和精神宝库。在世界大交通的侵袭下，只有农村和农民还保存着一点人类理性——直觉、非功利、不算计、道德主义、礼俗、教化——的原始因素。因此，农村和农民，也就自然成了梁漱溟建设未来社会赖以依靠的主体力量。

在他看来，乡村作为中国社会的主体存在，是"平静通晓而有情"的大本营，天然适合于理性的发扬光大，其主要表现在于：

①农民所接触的是广大的自然界，所以使他心里宽舒安闲，工商业者居于人口密集的窄狭的都市中，睁眼所碰到的就是高墙，所以使他的性情褊急不自然。农民的宽舒自然的性情，很适于理性的开发。

②农民所对付的是生物（动植物），生物是囫囵的、整个的、生动而有活趣的、不可分的，由此可以引发一种自然活泼的温情。

③工商业者老是急急忙忙，而农民则从容不迫，从他的从容神气，就可以对他所接触的一切印象咀嚼领略而产生一种艺术味道的文化和人生，这也容易开发理性。

④农业最适于家庭的经营，家庭最能安慰培养人的性情，这与情谊化的理性关系极大。

⑤乡村人有一种乡土观念，对于他的街坊邻里有亲近的感情，彼此亲切容易成功情谊化的组织。

⑥中国固有的社会是一种伦理的社会，情谊的社会，这种风气还没有完全被破坏掉，正好借以继续发挥。

梁漱溟所向往并建设的是所谓正常形态的人类文明，要从理性求发展，这种理性虽然在中国历史上没有充分实现，但毕竟在乡村社会不明爽地存在着。因此，他要建立一种基于理性的新社会制度，如果不违反自己的学术纪律，从乡村入手，便成了他唯一的选择。

---

① 梁漱溟：《乡村建设大意》，邹平乡村书店1936年版，第12—13页。

当然，还有问题的另一层。在梁看来，乡村重建的计划不能只从"理论"出发，更应该从"事实"出发。他说："既然（新的建设）是事实问题，为什么不求之于事实？大约在方针上，还可有主观的选择；在计划里，只能顺着事实为精确的设计，然而我们的方针亦还不是主观的。不过天所留下给我们的一条道，恰好是一条最合理想的道。"①

梁早在20岁以前就改宗社会主义，"我对于近百年来中国社会所发生的变化，早料到它不达成社会主义不止。"② 这是和中国共产党精英们的想法不谋而合的。20世纪初期中国思想界的一种极端流行的观点是，既然中国还未发展现代工业与资本主义，就应避免资本主义及由此带来的种种问题与陷阱，直接进向社会主义阶段，不可避免地，西方的民主政体也就成了中国新的社会制度的参照物。在梁看来，西洋政治制度虽好，而在中国则因有许多条件不够，无法建立起来，许多不够的条件最主要的是习惯问题。因此，他不再去热心某一种表面制度的建立，而开始注意民众政治习惯之养成。但是，由于中国历史渐渐凝固的传统习惯和从中国文化开出来的一种较高的精神，使中国又无法照搬西方的做法。唯一可行的是，培养中国式的新政治习惯，培养之方，唯有从乡村起为最适宜。这是基于下面的考虑：

中国政治问题必须分二步解决，树立起统一稳定的政权是为第一步，有此统一稳定的政权即可进行有方针有计划的建国——建设一个政治上达成民主主义，经济上达成社会主义的新中国，必须到建国完成，方为政治问题之完全解决，是为第二步。在当时社会混乱、军阀割据的现状下，要实现上述目标，必须致力于社会，而不能乞灵于某种既存的政治势力。中国的统一在于不求统一于上而求统一于下。他认为中国近代的政治运动都只求于表面的统一，且不能动员和代表大众的意愿。诸如像排满、倒袁、铲除军阀等等都是负面消极性的，其正面积极的要求却不具体明确，又不合于大众亲切实际的要求，故人心虽一时趋同，而人仍是散漫的，最终还是不中用。由于中国社会一向散漫流动，历史上只有一治一乱而无革命，现在仍未形成阶级（中国的社会结构是伦理本位和职业分途），"即便倡

---

① 《乡村建设理论》，第395页。
② 《我的努力与反省》，第348页。

导斗争，亦斗争不出结果来。"① 因此，他极力反对内战，反对一切破坏活动，而主张用积极的建设遏止毁灭。这种想法来自民国初建以来中国社会历次短暂的统一，在他直接的参加经验中给他的很大暗示。他认为，由破坏转入建设的乡村重建，正可以创造出中国政治上所需要的前提条件——统一稳定的政权于先，又随着经济和文化的建设而推进政治的民主化，以至奠定完美的民主政治于后。"中国社会问题是以中国政治问题为中心，我今日所提倡并实地从事之乡村运动，即是我对于中国政治问题的一种烦闷而得来之最后答案或结论。"②

梁漱溟的乡村重建，基于理论和现实的双重考虑，都必须从乡村入手。他断然否认当时的任何政治性或官方的运动能使中国复生或振兴。他所要依靠的动力是知识分子和乡村居民的结合。他说："中国问题之解决，其发动以至于完成，全在其社会中知识分子与乡村居民，打并一起所构成之一力量。解决中国问题的动力，要在知识分子和乡下人身上求。"③于是，他千方百计地动员知识分子下乡，与农民结合在一起，进行乡村建设运动。

"所谓建设，不是建设旁的，是建设一个新的社会组织构造，即建设新的礼俗。……中国过去社会秩序的维持多靠礼俗。不但过去如此，将来仍要如此，中国将来的新社会组织构造仍要靠礼俗形著而成，完全不是靠上面颁布的法律。所以新礼俗的开发培养成功，即是社会组织构造的培养成功。"④ 具体建成的办法是建立乡农学校，通过乡学村学把人们组织起来。乡农学校由四部分人组成：校董会、校长、教员、学众。乡农学校所划的范围是一百五六十户到三四百户，在此范围内，先成立校董会，校董会中都是些领袖人物，再从校董中推出一个校长，来主持教育的事情，教员可以聘请有知识的人即乡村工作者承担，学生即本地农民（包括男女老幼全部）。梁特别强调乡农学校不是单纯的教育机构而是一种新社会组织。借助于这个组织，可以完成下面的任务：（一）保持了伦理情谊和人生向上的中国理性。梁认为是北宋吕和叔的"乡约"启发了他的灵感，

---

① 《我的努力与反省》，第352页。
② 同上书，第71页。
③ 《乡村建设理论》，第344页。
④ 同上书，第141页。

其"德业相劝、过失相规、礼俗相交、患难相恤"的人际关系刚好是中国理性深层结构的表现。(二) 克服了中国乡村社会一盘散沙的局面,将农民聚会起来,把共同困难的问题拿出来,让他们认识到自己共同的不幸,促使他们自觉地共同合力来解决,即是说乡农学校使广大农民生发自觉,发生合作的要求。(三) 在此基础上,大家遇事共同商量,合力解决面临的匪患、兵祸、天旱、时疫、粮贱、捐重、烟赌等社会问题,在这种自治氛围中慢慢生发一种民主政治。(四) 也是最重要的,这就是通过教员——这些新知识的传播者,把西方的科学技术如良种、机械、农药等带到农村。

故此,他满怀信心地说,乡农学校作为新的社会组织,"是一个中西具体事实的融和,可以说是中国固有精神为主而吸收了西洋人的长处。""他充分发挥了人类的精神(理性),充分容纳了西洋人的长处。""仿佛是在父子、君臣、夫妇、朋友、兄弟这五伦之外,又添了团体对分子、分子对团体一伦而已。这一个团体组织是一个伦理情谊的组织,而以人生向上为前进的目标。"①

在他看来,这种社会组织是未来理性社会的萌芽和端倪。"我们将来的整个的国家政治制度,也就是本着这么一个格局、这么一个精神、这么一个规模发挥出来的。……整个的社会制度都是在乡村中生他的苗芽,后来的东西就是他的发育,将来的政治制度,大意不外此。"②"我相信这样的组织才是人类正常的文化,世界未来的文明,这种文化是要从中国引一个头,先开发出来。"③

这种设计是煞费苦心的,也符合他自己理论体系的逻辑进程,新的社会的重建是以乡村为基本单位,其中心环节是通过乡农学校,实现经济上的生产与分配的社会化,为消费、不营利地生产,以农业引发工业,组织合作社,以及教育民众,推广识字运动,整理不良风俗,复兴儒家的道德礼俗,引导大家关心社区问题,参与社区生活。在这个基础上,成就一个"权力来自人民"的自治式的民主政治。可以看出,梁所关心的主要还是

---

① 《乡村建设理论》,第175—176页。
② 同上书,第260页。
③ 同上书,第176页。

儒家传统的重建，它所保留和倡导的仍是儒家的传统精神，是道德、人伦与社区的和谐。乡村建设的目标，可以说是一种"乡村都市化"的理想。所以，他认为真正能够挽救中国命运的，最主要的不是工业化和现代化，而是文化传统的绵延持续和儒家道德理想的实践。他试图努力超出传统，却最终还是囿于传统。在邹平主持乡村建设的7年，梁漱溟从来没有和农民真正进行精神上的沟通，在他的心灵深处，潜意识里仍有一种与众不同甚至超越农民的难以掩饰的优越感，这正是儒家知识分子典型的心态。

实际工作中的困难更是不留情面。一方面，视既有的政权为新政治制度的天然大敌，必处置而后快，但邹平的实验活动，离开大军阀、山东省主席韩复榘的资助，便一天日子也过不下去。另一方面，完全无视中国社会中阶级和阶级斗争的客观存在，把乡村看作毫无差别的一团，无意（亦无力）改变关键性的土地所有关系，其结果只能是"高谈社会改造而依附政权，号称乡村运动而乡村不动"①。这是中国近代一切改良主义者都必然面临的严酷现实。

如果说梁漱溟依靠自己的刻苦自学，为中国传统文化在新的时代的生存而筚路蓝缕，打开了一条学术通路而造成了持久、广泛、富有启发性的影响，从而可能会永远雄踞中国文化史的一个山头，那么，等到书生梁漱溟辞去北大教职，投身于错综复杂的现实斗争，为实现自己的政治主张而赤膊上阵，拼起老命时，就远不是十分得心应手，其成绩也就大大地打些折扣了。然而，不这样做，梁漱溟还能称其为梁漱溟么？

四

30年代曾轰动一时的乡村建设运动在惨淡经营了7年之后，终于随着日本人的大举进攻中国而寿终正寝。它在历史滑行轨迹上留下的斑驳痕记，也终因1949年以来中国现代社会中一系列具有伟大意义的政治、经济、思想、价值的深刻转型而显得微不足道。然而，出差错的生活虽然不那么令人崇尚，但是比无所事事的生活要有意义的多。（乔治·肖伯纳语）由于那次活动所要解决的是在现代化过程中，传统文化如何适应和

---

① 《乡村建设理论》，见附录，《我们的两大难处》。

复生的时代大问题，它典型地向我们透露了民族危机中知识分子的社会良心和文化意识。中国社会的现代化仍在进行中，产生梁漱溟的时代和思潮，从一个大的历史跨度上看，到现在还没有结束。因此，对梁及其乡村重建活动进行再认识和反省，似乎还有必要。不过似不应再把眼光仅仅停留在它当年如何为蒋、韩"帮忙"这种单纯的政治分析和批判上，而应把工程的重点转到深层的文化继替方面。

德国社会学家马克斯·韦伯认为，贯穿西方近世文明的是一种"理性化"趋势，是人类以理性对自然和社会环境加以征服和控制所做的种种努力。它由此造成了生产力和社会财富空前未有的持续发展。今天强大的西方文明的思想和文化基础乃是文艺复兴开始奠定的。由于科学技术带动的社会变迁的加快，每一文化都必然经历过一个"传统"与"现代"的相互激荡的历史阶段，只是由于各民族的文化背景不同，这种过程与结局也彼此殊异。最先现代化的国家也不能逃脱这一阶段。由此我们敢断言欧洲文艺复兴时期的社会状况远不是什么太平盛世，生活在那个时代的奠定现代化基础的思想家们也不会像后人所想像的那样幸福。他们也同样经历了社会文化断层的严峻磨难。到了17、18世纪后，几乎所有的文化传统都无可避免地要接受民主与科学这一新文明的挑战与考验，历史知识告诉我们，从那时起，没有一个传统不经过重大的再生而能重建它的民族尊严和国家声誉的。因此，从历史的连续性来看，传统就成了一种"过去"与"现在"的不断遭遇、相接、冲突和融合的无限过程。正如伽达默尔所说："传统并不只是我们继承得来的一宗现成之物，而是我们自己把它生产出来的，因为我们理解着传统的进展并且参与在传统的进展之中，从而也就靠我们自己进一步规定了传统。"[1] 在这里对每一代具体的人来说，历史经验是思考现实问题与探索前程的重要参考凭借。他们生于既成的传统之中，传统相当程度地规范了他们的思维模式与文化经验。因此，在传统与现代对接和转化的过程中，主体的超越性和创造性就成了重要的因素，如果不能创造性地理解传统，它势必将会变成一种沉重的负荷。对后起的国家来说，他们一开始就面对一套新生的结构，想把传统的资源引入新生的结构中发挥功用，不见得比学习先进国家的经验容易，它需要的是

---

[1] ［德］伽达默尔：《真理与方法》，1975年英文版，第261页。

刚健的气魄、冒进的勇气和选择的智慧，这一切都有赖于创新的观念，尤其要靠创造性人才。文化事业固然要基于经济并靠经济支持，但健康的文化并不会因经济发展而自动到来。故而，文化创新的工作就成了现代化进程极重要的一环。

在中国，所有这一切都有着特殊的内容和特色。自五四开始的文化问题的讨论都可以归结到一个问题，即在西方文化的冲击之下，中国文化怎样调整它自己以适应并创造现代的生活。究竟如何超越传统所规范的思维模式，进而谋求与当代的知识成果与智慧结晶相契合，以创造一新的文化内涵，用以实现传统文化的更新，并以此挽救中国民族的危机，是这一问题的关键所在。但由于亡国灭种的巨大压力一直缠扰着知识分子的心灵，文化讨论与中国苦难的命运可说是并连而生，救亡图存的主旋律压倒学术探索成了时代主旨，急功近利的强国要求反映到文化领域，"文化整体移置论"常常无限突出了中西文化之间的地域差异，从而掩盖了中国文化本身必须从传统形态走向现代形态这一实质性问题。

是梁漱溟较早注意到了这个问题。他站在对人性价值肯定的人文精神以及由民族悲运所产生的忧患意识的特殊立场上，企图从传统的人文价值、道德存在的追寻中挖掘民族文化的源头活水以作为传统文化向现代转化的基础，大体上把握了问题的核心。

但是，他没有嫁接出正果。失败的原因已如前述，是他的文化体系中无法解决的两难。梁没有经过现代社会生活的洗礼，他所设计的未来文化的根本精神在很大程度上是传统社会的价值表现，只要把人生向上和伦理情谊这些抽象的议论注入具体的内容，这一点是不难发现的。现实的历史处境限制了梁的智慧。更要命的是，梁漱溟不懂历史的辩证法，恩格斯早经指出，"恶"势力本来就是社会前进的强大杠杆，温情脉脉的不营利的竞争能是真正的竞争么？人性向上和伦理情谊的心理之学如果不更换历史内容，是注定开不出民主与科学的正果。

然而，梁漱溟实际上的"以现代化批判传统，以传统批判现代化"的观点，在今天又确实能引发人们思考一些现代化的问题。目前，很多西方社会科学家在讨论人类碰到的各种问题时，已经开始怀疑，从文艺复兴以后创立的人文主义有没有能力应付人类将面临的挑战。植根于人文主义的个人自由等价值观念，普遍地带来某些问题，以至于使自由成为不负责任的遁语，科学技术在人们的精神空墟面前，似乎也无能为力，"生活上享了福，精神上吃了苦"的现代人类，下一步的价值追求是什么？

从整个人类文明发展的历程来理解中国的现代化，我们可以发现，中国既不可能保持传统社会结构不变，也不能完全接受西方的模式，它实际上是在寻找一个既不同于传统社会又不同于西方文明的新道路。我们可以肯定，一旦古老的中国真正实现了现代化，它将对世界和人类文明作出巨大的贡献。这是乡村建设运动留给我们的启示。

还是回到梁漱溟吧。新儒学的重镇唐君毅曾评论梁漱溟说："四十多年来，梁先生一直走在时代的前端，而常反对这时代，总是站在时代的更前端。最初主张立宪，旋即参加革命。民国成立，却信佛要出世。民国十三年不肯再教大学，要办新教育。民国十八年后，实践其乡治之主张。民国三十五年后，一心办文化研究机构。时代跟不上梁先生，人家却说梁先生跟不上时代，遂不幸为一时代夹缝中之悲剧主角。"[①]

这话只对了一半。说梁先生是时代夹缝中之悲剧主角，这与我们有同感，但所以引导他走向悲剧结局的解释，我们实不敢与唐苟同。在本文看来，这一悲剧的逐渐演成，与梁本人的出身及所代表的中国传统文化背景有关。在学术上他努力超越传统，在现实中，他努力维持着传统。因此，他的悲剧也就有了深刻的文化象征意义。

---

① 转自《中国哲学思想论集·现代篇2》，台湾牧童出版社1978年版，第188—189页。

梁漱溟的社会政治思想透视

林春才

梁漱溟是中国近现代史上具有深沉思想又勇于实践的学者。他一生中的思索与实践，几乎都在实现他青年时立下的两个宏愿：一是探寻合理的人生态度并身体力行之；一是探索解决中国近代危机的救国方案并在中国实现之。对人生问题和社会问题的探讨，不仅是梁漱溟思想与实践的动机，也构成了梁漱溟思想体系的核心。在梁漱溟的思想体系中，他的社会政治思想有着举足轻重的地位；它基于梁漱溟对于什么是人，人的价值，生活的意义等问题，即人生问题的独特认识，亦是梁漱溟探索救国道路的最后答案和实践活动的理论基础。同时，他的政治思想作为"最后的儒者"对于中国现代化的思索，在中国近代政治思想史上亦有一定的历史地位。系统地分析梁漱溟的社会政治思想，对于客观地认识、评价梁漱溟的思想与事业，是十分必要的。本文试就这一问题进行概括性的阐述，并提出个人的一些不成熟的看法。

一　梁漱溟早期的政治态度

和同代人相比，梁漱溟的政治意识萌发得较早。据他自述，在十四岁时（1906年），他就有了用以评判一切人和事的"标准"，并隐然觉得对社会对国家有一定的"责任感"。说明此时他已有初步的政治意识[①]。这同他早年的生活环境有密切的关系；他父亲梁巨川是戊戌维新运动的支持

---

① 《我的自学小史》，《梁漱溟最近文录》，第80页。

者，同他家来往甚密的早期报人彭翼仲亦是中国启蒙运动的积极倡导者。这二人的行动与政治态度是梁漱溟最早接受的政治教育，其中，他父亲的实用主义态度对早年梁漱溟的政治价值观的影响尤著。同时，这一家庭又为他提供了许多自学材料，其中包括彭翼仲主编的《启蒙画报》《京话日报》，梁启超主编的《新民丛报》《新小说》，立宪派的《国风报》，革命派的《民主报》以及《立宪派与革命派的论战》等有关介绍西方各种政治思潮以及反映国内各种政治立场的资料。通过自学，梁漱溟接受了更系统的政治教育。在梁巨川的影响下，梁漱溟形成了功利主义的价值观，也即用是否对大多数人有利，对救国图强有利这一标准来对当时各种社会政治思潮进行评判、选择。通过他的思考，他认为西方近代民主宪政是合理的政治制度，而且是唯一可以解决中国近代危机的制度。这使他成了这一制度的信徒。不过对于这一制度，当时国内有革命派和立宪派的分歧。他最初的选择是立宪派。立宪运动的失败，使他迅速加入革命阵营，参加了京津同盟会，参与一些暗杀活动。辛亥革命后，他放弃升学的机会，走上社会，开始他的社会政治生涯。辛亥革命后的中国现实，使他十分失望；人生的苦恼，使他皈依于佛学以寻求解脱。社会主义的公有制，使他向往不已。这些都对他的早期政治信仰提出挑战，然而，却没有动摇他对西方宪政制度的信仰。这种情况在他的成名作《东西文化及其哲学》一书中得到充分表现。

《东西文化及其哲学》首次出版于1921年，此书主要是回答五四新文化运动中提出的一些文化问题，他在此书中比较了中、印、西三种文化体系的差异，并说明了产生这种差异的根源。然而，强烈的社会责任感，使他无法回避当时的各种社会政治问题。他认为，尽管西方的社会政治制度并非十全十美，然而却有它的合理之处，而且只有实现这一制度才能解除中国近代的民族危机。辛亥革命之所以失败，主要是因为这一社会政治制度同中国传统文化格格不入，缺乏坚实的社会基础，但我们不能因此而放弃实现这一制度的努力；西方的民主与科学是相辅相成的，我们必须全盘接受以民主与科学为核心的西方文明，用它们来改造民众的行为习惯，增进民众的知识能力与财富，为这一政治制度的实现创造条件，不过，在此书中，他的政治信仰与他正在形成的价值体系已经处于不可自拔的矛盾之中；此时，他渐渐放弃了功利主义的价值判断模式，积极建构一种更富于人文色彩的价值体系。依照他的新价值观，西方的民主宪政制度尽管有其合理之处，然而，它仅仅是人类第一文明的结晶，它的基本精神远远不如早已走上人类第二文明之路①的中国传统文化的精神。基于这一认识，他提出要"全盘承受西方文化"而"对其态度要改一改"，代之以"中国的人生态度"②。这种调和政治信仰与政治价值的努力难于自圆其说，因为依照他的理论，中西文化体系是两个彼此独立发展起来的文化体系，二者是相互矛盾，不能融合的。这种矛盾为他以后的政治思想转变，以及对理想和社会政治的探讨埋下了伏笔。

在1922—1927年间，他的政治思想发生了急剧的变化，最显著的是放弃了早期的政治信仰，觉悟到西方近代民主宪政的路不宜于中国。这一思想转变同两个因素有关：其一就是现实的失败。五四"新青年"派接过了由严复、梁启超首倡的"新民"旗帜，想通过办学校、办报、办学会的方式来贯彻新思想，唤醒民众，造就一大批具有科学与民主意识的"新民"，由此实现新的社会政治制度。这种"借思想文化以解决问题"的方法，在现实政治上无疑是失败的。这样，西方社会政治制度在中国实现的可能性受到怀疑。其二是梁漱溟的新价值体系的最后形成。这一价值体系是非功利的，理性的③，具有浓郁的东方式人文主义的色彩。从这一价值体系出发，他以为中国传统社会虽然由于缺乏人类第一文明的物质基础，显得"老衰"而又"幼稚"，然而它却体现着由孔子倡明的第二文明的精神。理性早萌，人心向上是传统人生的特征，伦理本位、职业分途是传统社会结构特征，这有别于西方的理智的、功利的人生观和阶级对立、个人本位、团体本位的社会结构，而前者比后者优越。第二文明永远不可能逆转走回西方的第一文明。现实的失望与新价值体系的形成，二者互相结合，相映益彰，终于使他放弃了原有的政治信仰，并开始探讨理想社会

---

① 这里涉及梁漱溟历史哲学的一个重要范畴。梁漱溟从他的文化的意欲本质说出发，认为人生有三种不同的人生态度，相对于这三种人生态度的是三种人类文明。人类历史的发展是以第一文明经第二文明再至第三文明的顺序递进，不能逆转。

② 《东西文化及其哲学》，第202页。

③ 理性是梁漱溟思想体系中的重要范畴，它不同于西方的理性，而有特殊的含义，这一含义在梁漱溟的不同著作中得到不同的诠释。大概是指先天具备的合理人性，一种超越机体生存目标的，公平无私、努力向上的情感或价值判断与心理动力。

的政治制度。

梁漱溟早期政治信仰的确立与放弃，曲折地反映了中国近代无法实现西方民主宪政制度，无法走上资本主义道路的历史事实，也反映了梁漱溟对传统文化的情感依恋不断加强，因为他的新价值体系几乎是传统文化中的理想人生、理想社会作为坐标轴而建立的。

二 梁漱溟的社会政治理想

依照某种道德、伦理或价值判断来构造最完善的社会政治制度，一直是西方传统政治哲学的重要内容。直到20世纪初，这样思考社会政治之"应然"的政治哲学才能只从"实然"出发，探索各政治因素之间关系，以说明政治行为的政治科学所代替。然而，在同一时期，随着西方各种政治思潮的传入并同中国传统社会的各种政治理想相结合，在中国思想界，产生各种各样的理想社会图案。梁漱溟的"理性"社会即是其中的一种。

每一种理想社会的构思都基于一定的价值体系。梁漱溟的理想社会同样基于对人的意义、价值的特殊诠释。他认为，人之所以为人，即人与动物的根本区别，在于人具有理智而动物只依借本能而生活。依本能而生活者有两个特征：它的技能是先天赋予的，对事物的反应是本能的，固定不变的；满足机体生存是它的唯一需要。所谓理智"即离开具体事物而起之分别、区划、计算、推理等作用而言。"[1] 正由于理智的作用，人们得以认识自然，征服自然，在同自然的斗争中求得自身的生存与发展。理智作用的结果，人们还发展了一种更高远的感情，即理性。理性基于人的善恶感，是非观，而超越了"一般生物之自己保存性"[2]，它既是人类追求至真、至善的心理动力，又是一种至中、至公的判断力。人类理性的产生，使人类最后从一般动物中分离出来，因为理智虽然使人摆脱了本能的生活方式，然而，它的动机仍然是功利的，仍服务于人的机体生存需要，仍无法摆脱"有对"性。这样，它仍同一般动物的生活有共同之处。而

---

[1] 《乡村建设理论》，第457页。
[2] 《中国民族自救运动之最后觉悟》，第110页。

只有理性才最后超越人的机体生存需要，达到一种"无对"① 状态。这样，理性就成为人的价值，目标之所在，只有符合理性的，基于理性动机的行为才是真正合理的行为，真正人的行为。

他正从这样的一种价值观出发来构思他的理想社会。依照上述的价值判断方式，他必然得出如下结论：理想社会是以理性为基础的，理性自觉的充分发展，是这一社会实现的必要条件；理想社会又是最有助于开发人类这一最合理人性的社会，因而这样的理想社会，可以称之为"理性"社会。梁漱溟进一步阐述其理想社会的几个特征：

第一，理性社会是第二期人类文明的结晶，它需要人类第一期文明的高度发展作为它的基础，也就是生产技术高度发达，社会产品十分丰富，人们无需为了生存需要而处于对立地位，而可以在生存动机之外，追求向上之人生。高度物质文明是他的理性社会实现的物质条件。

第二，理性社会是个高度民主、自由、又充分社会化的社会。"政治上的'权'，综操于社会，分操于人人"② 在理想社会中，每个人在追求至真、至善的目标下，有充分发展个性的自由；对社会事务，每个人有义务积极参与。然而，这种"民治""多数政治"却不等同于西方近代的法治，而是"多数政治的人治"。

第三，理性社会是高度发达的"乡村文明"。在"新社会里，先农而后工，农业工业为均宜的发展"③ "乡村为本，都市为末，乡村与都市不相互矛盾，而相沟通，相调和。"④ 这是他力图解决西方近代工农业矛盾，农村与都市之差别上所做的努力。他以为西方近代资本主义文明是以都市或工业为本位，以营利为目的，以掠夺剥削殖民地为其发展基础的，脱离了农村或农业而畸形发展，导致了工农业的矛盾与城乡的相脱离，出现了各种社会问题，例如经济危机、殖民地的民族革命、国内的阶级革命等。这说明，西方资本主义文明是病态的。而常态的文明应当是以农村为本位

---

① "有对"与"无对"是梁漱溟常用的一对哲学或价值范畴。有对是动植物和大部分人类的对外反应方式，为了维持主体生存，都必须在同环境的斗争中取得生存，而只有有理性的人，才会超越生存动机，体会到物、我、他浑然同一状态，那就是无对状态。
② 《中国民族自救运动之最后觉悟》，第249页。
③ 《乡村建设理论》，第443页。
④ 同上书，第444页。

的；依照农业发展的需要和国内消费需要进行生产。在理性社会里，生产资料完全由社会占有，生产与分配是高度社会化、计划性的，因而，梁漱溟也称他的理性社会为社会主义。

第四，"新社会内，政治、经济、教育（或教化）三者是合一而不相离的"①。关于政教合一，他认为未来政治和教化是合而不分的。一方面，政治充分伦理化，以理性自觉而不以武力来维持社会政治秩序，以基于理性自觉的"新礼俗"代替法律；在政治活动中，保持传统的以他人为本位，尊师尚贤的传统，只强调个人的参政义务而不强调个人的权利，只服从于理性而不服从于个人的功利。另一方面，教化、教育要服务于政治，"新礼俗"的形成固有赖于人的理性自觉，亦需要通过教育功夫来启发，基于理性高度发达的新政治领袖"圣贤"也要通过教育或教化来影响民众。关于政治与经济的合一，亦包括二方面的内容：就政治而言，未来社会中，政治的主要职能将是管理社会，最主要的是组织、计划大规模的生产与分配；就经济而言，以合作形式组织起来的经济团体同时兼有地方自治团体的职能。

第五，"新社会是伦理本位，合作组织，而不落于个人本位或社会本位的两极端"②。这里的伦理本位，有两种相互关系的诠释，一种特指家庭本位，由家庭伦理推广至整个社会。实现社会组织伦理化。一种泛指以他人为本位的社会自组织结构。这里更侧重于后一种意涵，也就是在理性社会中，每个人只强调个人的义务而不强调个人的权利，每个人都自觉地以对方为重，服膺于人类理性的"向上"要求。合作组织正是这种精神的具体表现，是未来社会的基本单位。这样的社会结构，可以消除西方个人主义或集团主义的"有对"之弊，使人们在"无对"的社会中，充分发挥其理性。

第六，"新社会是以人为主体，是人支配物而非物支配人的"③。他说，西洋"从个人本位，自由竞争，演为经济上之无政府状态，人类失去支配力，差不多是物支配的。"那当然不是正常形态的人类文明。"新社会是以

---

① 《乡村建设理论》，第448页。
② 同上书，第447页。
③ 同上。

人为主来支配物的，全在我们一意社会关系的调节增进，减少人与人之间的隔阂矛盾，形成一社会意识以为主宰"①，其意思就是，当人类消除了为了物质利益而引起的冲突时，就可以本其理性形成共同的社会意识来对付自然，更好地认识自然，改造自然，从自然中取得更大的自由。

梁漱溟的"理性"社会理想，同十九世纪十分盛行的社会主义理想有不少共同之处。例如强调社会生产力的高度发展，以生产资料的社会公有代替私有制，实现生产与分配的真正社会化；国家不再是一个阶级统治的工具，而成为一个社会管理机构，法律、武力这些重要的国家工具随之消败，而代之以人们的道德自律，取消城乡差别，消除劳动异化等等。同时，这一社会理想是梁漱溟对传统文化的理想化理解的基础上构思的，带着明显的中国儒家文化烙印。我们可以从梁漱溟的重农轻工（商）倾向，缺乏真正的平等观念，否定个人的权利，强调社会、政治的伦理化等内涵上略见一斑。因而，我们可以把这种融合西方社会主义思潮与传统儒家之政治理想于一体的社会政治理想称为具有儒家特色的社会主义。

三 梁漱溟的政治选择：何以只有乡村建设才能救中国

梁漱溟早年就受到爱国主义思想的熏陶，有"以天下为己任"的社会责任感。迫在眉睫的中华民族危机使梁漱溟无法安于"象牙塔"般的生活，而以极大的热忱走上社会，走向实践；因而，梁漱溟的所有理论探讨都同明确的现实目标密切相关。他对理想社会政治制度的探索，亦不例外。他认为，他的"理性"社会不仅是合理的，而且是中华民族解放运动的唯一可由之道。他曾表示："无所谓好的制度，只有此时此地比较适用的制度。我们不应当主张某一种制度为一种好的制度。我完全不愿去作一个主观的空想。"② 作为理想与现实的结合，他以为乡村建设是解决中国现实问题并实现上述理想社会的唯一途径。

他之所以得出这样的结论，是基于对中国社会的传统与现实，对中国

---

① 《乡村建设理论》，第447页。
② 同上书，第178页。

近代问题的本质的独特认识。关于中国传统社会，他以为，由于文化早熟①的影响，中国自周秦之际，封建制度开始解体，阶级对立也随之瓦解，自秦汉到明清，出现于中国的是一种特殊的社会形态。② 这一社会具有如下明显特征：在阶级构成上，"伦理本位""职业殊分"是其两大"特色"，社会中几乎没有固定的阶级，亦缺乏团体生活的观念与习惯，甚至缺乏国家观念。在社会发展模式上，只有一治一乱的循环往复，而没有革命，社会陷于盘旋莫进的状态。在社会精神上，一方面是"人生向上""理性早萌"，缺乏宗教观念；一方面又缺乏科学与民主精神。这种社会在中国历史上沿袭了近二千年，几乎没有发生根本性的变化，直到1840年鸦片战争的爆发。

近代中西文化大交流后，中国文化由于它本身固有的缺陷③和其"长处引起的短处"④，在西洋文化面前节节溃败。对外斗争的失败，引起了国内各种学习西方文化为内容的民族自救运动，这些运动不但没有解决民族自救问题反而加速了中国传统文化的崩溃。在"自毁"与"他毁"的联合冲击下，中国传统的社会秩序受到破坏。传统的"伦理本位""职业分途"的社会在新的伦理观念、法律观念、政治制度、经济制度的价值观念的冲击下，几乎土崩瓦解。然而，取代之而出现的不是一种新的秩序，而是更大的混乱，"伦理本位的社会破坏后，个人本位、社会本位皆不成功，遂陷于东不成西不就的状态中……；职业分途的社会破坏后，阶级对立的社会也不成功，也陷于东不成西不就的状态中。"⑤ 这一社会"不是有一个不平等的秩序，而是没有秩序。"⑥ 这一局面在政治上的反应是中国政治的"无办法"，所谓"政治无办法"指中国在推翻清政府之

---

① 文化早熟是梁漱溟用以解释中国传统社会诸特征之所以产生的主要概念，中国文化由于周公、孔子等"圣人"首倡的第二期文明精神的影响，在人类文明未完成第一期任务时，就过早地走上第二期文明之路。这种超越自然之发展次序，精神文明畸形发展之现象，就是文化早熟。
② 梁漱溟晚年又将此认同于马克思所说的亚细亚社会。
③ 指中国文化的"幼稚性"与"老衰性"。
④ 中国人有明显的国际主义与和平主义倾向，这是其优点，然而，正由于此而引起的他们在对外斗争中的失败，缺乏团体组织，散漫是其显著表现。
⑤ 《乡村建设理论》，第74页。
⑥ 同上。

后，无法建立一个统一、稳定、权威性的政权，以领导人民对外谋独立，对内谋建设。具体表现为国家无法真正统一，军阀混战局面长期存在；法律制度无法确立，人民的各种权利无法得到保障；政权的存在，所依借的不是政治的合法性而是武装力量，政权并不代表某一社会阶级的利益，而成为个别人发财的工具；政权更替频繁，且与整个政治社会无关等等。"政治的无办法"与"社会的无秩序"是互为因果的，社会的无秩序，特别是由于近代工商业不发达而产生的阶级分野不明显，中产阶级（民族资产阶级）力量薄弱，以及社会意识形态的混乱，是统一稳定的政治秩序无法产生的原因。由于缺乏有力的政治秩序，中国无法像近代日本一样，发展民族资本主义工商业，抵御西方列强的侵略，终于导致中国原有社会秩序的进一步崩溃，而无法建立新的社会秩序。

"社会的无秩序"与"政治的无办法"是近代中国社会的两大特征，这两大特征都是中国文化对西方文化失败的结果，因而中国问题的本质所在就是"文化失败"。

基于这样的认识，梁漱溟批判了当时的二大政治思潮。首先他以为中国革命不是对具体人或者具体制度的革命。中国面临的不是不合理的阶级政治问题，而是不基于阶级基础的武力或强力掠夺问题；不是不合理的社会秩序问题，而是无秩序问题；亦不是西方列强所强加的殖民统治秩序，西方列强并没有在中国建立直接的统治。因而，在这一缺乏阶级，缺乏秩序的社会中进行的阶级斗争为其根本方法的无产阶级革命是不可能的。同时，他以为，中国亦永远没有实现西方民主宪政的可能。这固然由于中国当时的一些具体原因，例如民众的知识水平太低，生活太贫困，无法实现真正的"民主"；近代工商业不发达，中产阶级力量薄弱，无法为这一制度建立坚固的基础；中国地域太广，交通不发达，民主难于真正落实等等。但使这一制度永远无法在中国实现的根本原因，还在于中西文化的根本差异，西方民主宪政制度是人类第一文明的结晶，而中国早就走上了人类第二文明。这两种人生态度是相对立的，一种以个人为本位，是向外征服的态度，一种以他人为本位，是对内调和持中的态度；同时，人生态度是由第一路向态度向第二路向态度发展的，这一次序是不能逆转的，因而，在早已走上第二文明之路的中国实现第一文明的成果——民主宪政制度是不可能的。他更进一步认为，由于国人没有认识到这一点，而只从西方近代民主宪政制度和苏俄社会主义制度的合理性与在中国实现这两种制度的迫切性出发,在五四运动以前发动了各种模仿西方民主宪政模式的政治运动,在五四运动以后,又模仿俄国进行各种革命。这些运动虽然都出于爱国动机,然而其结果,除了使中国社会更加混乱,更加无秩序,政治更加无办法外,都无法取得预期的效果。

梁漱溟从总体上批判了当时社会上流行的二大政治思潮,直接的政治动机在于说明只有他的乡村建设才能救中国,并为他的乡村建设运动争取更多的民众支持。为了达到这一政治目的,他还有必要进一步阐述他的乡村建设理论。

四 实现"理性社会"的途径:乡村建设

在批判了当时两大政治思潮的同时,梁漱溟阐述了乡村建设的内容,以及何以能通过乡村建设解决中国问题,这就是狭义上的乡村建设理论。这一理论是梁漱溟"既从今以追古,又由古而达今,事事与外国相比,纵横往复"① 而建立起来的,是他研究文化哲学、历史哲学的逻辑结论,也是他在中国近代乡村建设运动中取得领袖地位的关键。

梁漱溟的乡村建设涉及政治、经济、教育(教化)等各方面的内容,对一些具体的做法例如乡学村学,合作组织等有不少论述,但更多是规定了一些很有弹性的原则,这些原则包括以下几方面的内容:

第一,乡村建设以农村、农民为中心,而不以城市为中心。在这一点上,梁漱溟深受章士钊的"农国论"、王鸿一的"村本政治"思想的影响。他以为,从发展工商业来解决中国的经济问题、政治问题,在当时的历史条件下是不可能的,西方列强的经济侵略和中国政治的无办法几乎断送了中国的资本主义前途,同时,西方近代都市文明脱离农村,畸形发展,导致了对殖民地的侵略和国内阶级矛盾,城乡矛盾,这说明了这一社会发展道路亦不是合理的。既合理而又现实的道路是从农村入手,由农村经济的恢复来引发工业的发展,用合作组织的方式调节产销平衡,求农业与工业的协调并进。在解决农村经济问题的同时,解决农村的政治问

---

① 《我的努力与反省》,第404页。

题——地方自治。由此可见，他的乡村建设具有浓郁的重农倾向。

第二，乡村建设是理性的、和平的建设，而不是暴力革命。"我们一意增进社会关系（由散漫入组织），调整社会关系，从矛盾到协调，俾隔阂得以沟通，痛痒得以苏醒，使此广漠散漫的社会，有其一明朗的意志要求可见。这样反映到政治上，自然建立统一稳定的政治——我们走调整谐和之路"①。他不否认帝国主义、封建势力是造成中国近代民族危机的一个原因，但中国问题的关键在于文化失调，也即政治无办法，社会无秩序，只有在解决这一问题之后，才有可能解决帝国主义侵略和以土地私有制、军阀为主要内容的封建势力问题，而解决"社会无秩序""政治无办法"的方法，只能用和平教育的方式启发人们的理性，依靠人们的"理性自觉"，养成新政治习惯，造就一定的社会秩序，形成共同的社会意识，在此基础上建立统一、稳定的政权。这一主张使他的乡村建设实践成为一种改良运动。

第三，乡村建设是近代知识分子与村民相结合所进行的社会运动，而不是农民的自发的运动。他认为，中国"农村民众"是旧的思想、习惯的载体，依靠他们的"自发"革命，只能使中国回到原来的社会政治轨道，而不能向前发展，同历史发展趋势是背道而行的。中国"革命"不是由于国内经济的发展，阶级力量的变化而自然形成的，而是由外来刺激引发的，因而，必须依靠那些受过世界文化发展潮流熏陶的知识分子来作启发、教育、牵引工作。"中国问题之解决，其发动以至于完成，全在其社会中知识分子与农村居民打并一起所构成之一力量"②"知识分子下乡推动社会，使散漫的村民，日臻于经济的合作组织，政治的自治组织，那是乡村建设运动"。③

第四，乡村建设是政、教、养的合一。他以为要建立统一稳定的政治，关键在于社会要有一定秩序；社会秩序的形成，则要通过培养新政治习惯，由此健全乡村组织来完成。新政治习惯，是中国传统伦理精神与西方民主精神的最新思潮的结合而成。在乡学、村学这些乡村组织中，既要

---

① 《答乡村建设批判》，第13页。
② 《乡村建设理论》，第334页。
③ 《答乡村建设批判》，第12页。

保持中国传统中的"以他人为本位"的精神，以及由此产生的崇贤尚能的精神，又要启发大家积极参与团体事务，这一种融合中西之长处的新"民主"，本身就为教育（或教化）留下很大的余地，因为民主政治的前提是"贤能"的教化，同时，村民这种新政治习惯的养成，也是依靠乡村工作者，利用村学、乡学等社会教育机构进行教育而成。他还认为，引发大家对团体事务之兴趣的关键，在于乡村工作者深入民间，启发大家对切身问题的认识，指导民众起来解决这些问题。这些问题中，最关键的是农村的"贫"的问题，解决"贫"的问题，一方面要引进、推广先进技术，一方面要大力发展合作组织，这两方面的工作要用教育的功夫来完成，而这些事务的进行，是健全乡村组织，实现地方自治的关键。因而可以说他的乡村建设是政治、教育（或教化）和经济的合一。

第五，乡村建设是自下而上的社会改造运动。乡村建设是靠知识分子深入民间，启发民众对切身问题的认识，引导他们参加各种团体事务，培养他们的新政治习惯，由他们的"理性自觉"来形成集中有力的基层秩序，由基层秩序不断向上递进，最终建立统一稳定的国家政权这一次序来完成的，而不是依靠政府的法令，自上而下来推行的。因而，对乡村建设的具体工作，梁漱溟并没有做任何规定，只强调各地因地制宜，根据地方的需要进行建设，以便于引起民众对这一运动的兴趣。也正由于此，梁漱溟的乡村建设理论只提出了一些弹性很大的原则，而没有像其他乡村建设团体一样制定具体的行动计划。

由上可见，他的乡村建设与理性社会都基于同样的政治价值体系，是一脉相承的。

五 梁漱溟社会政治思想的意义与困境

梁漱溟是个完全将个人之小我融汇于社会之大我的典范，本着其爱国主义和人文主义的热诚，在他的漫长生涯中，他的才思睿智无不用于探讨解决民族危机和人类困境的方法与途径，并竭尽全力将他的思想成果付诸实践，"正其谊而不谋私利，明其道而不计其功。"这种维系中华民族延绵数千年而不衰的可贵的民族性格，使梁漱溟这位"以圣贤自许的最后儒者"的许多思想与行动，都突破了传统儒家的僵化模式，具有一定的时代意义与现实意义。这在他的社会政治思想上，主要表现为：

①对传统儒家的等级森严的社会伦理精神进行重新解释，是为了适应现代社会的需要。梁漱溟把以家庭为本位的儒家伦理主义改造成一种"以他人为本位"的社会自组织方式，有选择地接受了西方民主、自由、平等观念的一些合理因素，创造了一种新的"民主"模式，社会主权"归诸人人"，每个人有参与公共事务的义务。在团体中保持道德领袖、专家或智者的"教育者"地位，决策的进行，不能简单地依照少数服从多数的原则，而应当先通过"教育者"的教育功夫（广义上）提高民众对团体事务的认识后才进行表决，这样，才能使决策更为合理。每个人有充分发挥个性的自由。这种新"民主"同西方最近产生的各种"科学民主"理论有不少类似之处，对于探讨具有中国特色的高度社会主义民主的模式不无借鉴和参考价值。

②用他的人文主义价值观，对人类理想社会进行深忱的思考，构思出一个具有东方特色的社会主义蓝图。这一蓝图在梁漱溟的时代以至今后很长一段时期内，由于生产力发展水平的限制，尚没有实在的可能，然而在现实的与未来的社会主义建设中，这一蓝图将会给人们不少启发。

③对西方近代资本主义制度与俄国的社会主义制度，他不是单从合理与否，现实需要与否，机械地搬用，而时时从现实提供的可能性出发，对中国革命与建设的道路进行了可贵的探讨，这种思维方式和探讨成果，对于现实建设亦同样具有借鉴作用。

然而，梁漱溟毕竟只是一个受现代精神薰陶的儒者，"他一生行谊，充分体现出早期儒者对现代的危机感，以及拯救危机的高度热情，也反映出一个传统型的儒者在剧变的时代所遭遇的困窘"[①]。历史无情地证明了他的改造社会、创造新文化的努力是失败的；他的主要社会实践活动，也即1931—1937年在山东邹平进行的乡村建设实验，通过他的惨淡经营，在狭小的范围内取得一定的成效；然而乡村建设运动在他已认识到但无法解决的问题上（政治无办法，社会无秩序）历尽波折，落于欲"农民自动而农民不动"，欲"独立于政府又不得不依附于政府"[②]，甚至依附于军

[①] 《梁漱溟小传》，韦政通：《现代中国思想家》第八册，台北1978年版，第5页。

[②] 《乡村建设理论附录》。

阀的局面。最后，在日寇的炮火下，他的实验活动以失败告终。

梁漱溟乡村建设运动的失败，部分是由于历史偶然性，但更主要的是由于乡村建设理论本身的缺陷。在政治价值观上，梁漱溟有明显的重义轻利、重理性轻理智、重和谐轻竞争、重精神轻物质、重农轻商、重伦理自律轻法律制约、重人治轻法治的倾向，在这方面，梁漱溟受传统儒家文化的影响较为明显，虽然其价值观的具体内涵有所更新，但从总体上看，无法适应现代化的需要是毫无疑义的。在现代社会，在国际竞争十分激烈的时代，每个国家、民族为了在国际舞台上立足，不能不接受渐趋一致的价值模式，那就是工业化、商品经济化、社会化和现代化的观念，这些都与以农业文明为基础的儒家价值观相对立的。在改造社会，创造新文明模式选择上，梁漱溟虽然也认识到第一期人类文明是第二期文明的基础，认识到中国古代文化早熟带来的各种弊端，认识到人的物质上的满足是一般人成为"理性"人的前提。然而，他又本其大慈大悲的心肠，想毕民族解放、社会改造、再造新文明于一役，试图在物质文明落后的条件下，通过教育与"以他人为本"社会自组织方式，来造就千百万个"理性自觉"的人，这在理论上是唯心的，在实践上必然无法成功。与此相关的，他更多的是从人与动物的区别上来把握人，也就是从纯粹的人性而非从社会意义上的人来把握人，特别是用中国社会阶级的流动性、交叉性来否定阶级的存在，试图用调和改良的办法来解决各种矛盾冲突。错误地认识指导下的理论探讨与实践，其命运是不言而喻的。还有，他的新的"民主"制度，虽然在现代社会有一定意义，然而，在当时的历史条件下，则是无法实现的。因为它是第二期人类文明的特征，它的前提是第一期人类文明的实现，也即人的个性充分伸展，每个人的主体认知，判断能力充分发达的前提下，才能实现这种"民主"制度，而在当时，每个村民的知识能力如此低微，每个人的思想又服务于他的物质需要，强调乡村首领的教化作用，无疑的只有利于加强他们在乡村的统治，导致更激烈的两极分化，而无法产生社会"一体之情"。总之，他的社会政治思想是空想的，又是违背历史发展趋势的，这决定了他的社会实践失败的命运。

"路漫漫其修远兮，吾将上下而求索"，梁漱溟的探索活动由于其某些主客观因素的影响，最终陷入困境，然而，他的探索精神依然是新一代社会工作者的典范。

传统文化现代转化的一次尝试

——以梁漱溟在邹平的实验为例

时一年

梁漱溟先生是近现代极富于世界性影响的人物之一。作为一位饱经忧患的思想家和社会活动家，他七十年来对世界文明和中国文化的反思和阐发，从一个侧面反映了中国知识分子探求民族现代化道路的不绝如缕的坎坷努力。20世纪30年代，梁漱溟在山东成立了乡村建设研究院，并以邹平为实验县，在完整的理论指导下，力求从乡村入手，发动组织农民，进行民族自救，历时7年。这是中国现代史上一次重要的以基地形式进行的社会改造运动，在当时产生了广泛的社会影响。这个案例以其强烈的忧患意识、人文关切和实践精神，向我们提供了现代化过程中传统与现代间的种种复杂关系，因而在中华民族从封建帝国走向一个现代化国家的历史演变中有着十分重要的意义。没有任何一个民族的现代化可以尽弃传统而重新开始。在我们今天重新探讨中西文化冲突、探讨继承传统与推进中国社会现代化进程的关系、探讨中国传统文化在现代社会生活中的改造和重组时，梁漱溟关于吸收西洋文化的长处与传统文化的根本精神在新的条件下重建的思想及其实际努力，无疑对我们有着重要的参考价值。透过它，我们可以对中国文化的过去和未来命运，有更深刻的把握，并可以从前人的轨迹中，吸取代价沉重的经验教训，为我们今天进行的有中国特色的社会主义现代化建设，提供一个独特的参照格局。

一　双重冲突下的价值选择

中国社会的现代化，是伴随着英格兰人入侵中国的第一声枪响开始的。从那时起，近百年的中国史，是一页页民族苦难与血泪交织的历程。

梁先生出生于1893年，刚好赶上了这个国难当头的时代。在他出生的第二年，爆发了甲午中日战争，中华帝国在这场战争中的惨败，暴露了我们几千年古老文明的严重缺陷。"天朝上国"无可奈何地落后了，不但古老的刀矛弓矢抵挡不住外夷坚船利炮的攻击，悠久的思想文化也抵挡不住西学东渐的传入。西潮的冲击，传统文化的崩溃，社会秩序的解体，给中华民族和中国人民带来了沉重的灾难和巨大的耻辱，同时也促使中国人民在昏睡、惊恐、屈辱、悲愤中惊醒。由于没有一个强大的资产阶级，中国的知识分子，如同古代的士大夫一样，又一次起了引领时代的先锋者的作用。因此，彻底反省传统文化的得与失，就成为近现代许多优秀知识分子的生命主旋律。

在西方文化的挑战和民族危机的双重压力下，中国社会的现代化道路，首先就面临着文化上的互相关联的双重选择，一是西方文化与中国本土文化的选择，二是本土文化中传统文化与新文化的选择。由此演成制约中国近代意识形态发展的古今中西之争。这一争论所蕴涵的根本问题在于本土文化价值与现代化之间的紧张关系，即本土的生活方式与产生力量的现代化二者能否共存？在当时特定的历史条件下，这种争论又与救亡图存的至上目的与现实的政治冲突混淆在一起，"对于中华民族的维护和发展的献身远远超过对于其他价值与信仰的倾心"[①]。"社会上人们在诅咒，在笑骂，在情激，在悲叹，在相对无言，在议论纷纷，在搓手无计，在东撞西突"[②]。就在这种纷争中，出现了两个完全相反的倾向，一个是对中国传统文化的全盘批评和攻击，认定中国传统文化是现代生活的阻碍，必须加以清除，同时提倡更深更广地引进西方文化，形成"全盘西化派"，这个立场和《新青年》杂志的一群知识分子与五四运动的方向基本上是一致的，其代表人物是陈独秀和胡适。在差不多同时期，和上述反传统主义相反对的另一倾向也出现了，这就是面对日益增强的西化思潮所产生的文化保守反映，它视来自西方的现代生活为中国的祸乱之源，认为它破坏了中国传统的道德秩序和社会安定，主张极力维护传统文化，并用传统文化匡正乱作一团的中国现实，同时坚信中国文化不但和西方文化相当，甚至

---

① 林毓生：《中国意识的危机》，云南人民出版社1986年版，第14页。
② 梁漱溟：《乡村建设论文集》（第一集），邹平乡村书店1936年版，第37页。

还要优越，由此形成守旧派。这个立场以《学衡》杂志的主要撰稿人如梅光迪、辜鸿铭、林纾以及晚年的梁启超为代表。他们把西方文化作为历史上似曾相识的异端和旁门左道来加以排斥，以此来实现纯洁的传统文化的自存与民族自卫的双重目标。

在这里我们没有机会对全盘西化派和守旧派充满情绪的争论详加评说，却可以指出他们的一个共同特点：即他们都视"传统"与"现代"为互不相容的存在，并在一系列讨论中运用着"中化""西化"那样非此即彼的思维方式。西化论者以西方的经验作为中国现代化的参照内容，这种思想发展到极端，是视传统为一片非理性的黑暗，认为必须把这片黑暗全部扫除，中国的现代化才有可能。而中化论者则固守传统的人文价值，批评现代化的过程及其结局是对人类文化价值的残害。这样，中国文化与西方文化之间的地域文化差异常常被抽象地无限突出，从而掩盖了中国文化本身必须从传统文化形态走向现代文化形态以适应变化了的世界和中国现实这一更为本质、更为根本的问题。① 梁漱溟敏锐地发现了这个不足之处，在经过对中西文化的精心比较研究后，提出了著名的"东方文明说"，试图从文化哲学上解决这个古今中外之争的问题。

1921年10月，梁漱溟在山东及北京大学的讲演集《东西文化及其哲学》出版了。这是东西文化论战以来问世的第一部系统的著作，我们可以把它看作对几年论战的一个总结。在这本书中，梁漱溟采用比较文化的方法，对西方、中国、印度三大文化系统的历史渊源、各自的哲学根据及它们在人类历史上的地位作出了全面的分析，为人类文化的发展建构了一个模式。他认为，文化就是"民族的生活样法"，而"生活就是没尽的意欲（Will）"及这种意欲的"不断满足与不满足罢了"②。"文化，就是吾人生活所依靠之一切，……文化是极其实在的东西"③，"一个社会的经济、宗教、政治、法律乃至语言、衣食、家庭生活等，统同包括在内。换句话说，所谓文化，就是一个社会过日子的方法。"④ 根据这一观点，不同文化之所以不同，主要是导致不同

---

① 详见甘阳主编《文化：中国与世界》（第一辑），生活·读书·新知三联书店1987年版，第8页。
② 梁漱溟：《东西文化及其哲学》，商务印书馆1987年版，第24页。
③ 参见《中国哲学思想论集》（现代篇2），台湾牧童出版社1987年版，第217页。
④ 梁漱溟：《乡村建设大意》，邹平乡村书店1936年版，第18—19页。

文化特异色彩的精神的不同，而不同的精神则来自不同的意欲，意欲的活动成就了人的生活。意欲的属性是人的主观的奋斗欲求，在奋斗中它要遇到三种障碍：物质世界、他心、宇宙间的因果法则。这三种障碍使意欲的活力有三种不同的方向。中、西、印三家文化就代表了意欲的三种方向："西方文化是以意欲向前要求为根本精神的。中国文化是以意欲自为调和持中为其根本精神的。印度文化是以意欲反身向后要求为其根本精神的"①。梁漱溟认为，三种障碍是人生的三种问题。这三种问题后来被他表述为：人对物的问题、人们之间的关系问题、人对自身生命的问题。中、西、印三家文化是在解决这三种问题时分别表现出来的文化精神，因此每一种文化都有其历史必然性。由此出发，梁漱溟反对笼统抽象地评价某种文化的优劣，而主张从人类不同时代所对待的问题出发去评价文化。他认为，人类对这三种问题的解决是次第进行的，这也就决定了中、西、印三家文化在人类历史上的时代地位。他进一步指出，西方文化主要是解决人对物的问题，使用的工具是比量即理智，由此形成了科学。中国文化则超越人对物的问题，而着眼于人们之间关系的解决，人们此时使用的工具是非量即直觉，亦即理性，由此形成了道德。这样，梁漱溟认为，中、西文化处在两个不同的发展阶段，西方文化是"向外用功"的文化，属于物质文明，中国文化是"向内用功"的文化，属于精神文明。中国文化的长处是由向内用功而产生的伦理情谊和以是非观念代替利害观念，西方文化的长处是科学技术和团体组织。他认为，现在的人类正处在西方文化为特点的第一期文化向以中国文化为特点的第二期文化转折的时期。对此时的人类来说，必须抛弃西方人的理智的生活方式，代之以中国人理性的生活方式（理性一词，最初出现在梁1949年出版的《中国文化要义》一书中，详见该书第七章：理性——人类的特征。在这之前，他一直使用融和和直觉代替理性一词）。他从科学和民主政治为西方社会带来的社会问题，从柏格森、倭铿等人的哲学以及基尔特社会主义政治主张，论证了西方社会明显地表现出向中国文化的转变。第一次世界大战的爆发，把帝国主义文化的腐朽性暴露无遗，它"意外地震醒了那些正在不情愿地重新审查中国传统价值的中国人"②。因此，他断言，人类社会的发展，以物支配人的西方文明

---

① 《东西文化及其哲学》，第69—70页。
② 勒文森：《梁启超与中国近代思想》，四川人民出版社1986年版，第206页。

必将为以人支配物的中国文明所取代,"现在是西洋文化的时代,下去便是中国文化复兴成为世界文化的时代。"① 他的这个结论是从对西方近代社会生活和哲学发展的潮流的考察中得来的。

虽然世界未来文化是中国文化的复兴,但在中国本土,由于以前第一条路没有走到底,文化的早熟导致人生第一种问题还未得到妥善解决,因此还有采纳西方文化的必要。因此,梁漱溟提出了此时中国人应持的态度:

第一,要排斥印度的态度,丝毫不能容留;

第二,对西方文化是全盘承受,而根本改过,就是对其态度要改一改;

第三,批评的把中国原来的态度重新拿出来。②

这样,梁漱溟文化研究的轨迹,先是把东西(中、西、印)的研究收缩为中西研究,又由中西的比较过渡到中国传统文化的发扬。这一发展,使他成了在"全盘西化"的喧闹中挺身而出的有力的文化传统主义者。他认为,世界在演变,中国社会也随着世界潮流在演变,然而这演变,离不开其本身固有的传统文化。他指责当时的世局:"自东西两个不同的文化相遇以后,中国文化相形见绌,老文化应付不了新环境,遂不得不改变自己学西洋以求应付西洋,但结果学西洋没有成功,反把自己的老文化破坏了。老文化破坏殆尽,而新文化未能建立,在此青黄不接前后无归的过渡时期,遂陷入混乱状态。……现在最要紧的是赶快想法子创造一个新文化。""所谓创造新文化即是从旧文化里转变出一个新文化来。……它既不是原来的旧东西,也不是纯粹另外一个新东西,它是从旧东西里面转变出来的一个新东西"③。他认为,"近百年来,中华民族之不振,是文化之失败","文化上之失败,是由于不能适应世界大交通的环境","所以民族复兴问题即是文化重建问题"。④ 这种文化观点,成了他以后进行乡村建设运动的哲学基础,他说:"乡村建设就是要创造一个新文化,创造新文化要以乡村为根,要以中国的老道理为根,……从乡村

---

① 《东西文化及其哲学》,第206页。
② 同上书,第202页。
③ 《乡村建设大意》,第20页。
④ 《乡村建设论文集》(第一集),第52页。

开端倪,来创造一个新文化,创造一个新社会制度"。①

以近代开始的一切关于中国文化的问题都可以归结为中国文化的重建问题,而重建问题事实上又可以归结为在西方文化的冲击下,中国传统文化怎样调整自己的形态以适应现代的生活即如何完成传统文化的现代转化。这样的大问题自然不是单凭文字语言打些笔墨官司就能完全解决的,生活的实践尤其重要。这也是梁漱溟离开熟悉的都市生活而走向乡村进行乡村建设活动的一个原因。

我们认为,虽然梁漱溟对中西文化的比较,现在看来有许多值得商榷之处,甚至有些武断的地方。但是他在中国社会现代化所面临的西方文化与中国本土文化、传统文化与新文化的双重选择面前,既反对"全盘西化",又不同意"死守国粹",而主张以中国固有文化为基础,在传统文化的扬弃和外来文化滤收的基础上创造现代化的新文化,完成传统文化的现代化,以挽救中华民族的危机,则基本上是可取的。

梁漱溟的失误恐怕在于他过于强调文化的整体性和民族性,并由此把传统看成万古不变的东西。由此导致他的文化理论的内在困境。一方面,他用整体的观点解释三大文化的路向,一再强调它们不可调和的特殊性,另一方面,他对西方文化已经掌握的"第一路向"的结晶物——科学与民主的精神,认为"这两种精神完全是对的,只能为无批评、无条件的承认"②,并全盘承受它们。下面的分析我们将会看出,他从对传统文化的分析中抽出孤零零的几个条目(如伦理本位,职业分途),作为一成不变的东西,企图在这棵老树上嫁接西方"科学技术"与"团体组织"的异枝,然后盼望长出中国新文化的参天大树。鱼与熊掌可以兼得。梁漱溟的这个矛盾,是深受传统文化影响的知识分子在国难当头时羡慕西方文化的矛盾心态的反映。其实,传统并不是固定不变的,传统并不等于"过去已经存在的东西",它在时间性上永远向未来敞开着无穷的"可能世界"。在不同的时代,传统的根本精神是不同的。没有一成不变的传统,梁漱溟把重新拿出来的中国文化描述成一种没有发展活力的死寂文化,"自其开发之初到他数千年之后,也没有什么两样,……假如没有外力进

---

① 《乡村建设大意》,第94页。
② 《东西文化及其哲学》,第206页。

门,环境不变,他会要长此终古!"① 他以这种死寂文化为基础的乡村建设的社会改良,已经为其最终失败埋下了种子。

在这里有必要澄清一个问题。很长一个时期,梁漱溟被视为守旧派的典型代表。我们认为,他不是一个守旧主义者,而是一个文化传统主义者。仅从他推崇儒家价值观,抱定"除去替释迦、孔子去发挥外,更不做旁的事!"② 以及他四季不离身的长衫看,他确像一个普通的守旧派,但他决不是抱残守缺的守旧主义者。社会学理论家曼海姆曾对守旧主义和传统主义作了明确区分,他认为两者在对待历史文化遗产方面最大的差别,在于前者带有很大的盲目性和被动性,而后者的思想具有自觉的和反思的结构。从这个意义上来说,梁漱溟与一般的守旧尊孔派有很大的不同,在他的身上反映着深受儒家文化洗礼的思想家的时代危机感以及克服危机的进取精神。他在山东的乡村建设运动,就代表着一种进取精神的努力成果。他与一些守旧派人物如刘锡鸿、辜鸿铭、刘师培等人的区别,不在于他们对传统制度的热爱程度,而在于是否具有历史感。守旧派代表着文化的惰性,把文化的凝固看得比民族的生存更加重要。而梁漱溟却意识到民族的危机,不像他父亲梁巨川那样以自杀去拯救"世俗",而是身体力行,积极倡导文化重建。这是一般的守旧派很难做到的。

二 对传统社会的静态把握

梁漱溟认为,中国社会现代化的途径是"中国文化将要有一个大的转变,将要转变出一个新文化来。'转变'二字便是我们创造新文化的办法。我们就是要从旧文化里转变出一个新文化来"③。为了具体地、历史地把握中国旧文化的特点,找到它的根本之处,梁漱溟开始了他对中国文化与中国历史发展关系的研究。

(一)中国社会特殊论。中国的社会发展有其特殊之路,"中国封建

---

① 梁漱溟:《乡村建设理论》,邹平乡村书店1936年版,第49页。
② 《乡村建设大意》,第19—20页。
③ 《光明日报》1951年10月5日第三版。

社会当周秦之际由内部软化分解而解体，秦汉以后的社会便陷入盘旋而不进——不再进向一般社会发展史上的第四段"①"我觉得中西社会似乎很早就有些两样，中国封建解体之不同于西洋尤其显著。在这以后便陷于盘旋往复，失去社会应有的发展前途"②。他在《中国文化要义》中，认为促成中西封建社会解体的因素，西方是由于工商业的发展，中国是由于士阶层的兴起。"西洋以工商发达为打破封建之因，文化和政治殆随经济而变……中国以讲学养士为打破封建之因，文化和政治推动了经济……。"③"所谓中国封建解体，是由文化和政治开端者，其具体表现即在贵族阶级之融解，而士人出现。"④ 他认为自周秦以后，中国社会"只有周期的一治一乱，而无革命，……就是社会秩序只有一时的扰乱与规复，清代的仍走不出明代的那一套，明朝还同宋朝相仿。不见其被推翻，有什么新秩序的建立。"⑤ 为什么会如此？据梁漱溟的分析，一是由于化阶级为职业太早，中国虽很早封建就解体，而表现得接近于人类理性和社会发展的最后之理，"唯其接近于最后之理，所以就不易改变。"二是人们的心思聪明转向理性太早，亦即中国文化早熟，把人类第二阶段的工作提到了第一阶段去做，"人们心思聪明仿佛入于无底深渊，一往不返"，造成"自天子以至于庶人，皆以修身为本"之局，而把与人民最切身相关的生产之事划出注意圈外，这就使中国不发生产业革命之势已定。故此，"百年前的中国社会，如一般所公认是沿着秦汉以来，两千年未曾大变过底。我常说它是入于盘旋不进状态，已不可能有本质上之变革"。⑥

（二）中国传统社会缺乏阶级。中国的封建社会在秦汉以前就已解体，则秦汉以后的社会不是封建社会，也就不存在阶级。他陈述"中国社会不存在阶级"的理由有这样几点：第一，从土地分配方面看，中国的土地可以自由买卖，人人得而有之。民间谚语"一地千年百易主，十年高下一般同"，正是指的这种情形。第二，经济方面，土地和资本皆分

---

① 《光明日报》1951 年 10 月 5 日第三版。
② 梁漱溟：《中国文化要义》，学林出版社 1987 年版，第 183 页。
③ 同上书，第 178 页。
④ 《乡村建设理论》，第 31—32 页。
⑤ 《中国文化要义》，第 149—150 页。
⑥ 《乡村建设理论》，第 90 页。

散于人人，集中情形不著，而且常常流动转变，一般估计，有地的人颇占多数。第三，政治方面，由于政治机会是开放的，所以统治者与被统治者，经常易位（朝为田舍郎，暮登天子堂；将相本无种，男儿当自强，就是说的这种情况），没有统治与被统治两个互相对立的阶级存在。"中国向来政治局面的维持，大都少用武力，多用教化，少用法制，多用礼俗，就是说中国社会组织构造中只是需要以礼俗来维持社会的相安，不以积极的强制求统治。"① 这种情况进一步涣散了社会集团的凝聚力。他进一步指出，中国人缺乏阶级意识（阶级自觉），尤其不习惯于阶级观点（本着阶级眼光分析事物），与其社会之缺乏阶级的事实是分不开的，亦是迭互影响的。在阶级是否存在问题上，梁漱溟显得有些犹豫。因为他觉得中国传统社会中并非绝无阶级的现象，他认为缺乏阶级自是中国社会的特性，但阶级之形成于社会间则是人类社会的一般性，中国其势亦不能失其一般性，故其形成阶级之趋势二千年间不绝于历史。"时而进（向着阶级解除而职业分途），时而退（向着阶级对立），时而又进，时而又退，辗转往复"② 与西洋阶级对立的社会相比，"所不同者，就在一则集中而不免固定，一则分散而相当流动。"③ 同时，他也在对中国历史的分析中看到了"土地掌握在一部分人手里，而另一部分人任耕作之劳"的情况，只是这种对立为中国社会的特殊结构所隐没、缓和、分散。

（三）中国传统社会的结构：伦理本位与职业分途。中国既不是封建社会，也缺乏严格意义上的阶级，那么，中国传统社会究竟是怎样的社会？对这个问题的回答，就逼近了梁漱溟把握中国传统社会的核心理论。在《乡村建设理论》一书中，他集中力量分析了这一问题。他认为，"假如我们说西方近代社会为个人本位的社会，阶级对立的社会；那么，中国旧社会可说为伦理本位，职业分途。"④

所谓"伦理本位"，梁漱溟的解释是，"在中国因缺乏集团生活，亦就无从映显个人问题。团体与个人，在西洋俨然两个实体，而家庭几若为虚位。中国却从中间就家庭关系推广发挥，以伦理组织社会，消融了个人

---

① 《中国文化要义》，第149页。
② 同上书，第161页。
③ 《乡村建设理论》，第23页。
④ 《中国文化要义》，第78页。

与团体这两端。"① 质言之，伦理本位就是在社会关系中，情谊关系，义务关系占主导地位，也就是"彼此互以对方为重，一个人似不为自己而存在，乃仿佛互为他人而存在者。"② 他认为，中国人偏重于家庭生活，是中国文化与其他文化相异的出发点，中国人缺乏如同西方那样的集团生活，团体与个人的关系轻松若无物，家庭关系就特别显露出来。伦理本位的社会，虽以家庭为基础，却不止于家庭。"于人生各种关系中，家乃是天然之基本关系，故又为根本所重，……人生之美满非他，即此之家庭生活之无缺憾。……由是而家庭与家族，在中国人生上占重要地位，乃至亲戚乡党，亦为所重。习俗又以家庭骨肉之谊，推于其他，如师徒，邻居，社会上一切朋友同侪，或比于父子关系，或比于兄弟关系。"③ 由此更进一步，便形成伦理化的政治，"社会生活，国家生活，君与臣、官与民，比于父母与子女之关系，其政治目的全在维持伦理之相安。如何让人人彼此伦理的关系各作到好处（君君臣臣父父子子），是其政治的理想要求，"④ 一切社会关系皆家庭化和伦理化是伦理本位社会的特殊现象，它在经济、政治、宗教方面都有明显的表现。经济方面，社会成员之间有一种共财现象，大家彼此顾恤，互相负责，在人生问题上无形中存在着许多的相互保障。政治方面，官治民是"如保赤子"，民为官则提倡"以孝治天下"。宗教方面，中国因缺乏西方那样的团体性的宗教，于是便以"天地君亲师"的关系而代之。

所谓"职业分途"，梁漱溟的解释是，"秦汉以后的社会，士代替了以前的贵族，但士与农工商（劳力者）不是阶级对立，而同为一种职业。"⑤ "士、农、工、商之四民，原为组织成此广大社会之不同职业，彼此相需，彼此配合。"⑥ 在他看来，中国传统社会是化阶级为职业，变贵族而士人，大家只有社会分工不同，而没有互相对立的阶级。在这里，我们看到，梁漱溟脱离了人们的财产占有关系这个关键性的问题，而用空洞

---

① 《光明日报》1951年10月5日第三版。
② 《乡村建设理论》，第25页。
③ 同上。
④ 《中国文化要义》，第283页。
⑤ 同上书，第157页。
⑥ 《乡村建设理论》，第39页。

的议论代替具体的分析，以职业划分代替阶级划分。显然是错误的。

（四）传统社会秩序的维持：教化、礼俗、自力。他认为，中国伦理本位和职业分途的社会，形成于礼俗之上，多由儒家尤其是孔子倡导而来。他说："中国社会秩序所赖以维持者，不在社会礼俗；质言之，不在他力，而宁在自力。贯乎其中者，盖有一种自反的精神或曰向里用力的人生。"① 他努力为孔子树立新的形象，重新解释孔子的学说，把他描绘成具有健全主体意识即理性的先哲。他认为，在孔子和儒家的领导下，中国人养成了一种社会风尚，或民族精神，这就是向上之心强和相与之情厚。② 他详细论述了中国传统的这种人文主义精神，诸如重视人治、德治、自律的道德心、强调人的现实生活、人际关系的无对状态以及公平无私的理性在形成中国传统社会中的强有力的反作用。他带着赞赏的口气说，教化、礼俗、自力是中国人的特殊理性，中国文化的特长就在于能发挥这些理性。中国文化的早熟，实际上就是这些理性开发得早。③

综合梁漱溟对中国传统社会的理解，我们认为，他虽然开出了几条研究中国传统社会的思路，提出了一些至今仍值得我们重视的学术观点，如中国古代社会发展和演化的特殊道路问题，传统社会伦理关系掩盖阶级关系问题，传统社会政治统治的特点问题等等。但是他在方法论上，却步入歧途。他完全脱离社会经济的基础作用，空谈中国文化，抽象出伦理情谊、人生向上这样一些模糊不清的结论，并把它们看成一种不变的民族精神和文化之根。唯物史观揭示，一定社会的文化（包括梁漱溟所涉及到的思想、政治、法律、习俗、行为方式）只是这个社会经济基础即生产方式的反映。梁漱溟所阐述的中国社会伦理本位和职业分途的结构以及与此相适应的教化、礼俗、自力的价值取向，只是中国传统社会小农经济的反映，它们并不是什么固定不变的民族精神。随着世界大交通的四通八达，以及帝国主义对中国的入侵，封建的自给自足的自然经济已不复存在，上述社会结构和观念体系也必然随之变化。当现代化的潮流席卷到世界各地之后，理性化、世俗化、工业化和功利主义已成为举世追求的目

---

① 《中国文化要义》，第134页。
② 《乡村建设理论》，第36页。
③ 同上书，第308页。

标，传统的价值与制度都受到根本的摧毁，在这种局势下，试图保存传统社会最典型的价值趋向的完整形态（梁漱溟对传统文化的论述，实际上是历史上孔子—孟子—董仲舒—王阳明一系的道统），实际上已不可能了。

三　中国的问题及解决办法

梁漱溟对中西文化的比较，和对中国传统文化的探讨，都是为了要解决中国当下的社会问题。这是他思考的落实之处。他曾不止一次地说过，自己的思想是在行动中逼出来的。在《中国文化要义》的自序中，他更明确指出："若有人说我是个有思想且本着他的思想而行动的人，这样便恰如其分，最好不过。若有人说，他是一个思想家，同时又是一个社会改造运动者，那便是十分恭维了。"实际上也确实如此，梁漱溟思考问题的深度和广度，在很大程度上是基于一种"以天下为己任"的精神。一百多年来，许多热血知识分子热衷于寻找解决中国问题的方案，绝大部分都是纸上作业，只有少数人努力把自己的见解通过现实的运动体现出来，梁漱溟是其中之一，这就使他在中国乡村运动中扮演一个极重要的角色。

梁漱溟于1918年发表了《吾曹不出如苍生何》一文，面对着中国日益加剧的社会局面，号召人们行动起来。他列举了中国社会所以分裂的种种因素，如法律的废弛，国家的不统一，战争直接破坏了战区的商业。在经济上，战争给农业、工业和贸易带来了直接或间接的危害，外债急剧上升。士兵或土匪的骚扰使农民过着悲惨潦倒的生活，以及社会风俗、道德的沦丧，学术交流的日益衰微等等。他认为自1911年辛亥革命以来，运用武力来解决中国问题的方式只是加剧了每况愈下的社会混乱。由于上述各种问题是错综复杂地纠结在一起的，因此他主张必须综合地治理这些病症。

他认为，"中国问题是整个社会的崩溃，而其苦闷之焦点则著见于政治问题之没法解决；假定于政治问题的如何解决没有成竹在胸，而谈其他的，都是白费。"①"既然要对外求得民族解放，对内完成社会的改造，那

---

① 《乡村建设理论》，第98页。

就必得建立能尽这任务的政权，那是没有疑问的。"① 他认为近百年中国所发生的变化，最终必达成社会主义政体之建立，因此，要遏止自己毁灭而走向建设，特别是以社会主义经济为前途目标的建设，其关键全在统一稳定的国权之树立。进而，他进一步认为，新的政治问题的解决，并非由朝廷宣布一个宪法就能实现宪政。中国所面临的是文化失调，而所有政治问题是从文化失调这一根本问题引发的。"我认为中国问题的内涵，虽包有政治问题，经济问题，而实则是一个文化问题。"② 从此认识，他最终认为中国问题的解决要从文化上着手，把旧文化改造为新文化。

梁漱溟认为，中国各种问题的生发，最初是由外力即西方文明的侵入引起的。他说："由于世界大交通，西洋人往东来，中国人与西洋人见了面，因为抵不住他的压迫，羡慕他的文明，遂改变自己去学他以求应付他，结果学他未成，反把自己的乡村破坏了。换句话说，中国近几十年的破坏，完全是受外国影响的。"③ 他认为，中国社会的破坏和混乱，是由于中国文化不能适应新的环境，"中国的旧社会制度，也就是旧风俗习惯，已渐渐地改变崩溃，渐渐地被人否认了。这种社会制度，风俗习惯的崩溃破坏，实在是最主要最深刻的破坏。"④ "总括的说，中国之失败，就在其社会散漫、消极、和平、无力。"⑤ 百年以来到今天尚未解决的中国问题，正形成于百年前的中国社会之上。他强烈地批判由于中国文化的早熟而带来的五个大病：幼稚、老衰、不落实、落于消极亦再没有前途、暧昧而不明爽。⑥ 他认为，由于中国文化的早熟，把人类第二阶段的问题提到第一阶段去做，结果使孔子倡导的根本理想——人生向上和伦理情谊——在中国的现实社会中变成了一种马虎的存在，"明明还处在第一问题末了之下，第一路向，不能不走，哪里能容你顺当去走第二路，所以就只能委委曲曲表此一种暧昧不明的文化。"⑦ 结果是只产生了真精神的萌

---

① 《乡村建设大意》，第 8—9 页。
② 同上书，第 7 页。
③ 《乡村建设理论》，第 39—43 页。
④ 《中国文化要义》，第 297—301 页。
⑤ 《东西文化及其哲学》，第 200 页。
⑥ 同上。
⑦ 《乡村建设理论》，第 50 页。

芽。譬如就儒家的直观及其不认定而言，其性质原不容有固定客观的行为规范，全凭主体的主观把握，然传统儒家的道德，就其在历史上的呈现而言，基本上是与此精神相对的，"大家要晓得天理，不是认定一个客观道理，如臣当忠、子当孝之类"①。历史上的儒家与中国文化，建立在基础不巩固与"死硬教条"之上，难以得到真正的发扬光大。换言之，儒家是一种后现代的文化，却在古代出现，结果使得中国文化从未能很好地完成。

作为一个学者，他从中西两种文化的相遇中敏锐地看到了西方文化的长处。在《东西文化及其哲学》中，他指出近代西洋的长处有三点：一是社会和政治上的德谟克拉西精神；二是思想学术上的科学方法；三是征服自然的物质文明。以后他又认为，德谟克拉西精神是团体生活的一种进步，可以包容于"团体生活"中，而科学方法和对自然的征服，实际上是一个问题的两个方面，可以用"科学技术"来统括之。因此，他认为，"近代西洋是以科学技术和团体组织这两点见长。"② 在这里，梁漱溟实际上涉及到了西方的科学和民主这两个现代化过程中的核心问题。这与他早年的生活经历有关，他的第一个家庭教育与正式教育都是西方式的，他进的是最早的西式中学之一。20岁前，他是个献身的边沁式的功利主义者，一个多多少少的"全盘西化派"。作为当年曾投身康梁变法革新潮流，继而又为辛亥革命"玩了些手枪炸弹把戏"的他并没有如同守旧派那种对于西方文明的顽固偏见。他深刻地指出，中国近代的失败，就在于缺乏科学和民主，"我国有两大缺乏，一是团体组织，二是科学上的知识技能，这两大缺乏是此刻中国最需要补充的"③。两相比较，缺乏团体生活，是更重要的一点，中国所以敌不过西洋，乃在于西洋有团体组织，而中国没有，由此导致其散漫、缺乏纪律，应付不了西洋团体的入侵。然而，由于梁漱溟所受的西化教育仅至中学毕业，以后也没有机会接触西方的科学技术，加上他生长在传统的中国文化环境中，他对西方科学精神的认识，在很大程度上是浮浅的。他只是抽象地认为，科学出于人的理智活动，是重

---

① 《乡村建设大意》，第47页。
② 《东西文化及其哲学》，第26页。
③ 梁漱溟：《中国民族自救运动之最后觉悟》，第11页。

视人类经验的结果。与中国"心心传授"的制物作器的"手艺"不同的是，西方人采用系统的方法把许多零星的经验不全的知识营成学问，结果形成"公例原则"，"这种一定要求一个客观共认确实知识的便是科学的精神。"① 他认为西方的科学建立在严密的逻辑基础之上，其科学的方法把人和自然对立起来，采取征服自然的人生态度，并取得了很大的成就。但是，他进一步指出，西方人在处理人际关系方面也用这种理智主义的科学方法，结果破坏了人们之间的正常关系，给人类造成了许多痛苦。因为照他看来，处理人际关系不能用理智而应用直觉。现代化为西方提供了所有物质的需要，也经历了现代化不可避免地带来的种种问题，这种种问题使得西方人开始认识到以前理智的科学方法的缺失，从而在思想上产生了新的趋向。他列举了生命派哲学家如柏格森、尼采、倭铿以及当时其他重要的知识分子如罗素、杜威、华莱士、赫胥黎的论述。可见，就在梁漱溟大力倡导应引进中国缺乏的科学精神的时候，他同时认为这种精神在世界范围内却将要过时了。

民主与科学，是中国新文化运动的重要课题。当时的思想领袖，一般都认为，中国必须实现民主，发展科学，才能解决眼下的问题。由于民主制度与科学技术都来自西方，所以多数领导者主张全盘学习西方，使得新文化运动具有很浓的西化倾向。但是，由于中国没有民主基础，国破家亡又使科学发展难提上日程，主张向西方学习富国强兵往往只成为美好的愿望。

梁漱溟看到了这些不足和困境。他又在更高的层次上看到了西方文明的缺陷。因此，他反对全盘西化，主张依靠自己的力量，创造一种新的文化，来实现国家的强盛。他满怀信心地说：现在"否认了一切西洋把戏，更不沾恋，相信了我们自有立国之道，更不虚弱。……我们之所谓一旦开悟亦不过是如此罢了。"② 在他看来，我们自有的立国之道，就是经孔子首创而一直未能在中国历史上发扬光大的传统文化的真正精神，这就是中国文化的根。

他认为，中国文化虽然遭到了惨败，但根还在。中国文化的根，就有

---

① 《乡村建设大意》，第24页。

② 《乡村建设理论》，第143页。

形的来说，就是乡村，就无形的来说，就是中国人讲的老道理。"中国的老道理，不但能够站得住，并且要从此见精彩，开出新局面，为世界人类所依归。"①

因此，他主张，应该以积极的建设来解决中国的社会问题。"我们讲新的建设，就是建设新礼俗。所谓新礼俗，就是中国固有精神与西洋文化的长处，二者为具体事实的沟通调和（完全沟通成一事实，事实出现我们叫他新礼俗）。不仅是理论上的沟通，要紧的是从根本上调和沟通成一事实。……当中国精神与西洋长处二者调和的事实有了时，就是一个新社会的实现，也是人类的一个新生活。"② 只要把中西许多冲突的地方解决了以后，就能形成一个全新的社会组织，"这个社会组织乃是以伦理情谊为本原，以人生向上为目的……它充分发挥了人类的精神（理性），充分容纳了西洋人的长处——一是团体组织，此点矫正了我们的散漫；二是团体中的分子对团体生活为有力地参加，此点矫正了我们的被动；三是尊重个人，此点增进了以前个人的地位，完成个人的人格；四是财产社会化，此点增进了社会关系。"③ 可以看出，梁漱溟所主张的新文化建设，不只是中国文化自身的复兴，像历史上宋明理学复兴原始儒学那样，而是包含着开拓世界未来新文化的使命。他的这一思想，为以后的新儒学发展，开了先河。

这种建设新社会的方案，在混乱的中国当时显然无法由上而下实施，只有由下而上，从乡村一点一滴做起，由乡村开端倪，然后推广到全国，形成一个新的社会组织。在他看来，乡村建设运动，正负有这样的使命。

四　社会重建的实验

新的社会建设必须从乡村入手。他正确地把握到，"中国是一个以乡村为本的社会，百分之八十以上的人口住在乡村，过着乡村生活，……中国的命运是寄托在农业，寄托在乡村，所以他的苦乐痛痒也就在这个地方

---

① 《乡村建设理论》，第175—176页。
② 《乡村建设大意》，第12—14页。
③ 《中国民族自救运动之最后觉悟》，第289页。

了。乡下人的痛苦,就是全中国人的痛苦,乡下人的好处,就是全中国人的好处。"① 在另一个地方,他又指出,"求所谓中国者,不于是三十万村落其焉求之?"② 由于他把乡村建设运动看成是一种文化建设,这一信念使他确信,中国的未来希望在于农村和农民,只有农民才是他的中国文化无形的根的承担者和宝库。因此,他把乡村重建看成是"中国民族自救运动的最后觉悟"。

其具体方案是"农民自觉"和"乡村组织",他号召"革命的知识分子要下乡去,与乡民居民打并在一起",并通过教育的功夫,创造新的社会制度,完成社会重建。

所谓"农民自觉","就是说乡下人自己要明白,现在乡村的事情要自己去干,不能再和从前一样,老是糊糊涂涂地过日子,迷迷糊糊地往下混。"③ "天下事无论什么都要使他本身有生机有活力,这样才能吸收外旁的养料。"④ 民族自救在于民族的觉悟,民族觉悟又在于个人主体性的觉悟。在梁漱溟看来,人的主体性是中国文化"理性"⑤ 的体现,这种"理性"又是中国文化的特征所在。因此,启发农民的觉悟,改变他们"糊糊涂涂过日子"的人生态度,就成为乡村建设打基础的工作。

为了激发人们向上求进的人生态度,梁漱溟选择了"始终以人生问题为中心"的丹麦教育模式。他认为,教育的功能不外"不使文化失传,不使文化停滞不进"两个方面,而丹麦教育模式恰恰符合绵续和发展文化这两大功能。梁漱溟所指的丹麦教育是上一世纪的那种民众教育,其特点是学校是私立的,所收的学生多半是青年,教学内容多是启发人们的生活态度,通过宗教式的启发,树立民众的生活自信心,并在此基础上教以科学技术知识来改进农业。梁漱溟认为中国的教育唯有与丹麦不同的是无须用宗教启发人生,而改用中国的老道理。通过农民自觉的教育,可以替农民从苦难中找到出路,从彷徨中找到方针,让他自己活起来,在此基础上,农业方可改良,合作社方可组织。丹麦式的教育,在传统中国是有

---

① 《中国民族自救运动之最后觉悟》,第 289 页。
② 《乡村建设大意》,第 31 页。
③ 《乡村建设理论》,第 140 页。
④ 《中国文化要义》第七章。
⑤ 《东西文化及其哲学》,第 199—202 页。

的，这就是明朝以王艮为代表的泰州学派的讲学之风。"明白地说，照我的意思，是要如宋明人那样再创讲学之风，以孔颜的人生为现在的青年解决他烦闷的人生问题。"① 只有在复兴起这种"孔颜乐处"的人生态度的基础上，才可以去学习西方，"只有踏实地奠定一种人生，才可以真吸收汲取了科学和德谟可拉西两精神的科学技术，种种思潮而有个结果。"② 可见，启发农民的觉悟，是解决乡村乃至中国问题的基本条件。在此基础上，便可以动手建设一个新的乡村组织。

建设一个新的乡村组织，是梁漱溟乡村建设工作的切实之处。乡村建设研究院和邹平实验县的主要活动，都是围绕"乡村组织"来进行的。

具体办法是成立乡学、村学，收全乡村中的人做学众。具体说来，乡学村学由四部分人组成，即学众——村中或乡中男妇老幼一切人等；学长——村中或乡中品德最高的人；学董——村中或乡中有办事能力的人；教员——乡村运动者。进行教育的范本是北宋吕和叔的"乡约"。1076年，吕和叔在陕西兰田推行乡约制度，内容分四部分：（一）德业相劝；（二）过失相规；（三）礼俗相交；（四）患难相恤。梁漱溟认为，吕和叔已经认识到，"人之所赖于邻里乡党者，犹身有手足，家有兄弟，善恶利害皆与之同，不可一日而无之"，认识了社会的连带关系，并试图把各种关系处理好。承着这一意思，梁漱溟认为，"道德的养成，似要有个依傍，这个依傍便是礼""所谓礼，即安排伦理名分以组织社会，设为礼乐以涵养理性。"③ 亦即"一是孝悌的提倡，一是礼乐的实施。"④

1935年前后，实验县政府在把全县自治组织改为乡、村、闾、邻四级的基础上，先后颁布了《邹平实验县青年义务教育实施大纲》《邹平实验县成年教育实施办法》，在全县范围内进行义务教育和成人教育。有步骤有计划地对青年进行军事、精神陶冶等义务训练，并着重进行以启发民族意识、培养组织能力、增进生活常识、陶炼服务精神为宗旨的成年教育。对广大农民灌输"合理人生态度的指点"，亦即"人人学好向上求进步"的中国老道理。

---

① 《东西文化及其哲学》，第213—214页。
② 《中国文化要义》，第118页。
③ 《乡村建设理论》，第175页。
④ 《乡村建设大意》，第202页。

梁漱溟认为,"乡村这个组织是最完善、最妥当、最合中国实情的组织,从此做去,他能够尽其改进社会之功,让中国社会继续不断地往前长进,让中国完成一个没有缺欠的文化。"① 它能够最大限度地容纳中国文化的两大长处。同时,它也能吸收西方近代科学和民主的精神,从乡学村学的四部分人来看,他们有四个独立不同的作用,学众起立法作用,学长起监督教育作用,学董起行政作用,而教员可以起上述这一些的推动设计作用。这样的安排,使我们发现了梁漱溟受英国立宪政治影响的苦心。西方的民主完全"中国化"了:乡学村学的重点应放在义务上而不是放在权力上,应放在团体和个人之间的互尊上而不是放在个人之间的争斗上。一句话,应放在"理性"上,放在"向上"和"求进步"这种共同的方向上。"乡村学校的组织原理就是根据中国的伦理意思而来的,仿佛在父子、君臣、夫妇、朋友、兄弟五伦之外,又添了团体对分子、分子对团体一伦而已。"由此可以看出,乡学村学这种新的社会组织强调互尊和共同的使命感,社会成员的结合不是使国家制度用一种机械方法来维系,而是以成员间的道德的、非功利的互相交往为特征。

在这个基础上,梁漱溟主张尽可能地吸收西方的科学技术。他倡导并主持了改良良种和组织农村合作社。研究院农场通过试验向邹平棉区推广了美国的特力斯号(Trice)棉种,引进了波斯良种猪,推广了优良麦种和适宜本地生长的树苗。在全县范围内先后成立了家织工业合作社、养蚕合作社、造林合作社、养蜂合作社、销售合作社和金融流通处。金融流通处兼县金库,以贷款的形式集体引进和使用新式科学技术发展生产。

然而,所有这一切,都必须在不至于动摇社会团体内部那种"理性"的、非功利的温情脉脉的社会关系的基础上进行。这样,科学技术的引进,社会经济的发展,就被局限在不营利、无竞争、为消费而生产的范围以内。这种走合作的路,为消费而生产,从农业引发工业的理想目标,却正是中国传统社会自给自足的自然经济的反映。这种几千年都没有实现过的社会憧憬,不幸做了梁漱溟的乌托邦。

历时 7 年之久的邹平社会实验,虽然取得了一些效果,如乡村的社会秩序、经济发展、文化教育、民情风习等,均有适应现代化要求的变化,

---

① 《乡村建设理论》,第 175 页。

但是，它最终还是以失败而告结束。这场曾轰动一时的社会改造活动失败的原因，除去政治方面当时不存在社会改良的环境、高谈社会改造而依附政权、无法解决土地问题导致没有现实社会力量的支持以及日本军国主义的大举进攻中国等等必然和偶然因素不论，就其乡村建设理论的内部来说，也存在着无法舒解的矛盾。这就是他在试图完成中国传统文化的现代转化时，对传统文化中的核心价值过于自信，企图在不经过彻底改变的同时，与西方现代化的科学技术和民主政体融合在一起。他错误地认为某些社会认识、习惯风俗、价值趋向是不能改变的，他说："中国如果有一个团体组织出现，那就是一个中西具体事实的融合，可以说以中国固有精神为主吸收了西洋人的长处，……这一个团体组织是一个伦理情谊的组织，而以人生向上为前进的目标，整个组织即是一个中国精神的团体组织。"[1]因而，他极力排斥和否认西方近代文明中互相计算的理智、商品化、都市化和机械主义，而试图在乡村化的、合作化的、非功利的、伦理本位主义的文明中吸取西方的长处，这在一个正在由封建帝国向现代化国家的转化过程中的还没有统一的国家来说，未免流于空想。

五　乡村建设运动的现代反省

乡村建设运动从发生到结束，半个多世纪过去了。那些曾经风云一时的人物连同他们失败的事业一起，差不多被历史遗忘了。梁漱溟所梦寐以求的全国统一稳定的政权也在39年前出现于这块多难的土地上，并领导着它的人民向着几代知识分子为之努力的现代化迈进。然而，就在这改革开放的新的潮流中，在反思民族现代化道路的种种讨论中，我们惊奇地发现，梁漱溟50年前的文化重组的思想，却一直没有中断自己的学术生命。

在辛亥革命、五四运动以来的20世纪的中国现实和学术土壤上，以梁漱溟为首的一批爱国知识分子强调继承、发扬传统的孔孟程朱陆王学说，以之为中国文化的根本精神，并以它为主体来吸收、接受和改造西方近代思想如科学和民主，以寻求当代中国社会、政治、文化等的现实出路。他们批评资本主义，揭露西方由于现代化而带来的社会弊病，要求以

---

[1]《乡村建设理论》，第175页。

中国传统文化来补救西方的缺失。这种理论在客观上成了阻碍中国由前现代化走向现代化的绊脚石。

在近代中国，由于亡国灭种的阴影长期笼罩着国人，挣脱落后状态的现实要求成为压倒一切的历史使命，由于西方国家先一步现代化，因此"西化"就成为许多知识分子考察、完成中国现代化的参照系，在这种情况下，梁漱溟等人的理论为时代所不容，实属难免。

在世界处于多元时代的今天，"西化"论正面临着越来越大的挑战，越来越多的人认为不同的文化都可以经过自身的调整，完成现代化的转化。任何国家的现代化都不可能抛弃传统而重新开始。因此，站在一个新的角度，用一种新的眼光来反观传统、解释传统、选择传统，通过调整传统的内部结构来创造适应现代化的"新中有旧"的文化，就成为各个民族选择自己的现代化道路时必须进行的学术工作。

中国的现代化进程，虽经过一个多世纪的风风雨雨，至今仍还没有完成。如何在现代化过程中把传统与现实结合起来，这在今天仍是大家都在探讨的问题，正是在这个意义上，总结梁漱溟如何企图承接传统以应付外来的挑战和现实问题的教训还是有现实意义的。

梁漱溟几十年前的努力，以其沉重的教训向我们昭示，在现代化过程中，要完好地保存传统文化的价值系统，是不可能了。正如美国学者艾恺所指出的，在梁漱溟的融合中西文化的公式的深层，他认为中西文化是势不两立的，在他全盘的思想中，他确信中国可保有先圣贤的传承——仁、理性或人之所以为人之理——的同时仍能有效地现代化，然而，他不得不承认，正是中国人的这些"真正人情的"或"理性的"品质阻碍了中国人及其国家当今现代化的需要。① 一直到晚年，梁漱溟仍没有解决他的文化模式中的这个两难。而这个两难，如世界上所有文化传统主义者一样，是由于对现代化进行了简单的"二分"造成的。②

没有必要苛求于前人。更何况，梁漱溟在发挥文化传统的"根本精神"时，是在对西方文化的考察中进行的，他敏锐地发现了，现代化作为某一种类型的人类态度的结果，在带来物质上的繁荣的同时，也造成人

---

① 艾恺：《文化守成主义论》，台湾时报出版公司1986年版，第201—204页。
② 同上书，第192、201—202页。

类生命的某种损伤和负面效应,使人产生了某种异化现象,如"人发明了机械,却变成了机械的奴隶"。另外,"从纯粹的个人感情来说,亲眼看到无数勤劳的宗法制的和平的社会组织崩溃、瓦解,被投入苦海,亲眼看到他们的成员既丧失自己古老形式的文明,又丧失祖传的谋生手段,是会感到悲伤的。"[①] 作为一位一生从事思考人类基本问题的学者,他在20世纪的早期预见到后现代化社会的某些异化现象,并试图在中国现代化的开始阶段就设法避免,这不能不给我们留下无穷尽的思考。

---

① 《马克思恩格斯全集》第二卷,第67页。

乡村建设运动：一个宏观的考察

韩 锋

帝国主义在军事上的胜利，彻底打破了旧中国自给自足的自然经济。帝国主义经济势力迅速渗透到中国的广大农村，强烈地冲击着几千年来形成的生活方式和各种信念。1905 年，科举制废除，随之而来的是 1911 年革命中王朝君主制及其官僚制度的瓦解。1919 年的五四运动，给予孔子学说以正面的攻击，于是，从孔教枷锁下解放出来的人们，不得不置身于五花八门的思想自由市场。从君主立宪制、民主制、社会主义、共产主义，直到无政府主义和虚无主义，就其相对的优点展开了空前的争论。面对风云变幻的中国，人们争论的焦点逐渐从书本走向现实。在这种情况下，就整个理论来说，产生了两大意识形态潮流：①主张彻底改造社会的马克思主义观点；②旨在逐步改良的、实用的自由主义的方针。在这两种思潮的影响下，特别是在五四运动以后，在中国大地上形成了以下几种不同的潮流：

一 中国共产党领导的解放之路

1927 年大革命失败后，中国共产党的活动转入广大的中国农村，开始以农村为依托建立革命根据地，并对农村与小城镇进行了广泛的调查研究。在此之前，中国共产党就派人参加了改组后的中国国民党中央农民部举办的农民运动讲习班。在 1924 年 9 月举办的六期农民运动讲习班中，共产党人彭湃、罗绮园、阮啸仙、谭植棠、毛泽东曾担任了各期农民讲习所主任，并派干部到农民运动讲习所任教。毛泽东、周惠人、肖楚女、彭湃、恽代英、李立三等都讲过课。当时，农运所的主要课程有：一、本党

（国民党）主义的解释；二、国民革命基础知识的灌输；三、农民运动的理论及其实施方法；四、集会、结社、实习及宣传，尤注重军训。讲习所注重阶级教育和社会调查，组织学员到海丰等地实地考察。每期的学习时间是三个月。第一、二期招收的是志愿从事农民运动的中国国民党党员；第三、四期专门招收农民协会会员或佃农子弟；第五期培养对象与第四期相同，有二个班；第六期学员来自22个省，共300多人，毕业后回本省从事地方农民运动。六期共培训学员800人，为北伐战争时期的全国农民运动准备了干部，也为以后中国共产党的十年土地革命打下了基础。紧接着是广州农民运动讲习所。1927年3月，毛泽东在武昌创办"中央农民运动讲习所"，第一期招收800人，教学活动主要围绕解决中国农民问题进行，学习这方面的经验，并参加实际农村调查。这一期共三个半月，由于形势紧迫，以后未能继续举办。

与此同时，大批的共产党人走向农村寻求救国之路。毛泽东针对当时运动中忽视农民的倾向提出了批评，尤其对那些污蔑农民运动是"痞子运动""糟得很"的绅士给予严厉的批评。毛泽东从1927年开始进行了一种与社区研究相仿的社会调查。1926年的《中国社会各阶级的分析》和1927年的《湖南农民运动考察报告》，对中国社会各阶级经济状况、政治倾向和中国社会的构成及其本质作了深刻的分析，他指出："在经济落后的半殖民地的中国，地主阶级和买办阶级完全是国际资产阶级的附庸，其生存和发展，是附属于帝国主义的。这些阶级代表中国最落后的和最反动的生产关系，阻碍中国生产力的发展。他们和中国革命的目的完全不相容。特别是大地主阶级和大买办阶级，他们始终站在帝国主义一边，是极端的反革命派。其政治代表是国家主义派和国民党右派。"① 1930年的《兴国调查》，毛泽东从对八个家庭的详细观察开始，进而分析了该地区原有的土地制度和各种经济剥削的类型；分析了各个阶级的政治态度——地主、富农、中农、贫农、手工业者、商人等等；然后考察了土地分配的情况。从而对中国南方社会进行了解剖麻雀式的实证研究，认为中国是一个半殖民地、半封建的国家，其经济仍然是帝国主义侵略下的半殖民地的封建经济，帝国主义、大地主阶级

---

① 《毛泽东选集》合订本，第4页。

和买办资产阶级仍然是革命的主要对象，对这些革命对象的一点点仁慈和宽容，都会对中国革命的进程造成不可估量的损失。因此，发动农民起来革命，从改变农村入手，是中国革命的必经之路。毛泽东同志的这些论述，为中国共产党的十年土地革命奠定了理论基础，确定了中国革命在广大农村的方向和目标。

二　中国知识界面对日本帝国主义的入侵而引发的关于中国社会的历史和性质的论战

论战发生在 30 年代中期。由于连年的匪灾、兵乱，伴随外国军事、经济的入侵，使本来就不牢固的中国农村经济更加凋零、衰落，又加上农村资金源源流向城市，集中在城市的资金又找不到出路。于是，复兴农村，救济农村的口号就明确提了出来，并引发了中国社会的历史和性质的论战。参加中国农村性质论战的，大致可以分成两大阵营：一是以当时的《中国经济》杂志为基础的"中国经济派"，代表人物有王宜昌、张志澄、王毓铨、王景波、张志敏等人；另一派是以"中国农村经济研究会"主办的《中国农村》杂志为基础的"中国农村派"，参加论战的有钱俊瑞、陶直夫、薛暮桥、孙冶方、余霖、周彬等。乔元良发表在《新创造》杂志的文章认为："高度地租""买卖不公"和"高利借贷"是促成现今中国农民贫困的三个主要原因。

在这次论战中，以陈翰笙等人为主的"中国农村派"从 1929 年起，对中国农村进行了调查研究。对歪曲中国农村社会性质的改良派等进行了斗争。他们于 1929—1930 年先后在江苏无锡、河北保定进行了农村调查，参加的有张稼夫、刘瑞生、秦柳方、张锡昌等人。另外，薛暮桥、刘瑞生等在广西农村以及上海宝山、河南、陕西等地也进行了调查。这些调查是用马克思主义作指导，用阶级分析的方法，把着重点放在农村生产关系方面，即用土地所有制中的地位和土地使用方式的不同来分析富农、中农、贫农、雇农的构成，揭露了农村经济关系的实施，说明了农村的根本问题是土地所有制。正如陈翰笙所说，农村诸问题"是集中在土地之占有与利用，以及其他的农业生产中的手段上，从这些问题产生了各种不同的农村生产关系，而产生了各种不同的社会组织和社会意识。"① 从而进一步证明了中国共产党领导进行的土地革命是正确的,同时,也对形形色色的改良主义者进行了有力的批判。陈翰笙运用马克思主义的农户分类法(即地主、中农、贫农、雇农)来代替资产阶级形而上学的分类法(即自耕农、半自耕农、佃农、雇农;或小农家、较大农家、大农家、较大的大农家),从而揭露了地主与农民的对立及地主对农民的残酷剥削。同时,他还认为,中国农民不但正在受封建地主阶级之害,而且也在受资本主义之害。不但正在受中国生产不足的危机之害,也在受国外生产过剩危机之害,此外,他们还像殖民地人民那样,正在外国的统治之下受帝国主义之害。所以,"中国的农村问题和农业危机的实质,是如何才能成功地开展一场民族解放运动以取消一切殖民剥削和封建剥削的基础。因为这剥削证明是中国农业向较高水平发展,并使四亿人民的生活达到较高标准的基本障碍。除掉这个障碍,从而解放这个国家的生产力,并结束廉价的东方劳动力的灾难,这是绝对必要的——不仅就这个词的主观意义而言是必要的,而且就其客观意义而言也是必要的,因为除掉这种障碍是不可避免的,世上没有什么力量能够阻挡得了。"②

陈翰笙等一系列调查研究说明了这样一个问题:中国的土地其所以成为全面的社会问题,不能单从土地分配不均、利率太高两方面来说明,而隐在其后面的一系列社会经济关系,才是真正中国土地问题的症结。就是说,中国大地上的严重问题,并不单在地权本身就是一种经济榨取手段,同时还是一种社会政治压迫手段;中国土地问题,不单是从土地所有与土地使用所直接发生的问题,更重要的是土地所有与使用形态为基础而构成的落后的社会关系和落后的政治关系下所发生的剥削与迫害的问题;土地问题,不仅关系到地主与佃农的利害问题,而且关系到地主、豪富、高利贷者及与他们保持着极密切关系的官吏和外国资本之间的社会和经济问题。

那么,农村的出路何在呢?他们认为,不仅要实行土地革命,关键在于发动农民,建立农民组织。"第一,这种组织必须是能代表最大多数农民之利益的,如果我们承认中国农民是有阶级的、分化的话,那这最大多

---

① 陈翰笙:《中国的农村研究》,《劳动月刊》1931年第1卷第1号。
② 陈翰笙:《解放前的地方与农民》,第10—11页。

数农民当决不是地主与富农,而是贫农、雇农及一部分中农。第二,这种组织必须是自下而上的,如果我们承认中国的政权,尤其是地方政权,还掌握在代表豪绅地主利益的人们的手里的话,那这种组织是决不能希望他们来领导与发动的。它必须是一个自发的组织,而不是由上而下的,由政府机关所通令成立的。第三,这种组织必须是适应世界潮流的。现在的世界已经不是孤立的、闭关自守的世界,我们应该走哪条路已摆得非常明显。倒行逆驶的开倒车运动固然行不通;自作聪明、独创一格也为时势所不许。我们不是向左便是向右,中间是没有第三条路的。……我相信乡村建设只有它暂时的、现阶段的意义,它将必不可免地要没落而让渡给另一阶段的乡村工作。……第四,这种组织必须以反帝国主义与反封建残余为其主要任务。因为假如我们承认我国农村破坏的主要因素是由于帝国主义者与封建残余剥削,则肃清这两者自为农村建设的第一步。"[①]

关于中国社会经济性质和社会性质的论战,把人们的注意力引向了农村,从而把理论拓展到了规定一个社会性质的生产力与生产关系的研究上,并就小农、商品、雇佣劳动、原始市场等经济范畴进行了较深入的探究。

三 来自学院中的"民族自救"之声

随着国内的阶级矛盾和民族矛盾的尖锐化,经济的萧条尤其是农村经济的崩溃,许多身处学院大墙之内的知识分子,也发现了这个简单而又复杂的问题:从中国农村入手,探索"民族自救"之途径。早在1923年,清华大学陈达教授曾指导学生在北京西甸成府村调查了91家的生活费用,又在安徽怀宁县调查了6家的生活费用,并调查清华大学141个工人的生活费用,以此写成了《社会调查的尝试》。我国社会调查的先驱李景汉先生指导燕京大学学生调查北平近郊乡村家庭,目的是考察乡村家庭的收支状况,兼及乡村人口、婚姻、教育、借贷等一般的社会经济状况;整理浙江农村经济调查资料;与中央研究院社会科学研究所合作调查河北省清苑县农村经济,两个月调查了1800多户,80多个村庄;又调查深泽县农村经济、定县集市、安国县药市;举办冀、鲁、豫、晋、秦、陇、热、察、

---

① 千家驹:《中国农村的出路在那里》,《中国农村》第二卷第1期。

绥九省粮食调查，调查项目分为粮食的出产、运销、消费三项；对河北省农村信用合作社放款进行分析，并对收获渐减律进行研究。李先生还发表了《北京无产阶级的生活》，用大量事实，尖锐地揭露了旧社会的黑暗。

陶孟和先生于1926—1927年间采用家庭记账法，对北平48家手工业工人的家庭生活费，进行了六个月的调查，对江家小学教员的家庭生活费进行了一个月的调查后，写成了《北平生活费之分析》，初创日用账簿法的调查方法。此书的贡献：①调查客观地反映了北平大部分人家的生活状况。②分析了手工业工人的家庭结构。③真实地记录了手工业工人家庭消费的构成。④对工人家庭与小学教员家庭进行了比较研究。为以后的社会调查积累了丰富的经验。

1928年燕京大学社会学系，在农村社会学家杨开道和许仕廉主持下，组织学生在清河镇进行了调查研究。为了试验乡村建设和组织学生实习，他们于1930年在清河镇正式建立"实验区"，"实验区"由张鸿钧负责。燕京大学师生对清河镇的人口动态、家庭、集市、村镇组等调查的基础上，燕京大学社会学系于1930年出版了许仕廉写的英文本《清河镇社会调查》一书，或为我国市镇调查的第一部著作。

1929—1934年陈翰笙主持了对江苏、河北、广东等省农村的三次规模空前的大调查。其他关于农村的调查还有：1930年金陵大学农学院乔启明的《江宁县淳化镇乡村社会之研究》、广州岭南社会研究所的《沙南蛋民调查报告》（1934年）；朱汉章的《泗阳县社会调查》（1934年）；岭南大学伍锐麟等的《旧凤凰村社会调查报告》（1935年）；言心哲的《农村家庭调查》（1935）等。

1930年，中华平教会（中华平民教育促进会）选定河北定县为农村建设实验区，由李景汉任社会调查部主任，调查定县的人口、教育、健康与卫生、农民生活费、乡村娱乐、乡村的风俗习惯、信仰、赋税、财政、农业、工商业、农村借贷、火灾、兵灾等情况，出版了《定县社会概况调查》。张世文教授参加了定县调查，并与李景汉先生合编《定县秧歌选》。1936年，又发表了《定县农村工业调查》一书，对定县农村工业的历史分布、原料、劳工、制造技术、工业制度、运销与捐税都作了详细的叙述。

当时，金陵大学农业经济系对我国的农业经济作了大量的调查研究，并出版了不少调查报告。南开大学经济系研究所对当时中国的财政经济也进行了不少调查研究。据有关人士估计，在1927—1935年间，在中国各地完成的社会、经济调查计划计有九千多项，平均每年大约一千项。

这一时期在社会调查方面作出重要贡献的，还有燕京大学社会学系的领导人吴文藻，他把功能主义方法引进中国指导社会学系的研究活动，并注意克服功能主义方法的不足。他认为，基于个别村庄的详细知识，可以归纳出中国社会结构的整幅图景。"但是如何实现从微观到宏观水平分析的跳跃，在理论上是不清楚的。在实践方面，这种方法在地域上限制了研究范围。这种情况，部分地也因为功能主义方法所致。当研究者基于他们对小型社会单位的知识，大着胆子提议采取行动的时候，他的视野可能窄得使他不能认识到：他为魁星阁村庄开的药方不一定能治愈千千万万别的村子，对中国沿海地区来说是佳肴的，对内地也许是毒药。"① 这即是功能派的缺陷。

面对大为时兴的社会调查之风，陈翰笙深刻地指出了在这些表象背后隐藏着的危机："它不是偏倾于社会现象之一种无意义的分类，便是自封于种种哲学观念的一个抽象体系。这两种情形都不能使我们了解具体的社会实质"。"造成这种状况的原因在于这些调查不是为了慈善救济起见，便是为了改良农业，要不然也不过是供给些社会改良的讨论题目。它们都自封于社会现象的一种表例，不曾企图去了解社会结构本质。大多数的调查侧重于生产而忽视了生产关系，它们无非表现调查人的观察之肤浅和方法之误用罢了。"② 所以，只要中国学院里的那些学者们能正确地了解国情，他们就会明白：他们不能再为中国社会提供任何"改良主义"的空谈了。

四 农村改良运动的实践（即产生于20年代到30年代的乡村建设活动）

在北伐时期，随着农民运动的兴起和农村调查之风的展开，农村改良运动也逐渐发展起来，到抗战前，搞乡村建设并付诸于实践的有70多处，

---

① 《社会学文选》，浙江人民出版社1981年版，第201页。
② 陈翰笙：《中国的农村研究》，《劳动季刊》第一卷第1号。

在当时有600多个社会团体参加了这一运动。这些乡村建设的时间有长有短，范围有大有小，工作有繁有简，动机也不相同，但都是试图在不变更现存的生产关系前提下，从事农业生产、流通及金融的改良，其目的大都着眼于中国农村的建设与复兴。正如梁漱溟在一次全国乡村工作讨论会中指出的："我们到会同人各从不同的动机，不期而然地集于乡村运动一途，好多为始所不及料，四面八方来到一块，这证明今日乡村运动好像是天安排下的，非出偶然。"

在当时实施乡建活动的有以下主要团体：

1. 山东乡村建设研究院（包括邹平、菏泽、济宁等实验区）。

2. 中华平民教育促进会定县实验区。

3. 江苏省立教育学院（北夏、黄苍等教育实验区）。

4. 中华职业教育社。

5. 河南镇平、内乡、淅川三县民团组织。

6. 江宁实验县。

7. 兰溪实验县。

8. 青岛市乡区建设办事处。

9. 金陵大学农学院与乌江农业推广实验区。

10. 北平三大学乡村工作（包括燕京大学清河社会实验区、师范大学乡村教育实验区、北平中法大学温泉乡建工作）。

11. 江苏省立徐州民众教育馆。

12. 山东省立民众教育实验区。

13. 绥远新农试验场。

14. 广西省经济委员会农村建设试验区。

15. 安徽农村合作事业单位。

16. 河北涿县平民教育促进会。

分布于全国各地的乡建团体，各自为政，自定纲领、目标，从不同的方面入手，同时又遥相呼应，相互联系，共同构成当时中国大地上的农村改良主义潮流。

在当时，乡建改良主义的观点主要有两派、三种。所谓两派，一是主张从建设乡村入手，由乡村的建设以引发工商业；二是主张由发展都市来救济农村。前者以山东乡村建设研究院、定县平民教育实验区和无锡教育学院的活动为代表，而后者则以清华大学社会学教授吴景超的主张为代表。所谓三种，即在前一派中分为两种：一是以晏阳初为主的建设乡村活动，他们主张从农村教育入手或农村救济起家；二是梁漱溟的乡村建设活动，他主张"团体组织、科学技术"，即把各自谋生的农民组织起来，从改良棉种、牲畜良种开始，提高生产技术。晏阳初实行的是从教育入手，达到民族自救，而梁漱溟则是组织农民自治，达到"政教合一"。第三种，即以吴景超为代表的发展都市救济乡村说。

吴景超曾著有《第四种国家的出路》一书，阐明了中国应当走发展城市救济乡村的道路。他认为，中国属于人口密度颇高，在农业中谋生人占百分比也比较高的第四种国家。（第一种国家人口密度高，但农业人口百分比低，如英德；第二种国家是人口密度低、农业人口百分比也低，如美国、加拿大；第三种国家是人口密度低，农业人口百分比高，如俄国）中国最急切是解决统一的问题，农民的生计问题应当是经济建设这个大问题的一部分，它不能单独解决，只能与工业、矿业、运输业、交通业、商业等问题一同解决。所以他认为："农村破产，在中国已经成为有目共睹的事实，社会上已有许多热心的人士，在那儿作救济农村的工作。有的从政治入手，有的从教育入手，有的从自卫入手，还有许多走别的途径去帮助农民的。可是在这种救济农村的潮流之下，很少有人从发展都市着眼，去救济农村的。"他认为应从以下几方面来发展都市、救济乡村：第一，兴办工业，使一部分农民迁入城市，让留在乡下的农民因争食者减少，生活也可略为舒适一点；第二，发展交通，使乡村农民之货物往城市流去，减少中间环节中奸商对他们的剥削，得到公正的价钱；第三，扩充金融机关，贷款于农民，扶持他们生产。"总之，生存在今日之世界中，我们只有努力走上工业化的路，才可以图存，我们只有这一条路是活路，虽然这条路上的困难是很多的。大家不要再在歧路上徘徊了。"

吴先生煞费苦心的学说，仍然没有摆脱农村改良主义的束缚。他虽然从理论上对其他的乡建改良派进行了批判，但他却比他们略逊一筹，因为他仅仅在理论上做了许多努力，而没有像其他仁人志士那样，抛开名利地位，投身于贫穷落后的广大农村，去干一番教育民众、发动民众的事业。这些活动主要有：

（一）以晏阳初为首的平民教育实验

1923年，晏阳初在北平成立了中华教育促进总会，倡导平民教育。所谓平民教育，按晏先生的见解，就是开发民力的运动，即一种开脑矿的运动。为了唤起国人，他经常演讲、宣传。他说，我在法国办理华工教育时，才真正懂得苦力之苦和苦力之力。我们中国，全国百分之八十以上的农民尽是文盲，中国怎么能够富强，世界怎么能够和平！只有全中国的劳苦大众，都受到平等教育，然后才能平社会之不平，平天下之不平。占人口百分之八十的劳苦大众，没有受到起码的平等教育，那是什么也谈不上的。所以，中国的教育，必从平民教育开始。在中国普及平民教育，中国才能得救。

因此，他们把平民教育称之为第六次自救运动（前五次，即太平天国、戊戌政变、辛亥革命、五四运动，国民革命军北伐）。他们认为，前五次都没有达到民族自救的目的，所以，第六次农村运动不仅要继承前五次，并且还要补足前五次运动的"缺陷"，这缺陷就是"大多数人的教育问题"。

晏阳初最初在城市里推行平民教育，后来，他在工作的经验中深感中国的大部分文盲不在都市，而是在农村。中国是以农立国，中国大多数的人民是农民，要想普及中国平民教育，应当到农村里去。于是，平教会工作遂由都市转入农村。晏先生将全国划分为华南、华北、华东、华西、华中、西北、东北七个大平教区域，后来为集中人力和财力，就把定县作为实验区，平教总会亦由北京移于定县，集中力量从事以县为单位的乡村社区平教运动。后来，又觉得仅教农民认识文字，取得求知识工具而不能使他运用这套工具的机会，对于农民，是没有直接效用的。也就是说，在农村办教育固然重要，可是，破产的农村，再不同时搞建设，教育就会落空。于是，平教派遂放弃单纯的识字运动之主张，而展开了整个乡村的建设。以前的口号是"除文盲，做新民"，现在则改为"农村改造，民族复兴"。他们在定县推广四大教育与三大方式来建设农村，以消除中国的"基本缺点"，即"愚""穷""弱""私"四种。他们认为，这四种缺点是有因果关系的，即愈愚愈穷，愈弱愈私。所以，针对此四种缺点，他们提出了四大教育：以"文艺教育"培养知识力，以救农民之"愚"；以

"生计教育"培养生产力,以救农民之"穷";以"卫生教育"培植强健力,以救农民之"弱";以"公民教育"培植团结力,以救公民之"私"。为推广四大教育,又提出了"学校的""社会的""家庭的"三大方式。如图所示:

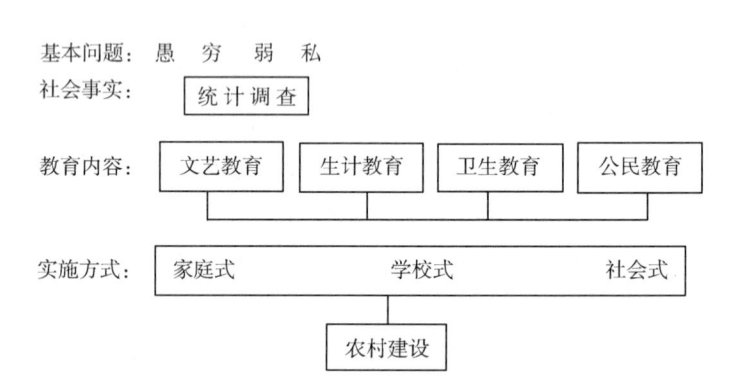

```
基本问题:  愚 穷 弱 私
社会事实:  统计调查

教育内容:  文艺教育  生计教育  卫生教育  公民教育

实施方式:  家庭式       学校式        社会式
                         农村建设
```

1934年10月,晏阳初在乡村工作讨论会第二次年会上,报告中华平民教育促进会实验区工作时说:"定县的全部实验工作,起始于民国19年,经过五年,其成功究竟到了什么程度,实难断言。因为第一是人才问题,这种改造全生活的实验,关系的方面太多,无处供给所需要的各种人才。第二是经费问题,在这民穷财尽的时候,很难筹措这百年大计的实验费。第三是社会环境的问题,现在全国方在一个天灾人祸,内忧外患的环境中,困难如此严重,大家容易误认为这种工作为不急之务。第四是时间问题,这种改造民族生活的大计划,决不会一刹那就能成功。有此四种困难,平教运动的前途殊可慄慄可惧。"① 虽实践多年,但前途茫然。

与晏阳初平教会同一性质的是中华职业教育社,发起人为黄炎培、江恒源、赵叔愚、姚惠泉、陆标昂等。最初,他们只注意工商职教的改进实验。该社1925年在山西太原开第四届年会时,黄炎培发起成立了乡村教育实验区,主张划区实验乡村教育。黄先生在《教育与职业》杂志69期撰文,论述了实验的设想,划定一村或联合数村,其面积以30平方公里为度,其人口以3000—5000人为度,先调查其他地方农产及原有工艺种类、教育及职业概况,为之计划,如何可使男女学童一律就学?如何可使

---

① 孙本文:《现代中国社会问题》第三册,1946年版,第91页。

年长失习者得补习之机会？如何养成人人有就业之知能，而并使之得业？如何使有志深造者，得升学之指导？职业余闲，如何使之快乐？其年老或残废者，如何使之得所养？疾病使之得所治？如何使人人有卫生之知识？如何使人人有自卫之能力？凡一区内，有利之生产，则增益而利用之，其所需之物品，则供给之，无旷土、无游民，生产日加、灾害日减，自给自享、相助相成。更如何养成其与他区合作之精神，以完成对省、对国、对群之责任？凡此种种，先设一中心教育机关，就其固有之自治组织，用其当地之人才，量其财力，完设施之次第。其费用以当地担负为原则，划定办理时限与成绩标准，依次考核。试验有效，推广于各地。此项主张提出后，颇得山西阎百川同情，黄先生遂应阎百川之约，于1925年9月与东大教授冯梯霞、赵叔愚两先生到山西实地调查，决定以樊野场村、忻县待阳村、定襄静升村及灵石等处为试验区，举办不久，即因兵祸停顿。

1926年5月，黄、冯、赵等又联合中华教育改进社、中华平教总会、东大农科教育科在南京开会，成立联合改进农村生活董事会，共同试办划区农村改进工作，除推定黄炎培为会长，陶行知为副会长，徐养秋为书记，邹兼文为会计外，并推赵叔愚、顾倬、冯梯霞、杨联、唐启宇等组织"调查设计委员会"，以赵叔愚任主任，并订立试验、改进农村生活合作条件共七条。6月，调查设计委员会便选定交通便利的沪宁路东、西附近为理想试验区，东段为昆山的徐公桥，西段则为镇江的黄墟地。这两个地方，距南京不远，除自然环境外，地方绅士领袖及县知事，均热心于农村改良事业。于是，于1926年7月在南京开联合改进农村生活董事会时，推赵叔愚为执行部主任，决定先以徐公桥为第一试验区，以此南方农村改进事业遂正式开始。

中华职教社改进农村工作，从一开始，就抱定这样一个宗旨：农业教育，决不能离农村而独立，在今日贫弱的中国，要想使农业教育有所成就，就必须全力改进新的环境，否则，教育无从实施。如果没有农村经济的改进和农村生产的增加，教育就不能向前推进。所以，要在农村中健全组织，使其具有自治能力。怎样来实施他们的计划呢？即以教育为一切农村改进事业的中心，从经济方面做起，而以农村自治为终结。实施之际，对教育事业的发展，则以政治、经济为辅；对政治事业的改革，则以教育政治为辅。教育、经济、政治三管齐下，以达到农村的进步与发展。

在乡建运动中，侧重于教育入手的还有江苏省立教育学院。这个学院专门研究试验民众教育及农事教育。学院由俞庆棠、赵叔霞等人领导，于1936年6月由民众教育学院和劳农学院合并而成，专门培养江苏省61县的民众教育和农事教育服务的人才。他们认为民众教育不走向乡村建设的目的去，则民众教育将流为空泛无用，而乡村建设不取道于民众教育，一切亦无从下手。所以，他们认为，要救济农村的破败，须以民众教育为动力，农村建设是实施民众教育的目的，而民众教育则是完成农村建设的方法。所以，他们的乡建，就是用教育的力量，推进乡村，组织民众，为政治、文化、经济等多方面的建设而努力。民众教育之所以能为乡村建设之路，即因他是一种工具，可以启发民众，引出问题，能使民众有组织、有力量，能自觉、自动地起来谋所以求解问题之道；因而，历来各种革新运动所有之上动下不动之弊害可除，而民族之复兴可致。江苏省立教育学院的工作，促进了当地民众教育事业的发展，毕业生大都成为乡村工作的多面手，既懂教育，又懂农业生产，他们对当时农村的政治、经济、文化建设起了一定的稳定作用，并对于浙江、安徽、河南、广东等地产生了不少影响。

在当时影响较大，颇为轰动的还有陶行知的从教育入手的乡村建设活动。1927年，陶行知受中华教育改进社委托，与南京大学教授赵叔愚在南京和平外创办晓庄试验乡村师范学校，发表《改造全国农村教育宣言书》，说要"征集一百万位同志，倡办一百万所学校，改造一百万个乡村。"提出了"生活即教育""社会即学校""教学做合一"，倡导"不会种菜，不算学生""不会烧饭不得毕业"。1930年，国民党当局封闭了晓庄师范。1932年，陶行知又在山海组织山海工学团，提倡工厂、学校、社会打成一片，"人人生产，人人长进，人人平等互助，人人自卫卫人"。

（二）梁漱溟的"乡村建设"活动

梁漱溟与前所述各派的一个重要区别就在于他有一套完整的"乡建理论"。梁说过："我的问题虽多，但归纳言之，不外人生问题与社会问题两类……所谓中国社会问题，是以中国政治问题为中心，我今日所提倡并实地从事之乡村建设运动，即是我对于中国政治问题的一种烦闷而得来之最后答案或结论。"①

1928 年，梁先生在广东筹办乡治讲习所，并试办计划大纲。得到批准后，即自请先到国内做乡村运动各地方考察。于是于 1929 年 2 月离粤北上。先在昆山参观了中华职业教育社所办的乡村改进会，次到河北定县参观中国平民教育会的华北试验区，后又到山西汾阳、介休等县调查村政情况。遂有《北游所见纪略》一篇述说了当时的情况："当我由山西回到北京，粤局因大局之变而亦变，我即不再回粤。因借居清华园，欲将所观写成《中国民族之前途》一书，顾未能就。这时因鸿一先生介绍，得识梁仲华先生（耀祖）。仲华适与他的朋友彭禹庭先生（锡田）因奉河南政府委命，筹办河南村治学院，就邀我帮忙，去年秋间回到辉县百泉——指定的院址——筹商一切。筹商所得结果，大家嘱我负写定之责，因写成《河南村治学院旨趣书》《河南村治学院组织大纲》及《学则课程》等件。"② 后于 1931 年迁到山东，在邹平成立"乡村建设研究院"。

梁先生的乡建理论可以说是萌芽于 1922 年，决定于 1926 年，成熟于 1928 年。而真正的"乡村建设"实践则是起始于 1931 年的山东邹平实验区。"乡村建设"是 1931 年山东乡村建设研究院成立时提出来的。乡建，在梁先生那里有两个含义：一是因乡村破坏而有救济乡村之意；二是因中国文化要变，而有创造新文化之意。梁把"乡村建设"看做是中国民族自救运动四五十年来再转再变，转变到今日——亦是到最后的一新方向。梁自认为"乡建"的提出，发现中国社会的实际性，若照此下去，无疑会使民族得到自救。所以，梁先生认为"我们从这一个观点上来看乡村建设运动，就很明显地现出这一个通病，他已经能避免，而且简直是抓住了真正的机会，从根本的地方去着手，去努力，他们一致地承认中国社会有问题，他们一致地否定了拿极少数的都市社会来代表真正中国的见解，他们一致地指出中国真正社会是那占全国百分之八十五以上的人口分散居住着的广漠的乡村。要解决这样一个乡村社会的问题，显然不能忽略了或弃置了他们本身。……乡村建设运动至少是指出了真正的中国社会在乡村，使一些睡在象牙塔里的人们有一个较清晰的认识，扩清了若干'都

---

① 《乡村建设论文集》，邹平乡村书店 1936 年版，第 14 页。
② 《村治月刊》，第一卷第四期。

市病者'的迷梦,这一个意义是很重大的。"① 一个从书斋里走出来的知识分子,一投身到中国社会,就抓住了中国社会的问题所在。在梁看来,只发现了真正的社会还不够,更重要的是动员大家起来去发动完全散漫的潜伏在广漠的乡村里的民众的力量,让他们自觉、自动地组织起来,恢复其民族自信,看到光明的前途,达到乡村自治的目的。他认为,中国数千年文化,至今已总崩溃,仅余有形、无形二老根。无形者,为理性;有形者,即乡村,甚似大树已枯,枝干皆亡,只余老根,稍留活气。故求中国文化之复兴,必由老根上发新芽。发新芽,谓由理性与乡村重新建造中国文化,非复古之谓也。故组织入手,必由乡村。理性最适宜在乡村发挥;乡村最适宜产生理性组织。乡村群众在自然环境、职业工作时间……中,都很容易培养起他的理性。若都市中人,尤其是工商业者,只有冷酷计算的理智,很排除感情,而我们的理性组织,是由情理中包含了要求,给人以生活方向、行为指示、行为方式,并且都市工业破坏了家庭组织,只有乡村农业社会中,最能培养那种伦理情谊的理性。② 因此,从乡村入手,便是梁先生唯一的选择。

一个旧的社会组织崩溃了,就要建立新的社会组织,那么梁先生所要建立的是什么组织呢?他说:"一句话就是:这个新组织即中国古人所谓'乡约'的补充改造。"③ 他认为乡约共有四条:(1)德业相劝;(2)过失相规;(3)礼俗相交;(4)患难相恤。这四条原则仍可适用于今天的中国社会。

梁先生要完成他的新社会组织,靠谁来实现呢?他说:"中国问题解决,其发动主动以至完成,全在其社会中知识分子与乡村居民,打并一起所构成之一力量。解决中国问题的动力,要在知识分子和乡下人身上求。要研究是他们以如何方式构合成一力量。那自然就是我乡村运动这一条道了。"④ 梁在这里所说的依靠力量有两个:一是知识分子,二是乡村居民。他认为,在乡村中,值得依靠的就是那些乡村中的自治领袖,如果乡村中没有他们来参加,乡村建设运动就无法"运",也无法"动"。因此,吸

---

① 引自《全国乡村建设运动概况》自序。
② 参阅梁漱溟著《乡村建设理论》。
③ 同上书,第187页。
④ 同上书,第334页。

收当地地方领袖、绅士,让他们来主持和领导群众组织,整个乡村会很好地动起来。年老年硕及地方领袖、绅士,就是力量发动地,而乡村运动的工作人员则是搬动力钮的人,也就是导力永续的人。这样建立起来的组织不仅为一村一乡之组织,且可扩大为地方自治组织,还可发展为未来的政治制度。这就是说,在合作运动相当成功之后,地方自治体一定会健全,地方自治成功,国家政治机构亦必健全。因此,他对共产党在南方各省搞农民运动和土地革命很不以为然,"你看:共产党的理论,多么值得玩味!有聪明、有头脑的人如何不倾向他?共产党的要求多么值得同情!青年人,有心肝的人如何不倾向他?他们活动起来,有的奋迅发扬,有的紧密结实,这又使青年人,有勇敢能干的人,多么逗劲而爽心快意地去干!"① "共产党在中国,从某一点看,是一种农民运动。解决之道,在积极的有所替代,消极的有所防止。吾人之组织,即所以替代错误的农民运动者,同时,有力量挡住匪扩大,防止匪产生。"② 同时,梁漱溟还指出他所倡导的乡村运动之所以不同于共产党的农民运动主要有以下区别:

第一,共产党是斗争于乡村内部的,而乡建则以乡村为整个,认为外部的问题大过了乡村内部的问题。所以,不采取乡村斗争的方式,是所以号称乡村运动而不号称农民运动的原因。这也就是说,在农村中,地主阶级和农民阶级之间的矛盾斗争不是问题之所在,二者之间是可以调和的,是可以结为一个整体而共存的。发动农民打土豪、分田地、搞土地革命,是对乡村的一种破坏。农民、地主只有结合到一起,才能挽救中国的农村。

第二,共产党是斗争的、破坏的,而乡建则认为当今社会已不能再承受这种破坏,中国农村需要的是文化的补充改造、是建设。后来,梁先生到延安去访问,在与毛泽东同志谈话时,毛泽东指出他那一套在中国是行不通的,不解决农民的土地问题,是解决不了中国农村问题的。此时,梁漱溟亦有所悟,他说:我哪有能力去解决这个问题。由此,我们看出,梁先生的乡建,只不过是在原有的、封建官僚统治的基础上进行一些修补功夫罢了。

---

① 梁漱溟:《主编本刊之自白》。
② 梁漱溟:《乡村建设理论》。

第三，梁认为，共产党之所以与他的看法不同，是因为对于"农民"二字的理解不同，对于农民利益的看法不同，对占中国大多数"农民"的理解和认识不同，决定了不同的道路。从许多历史文献中，我们可以看到当时农民对这两种不同道路的认识态度。毛泽东同志的《湖南农民运动考察报告》《中国社会各阶级的分析》等论著，深刻而又客观地反映了农民运动给中国旧农村带来的变化。农民获得了土地，社会地位也提高了。而梁先生的乡建运动，到头来却不得不承认："本来最理想的乡村运动，是乡下人动，我们帮他们呐喊。退一步说，也应当是他想动而我们推着他动。现在完全不是这样，现在是我们动，他们不惟不动，甚至因为我们动，反与我们闹得很不合适，几乎让我们做不下去。此足见我们未能代表乡村的要求，我们自以为我们的工作与乡村有好处，然而，乡村并不欢迎""我们是走上了一个站在政府一边来改造农民而不是站在农民一边改造政府的道路""我们与农民处于对立的地位。"① 这些话道出了他们的难处。这虽然不是他们改造农村的本意，但现实不得不使他们走上这样一条与农民对立的道路，因为他们的乡建运动若没有政府的扶助，是无论如何也开展不下去的，所以，他们的乡建最终代表的是统治者的利益，而不是人民大众。

轰轰烈烈的"乡村建设"运动，随着日本侵略军的入侵，而逐渐地消沉下去。然而，他们的所做所为却给当地留下了深远的影响。特别是乡建派在1933年7月、1934年10月和1935年10月的三次聚会，远远超出了当时他们所做的工作。第一次乡村工作讨论会在邹平举行，各方参加者共60余人，所属团体35处，如平教总会、山东乡村建设研究院、燕京大学、南开大学、齐鲁大学、金陵大学等。晏阳初、梁漱溟、黄炎培等都出席了大会。第二次于河北定县举行，到会者150人，代表76个团体机关，分属11省。第三次在江苏无锡教育学院举行，到会者170余人，代表团体机关99处，分属11省。这几次大会一次比一次盛，由此，我们可以看出，乡建在当时不是一时、一地或几个人的事，而是当时社会现实中产生的一股潮流。它代表了一种观点，一种路线，一种社会的势力，只要我们能平心静气，细细考察一下当时社会的客观现实，我们就能对这股乡建思

---

① 梁漱溟：《乡村建设理论》。

潮做出一些令人信服的评价。

首先，乡建运动是改良主义运动。这是因为在乡建过程中，"乡建派"一方面依靠的是现政权，另一方面不能发动起广大的农民群众。他们不可能了解中国革命的对象、中国革命的依靠力量和应走的正确道路。他们不承认农村的阶级关系，不可能彻底改变农村的生产关系，尤其是土地私有制，因而不能代表广大农民的利益，更不能发动农民运动。所以他们就陷入了不可克服的矛盾之中。千家驹在批评平教会时也说过："平教会的工作实包含着一个不能解决的矛盾。他们想不谈中国社会之政治的、经济的根本问题，但他们要解决的却正是这些根本问题。他们不敢正视促使中国农村破产的真正原因，但他们所要救济的却正是由这些原因所促成的国民经济破产与农村破产"①。即使是他们当中的某些人看到了这点也无能为力。所以他们都以为只要有一个好政府的出现，就会把这些乡村发展的障碍连根除去。正如孙冶方批评他们的那样，他们是把封建残余势力的责任交给青天大老爷了。而他们所能做的就是为维护当时的现政权尽力了。所以，当时的乡村建设运动，实际上为国民党的统治起到了一种筹谋划策的作用。

其次，"乡建"也有许多值得肯定的地方。在乡建中，我们看到众多的知识分子，他们能够从城市走向农村，去教育民众，提高民众的觉悟，与民众生活在一起，这是难能可贵的。孙本文说过："他们确实在农村中不畏艰苦为农民谋福利。各地农村工作计划虽有优有劣、有完有缺，其效果有大有小，而工作人员确脚踏实地在改进农村的总目标下努力工作。其艰苦耐劳的精神，殊足令人起敬。"② 在这些人中，有许多高级知识分子，"他们有的是资格、学历、地位，他们原可以在都市中高官厚禄地享受物质生活，但是他们宁愿跑到农村里去吃苦，他们忠于自己的理想，懂得民族的主要力量是在农民，他们企图在这工作中能替国家开出一条大路来。不管他们宗派怎样，不管他们的理想是天上的还是人间的，不管他们的理想是否真能为农民谋幸福为民族谋光明，他们的动机总是纯洁的。"③ 晏

---

① 千家驹：《中国农村建设之路何在》，《申报月刊》第三卷第十期。
② 孙本文：《现代中国社会问题》第三册，第93页。
③ 千家驹：《中国农村建设之路何在》，《申报月刊》第三卷第十期。

阳初先生也说："30年来，本着我们坚定的信念，努力这种工作，环境却使我们的工作不能满意，而今天的环境，更使我们痛苦。我们要做的还是不能如理想的去做，不做又复感良心不安。只有在艰苦之中，冒着漫天烽火，站在人民当中，含着眼泪，咬紧牙关，做一点，算一点，做一滴，算一滴，除了加倍努力之外，更渴望各方面共体时艰、捐弃成见，转阴霾为光明，化暴戾为祥和，都站在为人民谋福利的立场上，以工作成绩相竞赛，那时民力才能发扬，民主才能实现"[①]。不可否认，许多知识分子通过乡建运动，在逐渐了解农民和农村的基础上，转变为马列主义者，中国共产党的许多干部也是从这个运动中成长起来的。

乡建运动到现在已有半个多世纪了，历史和现实决定了乡建的产生和发展，同时也决定了乡建运动的结局——改良主义在中国是行不通的。

---

① 晏阳初：《发动民力、建设乡村》，《大公报》1949年8月14日。

评梁漱溟的乡村建设理论及其在山东的实践活动

张季平

梁漱溟先生在1923年提出乡村建设的理论，后来写成《乡村建设理论》（又名《中国民族之前途》）一书。1931—1937年在山东，先在邹平，后又划菏泽、济宁作实验县，推行他的乡村建设运动。在当时即受到马克思主义的经济学家孙冶方、千家驹等同志的批评，1953年毛泽东同志又曾批评这问题。现在重新批评这问题，也有必要，因为梁先生的乡村建设活动是代表近代的一种历史思潮，山东的地方志究竟应该怎样把这史实载入史志，是值得深入研究的。

一 研讨问题的方法

1. 列宁曾指出："在分析任何一个社会问题时，马克思主义理论的绝对要求，就是要把问题提到一定的历史范围之内。"① 这不是教条，这是科学的方法。梁先生乡村建设理论的提出，及其以后具体实践是在第一次国内革命战争时期，亦即土地革命时期，当时，工人阶级和农民正和以国民党为代表的封建地主阶级与买办资产阶级进行生死的搏斗，这是历史的主线，因此对梁先生的言和行必须从这根主线角度来考察衡量，如果撇开这历史主线路，就无从确定是非。这正如列宁指出的："阶级关系——这是一种根本的和主要的东西，没有他，也就没有马克思主义。"②

---

① 列宁：《论民族自决权》。
② 《列宁全集》第32卷，第240页。

2. 坚持实事求是。坚持实事求是首先是打破极"左"路线影响下的框框和基调，一切从事实出发，对过去一些人对梁先生的批判，合理的当然要予以肯定，不合理的或过了头的，不管什么人当然要抛弃。同时坚持实事求是也要注意逆反情绪，不能因为过去的批判人犯有错误，因而把他合理的批评一笔抹煞，甚至反其道而行，把本来应该否定的反转来，曲意加以肯定，这容易把问题搅混。

3. 把人和事加以区分。梁先生是爱国的，是一位学者，年高德迈，不能碍于情面而讳言其错误。梁先生本人曾坦率承认一些问题的错误，敬重梁先生的人，也该敬重梁先生这种态度。

二 乡村建设的基本论点

梁漱溟先生乡村建设理论有完整的体系，从乡村建设的根据和其紧迫性，到具体解决问题的途径、办法及其对中国未来的社会设想都作了阐述。对这套理论可归纳为如下几个基本论点：

1. 中国农村已被破坏。中国近百年的历史"可以说是一部乡村破坏史"。具体表现在：政治方面有兵祸、匪乱、苛捐、杂税等；经济方面有外国经济侵略，农村经济崩溃；文化方面，礼俗、制度、学术、思想都发生变化。

2. 中国旧社会是伦理本位的社会，和西方个人本位的社会不同。在中国，家庭是基本关系，很重视父子、兄弟、夫妇、朋友的情谊。"其经济结构隐然有似一种共产，其相与为共的视其伦理关系之亲疏，厚薄为准——愈亲厚愈要共，以次递减。同时，亦要看这财产的大小——财产愈大，将为多数人所共。"[①]

3. 中国旧社会是职业分立的社会，没有阶级的对立。"有统治者而无统治阶级"。[②]

4. 中国政治无办法——国家权力建立不起的原因：①政治混乱，是

---

① 《乡村建设理论》，重庆乡村书店版，第28页。
② 同上书，第36页。

由于违反历史消极无为的政治。"我们几千年来的政治,都是消极无为的"①。②思想分歧。③"还是没有阶级"②。因此国家权力建立不起来。

5. 中国文化是人类文化的早熟,中国面临的问题是"极严重的文化失调",具体表现在伦理本位的社会之被破坏,职业分立的社会之被破坏。

6. 解决中国问题的途径是建设一个新的社会组织构造,即建设新的礼俗。建立中国的新秩序、新组织构造,必须从乡村入手,因为:①"农民的宽舒自然的性情,很适于理性的开发"。②"农民所对付的生物——动植物……引发了他的活趣。"③农民的生活是从容不迫,容易开发理性。④农业适合家庭经营,家庭最能安慰、培养性情。⑤乡村的人有乡土观念,能引发公共观念,容易办自治。⑥乡村还保有伦理社会的情谊,正好借以继续发挥。⑦乡村是本,都市是末,从乡村建设入手,能够自然地走向理想社会。⑧培养新的社会习惯,要从小范围入手,乡村正适合。

7. 中国面临的是无秩序问题,因此不能用暴力革命,反对一切在民族内部的军事行动。要紧的是培养新东西,新东西长成,旧的自然脱掉。军阀不是秩序,所以他不能成为革命的对象。"军阀只是消极的存在,完全有待于新的秩序起来以代替之"③。他说:"今日中国社会需要整理改造,而不是阶级革命;农民地位需要增进,而不是翻身。"④

8. 他认为改造中国,必须开展对农民的教育运动。"天然要走教育的路,也就是走理性的路,与强力恰相反。"⑤ 用孔孟之道教育农民"实是再好不过"⑥ "道德的养成,似要有个依傍,这个依傍便是礼,所谓礼,即安排伦理名分以组织社会,设为礼乐揖让以涵养理性"⑦。也即是"一是孝悌的提倡,一是礼乐的实施"⑧。从而建立起一个"礼俗社会"。

9. 由于路线的不同,当时梁先生对中国共产党很有敌意。他认为,

---

① 《乡村建设理论》,重庆乡村书店版,第75页。
② 同上书,第77页。
③ 同上书,第103页。
④ 同上书,第284页。
⑤ 同上书,第142页。
⑥ 同上书,第158—159页。
⑦ 同上书,第55页。
⑧ 同上书,第56页。

中国共产党"不惜伤和气毁交情,造嫌怨仇忌心理。……以此领导农民,无异使农民都变成流氓"①"要想消除共产党的农民运动,必须另有一种农民运动起来替代才可以,我们的乡村组织除了一面从地方保卫上抵御共产党外,还有一面就是我们这种运动实为中国农民运动的正规,可以替代共产党"。②

三 乡农学校(含乡学与村学)

梁先生和其他学者不同,着力于自己理论的实践活动。1930年,在河南辉县创办"村治学院",1930年12月韩复榘调任山东省主席之后,即电召梁先生等人来山东办"村治"。从1931年开始,先在邹平搞实验县,后又在菏泽、济宁推行乡村建设的实验。在邹平成立"山东省乡村建设研究院",梁先生还兼任山东省政府高等政治顾问。

他依据杜威"教育社会化"的原则,参照宋代吕和叔的"乡约"做法,着力组织乡农学校,后叫乡学、村学,但仍以"乡农学校"为代表名称。它既是教育组织,又是政治、经济组织。照梁先生说法"是要做到政治一面,经济一面,文化教育一面,三面合而为一。"③梁先生把乡农学校看成"实是完成中国社会改造,完成中国新文化建设的一个机关。"④

乡农学校的构成是由四部分结合而成:一、校董会;二、校长;三、教员;四、乡民(学生)。根据乡村户数,由一百五六十户至三四百户成立一个学校,先成立校董会,校董都是些所谓"领袖人物",当时这些人都是地主豪绅。邹平县14个乡的乡董事,没有一个不是地方上的地主豪绅的,甚至包括劣绅和恶霸。由校董会推荐出校长,校长也就是行政的乡长,他起"居众人之上""来监督众人,调和众人"的作用。教员多是从外地聘请。学生是本地农民,以成年农民为主体,男女老幼皆是学生。没有修业期限,也没有结业或毕业的规定。学校按年龄划分为儿童部、少年

---

① 《乡村建设理论》,重庆乡村书店版,附录。
② 同上书,第279—280页。
③ 同上书,第293页。
④ 同上书,第234页。

部、成年部、老年部；按文化程度划分为高级部和普通部；为上课便又有白日组合、夜间组合，有全日制、半日制，也有钟点制。

乡农学校有《学众须知》《学董须知》《校长须知》《教员辅导员须知》各种规章。此外还推行"乡约"制度。

《学众须知》内容有："以团体为重""开会必到""有何意见对众说出""尊重多数""顾全少数""为团体服务""出头作事""遵规约，守秩序""要知道尊敬学长""要接受学长的训饬""要知道信任理事""要知道爱惜理事"。①

《学董须知》大意是：推举校长聘任教员，筹划经费，拟定学校工作计划，倡导改良事项及建设事项，执行县政府令饬办的事项，校长提议事项等。

《校长须知》主要的是："要知自爱自重""要抚爱后生，调和大众""于村中子弟有不肖者应加以督教""于乡里有不睦者应加调解"。

《教员辅导员须知》主要内容是：教员是所谓"大团体""大系统"的代表，负责推动乡农学校，以新知识、新方法教育学生，不只是教书，还要常和学众接触，进行谈话，注重实际社会活动和吸引学众。

"乡约"制度照梁先生的说法是"要防患于未然"，要"乡与乡的联络而渐及于县与县，省与省的联络，普遍的去联络，相往来，通消息"②。还提出："一人不好，连累一家；一家不好，连累一村。"实际是一种连坐法。对于所谓"不良分子""共同监视他，不准他与外面来往勾结，这便除去了土匪的引线"。③

乡农学校课程，主要是进行识字教育和"精神讲话""精神讲话"即对农民进行封建的道德教育，这是梁先生着力强调的一门课程。教材都是由"山东省乡村建设研究院"教材编辑委员会编写，曾出版过如下几种教材：《中华民族故事》《农民国语课本》《农村问题教材》《国语教材》《自然科学教材》，王平叔编的《孔子》《忠第一》《孝悌第二》三种课本，及王湘岑编的《家庭须知》。

---

① 《乡村建设理论》，重庆乡村书店版，第241—243页。
② 同上书，第202页。
③ 《乡村建设大意》，第32—33页。

乡农学校以研究院和县政府为指导机关，每一行政区设中心乡农学校一所，是指导研究的联络机构。

"山东省乡村建设研究院"即设在邹平，它既是设计、督导机关，又是一个权力机构。实验县的政府机构及人事选拔都由研究院决定。

研究院设有医院、图书馆、农场、乡村服务人员训练部、总务处、乡村建设研究部、社会调查部、乡村服务指导处、教材编辑委员会等机构。

研究院除面向乡农学校外，研究院研究部还招收乡村建设的学员，学制为一年至二年，能提出研究论文可提前毕业。基本课程有国民党党义、社会近代史、乡村建设理论、军事训练。此外，还有专科研究，如农村经济、农业改良、产业合作、乡村自治、乡村教育、乡村自卫、土地问题、中国经济史、造林等。

研究院的训练部，专门训练农村基层干部。训练过三期，一般为三个月，然后下乡实习。毕业后分遣回原县。课程有：国民党党义、乡村建设理论、乡村自治、乡村礼俗、农村经济、农村合作、乡村自卫、军事训练、造林、农村常识、土壤肥料、应用文、社会调查及统计、畜种改良、病虫害、簿记、水利、农作改良、蚕桑、家庭副业、现行法令等。

研究院的农场，是为了在农村普及农业科学知识和供研究院研究实验，曾引进脱字美棉，试验波支猪与邹平猪杂交，来克行鸡与寿光鸡杂交。

此外，研究院根据梁先生的指导思想，组织过各类合作社。这是梁先生振兴农业的主要途径。如组织运销合作社、蚕丝合作社、机织合作社、林业合作社、庄仓合作社等。有的合作社初具规模，多数是无效果以失败告终。

梁先生在乡村建设方面，还提出政、教、富、卫合一的主张。卫即是武装组织，他曾反复强调要"武装自卫"，便是防止"土匪、和杂牌军的骚扰。"① 这一点和蒋介石及封建军阀韩复榘的要求是一致的。

研究院曾为基层训练武装干部。由乡校选送高小毕业文化程度20岁以上25岁以下有家产的青年，每期训练30人，一年训练90名，每期四个月，毕业后由县政府派回本乡担任正、副乡队长，队员由联庄会会员组

---

① 《乡村建设理论》，第10页。

成,枪支由各乡富户购置。

1930年,山东省政府颁发《山东各县联庄会暂行章程》,1932年11月邹平县各联庄会分会成立,共有联庄会会员9794人,凡20岁以上40岁以下的男子皆为会员,会员中,抽集五分之一守夜打更。研究院训练部曾分期训练联庄会会员,每期500人左右,训练项目除军事学科、武术科外,还进行国民党党义、乡村建设大意的教育。

四 为什么失败

梁先生早在1922年即考虑农村问题,到1928年形成一套乡村建设理论。先是在河南办村治学院,打算把他理论贯彻到实践中去。1931年来山东,是年6月15日"山东省乡村建设研究院"正式成立,当时梁先生主持的"乡村建设研究院"名震一时,人们曾把"研究院"看作第二省政府。梁先生是1937年秋冬时离开山东的,前后将近7年时间,乡村建设成就怎样?梁先生对这方面有过说明。

1935年10月25日,他在研究院讲演题为《我们的两大难处》曾说:"本来最理想的乡村运动,是乡下人动,我们帮他们呐喊。退一步说,也应当是他想动,而我们领着他动。现在完全不是这样,现在是我们动,他们不动,他们不惟不动,甚且因为我们动,反过来和我们闹得很不合适,几乎让我们工作不下去。此足见我们未能代表乡村的要求!我们自以为我们的工作于乡村有好处,然而乡村并不欢迎,至少是彼此两回事,没有打成一片。即如我们邹平,假定提出这么一个问题,来征求乡下人的意见——乡村建设研究院要搬家了,你们愿意不愿意?投票的结果如何?我亦不敢担保。"[①]

梁先生在1937年抗日战爆后发表《告山东乡村工作同学书》,因为韩复榘命令乡农学校把民间所有枪支集中,把壮丁和枪支整批带走,因此说:"……事前乡农学校因未料到,曾向乡民以绝不带走为担保式之声明者,至此毫无办法,自己落于欺骗民众地位……而乡民仍以为乡农学校行骗,怨毒之极,至有砸毁乡校,打死校长之事,……以建设乡村之机构,

---

① 《乡村建设理论》,附录。

转而用为破坏乡村之工具。"

解放初期，梁先生发表《我们何以落归于改良主义》一文，他说，乡村建设"由于其根本点与阶级斗争和暴力革命相径庭，就落到同许多社会改良主义者一样，终归未能真正解决中国的问题。"

这些说明是诚实的，基本符合客观情况。但还值得进一步的研究。从总的方面说，梁先生的乡村建设运动是失败了，失败的原因可以概括地说是由于梁先生在理论和实践上犯有根本性质的错误。

1. 首先从理论上说。梁先生当时对中国农村状况的估计，有些是正确的。比如兵祸、匪乱（土匪）、苛捐、杂税、帝国主义的经济侵略。但梁先生没有或者不承认当时农村的封建剥削，如地租、高利贷以及超经济的剥削，逼得广大农民饥寒交迫。不认识或不承认这一农村根本问题，不解决这问题即解放农村生产力，便无从谈乡村建设。

中国人伦理观念比较浓厚，尤其在过去几千年历史上就如此，但伦理观念不能说明社会的性质，只能说明人际关系，决定社会性质的是生产方式，而不是观念形态。

梁先生认为中国旧社会是职业分立的社会没有阶级的对抗，说什么中国"有统治者而无统治阶级"，这确是奇怪的论点，那统治者是代表谁的利益呢？没有统治阶级的支持怎能登上统治者宝座呢？令人深思的是梁先生为什么长期不承认中国阶级的对抗，反对阶级斗争？说到底，是"不识庐山真面目，只缘身在此山中。"是个立脚点的问题。

梁先生说旧中国的政治都是消极无为的，果如此，中国文化是怎样形成的？

旧中国，具体说从鸦片战争开始帝国主义的侵略和封建主义的压迫，是中国人民面临的严重问题，只说"文化失调"没有根本说明问题。

由于对中国社会性质认识不清或不承认，一切解决办法是枉费徒劳。

2. 下面从梁先生组织的乡村，具体再看其建设活动失败的原因：

①乡农学校：这种政教合一的学校是梁先生的创造，但结果如何呢？据1933年统计：邹平县共有村学54处，儿童部69个班，1095名学生；妇女部11个班，214名学生；男子部54个班，5871名学生。1936年的统计：村学已减少为28处，儿童部减少为36个班，1081名学生；妇女部仍为11个班，但人数减为181人；成年男子部下降为36个班，人数锐减

为1515人。1935年从邹平实验县户口调查报告中,全县165000多人中,不识字与未受教育的占总人口的84.18%,读书识字本来是件好事,但农民及其子女为什么不入学,教员天天晚上挨门挨户叫人上学,仍没效果。根本原因是多数农民吃饭穿衣成问题,学习文化知识对他们来说是无关紧要的。梁先生虽然到处宣传过教育成就,到头来不得不承认:"在邹平的251个村庄里,目前只有28处村学,显然,还不能担负起整个县的教育职责。"

乡农既是政教合一,校长即乡长,当时一切政令都要乡农学校执行,结果农民对乡农学校是怨声载道。梁先生也不得不哀叹:"今则以当局要壮丁,要枪支,派差派款,执行其一切苛虐命令,凡当局一切所为之结怨于民者,乡农学校首为怨府,更以其为民众训练机关,平素之集合训练在此,召集调遣在此,壮丁枪支皆甚现成,于是每每整批带走,假使无此民众训练,或不兼为训练机关,则当局要壮丁要枪支,不能如此方便。"①

②梁先生领导乡村建设研究院,不论在邹平、菏泽、济宁是花了大力气组织联庄会,训练武装干部。梁先生也极力宣传政、教、富、卫合一的主张,着力推动武装组织,但他害怕农民组织起来。他说:"乡民愚迷而有组织,且为武装组织,其危险性实大。"因此他主张训练"有家财"的来做连庄会员,来代替"愚迷"乡民的武装组织,这样可以"免得为人(按:指共产党)利用,酿出祸来。"②

卢沟桥事变发生,日本军国主义者全面向中国进攻,企图灭亡中国。梁先生本人是主张抗日的,他仆仆风尘游说军队首脑抗战,但他组织的联庄会、自卫队除一部分为韩复榘拉跑而外,绝大多的乡队长及骨干都加入顽军。真正起来抗战的还是从地下站起来的共产党领导的武装力量,举行了黑铁山起义,在长山一带掀起轰轰烈烈的抗日战争。

③研究院组织过各种合作社,如棉运、蚕业产销、林业生产、信用、信用庄仓等。其中棉运合作社,确起到摆脱中间剥削作用,推广了优良棉种,但地少的不能种,因为当时研究院规定只能在核定的限度内种植,必须保证种足口粮,种不足口粮不给棉种和贷款。即如此,一般人不能贷出

---

① 《告山东乡村工作同学书》。
② 薛暮桥:《旧中国的农村经济》。

款来，贷款需要有保人，还要看家产能否还得起。因此贷款大部分都被地主高利贷者贷去了。合作社并没有给无地少地农民带来好处。

3. 土地问题。当梁先生进行乡村建设活动时，有些人就批评他不谈土地问题。他说"土地问题怎么谈呢？问题哪个不承认？要紧的是在办法。办法亦不难想；要紧的是谁来实行？"言外之意搞乡村运动的搞不了土地问题。他又说："平均地权原是国民党的主张，至今未见实行，亦是条件不够，时势不容许它，第一个条件自然是能负责解决土地问题的政治力量。有了这个，才能从法律上设为种种限制，裁抑地主，终使其土地出卖；而同时奖励自耕农，保护佃农。有了这个，才能建立完整的金融系统，从长期金融贷款于农民以购地。"① 即是说，解决土地问题是依靠政府的力量迫使地主卖地，贷款给农民买地。因为没有这样的政府所以把问题搁置了。

梁先生在《中国文化要义》里说：中国"土地垄断之情不著，一般估计，有土地的人颇占多数。""以有地者和无地者相较，当不止要11对49之比，而要多得多。"他分析当时邹平县土地分配颇为合理。既然"颇为合理"，当然就没有需要解决的问题。

实际上，当时邹平县共有农户32496户，其中无田的是2540户，占地一百亩以上的337户，占地二百亩以上的47户，其余是占少量土地。这种情况梁先生没调查，或许不愿意调查。

当时农村的根本问题就是土地问题，对土地占有基本情况不清楚，拿不出解决的办法，就无从谈农民运动。梁先生只知抱怨农民不动，并不了解这不动的根由。不解决土地问题注定了梁先生乡建运动必然失败的结局。后来梁先生也承认："当初搞乡村建设，并没抓住农民的痛痒所在"。信哉斯言！

---

① 《乡村建设理论》，第414页。

梁漱溟的乡村建设运动与韩复榘

吕伟俊

毛泽东同志在1953年9月中央人民政府委员会第27次会议期间对梁漱溟的反动思想进行批判时，曾令梁漱溟交代其历史，交代其与韩复榘的关系。实际上，梁漱溟在历史上与韩复榘确有一段十分密切的关系，他的"乡村建设运动"就是在军阀韩复榘的全力支持和庇护下开展起来的。本文就试图论述一下这方面的问题，我想这对于清楚地认识梁漱溟"乡村建设运动"的实质及其在历史上的地位，恐非不必要。

梁漱溟与韩复榘的关系始于1929年的河南。梁漱溟于1928年在广州创办"乡治讲习所"时，即开始提出他的"乡治"主张。1928年底，梁转去北方考察"乡治"，旋即在北平编印《村治月刊》，并发表所谓"乡治"的文章。《村治月刊》是河南豪绅彭禹亭（河南镇平人）创办的，与河南的地方阶级有些联系。这时，河南地主豪绅的代表就向国民党河南省政府主席韩复榘提议，请其约梁漱溟到河南办"村治学院"。韩复榘是1928年12月被冯玉祥保荐出任河南省政府主席的。1929年5月，在蒋冯战争酝酿时，他叛冯投蒋，仍继续担任河南省主席。他摆脱了冯玉祥的控制，又得到蒋介石的全力支持，雄心勃勃地要对河南"治理"一番，而"治理"乡村即是其"治理"河南的一个重要方面。因此，他欣然采纳了河南地主阶级的建议，于1929年11月约请梁漱溟在辉县的百泉创办了"河南村治学院"。这是梁漱溟与韩复榘建立关系的开始。关于"村治学院"的宗旨，据韩复榘颁发的《河南村治学院组织大纲》称："研究乡村自治及一切乡村问题，并培养乡村自治及其他乡村服务人才，以期指导本省乡村自治之完成。"① 其实,它是培养镇压农民反抗、维护地主利益、为地主阶级服务的反动骨干的。该院的三个核心人物,即院长彭禹亭,副院长梁耀祖(字仲华,河南孟县人)和教务长王怡柯(字秉程,河南汲县人)都是河南的大地主,都坚决反共反革命,与梁漱溟的思想较接近。而梁则主要入院讲课,传授他的"村治"理论。"河南村治学院"办的时间虽不长,但是,它不仅给河南留下了"村治"的影响,而且也为韩复榘、梁漱溟在山东推行"乡村建设运动"打下了基础,梁漱溟、梁耀祖、王怡柯等人以后都跑去山东,成为山东"乡村建设运动"的头面人物。

1930年3月,蒋阎冯中原大战拉开了战幕,河南是主战场之一。为此,"河南村治学院"一度迁往北平,梁漱溟也随院入平。战争爆发后,韩复榘不愿也不敢与他以前的老上司冯玉祥在河南兵戎相见,自请并获蒋准率部开入山东与晋军作战。是年9月,他被蒋介石委为山东省政府主席,河南省政府主席代之以刘峙。同月,中原大战结束后,"河南村治学院"仍迁回河南。但因韩复榘已离开河南,不久,该院即被刘峙解散。斯时,梁漱溟仍在北平编辑《村治月刊》,其他"村治"人物则逗留于百泉。考虑韩复榘到了山东,在百泉的"村治"人物便酝酿在山东办一个像"村治学院"一样的学校。他们感到有把握,在离开百泉时便约好"在山东见面"。果然,到1930年12月,韩复榘就将梁漱溟、梁耀祖等人召至济南,商议在山东搞"村治"之事。于是,原来在河南的"村治"人物也就相继到了山东。

1931年3月,韩复榘拨款10万元,令梁漱溟等到邹平县筹建"山东乡村建设研究院",并分派人员到邹平等27县招收学员,每县招10人,定6月15日正式开学。1934年4月,又在菏泽开办"乡村建设研究院第一分院"。1936年2月,将"山东乡村建设研究院"与"山东省地方行政人员训练所"合并,定名为"山东县政建设研究院"。在创办"山东乡村建设研究院"的同时划定邹平为实验县。1933年3月,又划定菏泽为第二实验县,先后委派大地主孙则让(字廉泉,山东郓城人)、陈亚三(山东郓城人)为县长,接着划定菏泽等14县为"县政建设实验区"。1935年,又划定济宁为第三实验县,委王怡柯为县长,接着划定济宁专

---

① 《河南省政府公报》第852号,1929年11月30日。

业区为"实验区"。

梁漱溟到山东后搞的"乡村建设",与他从前搞的"乡治"和"村治",在理论上没什么差别,只是加上了一些引证。梁漱溟自己就是这么说的,他说:"我等来鲁后,金以'村治'与'乡治'两名词不甚通俗,于是改为'乡村建设';这一名词,含义清楚,又有积极的意义,民国二十年春即开始应用。但我之主张,则仍继续以往之'村治'主张,并未有所改变也"① 梁漱溟这时"乡村建设"的理论虽较以往"未有所改变",然而,"乡村建设"的规模,"乡村建设"的影响,却较以往任何时期都更为扩大了。也就是在韩复榘主鲁时期(1930—1938),梁漱溟的"乡村建设"形成了"运动",而"乡村建设"派与军阀韩复榘的结合也越发紧密了。

那么,"乡村建设"派与军阀韩复榘为什么能够结合在一起呢?质言之,他们的结合,完全是一种政治上的勾结和相互利用。就梁漱溟来说,据他自己的解释就是,"乡村建设"必须有权力支持,而这个权力就是军阀。他在广州办"乡治讲习所"时是依附广东军阀;在河南办"村治学院"时是依附军阀韩复榘;而在山东办"乡村建设研究院",当然又得依附军阀韩复榘。有了权力支持,他的"乡村建设"才能有保证,有经费,有实验地,才能行得通,推得广,以至形成运动,从而达到其政治目的。就韩复榘来说,他支持"乡村建设"派及其"乡村建设运动"就是为了维护自己的军阀统治,扩大自己的统治基础,充实自己的军阀实力,一句话,就是为了维护和巩固自己"土皇帝"的宝座。韩复榘与"乡村建设"派相互勾结,相互利用及其在共同推行"乡村建设运动"中各获其利,可作如下具体分析。

韩复榘是一个十分典型的、十分有个性的地方军阀。他善于伪装,热衷于沽名钓誉。他为了巩固自己的统治,在主鲁的七年间搞了许许多多、形形色色的花样,诸如"刷新吏治""根本清乡""改良教育",自诩"青天"亲自审案、微服私访,推行"新生活运动"等等。而利用梁漱溟推行"乡村建设运动"也是其中之一。地方军阀除了依恃枪杆外,往往还需在政治上拿出点主张来标榜一下,以此才能在地方上站稳脚跟,巩固

---

① 《山东民众教育月刊》第 5 卷,1934 年 8 月第 6 期。

地盘。以"花样"相标榜,这在当时全国地方军阀中已形成一种风气(当然都没有韩复榘做得甚),如山西军阀阎锡山搞"山西村政",广西军阀李宗江搞"乡村自卫"等。而韩复榘自己说:"中国紊乱至此,非从农村整理入手不可,余个人对此迷信甚深,在河南时曾办村治学院,现在山东又办有邹平之乡村建设研究院。"① 又说:"我学识浅陋,而有相当学识的,即乡村建设研究院,因为它是集合知识能力分子去救济农村,一方(面)培养农民知识,一方(面)把农村组织起来,有组织才有力量。"② 他还说:"军队需要整理,不整理早晚要垮,政治也需要改革,不改革也是早晚要垮的。"③ "我不会改革,请梁来替我们改革吧。"④ 由此可见,军阀韩复榘是对搞"乡村建设"十分热衷的,同时对梁漱溟也是很尊重的。他不懂"改革","知识浅陋",所以特请梁这位"知识能力分子"来替他改革。事实上,他对梁确也礼敬有加,捧为"高等政治顾问",见面就呼之为"梁先生",凡梁提出的建议,他差不多都要采纳。对其他"乡村建设"分子也倍加重用。正因为韩复榘对"乡村建设""迷信甚深",对"乡村建设"派格外器重,所以这也更坚定了梁漱溟等人对韩复榘的依赖。

军阀韩复榘在其一生的军事、政治生涯中,大部分时间是坚持反共立场的,特别是自其主鲁的1930—1935年间,他的反共活动更为猖狂。他多次破坏中共山东省委机关及其下属组织,许许多多像邓恩铭、刘谦初、郭隆真等优秀共产党人都惨死在他的屠刀之下,他并血腥地镇压了共产党在博兴、益都、日照、苍山、胶东等地领导的农民武装暴动。而他利用梁漱溟搞"乡村建设运动"也不无反共用心。他曾说:"请梁漱溟帮助,防止共产党侵入。"⑤ 那么,为什么请梁漱溟帮助,就可以"防止共产党侵入"呢?究其缘故,原来梁漱溟搞的"乡村建设运动"也有反共、反农民革命运动的用意。梁漱溟在近年曾谈及他从事"乡村建设运动"的动

---

① 《山东民国日报》1934年3月1日。
② 《山东民国日报》1936年4月28日。
③ 何思源:《揭穿梁漱溟的反动本质》,《新华月报》1955年第11期。
④ 何思源:《我与韩复榘共事八年的经历和见闻》,全国政协编:《文史资料选辑》第37期,第208页。
⑤ 何思源:《揭穿梁漱溟的反动本质》,《新华月报》1955年第11期。

机，说是为中国民族的自救才提出了乡村建设的理论。1985年，他说，那时，我看到宪政是大家的要求，但是，并非由朝廷宣布一个宪法就能实现宪政，真正的宪政应以地方自治为基础，而地方自治的基础在乡村。中国的乡村是最落后的，农民各自为生。这有两大缺陷：一是不知道世界的变化，世界的潮流；二是不知道在生产上求技术进步，生活上不求组织，只顾自己一身一家。所以，顶需要的是两句话，八个字：团体组织，科学技术。团体组织也就是在生产上组织合作社，科学技术是指技术上求进步。1986年，他在给袁晓园教授题词时，又题写了"团体组织，科学技术"八字。梁漱溟从事"乡村建设"，从主观愿望上来说，也许有此动机。但是应当指出，他还有反共、反农民革命（阶级斗争）的动机。他在最能集中反映他的思想和理论的《乡村建设理论》一书中写道："要想消除共产党的农民运动，必须另有一种农民运动起来代替才可以。"① 所谓"另有一种农民运动"，也就是指"乡村建设运动"。他还说："我们是走上了一个站在政府一边来改造农民，而不是站在农民一边来改造政府的道路。""我们与农民处于相对立的地位。"② "乡村建设"派所从事的"乡村建设运动"的实践也证明了这一点。他们在邹平、菏泽举办的"乡农学校"、各种类型的"合作社"，其领导权都掌握在地主、豪绅手中，并为军阀、地主、豪绅服务；他们举办的"自卫训练班"，也是训练地主子弟，这些受训人员回乡后，充当"联庄会"头目，镇压农民，防备农民反抗。因此，反共、反对革命运动，是韩复榘与梁漱溟结合的基础之一。

韩复榘是一个典型的封建军阀，他的封建意识十分浓厚，他对孔子及其儒家思想推崇备至。他有一句名言，叫作"读孔子书，信孔子的道，学孔子的为人行事"。他不仅主张将孔子之道通行全国，把一切希望都寄托在提倡"中国固有的旧道德"上，甚至要将孔子之道"通行全球"。他用儒家思想和封建道德观念、封建伦理观念来进行吏治、治军、驾驭属下、统治人民、举办教育，并用四维八德等一套陈腐的东西来推行"新生活运动"，抵制共产主义思想和革命潮流。在这方面，韩复榘与梁漱溟

---

① 《乡村建设理论》，1939年版，第284页。
② 《乡村建设理论》附录，第10页。

"乡村建设"派也有共同语言。"乡村建设"的理论之一就是认为中国应是"伦理本位"社会,也即以宗法制度为特点的中国封建社会。他们认为,中国当时"法制礼俗悉被否认",而他们所从事的"乡村建设"的任务就是在于恢复"礼俗社会",恢复"伦理本位"。其中的主要措施就是建立"乡农学校。""乡学""村学"中的学长"教化""学众"的主要内容是一整套的儒家思想;"乡农学校"举办的"自卫训练班"对学员所灌输的也是一系列的旧礼教、旧道德等封建思想;所组织的"合作社"也要求"发挥伦理情谊",力求使之变为"伦理组织"。所以在维护封建,恢复中国的旧礼教、旧道德方面,韩复榘与梁漱溟也走在一起了。

从"乡村建设"派的实际活动上来看,也更能反映出"乡村建设"派与韩复榘结合的奥秘。"乡村建设"派从事的"乡村建设运动"使韩复榘受益匪浅,而"乡村建设"派也从中获利甚多。

首先,"乡村建设"派为韩复榘培训了大批的统治人民的爪牙,而他们自己也扩大了实力。邹平的"乡村建设研究院"、菏泽分院及研究院,1936年在邹平、济宁组织的"山东省立八校师范生乡村服务人员训练处"都培训了大批的人,成为韩复榘和地主阶级的统治工具。因此,韩复榘对受训人员十分器重,寄托了极大的希望。1936年5月2日,济宁"八校师范生乡村服务人员训练班"举行开学典礼时,韩复榘致词(民政厅长李树春代)说:"诸生来此受训,为异日服务乡村之准备。乡村前途之光明,端惟诸生是赖。所期望于诸生者,乡村之道德生活风俗习惯,及一般民众之心理,须有确切之认识,庶可深入民间,从事下层工作。建设乡村之事业,或有推行顺利之望。本主席言虽简而意甚深,诸生如能服膺勿失,此后服务乡邦著有成绩,方不负今日设训练之宗旨。"① 与此同时,这批受训人员一般被充实到基层,参加了"乡村建设"的实际工作,这也大大扩充了"乡村建设"派的实力,壮大了"乡村建设运动"的声势。

其次,"乡村建设"派帮助韩复榘进行"地方行政改革",参与政治活动,成为韩复榘的统治支柱,而他们也从中捞到相当的政治权力。"乡村建设"派一开始就参与政权,他们划定邹平、菏泽、济宁三县为实验县,这三县就为他们所掌握。1933年研究院副院长孙则让执意要去菏泽

---

① 《山东民国日报》1936年5月2日。

进行另一种"实验",就是考虑只在邹平一地实验不能很快地抓到实际权力而起此动机。同时,又很快得到梁漱溟和韩复榘的赞许。以后,"乡村建设"派的活动逐渐扩大。"乡村建设研究院"实际上成为韩复榘的"政治参谋部",韩在山东划设专区,就是"乡村建设"派首先提议而又是他们首先"实验"示范的。1934—1935年设立的"县政建设实验区""行政督察专员公署"(菏泽等14县)以及以后在此基础上演变来的第一专区(济宁等10县)、第二专区(菏泽等9县)的专员王绍常(山东菏泽人)、梁耀祖(一专区)、孙则让(二专区)都是"乡村建设"派。1935年底,梁漱溟还与韩复榘研究了一个"三年计划",计划从1936年起三年内全省普遍设立专区,改组政府,并普遍设立"乡农学校"。许多专员、县长看到梁漱溟炙手可热,都争先恐后地去接近他,趋之若鹜,向他请教"乡村建设"办法,以为自己辖区增"辉",并借以保住自己的官位。由此可见"乡村建设"派作用之大,影响之广。因此,当时人们就称"乡村建设研究院"是"第二省府"。1935年之后,梁漱溟更加强了他们的政治活动,梁抓的中心问题,据他自己说有两项,一是"地方行政改革,二是"民众自卫训练"。而从当时实际情况看,办理"民众自卫训练"的"乡农学校"是其工作的灵魂,办理"地方行政改革"则是办理"乡农学校"的前提。因此,梁漱溟等在韩复榘主鲁后期则加紧推着韩复榘建立行政区,普及"乡农学校"。只是由于后来抗战爆发,计划未能完全实现。在这一系列的政治活动中,"乡村建设"派人物,尤其是头面人物,一个个都猎取了专员、保安司令(专员均兼各该区保安司令)、县长的高位,帮助韩复榘统治人民。梁漱溟本人虽没有挂名政治职务,仍作为学者,到处讲他的"乡村建设理论",但这不是实质性问题。他是"乡村建设"派的首领,是幕后决策人物,又是韩复榘的"超级"顾问,如"乡村建设"派都捞到实权,"乡村建设运动"推行到全山东乃至更广的地区,那他梁漱溟要操纵和左右整个政局就非难事。

最后,"乡村建设"派建立"乡农学校",举办"民众自卫训练",训练地主阶级的武装,加强韩复榘的地方武力,并为韩复榘扩充兵源,同时,"乡村建设"派也得掌兵权。"乡村建设"派在其实验区遍设"乡农学校"(后又逐渐推广)。"乡农学校"号称"政教养卫合一的组织",大体上取代了原来的区公所和乡公所(邹平、菏泽两地的实验不尽相同)。

"乡农学校"同时举办"民众自卫训练",一般是按地亩抽丁,分期分批对"有家室财产"的人(即地主)进行轮训,结业后返乡,以为地方武力。建立"乡农学校",得到了韩复榘的全力支持。这种组织符合韩复榘要民众"自卫自养"和设常备军扩充兵源的夙愿。军阀韩复榘效法法西斯和帝国主义国家的军备制度,力主要民众"自卫"和设常备军,因此,他除千方百计地扩充他的正规军(五师一旅)的实力外,又组织了五路民团军,并对"联庄会"(地主阶级的自卫武装)严加训练,以此作为防务地方的武力,并随时将其转为正规军。而"乡村建设"派所搞的"乡农学校自卫训练班"就正好符合韩复榘的此种意图。他曾说:"身为政府公务员应领导人民上进,使人民能自卫自养,有组织,例如本省开办的乡农学校,我认为就是训练民众自卫自养的,组织地方的。"① 因此,他一眼就看中了这种东西,并认为它优于原来的联庄会,马上加以利用、提倡和推广。1934年,菏泽第一期"自卫训练班"学员结业时,韩曾亲自去检阅。他一看有那么多人枪,大喜过望,接着就划定菏泽等14县为"县政建设实验区",令孙则让负责训练总则,并将该地区的联庄会裁撤,代之以"乡农学校",作为一种新的防务地方的武力。以后,他又将此逐渐在其他地区推广。1936年,"乡村建设"派又提出建立"民兵制度",说"遇事则召集迅速,即时可以成军"。果然抗战爆发后,韩就将菏泽一带"自卫训练班"训练的壮丁约4000人编为第一补充旅,委任孙则让为旅长,将胶东第七专区训练的壮丁约3000人编为第二补充旅,委任张骧伍(第七专区专员)为旅长。1937年12月,当日军进逼,济南危急时,韩令这两旅先期撤往河南,以保存这部分武力。此后韩复榘获罪伏法,第二补充旅被蒋介石遣散,而第一补充旅在孙则让的带领下却投了蒋。蒋以孙交枪有功,委以四川干部训练团教育长,令孙则让训练四川的县、区长。尔后梁漱溟赖孙则让之力也跑去四川,又在那里站住了脚。就此而论,"乡村建设"派搞"民众自卫训练",参掌军权,恰也为自己找到了一条出路。非此,他们在其靠山韩复榘"擅自撤逃",旋被正法,"乡村建设运动"也随之垮台的情势下,恐自己也无立足之地了。

总之,从上述梁漱溟的"乡村建设运动"与军阀韩复榘的关系中能

---

① 《山东民国日报》1935年9月10日。

说明什么问题呢？它至少可以说明"乡村建设运动"是依恃韩复榘的军阀势力的支持和保护才推动起来的，它在当时是为军阀统治服务的，它是同中国共产党的农民运动相对立的。一味地或片面地强调开展"乡村建设运动"是为了中国民族的自救的主观动机，恐不能说明问题的全部，也是非历史的。

国共两党与山东乡村建设运动

梅 枫

以梁漱溟为首的乡村建设运动,是十年内战时期国民党南京政府允许、国民党山东省政府给予政治和财政支持的改良主义运动。乡村建设运动兴起的社会历史背景是大革命失败后,中国共产党在长江南北领导革命人民建立的革命根据地内的土地革命的胜利发展,成百万饥寒交迫的农民的呐喊和咆哮震撼着整个半殖民半封建的社会结构;诸帝国主义对中国的加紧侵略,特别是日本帝国主义武装侵占东北四省,国民党统治区的农业恐慌进入更深刻的阶段,农民的购买力进一步降低;加诸天灾匪患频仍,国民党统治区的广大农村经济破产。

国民党中央及各省市政府,军警宪特及反动势力反对土地革命,实行对工农革命的最残酷的围剿和镇压。南京反动政府一方面拒绝在国统区农村实行孙中山先生提出的二五减租政策,一方面于1932年冬召开内政会议,决定建立县政实验区。1933年7月国民党中央政治会议决议,由南京政府行政院转饬内政部令各省政府设立县政实验区。各省先后设立实验区的有浙江省的兰溪,云南省的昆明,广西省的宾县,江苏省的江宁,山东省的邹平、济宁等。这些实验县中影响最大的是邹平和定县。梁漱溟和晏阳初是乡村建设派的著名代表人物。

梁漱溟为首的乡村建设派,与其他从事农村工作的改良主义者虽然都诞生于中国农村十村九困、广大农民日益贫困的历史条件下,但其共同的特点是都反对农民起来革命,反对马克思主义和共产党;都承认既存的半封建半殖民地社会中的社会政治机构,不反对或不主要反对阻碍中国社会经济发展的帝国主义侵略以及地主阶级和大资产阶级的反动统治。

中国共产党和马克思主义的乡村工作者赞赏成百的乡村改良主义运动

的高中级工作人员和知识分子的献身农村工作的精神，肯定他们在教育工作、技术提高、组织合作社等项工作中的成绩，并从 1936 年起，为建立全国的乡村改良主义团体的大团结，进行了不懈的努力。梁漱溟和乡村建设派的一些人员，在抗日战争时期成为抵抗日本帝国主义发动侵略的爱国者，成为反对国民党一党专政的民主主义者，是自 1939 年在国统区鼓吹民主宪政的统一建国同志会的参加者，是参加中国民主政团同盟六个党派中的一派。梁漱溟曾历任该盟的常务委员、国内关系委员会主席和秘书长。他在民主革命和社会主义革命和建设时期，有着同中国共产党长期合作的光荣历史。他本人和中国共产党都认为他在山东从事的乡村建设运动是一种改良主义运动，都认为乡建派是社会改良派。梁漱溟本人经过反思认为他的乡村建设理论的错误是"要联合不要斗争""没有敌我分别"，否认中国共产党从事"阶级斗争""武装革命"能解决中国问题的必要性，承认他在山东搞的七年乡村建设，是脱离"地主剥削农民的实况"这一实际社会问题，是"自欺欺人"①。虽然他对他的乡村建设理论中关于阶级的问题上还有某些保留，但在主要问题的认识上是符合历史的验证的。

乡村建设运动在山东国民党地方政权中的地位和作用

十年内战时期，从 1930 年 9 月以后担任山东省政府主席、山东国民党党部常委、军法会审委员会委员长的第三路军总指挥韩复榘忠实地执行了南京国民党政府反共反人民的政令和军令。梁漱溟之能在山东从事 7 年之久的乡村建设运动，是由于他与韩复榘一致认为乡村建设是中国问题的首要问题，都反对共产党领导的武装革命。

韩复榘一直把乡村建设列为山东省政府各项工作的首位。1931 年 5 月 4 日，韩在国民党南京政府召开的所谓国民会议上提出的第四件提案，就是"以农村建设为建国重计"。他之所以把乡村建设列为省政府工作的首位，在他后来的多次讲话中说，是因为鉴于"战火迭兴，民不聊生"

---

① 梁培宽同志在"梁漱溟乡村建设运动学术讨论会"上的讲话，1987 年 10 月 13 日。汪东林《访梁漱溟回答录（七）》，见《人物》1987 年第 2 期，第 181 页。

"农村经济破产"① 这一关系其财政收入、政权稳定的严重现实。他提出的解决"农村经济破产"的办法,一是注重农村生产、复苏农村;一是"造就村治干部人才"。韩复榘认为乡村建设是"现时代极需要的一种下层行政机构",是"目前社会极需要的一种科学政治。"② 这就是说,韩复榘把乡村建设既作为巩固其反动统治的首要经济措施,也作为对抗山东革命人民改变半殖民地半封建社会结构、反对日本帝国主义侵略、反对国民党山东地方军阀统治的政治措施。韩之所以邀请梁漱溟等乡建人员到山东来,就是利用梁漱溟为首的乡建派来复苏农村,加强和巩固其反革命统治的。韩复榘说:"培植农村……我是心有余而力不足,没有那样的才干,我只能开医院不能当大夫。""所以才请(梁)漱溟先生(梁)仲华先生及各位老师当这医院的大夫。"③

梁漱溟先生虽也受过某些民主主义及社会主义思想的影响,但从1921年以来,从他在山东从事乡村建设运动七年的头五年的主导政治思想是反对中国共产党的阶级斗争学说,反对土地革命和武装斗争的。1921年夏,他曾到济南在山东教育会讲演《东西文化及其哲学》,反对民主科学新思潮,倡导东方文化的"孔子之说",倡导主观唯心主义的"意欲论",反对孙中山先生改组国民党,反对革命的三民主义,反对平均地权,主张在三民主义之外加上"民德主义",用反动的封建伦理道德抵制革命的三民主义。他本人作为同盟会会员再来参加国民党的革命活动。他肇始于1928年的"乡村改革思想"历经村治、乡治、乡村建设运动三个阶段,到1931年就臻于成熟了。1930年他到河南辉县的村治学院任教务主任讲授"村治"理论,加深了他与当时任河南省政府主席的韩复榘之间的关系。1931年1月他受韩的邀请,领到10万元款项,到邹平县筹建"山东乡村建设研究院"。

梁漱溟多次公开声称他的乡村建设是反对或者不同于中国共产党领导的土地革命的。1934年他在无锡教育学院讲演中说,中国共产党"欲以农民为革命动力,势必有复辟运动之发生,如欲与农民讲共产主义,或则

---

① 韩复榘1932年7月21日在将校军官以上,文官科长以上军政人员的讲话;1936年10月16日在杭州的谈话。
② 韩复榘在对乡村服务人员毕业会上的训话,1937年。
③ 韩复榘对乡村人员讲话,1937年。

谈虎变色，或则茫然不解，亦不能臻于成功。"① 他解释说，他所从事的乡村建设与中国共产党领导的大革命时期的农民运动不同。他既不同意将农民划分为地主、富农、中农、贫农、雇农等不同的阶层，也不同意农村社会中贫雇农与地主阶级的"对抗"和"斗争"；不同意毛泽东同志在《湖南农民运动考察报告》中提出的贫雇中农组织的农民协会，农民自卫军及和绅士们领导的民团发生"冲突"。他说乡村建设运动是取代共产党领导的土地革命运动，"我们的乡村组织除了一面从地方保卫上抵御共产党外，还有一面就是我们这种运动实为中国农民运动的正轨，可以替代共产党""有此运动而后其他的农民运动才用不着，共产党才可以没有。"②梁漱溟还表示乡建派在山东组织农民"武装自己"，就是要防止"土匪"的骚乱，③乡建派"树立乡村自卫之念"，要比国民党反动派"以人民自卫组织为根本方法""剿除匪患""还切"。④梁长期不同意中国共产党的武装斗争夺取革命胜利的道路，但在山东的乡村建设上，却要求他的乡建人员要把掌握农民武装的思想，超过南京政府和山东省政府用地主武装建政、剿共的反革命思想。其实，国民党南京政府和山东省政府也并不只是用武力剿共的，他们还提倡封建的伦理道德和新生活运动等复古思想来对抗土地革命战争的。

梁漱溟在解释乡建派与中国共产党在"对于中国问题的解释和估量"的不同时说："外国侵略虽为患，而所患不在外国侵略，使有秩序则社会生活顺利进行，自身有力量可以御外也""民穷财尽虽可忧而所忧不在民穷财尽，使有秩序则社会生活顺利进行，生息长养不难日有起功也。"⑤他虽也看到欧人东渐侵略中国，加以国内压迫，频年兵祸匪患，"使得乡村命运，益沉沦而就死"⑥，却不同意首先和主要进行反帝反封建的斗争，而是把有着不同阶层的农村阶级关系看作"整个的"，把和中国共产党领导的土地革命战争不同的"含有极充分强烈的民族自决的乡村建设运动"

---

① 《梁先生教育文录》，第265、172页。
② 梁漱溟：《乡村建设理论》，第279页。
③ 同上书，第264页。
④ 同上书，第10、277页。
⑤ 梁漱溟：《乡村建设理论提纲》。
⑥ 《梁漱溟教育文录》，第172页。

视为唯一能够"挽救民族生命的危机,使中国社会进步,为中国政治奠定'基础'"①的救国主张。梁漱溟还解释说他倡导的乡村建设的新政治指导思想,不是"西洋组织政党竞争选举三权对立的办法,而是包括封建伦理道德在内的传统文化思想指导的"团体组织",也即君臣、父子、夫妇、兄弟、朋友五伦之外,再加上梁本人提出的"团体对个人、个人对团体,彼此互为尊重、互为义务",以期"辟创正常合理的人类社会"②。梁一再宣称他的政治思想是"为了走向社会主义",但他既不同意用武装斗争这一暴力手段摧毁旧的国家机器,也不采取措施废除地主阶级对土地的占有,只主张作为他的乡村建设理论核心的村学、乡学,"尽量的、完全无缺憾的""容纳中国""非个人主义、非社会主义"的两大"优越"精神。③显然,梁漱溟过分强调了中国传统文化中的封建的伦理道德在孕育着的新社会中的可能作用,并在实际上否定了共产主义的思想伦理道德,在已经局部建立起来的新民主主义社会的指导作用,也否定了在国统区从事农村工作的马克思主义者和地下共产党员的正确作用。他的乡村建设理论不同意,既首先反对帝国主义侵略,又不触动、削弱封建的地主阶级对于土地的占有,不批判中国传统文化中的封建宗法部分,再加上他当时的反共理论和思想,使他的政治思想在实际上成为山东国民党地方军阀政治思想的一个构成部分。1934年4月6日山东省府第208次会议通过的《修正山东乡村建设研究院组织大纲》中明确山东乡村建设研究院的职责是"研究乡村自治及一切乡村建设问题并培养乡村自治及乡村服务人才,以期指导本省乡村建设之完成"④。由此可见,梁漱溟的乡村建设理论和乡建运动,是国民党山东省政的组成部分,是与山东省府政务会议于1934年2月通过的由省教育厅执行的山东全省乡村教育实验区并行的重要构成部分。

乡村建设派的重要成员在山东省级、专区级及县级政权机构中,都担任了实质性的政务、保安官员或参政、议政官员的职务。梁漱溟本人历任邹平县县长,山东乡村建设院研究部研究主任、院长,山东省政府的高级

---

① 梁漱溟:《精神陶炼要旨》。
② 梁漱溟:《关于村学乡学讲演》(一)。
③ 梁漱溟:《乡农学校的办法及其意义》。
④ 天津《大公报》1934年2月26日第九版。

政治顾问，山东省县政建设委员会的常务委员，山东省县政建设研究院的副院长，山东省国民经济建设运动分会委员和聘任委员。王绍常历任乡建研究院军事训练主任及该院的副院长，辖有14个县政实验区长官兼山东省第三路民团指挥（全省设立五路民团指挥，分负地方防务、保安之责），第一行政督察专员兼保安司令，山东省国民经济建设运动分会委员，山东省县政设计委员会委员。梁仲华任第二行政督察专员兼保安司令，国民经济建设运动分会聘任委员、指导委员，山东县政建设设计委员会委员。孙则让任菏泽县县长、继王绍常任第一行政督察专员兼保安司令，山东省国民经济建设运动分会指导委员。张里元历任临沂县长，第三行政督察专员兼保安司令，山东省县政设计委员会委员及国民经济建设运动分会的指导委员。

另外担任县长的乡建派人员有：邹平县长梁秉昆、朱桂山、徐树人、王怡珂，菏泽县长陈亚三，曹县县长叶云表，禹城县长徐晶岩，郓城县长白莲村，汶上县长张鸿钧，滕县县长周同。另外由乡建派专员管辖的县份或第四专员区及其他三区推行"乡农学校"制度的县份达70余县。虽然社会上通常把梁漱溟的乡建派称为文化教育的一个派别，但实际上乡建派的专员县长的职权与不属于乡建派的山东省专员县长是同样的。

乡建运动共经历了四个阶段。邹平、菏泽、济宁三个实验县阶段；鲁西十四个县的县政建设实验区阶段；三个专员区阶段；全省七个专区七十余县推行乡农学校阶段。到1936年2月，山东乡村建设研究院与山东省地方行政人员训练所（所长为韩复榘，副所长为山东省府的秘书长和四个厅长）合并为山东省县政设计委员会，韩复榘任委员长，乡建派的梁漱溟、王近信、张里元、梁仲华、孙则让五人为委员，居全体15名委员的三分之一。山东省乡村建设研究院此后不只是在山东国民党省政中居于人称为第二省府的地位，而且与国民党地方军阀省府融为一体，乡村建设运动的主张在实际上已成为当时山东地方政制中的主体。乡建派的主要核心人员与山东省府主席韩复榘，秘书长张绍堂，民财建教厅长李树春、王向荣、张鸿烈、何思源，高等法院院长吴贞缵，第三路军参谋长刘书香同为山东省的县政建设设计委员会的委员和山东省政制规划的决策人。

1933年8月南京国民党政府为强化各省的反动统治机构，颁布《行政督察专员暂行条例》。1935年2月，韩复榘委任山东乡村建设研究院副院长王绍常为统辖14个县的第一（济宁）行政督察专员公署专员，副院长孙则让为秘书主任。同年4月，山东省府298次政务会议，通过将该署改为山东省县政实验区长官公署，以王绍常为该署长官，其更改名称的目的是所谓"发展农村经济、实现地方建设"。韩复榘之所以将行政区与县政实验区合为一体，是因为乡建派的政绩符合巩固山东国民党军阀加强其反动统治的需要。梁漱溟于1934年2月视察了菏泽县实验区后呈报给韩复榘的报告中例举了菏泽实验县区的县府组织、政务警察、训练民众、救济灾民、倡办民众夜校、组织农村互助组等项成绩，"均为优良"，特别是乡农学校的民众自卫班，在"邻封各乡（匪患）警讯迭传"的情况下，"菏境乃安靖如常"，为民国以来六次水后必然发生匪患惯例所"独能免者"①。韩复榘于1934年6月在呈给蒋介石、汪精卫的报告中称赞邹平、菏泽两县的乡建派任职的县长能"接见民众、训练民众、组织民众，既能扫除积弊，民众自卫亦具相当基础"，菏泽民众自卫班2000余人抵抗了"刘（桂堂）匪窜近菏泽"，使"刘匪不敢深入"。1936年2月，韩复榘又据梁漱溟的请求，将县政实验区长官公署改为行政督察专员公署，委任王绍常、孙则让、张里元为第一、第二、第三专员公署专员。经过半年，韩认为各专区设置以来"尚著成效"②，几年来邹平实验的结果很好，"已经有了很切实的成绩"③，于是经过山东省政府第534次政务会议通过，增设第四、第五、第六、第七四个专员公署。韩复榘在向新毕业的分配到新增设的四个专员区工作的乡村服务人员的讲话中说，乡村建设工作"过去已垦过三个区域，现在要着手垦新四区""诸位都是新垦荒者的健将"。④ 这样，到1936年，全省共有7个专区的69个县，加上邹平县，以及推行乡农学校制度的寿光、滨县、沾化、利津和莱阳县，共有75个县推行乡建和乡农学校制度，为全省107个县的十分之七。乡建研究院及菏泽分院的研究部，乡村服务人员训练处，乡村自卫干部训练班，八校师范生训练处，第一、第二乡村建设师范，乡村建设专科学校等单位共训练了4000多人，其中有2000人分配了工作，担任75个县的基层工作人员。

---

① 韩复榘：《垦荒的乡村建设工作的我感》。
② 韩复榘对乡村服务人员的训话。
③ 韩复榘：《垦荒的乡村建设工作的我感》。
④ 《各省保安制度改进大纲》。

这就是说，全省的大部分县，或全部或部分都有乡建派的县、乡（区）级的工作人员。

韩复榘从省府拨出比一般的县要多的钱作为县政实验区和推行乡农学校各县的经费。1931年邹平实验县的经费为120500元，大大超过非实验县的经费。1935年菏泽、邹平这两个重点实验县的经费分别为62137元和58171元，大大超过不属于县政实验的日照和牟平县的12768元的经费。经费最少的单县为2329元。该年乡村建设研究院（包括分院）、县政建设实验区长官公署的经费共为231920元，为该年全山东省行政经费概算的17%。

县政实验区长官和乡建派担任的专员、县长都兼任实验区、专区和县的保安司令或保安队总队长，与韩复榘的第三路正规军共同担负维持治安、剿匪、清乡和镇压革命、爱国人民的任务。由驻济宁的第三路民团演变成的第一、第二专员区的保安队是山东省实力最强的地方部队。兼任曹县县长孙则让，东明县长万君宜，和长清、濮县县长在追剿著匪张镇、张老法之战中，都亲自率领县保安队作战。保安部队的另一任务是"普及国民教育，以确立征兵制度的基础。"① 南京国民党政府军事委员会确定保安队官佐政治训练课目是："公民常识，党义，匪患罪恶，民众自卫组织纲要，农村建设纲要，新生活运动纲要及新生活须知，国耻痛史，军人千字课"；另有军事术科训练课目。据不完全统计，仅第一、第二、第三专区就训练了十万地方武装。这些武装人员因是按家庭拥有土地数量的多少调训的，所以大部分是封建的地主富农分子，又受了国民党反动派的反共反人民教育，在抗战爆发后，除了一小部分参加了山东的八路军，一部分参加了国民党军队以外，大部分或投降日寇，或成了土顽，或逃跑溃散，到解放战争时期，成为还乡团的骨干，野蛮屠杀解放区的干部及其无辜家属。

山东乡建派人员的政治态度并不完全一致。邹平县合作指导委员会负责人秦亦文是国民党的CC分子。邹平县简易师范学校校长张宗麟，当时是进步的左派。他贯彻陶行知先生的"生活教育"的主张，实行男女学生合校，坚持"教学做合一"，订购了《中国农村》《铁流》等进步书刊，教学生唱"开路先锋""大路歌""满江红"等进步爱国歌曲，排演

---

① 《中国农村》第2卷第5期，1936年5月1日。

《放下你的鞭子》《雷雨》等著名的进步爱国街头剧和话剧，在暂时迁居到邹平县的鲁西黄灾民中办共学处，组织抗日救亡活动和游行，响应全国各地的"一二·九"运动。以张宗麟为首的进步教师学生的爱国活动，遭到邹平县县长徐树人及黄艮庸的敌视，说邹平简易师范"赤化"了，要封闭简师，赶走张宗麟，逮捕进步师生。梁漱溟本人也同意张宗麟离开邹平县。1936年2月，张宗麟在县长及武装警察的逼迫下，被迫离开了邹平简师，与大批进步师生告别。当张宗麟离校时，梁漱溟本人也是在场的。张宗麟被解职逐走的事件，反映出梁漱溟及乡建派的主要负责人，对于在邹平县从事抗日救亡活动的共产党人及进步爱国人士的压制和排挤态度。乡建派中有一些人在国共合作第二次建立，抗日战争爆发后，在伟大的民族解放的革命洪流中，在民主革命的实践中，抛弃了改良主义，与革命人民一起，走上革命的道路。其中各县的乡农学校的师生占较大比重。

乡建运动推行的各县以下的区乡政权的组织形式，一种是邹平实验县的乡学村学，分别取代原来的区、镇、乡公所，一种是菏泽实验县的乡农学校，取代原来的区公所，但仍维持原来的乡镇公所的保甲制度。乡农学校是乡村建设工作的核心，是乡村建设的基层组织，其职能是以教为主，统辖和加强区乡政权的政（治）、养（组织各种合作社）、卫（训练农民武装）的职能。这是有利于加强当时山东国民党地方军阀反动统治的一项重大措施，它加强了乡农学校制度所推行的取代区乡基层政权的统治职能，有利于农村中的地主阶级对土地和各种合作社的占有和控制。而无地、少地、固定资产较少的贫雇农的生产或生活状况则没有得到较多的改善。

中国共产党对于山东乡村建设运动的政策

十年内战时期，除了包括梁漱溟等人在内的改良主义者从事农村工作以外，中国共产党领导了长江南北的革命根据地的革命农民进行土地革命斗争，一批共产党员和马克思主义者在国统区的城乡也从事农村问题的研究和调查工作。由中国共产党秘密领导，在国统区的公开合法团体——中国农村研究会，以马克思主义作指导，用阶级分析方法，研究和调查农村的生产关系，用大量事实证明中国还是一个半殖民地、半封建社会，迫切需要进行反帝反封建的土地革命。

这些在国统区从事农村工作的中国共产党人和马克思主义者反复阐明，马克思主义者从来不否认教育及改良技术在乡村工作中的积极作用，而是认为要发展教育、改良技术、改善农民生活，就应该从铲除那些阻碍教育发展和技术改良的原因着手，中国农村当时所需要的是反对帝国主义的侵略和铲除封建势力的统治。革命的乡村工作者应该使乡村建设运动去从事反帝反封建的斗争，这样，农民就能在反帝反封建的斗争中，多识字，多收粮，提高斗争觉悟，增加战斗实力。

孙冶方同志在《为什么要批评乡村改良主义工作》一文中写道："许多从事乡村改良主义运动的工作人员的精神，是可以佩服的，他们抛弃了都市的享乐，而到农村中去做那些艰苦工作，在他们主观方面，或者以为他们所做的工作确实是以拯救中国农村之崩溃的"①。但梁漱溟及山东乡建运动工作者在政治上去联络韩复榘这一"青天大老爷"式的政治军事领袖，"使他们的大兵不要在一天之内就吞光了自己多年经营的成绩"，"在改良主义的领导下，一切乡村组织的任务是在维持、复兴，并巩固旧的社会秩序，即维持、复兴并巩固帝国主义侵略和封建势力的经济体系。"孙冶方在这篇文章中既将梁漱溟为代表的乡村建设派和反动军阀韩复榘区别开来，又明确指出乡建派实际上所起的加强帝国主义侵略、封建势力统治的作用。

李紫翔在《农村建设运动应有的转变》一文中，具体批评梁漱溟恢复封建的伦理道德思想和强制的"自卫制度"，是起了重新树立"社会秩序"的作用，是要"压制和预防农民的暴动。"千家驹在《中国的歧路——评邹平乡村建设运动》一文中全面分析了乡农学校在其社会实践中所起的实质作用。千家驹在该文中指出，梁先生把乡农学校视为县政改革的一部分，是"乡建运动的精义所在"，但乡农学校既不能够"抵抗政治经济之种种侵略"，也不能以"出入相友，守望相助，疾病相扶持"的精神来解决农村土地分配不均的问题。在农村中虽然有某些"共通的休戚与祸福"，但农民各阶层因经济地位的不同而产生的不可调和的冲突则是不可避免的，而各阶层"合作"而形成的乡村利益，如防匪防盗、戒赌博、戒游惰的义务，是全村人民共同负担，而"地主富农更沾到光"。

---

① 《中国农村》论文选，上册。

一个村庄之内，有的人"胝手胼足，克勤克俭，反要啼饥号寒，卖儿鬻女"；有的人则"四肢不勤，五谷不分，荒嬉终日，反却能养尊处优，优哉游哉"。由此可见，由地主豪绅所组织的"乡学""村学"是不能"为一般小农与贫农谋利益的"，它的任务只不过是不容许农民自己的"武装组织"的"扩大"，限制农民的武装组织不得"酿出祸乱"。根据上述对乡农学校的由哪个阶级控制，为哪个阶级服务的分析，千家驹深刻地指出，梁先生的以乡农学校取代原来的乡村政权这一"新治道"，"骨子里还不是维持现存制度之巧妙的设计者？"

中国农村研究会的成员在批判梁漱溟乡建理论的改良主义思想和社会实践的同时，也看到了由于民族危机日深，梁漱溟多次表示主张抗日，向所有从事乡村建设运动的爱国者提出在抗日救国的共同目标下，建立乡村工作人员的大团结，抵抗日本帝国主义者有增无已的侵略。梁漱溟在他的乡建论述中，一向主张建立"社会之秩序"，"自身有力量可以御外"就不患外国侵略，他还原则上同意乡村工作人员团结御侮的主张。1937年初，他又发表谈话，要改变乡建工作的方向。

在抗日战争前夜，负责中共中央北方局工作的刘少奇同志，在1937年5月《关于白区的党与群众工作》一文中明确提出了中国共产党对梁漱溟为首的山东乡村建设运动的政策。刘少奇在这个文件中写道，党目前根据抗日民族统一战线的政策和西安事变后内战已经停止的政治局势，在农村中的主要任务是改良农民的生活，团结千百万的农民，在山东我们要与乡村建设运动合作，参加进去，帮助他们，使他们成为真能教育农民、组织农民，并改良农民生活的运动。北平的地下党组织，根据刘少奇同志指示的精神，根据乡农学校教练养成所主持人王致远的要求，推荐了一批共产党员和民族解放先锋队队员至山东省该所任学员。这个所的二三百学员在抗日战争爆发后，转入由第三路军改称的第三集团军中的政治工作人员训练班，接受关于我党的抗日民族统一战线的教育，和群众工作、游击战术的教育，当日寇侵略铁蹄踏进山东境内之后，被分配到鲁北、鲁西北和胶东诸抗日前线，从事各项抗日工作。

抗日战争爆发后，由太原来济南的中共北方局山东联络局书记张友渔同志，派于毅夫、张郁光、齐燕铭等同志与乡建派联系，召开座谈会，促进乡建派抗日救国。张友渔同志把梁漱溟代表的乡村建设派作为山东文化界的一派力量，山东联络局努力促进乡建派、何思源派与来到山东的平津文化界三种力量的共同抗战。

中共中央派至济南开展对韩复榘作统战工作的张经武同志也努力推动梁漱溟来影响山东省的乡建派人员抗战。张经武同志认为：梁漱溟在山东办乡建学校已有六年历史，对于农民训练已有一定的基础，这些受过军事训练的农民武装和受乡建派影响的群众，在日寇积极进攻和军阀官僚的压迫之下，要求抗日自卫的情绪是相当的提高了，"鲁西数万农民在乡农学校系统领导之下，宣誓对日抗战自卫"①。张经武同志提出山东省委工作任务之一，就是团结和领导民众，团结政训处及乡农学校干部，打击控制民众运动、反对左倾分子的省府秘书长张绍堂和国民党山东省党部。1938年1月15日中共中央指示山东省委，要对于当地旧政权和专员县长等，如他们仍旧在该地继续抗日，应该与他们合作，共同行动。

梁漱溟先生在《乡村运动周刊》上发表了《我们如何抗战》的演讲稿，主张"要靠无限的兵力"抗敌，认为"无限的兵力就是中国四万万五千万的人民"，主张"我们摧毁敌人，要能支持长久""我们的乡村工作，就是为了抗敌"。② 这一讲演表明，梁漱溟代表的乡建派，具有主张持久的全民抗战以打败日本侵略的爱国主义思想。

山东和沿海各省沦于日寇占领以后，梁漱溟及山东乡建派的一些负责人转移到内地，在中国农村研究会工作的共产党员曾与梁漱溟、晏阳初谈判建立乡村工作的统一战线问题，据薛暮桥同志在1942年写给刘少奇同志的报告中说，"主要因为晏梁间的剧烈冲突（争夺领袖地位），其次由于我们自己对这工作的不够积极，没有得到结果。"③

乡建派留在山东敌后抗战的有：坚守滕县的周同县长，第三区行政专员兼保安司令张里元，军委会政治部直属第三政治大队长秦亦文，第三政治大队余部改称的濮县教导队。梁漱溟本人于1939年春以军委会特派员的名义回山东，但没有得到受过乡建派训练和影响的农民群众的坚强支持。当韩复榘带领其第三集团军及部分乡农学校的枪支、壮丁逃向湖南等

---

① 《山东革命历史档案资料汇编》（四），第10页。
② 转引自余霖《抗战爆发后的农村工作》。
③ 薛暮桥：《关于中国农村研究会及白区工作问题》。

地时，这些壮丁中的一部分人和农民认为乡农学校违背了守土抗战、绝不带走壮丁枪支的声明，"怨毒之极"的农民愤起砸毁乡校，打死好几个校长，邹平的代理县长在日寇侵占邹平县之后，无耻投敌。韩复榘因违令退却被处决后，继任山东省政府主席一职的沈鸿烈，以乡村建设"不合法令"，下令将全省乡农学校撤销，恢复了旧的区、乡、闾、邻旧制。梁漱溟在日寇侵略军扫荡沂蒙山区的战役中，由于分裂后的政治大队被打垮，由于得不到农民的支持，只得经山东八路军派人护送到鲁西的鄄城。梁到四川后，一度组织了以他为主席，黄炎培、晏阳初为副主席的"乡村建设学会"，1941年3月，他又以乡建学会代表的身份发起组织"民主政团同盟"。

中国革命获得伟大胜利的历史已经证明，中国共产党领导的农民革命斗争的道路，是唯一正确的道路。梁漱溟所代表山东乡建派所进行的乡村建设运动之所以失败，其原因，第一，十年内战时期，站在地主阶级立场，企图维持农村的旧秩序，也就是封建关系，反对中国共产党领导的土地革命，反对把乡村建设的农民问题作为民族解放、社会解放斗争的组成部分。梁漱溟先生本人在谈到山东乡村建设运动失败的原因时说过，作为下级行政机关的乡农学校，执行了当时山东省政府的"一切苛虐命令"，成为"破坏乡村之工具"，"吾同人同学几乎不能在社会上立足，几乎无颜见人矣。"第二是在抗日战争和解放战争时期，没有能像一些乡村工作者那样，到八路军、新四军、解放军开辟的抗日根据地和解放区去，从新民主主义社会的农村社会实践中改正自己的错误。第三，他在国统区，没有和中国共产党的乡村工作者结成统一战线，去从事民族解放和农民解放的工作。梁漱溟本人任主席的"乡村建设学会"后来也无形解体了。

从邹平的实践析梁漱溟的乡村建设运动

——一个文史工作者的观点

成学炎

对梁漱溟先生及其50年前从事的乡村建设运动，几年来我的认识发生了很大的变化。几年前，梁漱溟先生在我头脑中的印象是一个"反动分子"，他从事的乡村建设运动，也只是"乡村破坏"，丝毫没有什么进步意义。但是，自1985年以来，由于搞文史资料征集工作，多次访问了梁先生及其同人同学，对梁先生在邹平倡导的乡村建设运动初步进行了探讨，逐渐产生了一些新的认识。

一 梁漱溟先生的乡村建设运动是一种改造中国的探索

梁漱溟先生的乡村建设理论，"萌芽于民国十一年，大半决定于十五年冬，而成熟于十七年"①。从其产生的背景和过程可以看到这样两点：

第一，乡村建设理论是梁先生"对中国问题的烦闷而找出来的答案"，乡村建设运动是谋图中国社会积极建设的运动。

梁漱溟从青少年时期就关心国家和民族的命运，他热心时事，关心大局，对当时的政治很不满意，具有强烈的政治改革要求。1911年加入京津同盟会，办《民国报》造舆论，配合南方革命党开展了革命活动。

辛亥革命后的几年，是中国近代史上极黑暗的年代。辛亥革命推翻了

---

① 梁漱溟：《乡村建设理论》，邹平乡村书店1936年版，自序第2页。

清王朝的统治，建立了中华民国，但共和国只是徒有其名而无其实。袁世凯篡夺革命成果，恢复帝制。理想的破灭，现实的黑暗，对年轻的梁漱溟刺激很大，他心头烦闷，悲观厌世，他"既不欲升学，又不欲做事，谢绝一切，闭门不出，一心归同佛家，终日看佛书。"①

在烦闷中，梁漱溟潜心研究学问，对东西文化进行比较，继续探索解救中国的道路。他认识到："袁世凯解散国会称帝，北洋军阀破坏约法，其病不在袁世凯个人或少数北洋军阀，而在多数民众没有那样的政治习惯，因而不会运用那样的政治制度。新政治制度不是搭一空架子所能够建立起来的，问题焦点系在习惯。不要说中国多数人对于新政治制度尚不明瞭，就是已经完全明瞭，亦未必就会运用建立，固缺乏在事实上熟练进行的习惯故也。……由此可知道理容易明白，而事情实不容易作，习惯尤其难养成。政治改革之所以不成功，完全在新政治习惯的缺乏；换之，要想政治改革成功，新政治制度建立，那就非靠多数人具有新政治习惯不可。"② 因为有了这种认识，对如何培养新政治习惯问题，就成了梁漱溟经常盘旋思索的问题。经过反复研究比较，梁漱溟逐步形成了自己的政治主张："培养中国式的新政治习惯，而不是西洋式的。培养之方，唯有从乡村起最为适宜。除此以外，别无方法"③。1923 年梁漱溟在山东曹州中学讲演时，提出了"农村立国"的主张；1927 年在广东提出了"乡治"；1931 年在山东邹平进一步提出"乡村建设"。

梁先生说："中国以经济落后而一切落后，新缺乏的东西太多，因而国人都抱有一种积极建设的要求。不过有人想走近代资本主义的路，有人要学苏俄，有人要学意大利，新见种种不同；乡村建设亦是其中一种，并且亦许是渐渐要占势力的一种。于此，乡村建设实是图谋中国社会积极建设的运动"。④

第二，乡村建设运动，来源于梁漱溟对中国社会的特殊认识。

梁漱溟认为，中国仿行"欧洲近代民主政治的路"是不成功的；取法于"俄国共产党发明的路"也是不可能的。他说："南京的国民党是在

---

① 梁漱溟：《自述》。
② 梁漱溟：《我的一段心事》。
③ 梁漱溟：《自述》，见《我的努力与反省》，第83页。
④ 梁漱溟：《乡村建设理论》，第11页。

我右边的，它倡言建设而无方针，简直不晓得它要往哪里去，不说背叛革命，亦是忘记革命；江西的共产党是在我左边的，它倒始终没有忘记革命，而盲目破坏，有害无益。若其昧于认识中国的问题，则两党所犯之病相同。只有我从历史文化认出了中国革命唯一正确之路。"① 这就是乡村建设的道路。

梁先生看到了中国的特殊性。他认为"中国原来是一个大的农业社会，在它境内见到的无非是些乡村，即有些城市（为县城之类）亦多数只算大农村，说得上都市的很少。从这点上说，中国建设问题应当是乡村建设。"②

什么是乡村建设？梁先生说："乡村建设包含两个意思：一因乡村破坏而有救济乡村之意；二因中国文化要变而有创造新文化之意。"③ "救济乡村便是乡村建设的第一层意义，至于创造新文化，那便是乡村建设的真意义所在。乡村建设除了消极地救济乡村之外，更要紧的还在积极地创造文化。所谓乡村建设，就是要从中国旧文化里转变出一个新文化来。"④

梁先生对文化的含义有两种讲法："狭义地讲是单指社会意识形态说；广义地讲，则一个社会的经济、宗教、政治、法律、乃至语言、衣食、家庭生活等等，统同包括在内。换句话说，所谓文化，就是一个社会过日子的方法。"⑤ 按照广义地理解，中国文化分有形的根和无形的根，有形的根就是乡村，因为中国是农业国，80%以上的人在农村，中国文化以乡村为本，以乡村为重。无形的根就是老道理。"中国的老道理不外两点：一是互以对方为重的伦理情谊；二是改过迁善的人生向上。"⑥ 过去千百年来，以乡村为主的中国，就是根据这些老道理而生活。但是，由于外国的影响，中国文化已根本动摇，就是说中国的乡村已经崩溃，中国的老道理已经动摇了。他还认为，中国有两大缺欠：一是缺乏科学技术；二

---

① 梁漱溟：《我的努力与反省》，第403页。
② 梁漱溟：《山东乡村建设研究院旨趣及办法概要》。
③ 梁漱溟：《乡村建设大意》。
④ 同上书，第18页。
⑤ 同上书，第19页。
⑥ 同上书，第105页。

是缺乏团体组织。由于这两大缺乏,因而没有力量,处处失败。所以,要解决中国问题,必须从乡村做起,顶要紧的是提高农民的自觉性,建立乡村组织,培养良好的政治习惯。他说:要想政治改革成功,新政治制度建立,那就非靠多数人具有新政治习惯不可。"①

如何理解和怎样培养新政治习惯呢?梁先生自己解释说:"我心目中所谓新政治习惯可分两方面去说:一面是对于团体公共事务的注意力;一面是对于团体公共事务的活动力。'乡村自治'一面可以培养人对公共事务的注意力,一面可以培养人对公共事务的活动力。我们培养新政治习惯,如一开始即从国家入手,则国家面积太大,人口太多,距离太远,很难集中,注意力当无从培养了。如从乡村小范围入手,则范围内公共的事情摆在眼前,刺激切近,痛痒相关,休戚与共,注意力就容易诱发培养。注意力诱发之际,好恶迎拒是非利害赞成反对等等情意必随之而生;凡此种情意最好能够推送表达出去,最好能够在实际活动中表现出来,则活动力之培养就又成为必要。注意力唤醒之后,如不继之以行动,使其见诸事实,则一定会枯萎无用的。而活动呢?亦自然须在乡村小范围内才容易诱发及培养;范围大,则活动很不容易发生反应,无反应则活动的意趣就要减煞,活动力就不易养成。多数中国人对于国事漠不关心,原因未尝不在这里。我们如以乡村小范围入手,则大家的活动容易送出去,送出去就易有反应,互相刺激,互相反应,乡村社会就可活起来。如此,活动力就容易培养成功了。如果在乡村小范围内尚不能诱发大家的活动力,大家尚不乐于活动,则国家大事尚有什么希望呢?所以要想培养中国的新政治习惯,自然须从乡村小范围入手。"②梁先生正是根据这种认识,设计了乡学、村学组织及乡村建设的具体方案。

综上所述不难看出,梁先生为了探求解救中国问题的答案,付出了很大心血。"答案"正确与否暂且不论,他的爱国热情,探求精神确实是难能可贵的,是应该肯定的,是值得学习的。

---

① 梁漱溟:《我的一段心事》。
② 同上。

二 梁漱溟的乡村建设运动是一种社会改良主义,既有积极的一面,又有反动的一面,必须加以具体分析

梁漱溟的理想是"建设一个政治上达成民主主义,经济上达成社会主义的新中国。"① 他选择的道路是乡村建设运动。1938 年 1 月梁漱溟第一次到延安访问毛泽东时,毛泽东针对他从事的乡村建设说:"你走的是改良主义的道路,不是革命的道路。中国社会需要彻底革命,改良主义解决不了中国的问题。"② 梁先生也承认他们"是社会改良派,只是一种改良主义。"③

如何评价梁先生乡村建设改良主义运动呢?我认为,对改良主义应有一个正确的评价标准。建国之后,对改良主义进行过多次批评,许多观点今天看来是错误的。对改良主义我们必须坚持历史唯物主义的观点,具体情况做具体分析。既然是社会改良,"良"者,好也,善也,对社会来说有其进步的一面;另一方面由于改良者的阶级立场不同、背景不同,因而改良主义又有其历史的局限性。对改良主义评价的标准只能是实事求是的看其是否促进社会生产力的发展,这样才能得出正确的结论。其次,必须对梁先生的乡村建设运动做具体分析,不仅要研究他的理论,更要注重研究他的实践。下面我们具体分析一下梁先生所从事的乡村建设运动。

梁先生的乡村建设实践经历了三个时期:第一个时期,1928 年在广东办"乡治讲习所";第二个时期,1930 年在河南辉县与彭禹廷、梁仲华等人办"河南村治学院";第三个时期,1931—1937 年在山东邹平办"山东乡村建设研究院"。在邹平期间,梁先生的乡村建设理论更系统、更完整,并正式出版了《乡村建设理论》一书。同时,划邹平为实验县进行了县政府改革实验、地方自治实验、社会改进实践。邹平可以说是梁先生乡村建设的模型和基地,其用意就是"从乡村组织一个小小的端倪,慢

---

① 梁漱溟:《我的努力与反省》,第 353 页。
② 成学炎整理《梁漱溟先生访问记》,《山东文史资料选辑》。
③ 同上。

慢萌芽生长而开展为一个大的社会组织。"①

梁漱溟在邹平实验县的实验工作可分为两个阶段：1931年3月至1933年6月为第一阶段；1933年7月至1937年10月研究院解散为第二阶段。在第一阶段，邹平虽划为研究院的试验区②，但并未开始进行改革试验。原因是一方面限于当时中央及本省一切法令规定，各项地方行政事务，均由省厅局命令各县属科局办理，研究院和试验区实际上并无实行新计划的权力。另一方面，研究院人员1931年初到邹平，他们对当地的老百姓和自然环境不熟悉，必须有一个了解熟悉情况的过程。这一阶段的工作，随研究院研究部训练一届学生四十余人，训练部训练两届学生六百余人外，邹平县试验区主要做了以下几项工作：

第一，举办乡村教师假期讲习班。从1931年9月1日开始，连续举办两期小学教师讲习班，每期四周，共培训教师四百人。③ 讲习班以研究院导师为导师，一面说明乡村建设情况及试验县区各项试验办法，征求意见；一面介绍当时教育思潮，指导改良教学方法。小学教师有文化，接受新鲜事物快，同当地群众联系密切，通过培训，多数教师对乡村建设有所了解，对以后研究院和试验县的工作，给予了有力地配合支持。

第二，举办农品展览会。1931年10月25日研究院举办了第一次农品展览会，会期原定三日，后又延期一日，到会参观民众统计四万余人。1932年10月25日举办第二次农品展览会，④ 会期三日，参加者有来自济南、青岛等山东的20多县、市和河南部分地区的代表，展品比第一次增加一倍，赶会人员达5.7万多，有力地扩大了研究院的影响，加强了研究院与外界的联系。

第三，举办乡农学校。1931年11月，研究院师生300多人，分赴邹平各村试办乡农学校91处，入学人数达3996人。⑤ 乡农学校社会化，组织农民学文化，启发农民自觉地、有组织地进行自救，实施农业改进措施，开展合作运动，改良乡村社会，在群众中产生了很大影响。

---

① 梁漱溟：《乡村建设理论》"引言"。
② 1933年前为"乡村建设试验县区"，1933年后改为"县政建设实验区"。
③ 《山东乡村建设研究院概览》。
④ 同上。
⑤ 同上。

第一阶段，通过举办教师讲习班、农品展览会、乡农学校，使研究院与邹平县各界人士疏通了关系，为进一步开展试验工作打下了良好的基础。

1933年7月，邹平县由原"乡村建设试验区"改变为"县政建设实验区"，其性质、权限均为之一变。根据规定研究院和实验区的权限扩大，可以选定实验县的县长（但需经省政府同意和任命），可以任免实验县的行政人员，可以在实验县进行乡村建设理论的实验。因此，邹平实验县的工作从此进入了一个新的时期，县政改革实验、地方自治实验、社会改进实验全面推行。从实践结果来看，促进了社会生产力的发展。现将影响较大的改革事项介绍如下：

① 实行县政改革，提高办事效率。

梁漱溟及其同人认为：县政府是"治事理民最基础之行政组织"，是"宜达政令、弘扬民意之枢纽"。因此，搞好县政改革"至为重大"。从1933年7月开始，邹平实验县改革主要作了以下几件事：

第一件事，将原邹平县各局降为科，各科办公室合为一个，集体办公。并实行工作人员八小时工作制，建立签到、考勤制度、县政会议制度，县政会议、县地方会议研究的重大事项，通过县公报公布于众，扩大了民主，具有一定的政治透明度，提高了工作效率。

第二件事，1933年7月16日裁撤雇用的民团大队部，成立民团干部训练站，改进干部队和征训队，化募为征，试行民兵制度。1935年1月，又裁撤民团干部训练站，成立警卫队，实施联庄会会员抽调补习训练，每期四十名，受训四个月，期满还乡，逐期训练。在训练期间，担负全县警卫任务。这样，邹平实验县废止了招募雇佣兵的办法，而以征调训练联庄会会员，作为建立民兵制度的实验。

第三件事，将过去的七区、十六镇、一百四十一乡一律裁撤。县以下自治组织改为乡、村、闾、邻四级，全县除城区为首善乡外，其余划十三乡，并建立了"政教合一"的乡学、村学组织。乡学、村学是梁先生乡村建设的模式。"邹平之实验工作，主要在乡村组织之实验"①，所以建立乡学、村学组织是乡建中最有意义的事。

---

① 梁漱溟：《一年来的山东工作》。

第四件事，改革财政，实行了统收统支的办法，建立了预算决算制度、乡村财政监督制度。改变了过去一些贪污、受贿、勒索等不良风气。

经过县政改革，邹平实验县政府工作面貌焕然一新，工作效率大为提高。县府工作人员的作风也发生很大变化，他们"生活朴素、身穿粗布衣、脚穿布鞋布袜。院县领导平等待人，县长、秘书、科长和一般职员，无上下级之区别，在工作中是严肃认真的，在生活中是活泼愉快的，不特殊化，同大家同一食堂、同一饭桌吃饭。"① 在腐败的旧中国，能改出这种局面是难能可贵的。

② 兴办教育，开发民智。

邹平实验县十分重视教育，不仅重视学校教育，尤其重视社会教育。邹平实验县把教育贯穿了各项实验工作之中，教育事业得到较大发展。

首先，从学校教育来看，发展很快。1931年邹平共有村立小学282处，学生7961人；区立高级小学6处，学生418人；无中学、师范。划实验区后，据1934年统计，村立学校308处，学生8903人；乡学（相当于过去的高级小学）14处，学生750人。除此，邹平县还设有山东乡村建设研究院、乡建师范。另外，实验县为解决农村失学儿童的教育问题，还试行导友制共学处、二部制教学。据1937年1月统计，全县设立共学处446个，入学儿童达5468人；设二部制小学10处，学生271人。

其次，社会教育形式多样，成绩突出。1933年7月划实验县后，全县成立乡学、村学，以社会为学校，以全民为对象，普遍施以教育。

1935年春，实验县政府颁发了《邹平试验县青年义务教育实施大纲》，对全县十六岁以上、三十岁以下男青年进行义务训练，时间三个月，课程有军事训练、精神陶炼、常识、音乐。据1935年统计，全县举办青年义务训练班271个，受训者8603人。

1935年冬，实验县政府颁发《邹平试验县成年教育实施办法》，令全县村学、村立学校设立成年部，凡住在本县年龄在十岁以上、四十岁以下的男子均应受成年教育（在校学生、教职员、机关公务员除外）。成年教育以启发民族意识、培养组织能力、增进普通常识、陶冶服务精神为宗旨。据1937年1月统计，全县设有成年部271处，学生12019人，妇女

---

① 郑行郡：《邹平实验县施政点滴》，载《邹平文史资料选辑》第三辑。

部5处，学生188人。

1933—1937年举办联庄会员训练四期，每期两个月，训练十八岁至三十岁成年农民三千多人。

1933年6月成立戒烟所；1934年又设立成人教育特别班，收留小偷、赌棍、地痞、毒品犯等施以特种教育。1935年7月，戒烟站与成人教育特别班合并，改名为自新习艺站，对受保安处分及违警案件判处七个月以上者及烟犯、莠民分别施教及习艺，使其在心理上收到向上自新的效果，在能力方面学到谋生的本领。

1934年在县城试办乡村青年农事补习班，培养能够经营农事、经营农村合作站，推行农家副业生产的人才。当年招收三十人，修业时间两个月，期满后回本村工作。

1935年7月成立邹平县国术馆，进行国术训练。

上述种种社会教育，开发了民智，不仅促进了实验县各项工作的开展，而且对后来邹平文化教育事业的发展也有着很大影响。

③ 促进农业，开展经济。

梁漱溟先生说："此处所说农业并概括有林业、蚕业、茶业、牧畜、养鱼、养蜂、各项农产制造等。一切乡间生产事业皆在内。所谓促兴农业又包括两方面的事：一是谋其技术的改进；一是谋其经济的改进。技术的改进是求生产的品质与数量有进益，诸如改良种子、防病除虫、改良农具、改良土壤、改良农产制造等事皆是。经济的改进，是求生产费之低省与生产值之优厚，一切为农家合算着可以省钱或合算着多赚钱的办法皆是；其主要者即为各项'合作'，如信用合作、产业合作等。这两方面的改进自有两连相需之势。即技术上的改进，每每需合作才能举办者；而合作了，亦会自求其技术的改进。二者交济，农业之发达是很快的。"①

根据梁漱溟先生的理论，邹平实验县为促兴农业主要做了以下事情：

第一，成立农事试验场，试验推广各种新技术、新品种，普及农业科学。农事试验场设有各种研究机构，并附有分场、林场供实验用。其具体做法是，先收集已经各地农业机关试验的优良品种，在农场做一度试验后，再推广于当地农民。推广时，以适合于农民需要，并分区进行为原

---

① 梁漱溟：《山东乡村建设研究院设立旨趣及办法概要》。

则。例如，在邹平实验县内，划一、二、三、四、五各乡为造林、养蜂、改良果木及改进蚕业区；六、七、八、九、十、十一、十二、十三各乡为棉业区域，推广农场试验有效的脱力斯美棉，并组织美棉运销合作社。

农事试验场对各种农作物，如棉花、小麦、谷子、高粱、玉米、大豆等品种；各种蔬菜，如：白菜、萝卜、蔓菁、大葱等；各种果树，如：梨树、桃树、杏树等，都进行了品种试验。对土壤肥料、病虫害的防治，各种农具，如：犁、耙、水车、辘轳等也进行了改良。畜牧方面，改良了猪种、牛种、羊种、鸡种、兔种、蚕种、蜂种等等。有许多品种改良试验都取得了明显的成效。现举几例：

例一，实验推广脱力斯美棉，代替邹平过去退化多年的钦氏棉种。原种亩产不过120斤，只能纺20支左右的纱；而脱力斯美棉亩产140斤以上，系长绒棉，经"上海华商纱厂联合会"检查鉴定，可纺42支细纱，其品种在"灵宝花"之上，为国产棉最优者。

例二，实验推广波邹一代杂种猪，饲养两年，可比原邹平猪多长肉50斤。按当时最低市价每斤0.16元计算，可多得洋8元。实验场自1931年8月至1934年12月，用波支猪与本地猪交配共计1541次，成活仔猪18113头，每头多收入8元，共为农民增加收入144914元。

例三，实验推广来克行与杂交种鸡。原邹平鸡种，体躯甚小，出肉不多，每年产蛋不过80余枚，获利甚微。推广的良种来克行鸡，年产蛋170余枚，超过本地鸡一倍。

例四，兴修水利，打井抗旱。1935—1936年疏浚杏花沟，使"邹平水患可减八九，增加生产非小"①。研究推广新法凿井，据1935年统计，凿井1035眼，并发明了马拉抽水机，较旧式水车费省效大，对抗旱增产，大有补益。

例五，1935年建科学酱油厂。这是邹平历史上第一个酱油厂，直接改善了人民生活。

第二，组织各种合作社，促兴各项事业的发展。据《邹平实验县二十五年度（1936年）各种合作社概况报告专号》载："邹平合作事业创始于民国二十一年……届至二十五年底止，合作社种类计有棉运、蚕业产

---

① 《回忆抗战前的乡村建设》，载《山东文史资料选辑》22辑。

销、林业生产、信用、信用庄仓、购买等六种合作社，社数总计307所，社员则有8828户，已缴股金总数为12422.93元。此总数中计有棉运社156所，社员2632户，股金3826元；蚕业产销社21所，社员167户，股金174元；林业生产社32所，社员944户，股金957元；信用社48所，社员1095户，股金4792元；信用庄会社58所，社员2914户，股金4481元；购买社1所，（外有6所系其他合作社兼营）社员76人，股金84元。"①

各种合作社的建立，对推广新技术、新品种起了很大作用。例如，棉运合作社的建立，有力地促进了脱力斯美棉的推广。据统计，邹平当时棉田约5.25万亩，棉运社的发展与良种棉的推广情况如下表：

时间	社数	社员户数	棉田面积（亩）
1932年	15	219	667
1933年	20	306	3464
1934年	113	2810	21341
1935年	118	2749	26475.7
1936年	164	3897	——

梁先生及其同人倡导组织合作社，推广试验新技术、新品种，直接促兴了农业，邹平广大农民都不同程度受其益，这是不可否认的事实。

④ 改良社会风俗。

梁漱溟先生十分重视社会风俗的改良。他说："乡间礼俗的兴革，关系乡村建设问题甚大。不好的习俗不去，固然障碍建设；尤其是好的习俗不立，无以扶赞建设的进行"②。邹平实验县对社会风俗的改良，一方面利用村学、乡学大力宣传复兴我国固有的良好礼俗。如，敬老、慈幼、礼贤、恤贫、睦邻、扬善、抑恶、勤劳、俭朴、尚武、尚公、尚义等美德。另一方面，反对、禁止各种陈规陋习，如：妇女缠足、男孩早婚、吸食毒品、赌博、不清洁等坏习惯，教育大家一齐向上学好求进步。从社会效果看，实验县对社会风俗的改革取得了一定成绩。邹平男子早婚的现象受到

---

① 梁漱溟：《一年来的山东工作》。
② 《乡村建设半月刊》第六卷第17、18期。

控制，女子缠足基本禁止，吸毒、赌博的现象大大减少，社会风气有了明显好转。（关于这方面的情况我在《梁漱溟三十年代对邹平风俗的改善》一文中，已有详细介绍，此不赘言。）

⑤兴办卫生事业。

医疗卫生事业直接关系到人民群众的健康。过去，邹平县医疗卫生比较落后。划邹平为实验县后，1934年7月开始筹备，10月正式建成邹平第一所县卫生院。卫生院建成后，诊疗与卫生并重，在未设病床之前，每日上午八时至十二时，下午两时至五时为门诊时间。据统计，自1934年9月至1935年6月，共诊治病人7635人，病症为8592例，诊疗次数17868次。除此，卫生院还举办邹平乡师、实验学校、乡学学生，宣传卫生知识；举办卫生助理员训练班，培养乡村卫生员；1934年12月调查邹平婴儿死亡原因，累计调查5437人；1935年4月成立妇幼保健会；在全县248村庄种痘，累计有10505人。这一系列活动，无疑有利于促进人民群众的健康。

除上述有益之事外，研究院和邹平实验县还做了不少事情，如乡村自卫、人口调查、土地陈报等等，这些工作都在不同方面发生了一定作用。

如上所述，梁漱溟乡村建设运动作为一种社会改良，在其实践中确实收到了良好的效果，在一定范围内推动了社会生产力的发展，其积极意义应该是肯定的。

另一方面也必须指出，梁漱溟的乡村建设运动，在客观上起到了反对共产党、为蒋介石集团服务的作用。梁先生的乡村建设主张，是在国内阶级斗争非常激烈紧张，特别是中国共产党和中国国民党两党斗争激烈紧张的时期提出的。当时，蒋介石集团、汪精卫集团相继背叛革命，1924年开始的第一次大革命失败。中国共产党被迫转入地下，革命的重点从城市转向农村，开始了以土地革命为主要内容的革命斗争。以毛泽东同志为代表的中国共产党人，在湖南等地开展了轰轰烈烈的农民运动，并提出了以农村包围城市，最后夺取城市的正确路线。正是在这样的背景下，梁漱溟依附于国民党政府当局，大力推行乡村建设，并公开提出了防止共产党的问题。他说："我们的乡村组织可以解决中国眼前的几个大问题：……第三是共产党的问题。此刻在政府以及好多人的意思，都以为这个问题，但实际上这个问题不是这么简单。这确是中国社会的大问题。单讲求地方保卫不足以解决。那么，这个问题如何解决呢？我们的回答：自某一意义上来看，共产党的作法，实是中国的一种农民运动。农民运动为中国今日必定要有的，谁若忽视农民运动，便是不识时务；要想消除共产党的农民运动，必须另有一种农民运动起来替代才可以。我们的乡村组织除了一面从地方保卫抵御共产党外，还有一面就是我们这种运动实为中国农民运动的正轨，可以替代共产党。"①

从当时邹平和其他地方的情况看，凡是按照梁先生的乡建理论办乡农学校、进行联庄会训练、实行乡村自卫的地方，都不容许共产党公开活动，共产党在这些地区确实遇到很大困难。正因为如此，梁先生倡导的乡农学校特别受到蒋介石国民党政府重视。抗日战争爆发后，当国共两党第二次合作之时，梁先生的一些学生，他们训练的联庄会会员，许多人曾一度参加过抗日斗争。但当国共两党分裂之后，大部分却站到国民党一边，反对共产党。这种情况，与梁先生主张的"从地方上抵御共产党"的宣传是有关系的。

梁先生在乡村建设运动中公开抵御共产党是历史事实。正如他自己说的那样："国内过去有本有源彻头彻尾反对共产党以武装斗争方式解决中国问题的，我算一个。"② 如何看待这个问题呢？我认为应该历史地加以具体分析。首先应该指出，梁先生反对共产党同蒋介石国民党顽固派的反共是有区别的。他钦佩共产党的人格，不同意共产党的路线。"常抱着一个容纳共产党而修正共产党的想法。"③ 梁先生同共产党的政见不同，路线不同，但都是为了中国的统一稳定富强。而蒋介石顽固派反对共产党则是为了实行独裁统治，是一己一党的私利。第二，梁先生反对共产党除立场、政见不同之外，主要还是认识问题。梁先生乡村建设理论形成时期，正是中国共产党成立初期，党的力量还比较薄弱，人们对共产党还缺乏了解。这一时期，党在路线上又犯了先是右的，后是"左"的错误。特别是"左"的错误，把中间势力视为最危险的敌人，采取了过"左"的行动，使我们党脱离了群众，造成了严重损失。在这种情况下，像梁漱溟这

---

① 梁漱溟：《我的努力与反省》，第 429 页。
② 同上书，第 305 页。
③ 同上书，第 404 页。

样的知识分子,对共产党有片面的错误的看法是可以理解的。第三,对以毛泽东同志为代表发动的农民运动,也有一个认识过程,开始党内一部分人,甚至是党的领袖人物也认识不清楚,何况社会上像梁漱溟先生这样的知识分子呢!第四,梁漱溟先生后来有了新的认识。他说:"总结一句:毛主席实事求是,从斗争求联合的联合政权今天成功了;我那种主观主义要联合不要斗争的联合政权本出于空想,今天自然落后。实事既经证明,历史作出定论,三十年自以为革命的我,临到末了还只有承认是改良。"①尽管看法如此,但梁先生从事乡村建设运动政治上的反动性是任何人都不可否认的。这也正是改良主义的历史局限性,不采用革命暴力打碎旧的国家机器,依靠统治阶级实行社会改良,从政治上说,只能维护统治阶级的利益。这种反动性是应该给以批判的。

三 梁漱溟的乡村建设运动不能解决中国的根本问题

旧中国,中国人民面临的根本问题是帝国主义、封建主义、官僚资本主义的压迫统治,只有在中国共产党的领导下,用暴力革命推翻三座大山,中国人民才能得解放,中华民族才能兴旺发达。这已为历史事实所证明。

梁先生的乡村建设运动之所以不能解决中国的根本问题,我认为主要有两个原因。

其一,在理论上梁先生否认中国存在阶级和阶级斗争这个客观事实,没有解决广大农民最迫切的土地问题。因而,不可能调动广大农民的积极性,只能出现"号称乡村运动而乡村不动"的局面。

从邹平实验县的情况看,阶级的分化是十分明显的。据当时的调查统计,邹平总计 32496 户,其中无田者达 2540 户,占总户数的 7.89%;占有 100 亩土地以上的 337 户,其中 200 亩以上的有 47 户。②又据邹平县第十一乡土改时统计,全乡总计 2434 户,45945 亩土地。其中地主 148 户,

---

① 梁漱溟:《乡村建设理论》,第 279 页。
② 梁漱溟:《山东乡村建设研究院旨趣及办法概要》。

占有土地 18048 亩；富农 92 户，占有土地 7052 亩。地主、富农共 241 户，约占总户数的 10%，占有土地 25100 亩，占全乡土地的 55%，其中 399 亩以上的地主 8 户；而占全乡近 90% 的贫农、中农，仅占有土地 20845 亩，占全乡土地的 45%，其中无地无房 99 户，逃荒要饭 66 户。如孙家镇地主马××有地 365 亩，养着 11 头牲口，雇着 6 名长工，每年放高利贷，利息三到四分，生活花天酒地。而许多贫雇农，房无一间，地无一垄，衣不遮体，食不饱肚。两相比较，贫富悬殊，阶级分化是何其大！对广大贫下中农来说，当时最迫切的问题，是解决土地问题、解决温饱问题。然而梁先生在邹平实验县并没有提出解决土地问题的具体办法。梁先生曾经说过："仅是一饱的人，不能过问政治；忙于生业，心思不能旁用的人，不能过问政治。"① 而对于连一饱都不足的贫下中农来说，他们就更不会有兴趣去过问梁先生的乡村建设运动了。正如梁先生在《我们的两大难处》所说的那样："本来最理想的乡村运动，是乡下人动，我们帮他呐喊。退一步说，也应当是他想动，而我们领着他动。现在完全不是这样。现在是我们动，他们不动；他们不惟不动，甚至因为我们动，反来和他们闹得很不合适，几乎让我们作不下去。此足见我们未能代表乡村的要求！……即如我们邹平，假定提出这么一个问题，来征求乡下的意见——乡村建设研究院要搬家了，你们愿意不愿意？投票的结果如何，我也不敢担保。自然也有一些人觉得研究院多少还没有劣迹，仿佛在这里也还不错，县长也很不坏，不走也好。顶多如此。或者他简直不表示，仿佛无成见，走也不留，不走也可以。真正的老乡，恐怕就是这个态度的。这个就是见你运动你的，与他无关，他并没动。此种现象，可以反证出我们是未能与乡村打成一片；让他知道我们是为他的，而造成一种不可分离的形势。"② 梁先生既然"未能代表乡村的要求"，不能解决农民的土地问题，也就不能调动乡村的基本力量——广大的贫下中农，这样就注定了乡村建设运动失败的前途。正如梁先生后来说的："对阶级斗争，农民的土地问题抓不住，不痛不痒地作功夫，是不起什么作用的。"③

---

① 《邹平实验县户口统计表册》。
② 梁漱溟：《中国民族自救运动之最后觉悟》。
③ 梁漱溟：《乡村建设理论》，附录第 3 页。

其二，在作法上，梁漱溟的乡村建设运动依附于国民党韩复榘军阀政权，只能在国民党政权允许的范围内作一些改良活动，根本不可能重建一个新中国。梁漱溟在山东邹平等地搞乡村建设运动主要依附于韩复榘的力量，他同韩复榘的关系可以说是相互利用的关系。韩复榘想利用梁漱溟的乡村建设巩固和加强他的军阀统治，装饰自己的门面；梁先生则企图利用韩复榘政权的势力推行他的乡村建设理论，实现其救国理想。在邹平实验县，梁先生所依靠的多是地主、富农出身的乡绅，是国民党地方政权的代表。据统计，曾担任过邹平实验县的乡学学长、乡理事、乡队长的40人中，出身地主24人，出身富农13人，出身中农3人。他们保护的主要是地主、富农的利益，自然得不到广大贫下中农的积极拥护。梁先生的乡村建设运动是一个"社会大改造"，是要改革生产关系，改革上层建筑，建造一个新社会。因此，他应否定腐朽的国民党政权。然而，他依附于国民党军阀政权本身，这样必然出现"高谈社会改造而依附政权"的矛盾，其结果只能是对旧中国的修修补补，而不能从根本上解决问题。

从乡村建设运动的结局来看，不仅没有达到梁先生预想的结果，反而成了韩复榘军阀的工具，在人民群众中留下了不好的印象。当"七七事变"日军侵入山东后，山东的"乡建派"开始宣称要组织民众守土抗战，并分派学生到各地进行战时动员。梁先生1937年秋冬之间，亦风尘仆仆地奔走于邹平、济南、济宁、徐州、南京，会晤过韩复榘、蒋介石、胡宗南、李宗仁等人，高谈山东局势，做了不少努力。但是，他未能阻止韩复榘撤退。韩复榘为了保存实力，很快撤退，并利用梁先生创办的乡农学校，拉走了不少人马枪支。这样，乡农学校变成了韩复榘害民的工具，盛极一时的乡村建设运动，也随着韩复榘的撤退而销声匿迹。

研究院和邹平实验县工作人员在日军进攻面前同韩复榘的军队一起闻风而逃，给邹平人民留下了很坏的印象。在我们调查访问中，当问到研究院和实验县哪些事办得不好时，有的群众明确回答：日本人一来，研究院、实验县的领导就跑了，这件事最不好。研究院在邹平实验县搞了四五年自卫训练，号召人人皆兵、村村皆营，御侮自卫，可是鬼子一来，不战而逃，言行不一，令人气愤。与此相反，当日寇侵占邹平之后，中国共产党员姚仲明、廖容标、赵明新等人，根据党的指示，于1937年12月26

日领导了黑铁山起义,组织邹平、长山一带的人民群众,掀起了轰轰烈烈的抗日斗争。在国难当头、民族危亡之际,"乡建派"仓惶撤离,不战而逃;共产党深入敌后英勇抗战,两相较比,泾渭分明。

梁先生自己对山东乡村建设运动的结局也感到十分痛心。他说:"吾侪工作要在乡农学校,乡农学校一面为社会教育,民众训练机关,一面又为下级行政机关。以其为下级行政机关,一切政令均借此而执行。当初将借以推动各项建设者,今则以当局要壮丁、要枪支、派差派款,执行其一切苛虐命令。凡当局一切所为之结怨于民者,乡农学校首为怨府。更以其为民众训练机关,平素之集合训练在此,召集调遣在此,壮丁枪支皆甚现成,于是每每整批带走。假使无此民众训练,或不兼为训练机关,此当局虽要壮丁,要枪支不能如此方便;乡间亦自有许多通融挪移回避之余地。然今皆以乡农学校而不能,甚为怨毒滋甚。更有怨毒最深者,则以欺骗手段收取枪支,带走壮丁之事屡屡发生。例如,始而只说集中训练,多日之后,一道命令忽然几十人整批带走。事前乡农学校固未料到,而曾向乡民以绝不带走为担保式之声明者,至此毫无办法。自己落于欺骗民众地位。甚至有时乡农学校亦在被骗之列,而乡农仍认为乡农学校行骗,怨毒之极致有砸毁乡校、打死校长之事。我同学之死于此者竟有数人之多,曷胜痛吊!其实不顾信用,为此巧取豪夺者,除省当局外,或系专员,或属县长,或为军队,与一乡农学校校长何预?以建设乡村之机构,转而用为破坏乡村之工具,吾侪工作至此,真乃毁灭无余矣!吾同人同学几乎不能在社会上立足,几乎无颜见人矣!言念及此,真堪痛哭!"①"以建设乡村之机构,转而为破坏乡村之工具,"这样结局并非梁先生的初愿,但这确实是梁先生依附韩复榘军阀政府所得到的必然结果。这一事实充分说明了梁先生社会改良主义是根本解决不了中国的根本问题。

---

① 梁漱溟:《我的努力与反省》,第366页。

四　梁漱溟先生乡村建设运动对我们的启示

50年前，梁先生在山东邹平、菏泽等县从事的乡村建设运动内容十分广泛。尽管由于历史和其他种种原因，梁先生的乡村建设运动没有成功，但是，认真研究乡村建设运动的各项实验活动，对我们今天有着十分重要的借鉴意义。其中，有四点我认为非常值得提倡学习。

第一，重视乡村，重视乡村建设。

梁先生十分重视乡村建设。他一贯认为，中国是一个大的农业社会，中国建设问题应当是乡村建设，乡村建设是"一种建国运动。"今天，我国的农村在党的领导下虽然发生了很大的变化，但依然比较落后。党的十一届三中全会以后，党中央强调指出："摆在我们面前的首要任务，就是要集中精力使目前还很落后的农业尽快得到迅速发展，因为农业是国民经济的基础，农业的高速发展是保证实现四个现代化的根本条件。我们只有加快发展农业生产，逐步实现农业现代化，才能使占我国人口百分之八十的农民富裕起来，也才能促进整个国民经济蓬勃发展，加强工农联盟，巩固我国社会主义制度和无产阶级专政。"① 因此，我们借鉴历史经验，首先各行各业要关心农业，全力支援农业，尽早实现农业现代化。

第二，重视教育，重视团体组织科学技术。

梁先生提倡教育救国，在邹平实验县实行政教合一，"施政而先之以教，以利其推行，施教而济之以政，以充实其内容。"他不仅重视学校教育，尤其重视民众教育。他讲："乡村建设之教育一面，眼前可作之事甚多，而要民众教育为先，小学教育尤在其次。民众教育随时可施，要以提高一般民众之知能为主旨。经济一面政治一面之得有些微进行，统赖于此。"② 梁先生亦非常重视科学技术，他在题词中写道"一般农家生活各自为谋，病在散漫守旧，我故以'大家齐心向上学好求进步'勉励，并提出'团体组织，科学技术'两条件。"他们认为"吾国民生穷困，其要点实在于知识技能之缺欠，纵有资金，亦难运用；且因循而流于懒惰，以

---

① 《中共中央关于加快农业发展若干问题的决定》。
② 梁漱溟：《山东乡村建设研究院设立旨趣及办法概要》。

致利弃于地，力余其身。"当时，采取的办法是："从各项生产事业之组织入手，再授以浅近科学知识与技能，以使其能按照经济原则，运用资金与劳力，达到增加生产，自利互利之目的"。

今天，在农村改革逐步深入的新形势下，教育、科技工作遇到了许多新情况、新问题，广大农民对教育科技提出越来越高的要求。随着产业结构的不断调整，经营范围由种植业、养殖业扩大到农工商各个领域，农民需要学习新知识、新技术，这方面的工作跟不上去，直接制约农村经济的发展。尽管30年代与80年代的条件发生了很大的变化，但是梁漱溟先生重视教育，重视团体组织科学技术的思想仍然具有现实意义。我们要认真研究借鉴其历史经验，"科教兴鲁"，把农村经济和各项建设事业搞好。

第三，倡导知识分子到农村去，建设社会主义新农村。

梁先生创办山东乡村建设研究院，搞乡村建设运动，着眼点之一就是"倡导知识分子回乡运动"。他们创办的《村治月刊》的封面上，公开刊出"到农村去""到边疆"的口号。20年代至30年代初，社会的风气是有知识的人均奔向都市，寻求升官发财之路；而梁漱溟则公开号召知识分子"大家一齐回乡，骈力作广义的促兴农业功夫——乡村建设功夫，开出乡村建设的风气，造成乡村运动的潮流。"① 梁漱溟认为"乡村问题的解决，第一固然要靠乡下人为主；第二亦要有学问，有眼光，有新知识方法的人与他合起来。没有第一个条件，固然解决不了问题；没有第二个条件，亦不能解决问题。"② 在梁漱溟等人的倡导下，30年代初，一大批知识分子来到乡村，兴起了一阵乡村建设改良运动的高潮。据了解，到邹平工作的教授、学者、专家、留学生、大学生要在百人以上，他们来自全国各地，有些当时已名闻全国。在30年代的乡村建设运动中，山东乡村建设研究院、河北定县的平教会、江苏无锡教育学院，号称乡村工作"三大中心"。其中，尤以邹平乡村建设研究院规模最大，影响最广。之所以形成这种局面，与梁先生倡导知识分子回乡有直接关系。原山东乡村建设研究院副院长王绍常（冠军）谈到为什么参加研究院工作时说："我是1931年初，以军事训练主任的名义参加了该院的工作，1933年又被聘为

---

① 梁漱溟：《山东乡村建设研究院设立旨趣及办法概要》。
② 梁漱溟：《乡村建设大意》，第152—153页。

该院副院长。当时心情大为不安,因为我是个军人,既不懂政治,又不懂学术,和那些国内知名的专家们共同领导这样的新型学校,实在感到勉强。不过当时有学问有资格的人都是往都市跑,走升官发财之道,尤其军阀们争夺地盘经常打仗,只有破坏乡村哪有建设乡村的呢!而乡村建设研究院的诸先生们,不怕劳苦,愿到乡村去办乡村建设事业我觉得这是一件好事情,对他们起了敬重之意,从此也就死心塌地追随诸先生之后贡献出个人一点力量。"① 王绍常先生这席话反映了倡导知识分子回乡进行乡村建设运动对社会各层人士的影响。

我们党历来提倡知识分子和工农群众相结合。毛泽东同志在《青年运动的方向》一文中明确指出:"革命的或不革命的或反革命的知识分子的最后分界,看其是否愿意并且实行和工农民众相结合。"② 现在的情况是农村需要知识分子,需要科学技术人才。但是,许多知识分子不愿到农村去,城市的知识分子不愿离开城市,农村出身的"农转非"后不愿意再回农村。这种状况比较严重。在新的历史时期研究梁漱溟先生乡村建设运动,回顾中国革命的历史经验,倡导知识分子到农村去、到边疆去,同工农群众相结合,对加速农业现代化,建设社会主义的新农村,仍然具有重要的现实意义。

第四,要具有勇于探索、勇于实践的精神。

梁漱溟先生倡导乡村建设运动,并在一个县的范围内,全面进行乡村建设实验,是一项艰巨的社会系统工程。他勇于探索、躬身力行、勇于实践的精神,很值得学习提倡。梁先生1917年就在北京大学任教,并以倡导东方文化独树一帜成名。他为了探索实践自己的理论,探索解救中华民族的道路,大学教授不当,城市生活不过,来到邹平这偏僻的乡村。为了集中精力于乡村工作,他把家属子女都从北京搬到邹平安家落户。梁漱溟在邹平期间,工作精神十分令人钦佩,他一周之内研究部的功课天天讲,训练部一周上三次课,每天要讲四小时。此外,还担负着研究院、实验县的领导事务。用梁先生的话说:"是以十三分的气力做我的事情。"他确实为乡村建设付出了很大代价,做出了巨大努力。

---

① 王冠军:《回忆抗战前的山东乡村建设》,载《山东文史资料选辑》第22辑。
② 《毛泽东选集》合订本,第530页。

今天，在新的历史时期我们仍然面临着许多新问题等待研究，许多新领域等待开辟，我们不仅要学习梁先生在理论上勇于探索的精神，而且要学习他躬身力行、勇于实践的精神，以此推动各项事业的发展，促进社会主义的两个文明建设。同时，在社会科学领域梁漱溟先生在一个县的范围内全面进行改革实验的做法，在深入进行政治体制、经济体制改革的今天，也是值得我们效法的。

对邹平乡村建设实验的实证研究

郭蒸晨

20世纪30年代，梁漱溟先生领导了一场影响全国的乡村建设运动，从1931年至1937年底，先后达7年之久。乡建运动最后以失败告终。由于历史的原因，特别是梁漱溟先生是一个个性鲜明，见解执着的人，因而使得同时代的人对他众说纷纭。1953年梁漱溟先生受到批判后，其发动和领导的乡村建设运动也一概被彻底否定。事隔50多年，他的这段活动更鲜为人知了。梁漱溟先生是中国现代史上新儒学的代表人物，他本人同我们的国家一样，走过了一段曲折的道路。今天，按照实事求是的原则，重新回顾这一段历史，客观公正地评述梁漱溟乡村建设运动的实践，探讨老一辈中国知识分子的得失，对于正在进行的社会主义文明建设，建设具有中国特色的社会主义，具有十分重要的现实意义。

乡村建设运动是当时条件下对救国道路的探索

梁漱溟说，他的乡村建设运动的见解和主张，"萌芽于民国十一年，大半决定于十五年冬，而成熟于十七年。"① 这一时期，正是国内局势动荡，烽烟四起的军阀混战时期，也是革命与改良，民主与专制进行反复较量的时期。

北伐后建立的南京政府，是国民党新军阀的统治。大革命失败后的1927—1930年间，国民党新军阀之间爆发大规模的战争七次，战祸遍及

---

① 梁漱溟：《乡村建设理论》，乡村书店1937年版，第3页。

大半个中国，约50万人残死。这种灾难在中国近百年史上是空前的。由于国内战争的破坏，社会矛盾激化，农民、工人暴动时有发生。在这种背景下，中国向何处去，怎样才能使中国结束这种四分五裂的混战局面，建立一个统一稳定的政权，摆脱苦难的深渊？所有关心中国命运的有志之士，都在千方百计地寻求救国道路。靠执政的国民党？事实证明，中国的内乱是国民党新军阀造成的，国民党已经不能解决中国的问题。靠共产党吗？当时中国共产党正处于第一次革命失败后的极端困难时期。由于共产党正处于幼年，人们对党的认识了解要有一个过程，同时党内忽左忽右的错误路线的领导，也大大影响了人们对共产党的认识，破坏了党在部分群众中的威信。况且，当时共产党的力量与执政的国民党的力量相比悬殊太大，对共产党能不能在中国建立统一政权，人们尚有疑问，心中感到渺茫。在这种特殊的历史背景下，许多关心祖国前途的志士开始试图在不触动国民党统治的情况下，用改良主义的方法改革国家经济和社会，达到救国救民的目的。因此，30年代初，全国各地兴起了一股改良主义救国的热潮。有的主张教育救国，有的主张实业救国，有的主张铁路救国，各种各样挽救乡村的组织也纷纷出现。梁漱溟先生就是抱着"能替中国民族在政治上、经济上开出一条路来"的志向，开始研究和从事乡村建设救国运动的。

梁漱溟的救国思想有一整套的理论主张，详见于他的《乡村建设理论》一书。他的乡村建设运动思想和主张，源于他的哲学思想和对中国社会的特殊认识。

梁漱溟20多岁便以发挥孔子的学说为自己的主要任务。他的哲学思想是从古代儒学，主要是宋明时代的儒学思想中吸收而来。宋儒讲"诚"，认为"诚"就是圣人的本性，"诚"就是纯粹的至善，把本性尽量发挥出来就是圣人。人都有一个本心，一种善性，做一个人就要把这种本心、善性尽量发挥出来，这就是圣人。梁漱溟就是受这种尽量发挥本心、发挥善性的哲学思想的影响。按照他的看法：宇宙是一个"不断流动的大生命""大意欲"，像流水一样，是追求平衡的。"调和折中是宇宙的法则。"他认为由儒家继承下来的中国古代哲学"有一个大家公认的中心思想，就是调和。""宇宙间没有绝对的、单的、极端的、一偏的、不可调和的事物……，凡是表现出来的东西都是相对的、双、中庸、平衡、调和。"他认为"调和"就是"相对待两意味或两势力"之间的"调和","一切事物都成立于此相反相成之调和的关系上。"① 梁漱溟继承、发挥的儒家哲学思想,就是继承了这种在对立事物中间追求"平衡""调和"的思想,并在这种"平衡""调和"的过程中尽量发挥自己的本心、善性。他把这种哲学思想作为他的哲学思想的最基本的观点,并贯彻落实到他的社会生活实践中去。

由于受儒家哲学思想的指导,梁漱溟对中国社会有特殊的认识。他认为中国人受周公、孔子的教化很深,"理性早发""构成伦理本位的社会"。伦理情谊的精神是中国文化的基础,是几千年来赖以维系亿万人民相互间的生存关系。但是由于"理性早发",造成中国"文化早熟"的缺欠。伦理本位的中国社会只重视人事关系,不重视向自然斗争,缺乏团体组织和科学技术。他认为近百年来,资本主义文化侵入中国之后,资本主义社会个人本位的利害关系,摧毁了伦理本位的情谊关系,造成中国固有文化总崩溃的局面。中国的问题是一个"文化失调"的问题。他反对资本主义的人为物役,认为"近代资本主义的路为私人各自营谋而不相顾,造成阶级对立,中国不能再走此路。"中国社会改革不能照搬西方的一套。资本主义的民主政治在中国是"第一行不通的路"。他认为中国社会不同于外国中古社会,贵族、农奴阶级分化明显,斗争强烈。中国社会有阶级,但不明显,在中国"贫富贵贱"上下流转相通,有上去的,有下来的,不是隔绝的两个阶级。② "中国社会缺少分化,故在历史上缺少西欧那样的革命。""中国问题是自外引发,而非内部引发的。因为问题不在内,所以不是阶级性的,因为问题自外来,所以是民族性的,因此,就不要以阶级眼光寻求动力。"③ 所以,他反对共产党的阶级斗争、暴力革命的理论和行动,认为俄国式的革命在中国"是第二个不通的路。""中国政治问题的解决,要靠多数人在经济上有力的要求所形成一大势力,"④ "一定要靠一个大的势力,才能稳,才能久,""要想成真正势力来支持政

---

① 梁漱溟:《东西文化及其哲学》,上海商务印书馆 1921 年版,第 173 页。
② 《邹平文史资料选辑》,邹平印刷厂 1986 年,第 112 页。
③ 梁漱溟:《乡村建设理论》,乡村书店版,第 335 页。
④ 《乡村运动周刊》1937 年第九期。

权,那种人是社会中最不可少的人,那便是农工商。"① 他认为,中国社会改造的办法,只有根据伦理本位的特殊性,从改造文化入手,在伦理情谊的精神基础上,引进西方的团体组织和科学技术,并且先从农村着手,创造一个雏型的组织形式,叫作乡村组织,开出一个小小的端倪,慢慢地形成一个大的社会组织,来影响政治和控制政治。他说:"我们要辟造正常形态的人类文明,要使经济上的富,政治上的权,综操于社会,分操于人人,其纲领则在如何使社会重心从都市移植于乡村。"② 具体说,就是用教育的方法,培养新的政治习惯,结成团体,加强社会的团体组织,普及教育文化,引进科学技术,经济上振兴农业以引发工业,"从乡村生产购买力辗转递增,农业工业迭相推引,逐渐以合作的道路达于为消费而生产,于生产社会化的进程中,同时完成分配的社会化。"③ 梁先生理想的通过乡村建设建成的未来社会,是"土地公有""农业工业结合为均宜的发展""乡村与都市不相矛盾""计划经济建设""人支配物,而非物支配人""既不是个人本位,也不是社会本位,社会与个人之间得一调和""政治、经济、教育三者合一而不相离""理性代替武力维持秩序"等等。他说:"假定个人主义是一种文化,集团主义也是一种文化,他(中国)将折中于其间。"梁先生理想的这种社会,介于资本主义和共产主义之间,具有社会主义初级阶段的特点。至于如何实现,不是通过急风暴雨式的阶级斗争,而是通过和平的文化改造,使"非理性的社会"逐渐过渡到"理性社会"。他认为乡村建设运动之所以能解决中国的问题,正因为它是多数农民的经济要求,能得到多数人的支持。中国的统一,只有在乡村建设式的地方自治的基础上实现联合才能成功。他说:"我们主张的乡村建设,乃是想解决中国的整个问题,决非仅止于乡村问题而已。建设什么,乃是中国社会之新的组织构造(政治、经济与其他一切均包括在内),因为中国社会的组织构造已完全崩溃解体,舍从新建立外,实无其他办法。"④

---

① 《乡村运动周刊》1937年第九期。
② 梁漱溟:《乡村建设理论》,乡村书店版,第446页。
③ 万永光:《梁漱溟先生及其在山东的乡村建设》,见《山东文史资料》,山东人民出版社1986年版,第22辑。
④ 同上书,第102页。

由于乡村建设运动的设计从宏观上脱离了中国当时的国情,因而使运动在短时期内便被碰得支离破碎,"理性社会"的憧憬只能变成空想。作为一个空想的社会主义者,梁漱溟不同于19世纪初期的圣西门、傅立叶和欧文。圣西门完全陷于空想和宣传;傅立叶除了宣传外,只进行了一点微不足道的小型实验;欧文较少地阐述理论,更多地进行了实践活动,但实践范围有限。而梁漱溟则不但有系统的空想的理论,而且具有大范围的实验基地和众多的从事实验的干部,所处的时代又是世界上已经有了社会主义的国家苏联之后,故而做为一个空想社会主义者,梁漱溟更具有中国特色。

梁漱溟自称他"一向喜欢行动而不甘于座谈",基于他对中国社会的特殊认识,他不但独树一帜地创立了乡村建设理论,而且具有坚决把自己的思想和主张付诸实践的决心。从1930—1937年,梁漱溟带着乡建派的一套人马,从河南迁来山东,借助山东军阀韩复榘的权势,正式在邹平县安营扎寨,开始了他用和平方式改造中国的实践。

梁漱溟及其同人在邹平进行的乡村建设的实践活动大致分两个阶段。1931—1933年,研究院的活动受省各厅局法规的限制,实验有其名而无其实,主要是思想发动,组织准备阶段。在此阶段,他们创办了山东乡村建设研究院,抓紧培训乡村建设高级干部和基层干部;组织学生下乡调查情况;在农村举办民众学校,开展乡村教育;创办卫生院,开展乡村卫生工作;组织各种生产合作社,进行农业改良;举办农产品展览会,传授农业技术等。这时的研究院尚不被南京政府承认。1932年12月,国民党政府为了缓和日益尖锐的阶级矛盾,内政部召开了全国第二次内政会议,通过了县政改革案,决定各省设县政建设研究院及县政改革实验区,可截留地方收入的50%做实验经费。所以,自1933年起,山东乡村建设研究院实际上成了具有合法性的山东县政建设研究院,以教育机关兼行政机关,正式划邹平为实验县,继而划菏泽、济宁为乡村建设实验区。自此,梁先生及其乡建派在邹平才真正有了实验的权力。在邹平,他们把原来的7个区,划成14个乡,"以教统政,创立乡学",乡设"乡学",村设"村学"。"乡学""村学"既是行政机关,又是乡民的自治团体。村学设立4部:儿童编入小学部,相当于初小;中年以下妇女编入妇女部,只搞副业生产,如手工编织之类;成年农民编入成人部;比较有知识的青年编入高级部。由于各乡比较有知识的青年少，所以高级部则多集中乡学来办。成人部的课程是识字和结合当地农业传授农业知识。梁先生把乡村工作概括为八个字："团体组织，科学技术。""一面把散漫的各顾身家的农民组织起来，一面推广科学技术，包括社会改良，把外国先进的技术介绍给农民。"梁漱溟"乡学""村学"这种乡村基层组织模式，在邹平大力开展学校教育和社会教育；推行各种风俗改良和农业改良措施；扶持农民组织各种合作社；办理乡村自卫训练。

乡学、村学的目标师法于宋儒吕和叔《吕氏乡约》的"德业相劝，礼俗相交，患难相恤。"总的口号是"大家齐心向上学好求进步。"乡学、村学是完全按梁先生伦理本位的社会特点创立的一种乡村基层组织。行政机关教育化，社会学校化，用教育"求有以启发培养乡村自治力量"，最终实现消除内战，统一中国的目的。为了统一全国乡村建设的工作，1932年2月，他和晏阳初、李景汉等决定发起组织全国性乡村工作会，从1933年7月至1935年10月，先后召开了三次全国乡村工作讨论会。1935年10月在江苏无锡教育学院举行的第三次讨论会，到会170人，代表99处机关团体，分属19省市。后来随着日寇侵华步伐的加紧，促进了济宁式以训练自卫武装为主的乡村建设运动的扩展。至1937年，山东107个县中，有70多个被韩复榘定为乡村建设实验区。分布各地的下属工作人员五六千人，都是曾经在山东乡村建设研究院或山东乡村服务人员训练处受过训的。邹平成立乡学200余所，约占全县村数的五分之四。可见，乡村建设运动已初具规模。在乡村工作中，梁先生不提倡"速效"。他在给学生的信上说："……道理将以俟诸百世，事业亦非一时可期，苟此心契合，则共学共事之日方长也……"[①] 勉励学生树立长远观点，立足乡村，为救国救民贡献力量。对乡村建设，当时在邹平人民中曾有"慢性生产"之说。1937年国民党军事委员会顾问蒋百里到邹平参观，有人问蒋百里对邹平的乡建工作有什么意见，他说："邹平的乡村建设工作是中国民族的一幕悲剧。如果中国社会有办法时，用不着大家在这里探求、摸索。"[②]可见，尽管梁漱溟乡村建设运动救国主张从政治上说是脱离现实的空想，

---

① 孙子厚：《我所从事的乡村建设运动》（内部整理的三亲资料，未出版）．
② 《乡村运动周刊》1937年第八期。

实践上是缓慢的、费力的、改良的，但目的是试图改造社会向好的方面转化，救国救民。

乡村建设运动不但不能根本救国反而阻碍延缓了革命的发展

第一次国内革命战争失败后，以毛泽东为首的中国共产党人，逐渐把党的工作重点由城市转入农村，开展土地革命，建立革命武装和工农政权，开创了以农村包围城市，最后夺取全国政权的革命道路。

实践证明，只有中国共产党，才能科学地分析中国社会的实际情况和基本矛盾，真正代表人民的真切要求。共产党革命的路，是一条根本解决中国问题，实现统一的正确的路。对这条路，梁漱溟当时是反对的。他说："乡村运动它想完成的与它主张的究竟是什么呢？从消极方面说，它反对中国民族社会内部的一切斗争、破坏，更反对任何名义的一切国内的战争与破坏。""我们积极主张的一面，可以说我们所标的建设二字，便是我们的积极主张。"①

梁漱溟错误地分析了中国社会的现状，看不到中国社会当时的主要矛盾是广大人民同帝国主义、封建主义、官僚资本主义的矛盾。中国当时的首要问题，是广大人民反对奴役，反对压迫，用暴力推翻三座大山，改变现在的阻碍生产力发展的生产关系。不改变落后的生产关系，只搞"建设"，客观上是维护了旧的生产关系，不能根本解决中国的社会问题。梁漱溟分析上的错误，抓不住解决中国社会的主要矛盾，也就找不到根本解决中国问题的真正办法。这是乡村建设运动只能沦为空想，不能根本解决中国问题的原因之一。

梁漱溟说："乡村建设者自己始终不直操政权，——这实在是乡村建设者应抱持的态度。""政权用不着属于我才可完成乡村建设运动"。他认为，把农民发动起来，有了民主，就可以控制军阀，就可以控制政权。"永不自掌政权"，实际上就是把自己限制在旧政权允许的范围内进行合法的斗争，因而乡村建设是改良，不是革命。当然，乡村建设运动后来发

---

① 梁漱溟：《略述乡村建设运动的要旨》，见《乡村运动周刊》1937年第十五期。

展到相当规模,大批具有乡建思想的学生、干部分散在全省甚至全国各地,许多人在山东各地身居专员或县长等要职,在实验区范围内握有一定的权力。以邹平为例,到 1933 年,上至县长、科长、秘书,下至乡学、村学的理事、队长、教员,几乎全换成研究院毕业的学生或经过培训的具有乡建思想的人。这为推行乡村建设的实验奠定了组织基础。这种基层政权,干部是受过专门训练的学生,具有多种职能,与原来的旧政权大不一样,在某种程度上加强了基层政权的效能。但是,从根本上说,这些都是在不违背韩复榘军阀统治,不触动封建地主阶级根本利益的前提下进行的,解决不了整个中国的问题。韩复榘利用了乡村建设对基层组织的改革,进一步巩固和加强了他的军阀统治。如邹平的乡村自卫组织,从 1933 年 12 月至 1935 年,三届共训民兵 2281 人,购枪近千支。受训后按地段编组,每村编一组,每乡编一个乡队,定时巡逻,维持社会治安,查烟禁赌,防护青苗等。这在当时条件下能使人民得到一个比较安全的生活环境,从某种意义上说,是有益的。邹平当时也确实没有贩毒、土匪抢劫、偷盗等现象。但是,这种安定的局面是一时一地的现象。韩复榘利用这种自卫组织作为工具,更加稳固了自己的统治,维护了地主阶级的根本利益。这种稳定的局面也只是表面的,暂时的。"七七事变"后,韩复榘的军队不战而退。由于乡建派过去依靠旧政权,也纷纷撤离,邹平两千多人的乡村自卫组织和乡学、村学随之解体。在山东,乡村自卫组织原本是一支守土抗战的自卫力量,正因为乡建派依附韩复榘的旧政权,被韩带走了大批壮丁、枪支和钱财,自卫组织结果变成了坑害农民的工具。依附旧政权是乡村建设运动的致命弱点。事实上,梁漱溟试图借助韩复榘军阀政权来实现救国主张,韩复榘利用了乡建运动的改革来稳定自己的军阀统治。其结果,山东的乡村建设运动违背了梁先生的原意,随着韩复榘的撤退而前功尽弃。所以,依附旧政权,是梁漱溟乡村建设运动只能成为空想,不能解决中国问题的原因之二。

中国的问题主要是农民的问题。中国问题的根本解决,必须依靠农民问题的根本解决。农民问题根本上是土地问题。要想解决农民问题,必须先改变几千年来的封建土地关系,满足农民的土地要求。梁漱溟在邹平搞的乡村建设,自始至终都未涉及到变更农村的土地关系这一根本问题。据当时的材料介绍,邹平县共 32496 户农民,其中无田者 2540 户,占总户数的 7.8%。占地 100 亩以上的 373 户，占地 200 亩以上的 47 户。可见，邹平虽没有大官僚、大地主，但是农村中的阶级分化已十分明显，封建的土地关系已经紧紧地把大多数农民束缚在被压迫、被奴役的地位。要解放农民，必须砸碎这种不平等的土地关系。1932 年，研究院在邹平搞了一次土地陈报，组织人员将全县各村各户土地统一丈量，经过公议，初步"厘定科则"，划分上、中、下三等，逐级汇总到县。整个工作进行了二三年的时间，最后全县绘图成册，每户发了土地陈报证，查清了各地许多因土地买卖造成的逃避官税的无粮黑地。这一工作如能实现，一能使农民种地纳粮负担合理，二能清理出许多无粮黑地，增加国库收入，确实是一种进步。但是土地陈报后来因"七七事变"一直没有实行。其实，这种土地陈报即便实行也根本触动不了封建社会的土地关系。在农业改良方面，由于推行科学技术，组织合作社，初期农民是得到一点利益的。如六区孙镇一带的十一、十二、十三乡，研究院采取许多措施鼓励农民改种脱力斯美棉良种，组织农民成立美棉运销合作社。到 1934 年全县成立美棉合作社 213 个，全县基本普及美棉良种，使棉花亩产达到 200 斤，一亩地比过去种普通棉花多收入 10%—20%。同时，由于美棉运销合作社统一指导，统一收购、轧花、打包、运销，棉农避免了过去受中间商人的剥削克扣。但是，随着乡村建设运动的开展，原来掩盖的阶级矛盾逐渐显露，越来越不可调和了。棉区由于土地不平均占有，种棉受益高，农民纷纷种棉花。土地多的富户由于地多，受益更大，一般缺少地的农户受益是微薄的。最初，研究院提倡多种效益高的美棉，许多农户为了多挣钱，将土地全种成棉花，结果出现了邹平县缺粮的情况，这在当时是担风险的。所以后来研究院又规定农民只能在核定的限度内植棉，即一家一户先必须保住有粮食吃，多余的地才允许种棉，种不足粮田的不给棉种和贷款。真正有权种棉受益的是多地的富户，这就限制了无地少地贫困农民受益的权利，结果造成贫者越贫，富者越富，促进了农村中的两极分化，加剧了农村中的阶级矛盾。

对土地不平均的问题，梁先生说："土地问题，在我们成天说农民讲农民的人，安得不急想解决？可是够得上负责来解决这问题的政府还没有，至于共产党的做法倒亦痛快，只是与大局无补（他们若建得起政权来就有补）。反之，我不但不那样说，而且近于鼓吹乡村内部斗争的话，我正极力避免。无益的话不说，没用的话不说。我只是想怎样建立那确能负责解决中国土地问题的政权。"① 梁先生提出了耕者有其田和土地的合作利用，提出了"消灭凭借土地所有权来进行剥削的地主的目标"，并在邹平按照目标进行了清查地亩、清查户口的工作。邹平的户籍和人事登记制度，应该说是邹平乡建工作的一大成绩。当时在中国从事乡村实验工作的，还有美国财团支持的晏阳初在河北创办的定县实验，国民党中央在江苏江宁及浙江兰溪办的两个实验县。从政治上、经济上都远比邹平实验的势力雄厚。但是在 1936 年能以县为单位实施户籍及人口登记的，在全国 2000 多个县中，只有邹平。即便在世界上，所有地方行政单位的户政工作能像邹平做得那样完整的，也不多。《邹平户口调查的分析统计》一书，1935 年由中华书局刊印。但是如何实现这种土地公用，却未拿出具体可行的措施。1934 年，研究院迫于形势，曾打算将美棉运销合作社改为棉农土地合作，并以这种合作为基础来统一社内一切工作，化私产为公产，以此为土地改革的另一种和平的方式。但因日本侵略日益进逼，担心引起农民内部矛盾而搁置。其实，这种和平的土改方式在当时是不可能行得通的。如果说乡村建设运动初期，广大农民看到乡村建设者们带来的好处，还抱着希望跟着走的话，那么后来，当他们看到带来的只是一星半点皮毛的利益，总是富人得到好处，不能改变自己被压迫、被剥削的地位时，他们对乡村建设就显得冷漠，甚至不欢迎了。尽管乡村建设者们抱着救国救民的诚心，也是无济于事的。所以后来梁漱溟感叹"号召乡村运动而乡村不动""仿佛乡村工作讨论会与乡村没有多大关系，乡下人漠不关心，只是乡村以外的人瞎嚷嚷""甚至因为我们动，反来和他们闹得很不合适，几乎让我们作不下去。"② 可见，乡村建设运动不敢大胆触动封建的土地关系，不解决农民迫切要求的土地问题，得不到农民的广泛支持是理所当然的，是乡村建设只能沦为空想，不能根本解决中国问题的原因之三。

不承认中国社会存在阶级，反对阶级斗争，反对暴力革命，是梁漱溟先生乡村建设的思想基础。邹平的"乡学""村学"就是适应这种思想而

---

① 梁漱溟：《乡村建设理论》，乡村书店 1937 年版，第 441 页。
② 同上书，附录《我们的两大难处》，第 2 页。

产生的一种调和阶级矛盾的组织模式。一乡一村的人，不分男女老幼，贫富贵贱，统称学众，是求学的团体。学长由学众推选德高望重的人担任，乡（村）理事由能替大家办事的人担任，相当于乡长、村长，在教育的形式下主持行政工作。学众有不满意乡理事、村理事的地方，不正面提，转由学长提，暗含理事有执行权，学长有监督权。一乡一村之内以和气为主。遵规约，守秩序，敬长睦邻，"尊敬学长，接受学长训饬。"这样一来，半封建半殖民地官与民的矛盾，剥削者与被剥削者的矛盾，被乡学、村学调合成老师与学生、学生与学生的关系。当然，在民族矛盾上升为主要矛盾时期，这种调合有其积极的一面。梁漱溟认为将政治上统治者被统治者的关系纳入乡学、村学的师生关系中体现，"师统政治"，再加上"伦理情谊为重""互以对方为重"，将"对立之势"转化为"相与之情"，事情就好商量，乡村中的一切争斗、矛盾就好解决了。事实并非如此。当然，乡建派在邹平各乡（村）学长、理事的人选上，是严格掌握标准的，确实任用了当时农村中一大批有较高文化知识的比较开明的人士，让这样的人主持教化，调和众人，符合当时劳动人民的传统习惯。乡（村）理事，也是经过研究院多方考察，经过培训后排选出平时具有一定工作能力，办事比较开明、公道、认真的年轻干部。这些新干部的任用，与过去的旧区、乡干部相比，差别很大，在当时也比较容易被大多数农民接受和拥护。加上乡（村）学认真办理社会教育，推行各种农业改良和合作事业，使农民感到乡学和过去的政府不一样，乡建运动给人们造成一种假象，似乎不通过共产党暴力革命的方式，只要走乡村建设的道路，就可以改变旧政权反动腐朽的本质，就可以改变劳动者被压迫、被剥削的状况；有利于执政的国民党政权，不利于革命力量的发展，在客观上抵制了马克思主义革命学说的传播，模糊了群众的革命意识。从邹平当时的情况看，由于乡村建设运动的推行，1931—1937年，几乎没有党组织的活动，即便有一些比较倾向革命的学生运动，也被研究院千方百计制止。抗战初期，邹平组织起各种抗日游击队，由于受梁漱溟乡村建设思想的影响，许多学生开始既不参加共产党领导的游击队，也不参加国民党，但也不当汉奸，采取了一种等待观望的中立态度，后来才逐渐分化。在山东，凡是进行乡村建设实验的地区，共产党的组织活动都比较困难。山东省的党组织在此期间屡遭破坏，处于困难境地，一方面与当时"左"的"右"的错误领导有关，另一方面与梁漱溟在山东许多县搞乡村建设实验，削弱了共产党革命思想的传播，模糊了人民群众的革命意志，对韩复榘的旧政权起了稳定作用有关。所以说，梁漱溟乡村建设运动，在当时条件下，对中国共产党领导的以武装斗争推翻三座大山的革命客观上起了阻碍延缓的作用。

分析梁漱溟走向改良主义道路的原因，首先是他受中国传统哲学思想尤其是儒家思想的影响太深。儒家把"和"作为最高的价值原则，强调和谐、调和，对斗争的重要性认识不足，这是一种缺陷。由于梁漱溟研究继承了儒家的哲学思想，因而他的哲学思想不能不具有这种缺陷，这就影响了他更准确地分析问题，把握事物，辨明是非的能力。在各种矛盾尖锐复杂的时期，梁漱溟继承的这种忽视斗争性的儒家哲学思想就更显得软弱无力。其次，他长期生活在大城市，极少深入农村，更不可能真正接触农民，这就使他对农村，对农民缺乏真正的了解。因而，造成他的思想和主张有些是脱离实际，脱离人民的。他同情农民，反对内战，反对武装斗争，希望用和平的方法建设乡村，实现国家的统一稳定，这种愿望是善良的。他看到日军侵入满洲后，一步步加快侵华步伐，大敌当前，在国内一片救亡声中，梁先生忧国忧民，反对国内的一切内战和斗争，集中力量对付外国侵略者，这种想法是可以理解的。但是在当时条件下，对反动的国民党军阀政权，不斗争求团结，只是一种脱离实际的幻想。梁先生虽然不满意国民党政权，批评国民党"内部分裂""陷于问题之中""不能解决眼前中国政治问题，无法谈建设，无法完成革命，"但是，由于他对旧政权有一定的依赖和联系，决定了他先天的软弱性，没有和李大钊等人"走一条路的决心和信力。"他本身有中国旧知识分子的正统思想，看不清当时国民党政府反动腐朽的本质。他面对中国的现状，看到了乡村工作的重要，抱着救世的热心着手从乡村做起解决问题，但是在思想上，却不相信人民群众，试图依靠中上层人物的觉悟来解决全局的问题，在方法上走了一条上层路线。对共产党，他反对革命的理论和实践，1937年以前不相信共产党有夺取全国胜利的可能。在许多地方，他确实说过一些反对共产党的话，但是这种反对，不同于国民党。他只是反对共产党的阶级斗争以及暴力革命的手段，他说："我的主张就一向集中在如何引此崩溃的旧社会，过渡到新社会之建设途程上，而对于任何题目的暴力革命，或任何形式的对内作战,均不承认,反对到底。十多年来,我不满意国民党,不满意共产党,就为此。"① 七七事变后,他对国民党很失望,深为中国的前途担忧。抱着请教抗日前途的愿望,到延安访问了老朋友毛泽东,转变了他对共产党的看法,由反对共产党变成了共产党的朋友。他说:"我与共产党之间,显然有很大距离。在理论主张上,他有他们的一套,我亦自有本末,这距离不同寻常,不易抹灭。然而,根本上还是相通的。我有心肝,他们亦有心肝。我对于民族前途,对于整个人类前途,有我的看法及其远大理想。除掉这个远大理想,便没有我,而他们恰是一个以远大理想为性命的集团。说到眼前一桩一桩事,尤其容易说得通。这样,遇到该当合作的事,就可以合作,语其合作之所以可能,要不外有合于上面两条件而已。在人格上,我不能菲薄人家,相反的,我敬重这些汉子。至于见解主张不同,不妨宽以居之,一切从头商量,异中求同,然有同可求。"② 梁漱溟既不相信国民党有用武力统一中国的可能,又不相信共产党以武装斗争解决中国问题的可能,企图走一条中立的既不同于国民党又不同于共产党的第三条道路,幻想用不流血的温和的改革方法来解决中国的问题,这在当时中国复杂动荡的背景下是注定走不通的。

梁漱溟不理解半封建半殖民地中国社会的发展规律,和被压迫阶级的伟大历史作用,只依靠主观愿望,提出广泛地改造社会的计划,幻想通过宣传,感化资产阶级和封建军阀的示范实验来实现"理性的社会",这只能是空想。

乡村建设运动有其进步的积极的一面

尽管我们说乡村建设的路是一条在中国走不通的路,一条失败的路,一条不能根本解决中国问题的路,但从微观上,从某些具体做法上仍不失其进步的积极的意义。

1. 中国是农业大国,80%以上的人生活在农村,农业是中国人生活的命根子,"农村不富,中国就富不了。"梁漱溟在中国当时内战不断,

---

① 梁漱溟:《树立信用,力求合作》,见重庆《大公报》1937年3月3日第2版。
② 同上。

乡村崩溃的情况下，主张"从中国社会最不进步的地方——内地乡村入手，来求社会的进步，想法子来推进这个社会。"这种主张是值得肯定的。他警告大家说："现在世界安全不能再走从前普通的路子，非给大多数人解决问题不行了！中国的大多数人是农民，谁要解决中国的问题谁都得做农民运动，不做农民运动是糊涂的。什么是农民运动呢？从他目的一面说就是谋农民的利益。从方法上说，就是要组织训练农民，启发农民自己的力量，使农民自己解决自己的问题。"① 邹平的乡村建设运动，实际上也是一种发动农民和平建设的运动。他宣传科学技术的重要性，让农民组织起来接受科学教育，懂得民主，参与政治，指出中国"要凭借农业谋翻身""从农业引发工业是我们的翻身之路。"② 早在30年代，梁先生就针对中国的国情，提出这些主张，是切中中国农业大国要害的高明见解，他在邹平的乡建实践中，为发展农村生产成立邹平金融流通处，对农业提供优惠贷款，利用各种形式，向农民传授科学技术，组织合作社。这些工作，对提高农村生产力，发展农村经济都起了一定作用。

2. 梁漱溟先生说："乡村建设运动，就是知识分子的下乡运动。""中国问题之解决，其发动主动以至于完成，全在其社会中知识分子与乡村居民打并一起所构成之一力量。"③ "社会的生路要在乡村求，知识分子的生路也要在乡村求。这条路，初走是难，但愈走愈宽，都市里过剩的知识分子，尽管不愿回乡，而形势所逼恐怕非回来不可。"④ 梁漱溟号召知识分子下乡，走与农民相结合探索救国救民的道路，这种思想是值得肯定的。当时，农村遭到破坏，农民生活困苦，大部分知识分子纷纷逃离农村，跑到城市谋生。但他却主动离开大城市优裕的生活环境，甘愿跑到邹平这个贫穷偏僻的地方与农民结合，是很不容易的事。他本人一向布衣素食，自奉俭朴，就是一个和农民结合的典范。这种行动，在当时没有胆量和忘我的精神是做不到的。受梁先生思想和行动的影响，许多知识分子、青年学生，大部分都是抱着救国救民的目的而追随他从事乡村建设运动的。据不完全统计，当年在邹平从事乡村建设运动具有大学以上文化程度

---

① 梁漱溟：《朝话》，济南乡村书店1937年版，第134页。
② 梁漱溟：《乡村建设理论》，济南乡村书店1937年版，第386页。
③ 同上书，第326页。
④ 同上书，第358页。

的知识分子，不下于100人，有许多是高级专家、学者，有的夫妻双双下乡。从经济上说，山东乡村建设研究院远不如美国财团支持的晏阳初平教会和国民党政府在江苏、浙江办的实验，但是，乡村建设者们不计报酬，跋山涉水，走乡串街，帮助农民办教育，学文化，组织合作社，传授农业科学知识，精神是难能可贵的。研究院农场门口有副对联，出自梁先生之手："与马牛羊鸡犬豕作朋友，对稻粱菽麦黍稷下功夫"，充分表达了当年他们对乡村工作的态度和热情。为了便于做乡村工作，与农民打成一片，梁先生和研究院的教师教育学生养成艰苦朴素的作风，大部分教师和学生生活朴素，身穿粗布衣，吃家常便饭，不吸烟，不喝酒，下乡有严格的纪律，在校学习期间无节假日等。他们对乡村工作的态度是真诚的，至今在邹平一些老人心目中留下深刻的印象。

3. 旧中国的教育，学校与社会脱离，闭门办学，学生读死书，基本上是一种奴化教育，愚民教育。劳动人民的子弟极少有机会学习文化，文化素质极差。在乡村建设运动中，梁漱溟主张的是"社会教育，而不是学校教育，或者是对民众成人的教育。""我们的教育是以民众成人为我们的主要对象。""教育应当同国家一切行政的，与地方的自治合起来，不要扯开说，政治光是政治，教育光是教育，经济光是经济。""讲学，搞学问要与做社会运动合而为一，不是单纯的课堂上讲哲学，书斋里做研究，而是有言又有行，与社会改造融为一体，打成一片。"① 梁先生这种学校为社会服务，理论与实践相结合，开门办学的教育思想，在今天仍有现实意义。他创办山东乡村建设研究院，以及成立乡学、村学，向广大农民施教，让农民关心政治，懂得科学文化，就是他这种教育思想的发展和具体体现，是他汲取多处办学经验的基础上独创的一种教育方式。为了实现他教育救国的理想，他敞开大门，充分利用社会各界的力量办学。研究院与全国甚至国外许多知名大学、团体、人士保持密切的联系，经常聘请专家、教授来邹平讲学，指导实验区的工作。以人之长，补己之短。那时，每天来邹平讲学、参观、考察的各界人士、外宾络绎不绝。邹平乡村建设的工作影响全国，影响世界，与社会各界的支持是分不开的。

为现实生活服务，是教育的宗旨。社会生产力的发展，经济的振兴，

---

① 梁漱溟：《中国今日需要那一种教育》，见《乡村运动周刊》1937年第21期。

主要取决于科学技术进步和管理水平的提高。因此，教育要着力于，提高劳动者的科学技术水平。而梁漱溟先生的教育思想，正是这种为现实生活服务，理论联系实际的特点。梁先生的教育思想是面向全社会和全体人民的，已经跳出学校的狭小圈子。乡村建设研究院本身既是研究机关，又是培养乡建人才，直接到基层乡村服务的学校，整个实验区便是实验场所。研究院成立了合作研究组、乡村教育组、农场等，具体研究指导乡村社会某一方面的建设工作。"视其力之所及，又事之所宜。"[①] 按梁漱溟组织农民的思想，开展各项发展生产力，促使经济振兴工作。如合作组因地制宜，在邹平组织了各种合作社：邹平二区荒山多，宜于造林，便组织农民成立了林业合作社；三区农民养蚕的较多，便组织了蚕业合作社，更换蚕种，增加收入；五区、七区组织了机织合作社；六区组织梁邹美棉运销合作社。同时，利用乡学、村学结合农时和各种合作社举办各种职业训练班，开展职业技术教育。研究院的学生，也根据学习内容，定期到各地实习，掌握专业技术知识，便于到乡村指导工作。坚持与生活、实践相结合是培养人的正确途径。梁漱溟所主张的"教学做合一"，紧密联系社会生活实际，培养出德、智、体全面发展的社会有用之人，是一条培养人、造就人的正确途径，是值得肯定和效法的。

4. 梁漱溟的教育思想，还具有一个显明的特点，即注重了老师和学生的关系。他说："我办教育的动机是在自己求友，与青年为友。""所谓与青年为友，含有两层意思，一是帮着他走路，二是此所走之路不单是指知识技能，而是指学生的整个人生道路。"[②] 他认为"一个学校亦即是一伙人彼此亲近扶持着走路的团体，故尔我们办学实是有感于亲师取友的必要，而想聚拢一班朋友同处共学，不独造就学生，还要自己造就自己。"[③] 为此，他离开北大，自己试办学校。当年从事乡村建设运动的学生和干部，大部分都是钦佩梁先生的道德和学问而投奔去的。他们与梁先生既是学生与老师的关系，又是朋友关系。梁先生在师生中有极高的威信。正因为如此，许多人始终以他为师，追随他的思想和主张。这种师承关系，正

---

① 孙子厚：《我所从事的乡村建设运动》（内部三亲资料，未出版）。
② 汪东林：《梁漱溟问答录》，见《人物》1986年第五期，第142页。
③ 同上书，第143页。

是现代学校教育所缺乏的。

  梁先生的教育思想还有一个特点，就是既注重学生的知识教育，又注重学生的道德教育。不论研究部、训练部的学生，还是乡学，村学的学生，都不放松精神道德教育，并通过每天记日记、个别谈话、朝话、讲课等形式，提高学生的道德水平。尽管这种道道教育的内容带有较重的儒家道德观念，但这与当时社会上注重知识技能教育、学校教育，忽视道德教育的现象相比，是进步的积极的。

  5. 梁漱溟是早期从事东西文化比较研究的学者之一。他的哲学理论，也多是从文化方面进行。五四时期，他有感于中国传统文化受西方资本主义文化的冲击，在中国文化面临的困境面前，他试图融和西方文化有用的进步的东西，改造、发展中国文化。他所进行的民族自救——乡村建设运动，就是一种乡村文化改造运动。"政治的根本在文化"是梁漱溟的一贯主张。乡村建设运动，浸透着梁漱溟先生试图重建中国文化的全部思想。在这种文化建设运动中，他既继承了中国传统文化的精华，又认真吸取了西方资本主义社会先进的文化。在精神方面，主要继承了中国文化"伦理情谊"和"是非观念代利害观念。"在物质建设方面，主要吸取了西方文化中的科学技术和团体组织。他领导农民进行社会风俗改良，办合作社，办乡村自卫训练，办乡村教育等，正是他重构中国文化的具体体现。虽然从宏观上说，梁漱溟的乡建思想脱离了中国的国情，但是在微观上，梁先生是比较看重中国国情、看重中国文化的特殊性的。正是这一点，我们却在一个较长的历史时期内忽视了。历史证明，任何一个民族，特别像中国这样具有悠久文化传统的民族，是不可能割断历史，凭空接受外来文化的。中国对外来文化的接受，总要受其传统思想的制约。历史同样证明，一概拒绝外来先进文化思想，仅把中国前途寄托在中国传统文化思想的发扬上，也是不行的。而梁漱溟正是这种试图使中西文化有机结合改造中国的老一辈知识分子中有代表性的一个。今天，我们建设具有中国特色的社会主义，坚持对外开放，对内搞活的方针，就是要采取对中国文化和外国文化一分为二的态度，取人之长，补己之短，发扬中国文化的长处。梁漱溟30年代所做的努力，直到今天，仍然是我们建设中国特色的社会主义需要继续研究和探索的问题。

梁漱溟先生的乡村建设运动，虽然是一条在当时走不通的路，但当时的一些具体的思想和主张，仍然值得我们今天去研究继承。他30年代救国的探索虽然失败了，但他仍不愧是一位伟大的爱国主义的思想家和教育家，一位突出的社会改革家。

试从邹平农民的反映看乡村建设运动

曲延庆

　　50多年以前，中国乡村建设运动的先驱者梁漱溟先生率领着一批志同道合的探索者们，以山东省邹平县作为试验基地，掀起了一场轰轰烈烈的乡村建设运动，历时七年，功过俱有，历史评价，众说纷纭。经过半个多世纪的社会实践的反复检验，人们已经开始认识到，应该对乡村建设运动作一个客观的、全面的评价。几年来，我有机会接触了大量的有关乡村建设运动的史料，采访了一些乡村建设研究院的学生和知情人，也采访了数十位邹平农村70岁以上的老人，了解了一些30年代人们对梁漱溟先生和乡村建设运动的看法。因此，我想试从这些普普通通的老百姓的认识和反映中，探讨一下乡村建设运动的历史价值。

一　乡村建设的改良措施，提高了生产力，对邹平农村经济的发展起了不可磨灭的作用

　　梁漱溟领导的乡村建设运动在邹平的实践是以农村改良为中心的。他们基于爱国救国的思想，认为当时中国的农村是落后的，农民是愚昧的，只知道墨守常规、不求进取。要使中国富强起来，必须让农民起来进行民族自救。要搞民族自救，必须要搞乡村建设。要搞乡村建设，一要靠科学技术，二要靠团体组织。因此，乡村建设运动一开始就注意到了为农民引进科学技术和组织农村团体。

　　梁漱溟在分析了中国农村的实际情况，把东西方文化作了对比之后，清楚地认识到，中国需要科学，没有科学则不能进步，而先进的科学技术则在西方。只知道闭关自守，抱守着自己的所谓"国粹"津津乐道，夜

郎自大，实在是太悲哀。要引进科学技术，只有向西方开放，向西方学习。因此，乡村建设研究院首先为邹平农村引进了西方的先进科学技术，用科学实践来进行宣传发动。他们创办了一个农事试验场，引进了美国的脱力司棉花、荷兰的牛、波兰的猪、来克行鸡等，还引进了一些先进的机械和技术，进行试验推广。显然，这是对带有浓厚守旧意识的农民的思想的一种启迪，是对传统的愚昧和落后的一种冲击和挑战。可以说，梁先生和乡村建设研究院，打破了农村中传统的封建的守旧意识，第一次为邹平的农村引进了西方的科学文明，第一个引导邹平的农民去接受先进的科学技术，成为旧中国农村第一个对西方开放，引进改革的典范。

农场把引进的先进科学技术运用于实践之中，对各种农作物、各种果树都作了品种比较试验，引进了品质优良、产量高的脱力司美棉。畜牧养殖方面提倡品种杂交，引进了个大肉多的波支猪，试验繁育了比本地猪要大得多的一代波邹猪。还引进了来克行鸡，与寿光鸡杂交，繁育出肉蛋兼丰的优良品种鸡。这使得长期囿于户牖田间的老百姓开阔了眼界，看到了现实，启发了他们积极向上的心灵。一些老人们在回忆这些事情时都交口称赞。他们说当时人们给脱力司棉起了一个俗名叫"八百准"，意思就是每大亩地（合三市亩）收八百斤有把握。

青阳乡的一位姓耿的老人说：我家里种了这种脱字棉就得了很大好处。原先邹平本地棉桃小，产量低，每大亩也就打一百多斤。我第一年种了一亩脱字棉，产量五百多斤，按当时一块银元十斤花，收入确实不低。

邹平城附近一位姓王的老人说，研究院在邹平推行的一些措施，最受欢迎的是推广美棉。棉花很好，老百姓都很受益，都想种棉花。他们还提倡种"洋麦"，这种麦子产量高，出面多，一般亩产七八百斤，当时邹平四乡、五乡就普遍种植。

据调查邹平北部产棉区的一些老人们也反映，他们确实尝到了美棉的甜头，特别是孙镇一带，土地宽绰，种棉收入高，都争相种植，因此很快在全县得到了推广。研究院的材料记载，民国二十一年才引进时，种植了874亩，民国二十二年就推广到23266亩，民国二十三年达到41283亩，基本普及到全县。老人们还说，农场里养的波支猪有四五百斤重，像小牛一样，人们都去参观，有的人还骑过它。研究院为了推广优良品种猪，发展农家副业，免费为附近农家的猪配种，生下的猪要比本地猪大的多，因此远近的农户都争着赶猪去配种。

为了改变农村落后的无规则的生产布局，研究院还注意在推行农业改良的同时，根据全县各乡不同的地理条件，适当调整各乡的种植结构和副业生产。划定北部的六、七、八、九、十、十一、十二、十三各乡为棉业改进区，从事改良脱字美棉；划定南部一、二、三、四、五各乡为造林、养蜂、果木及蚕业改进区，并根据不同的需要，实施了分类指导。为了进一步发展生产力，研究院把农民组织起来，创办了许多类型的合作社。当时全县就组织了蚕业、林业、棉花运销、机织、庄仓等合作社达300多所，参加的社员达9000多户。县里还成立了合作事业指导委员会，负责管理和指导全县的合作事业。合作事业的发展反过来又促进了新技术、新品种的推广，为农村经济的发展提供了组织上的保证。特别是梁邹美棉运销合作社成立后，农民们不但运用科学种棉获得了很高的产量，而且防止了棉商压价的盘剥、卖棉的困难，还增加了长途运销的收入，成为当地农民较为欢迎的一种合作组织。

一位姓石的老先生告诉我们说，梁先生实行的经济政策以合作为主，办了许多种合作社，他的办法是想利国利民，使国家丰富起来。像搞蚕业合作社，农民没有本钱，可以去贷款；发动农民养蚕，县里有蚕业学校，还组织培训；南部山区桑树多，养蚕的一多，农民的收入也增加了。棉业改进也起了很大作用，在农村中也是最受欢迎的。

一些老人们还谈到农产品展览会，说研究院把各乡各村种植的优良农产品种集中起来，作为竞赛的项目和成果。展览的有瓜菜、粮食、棉花、花卉、农具等。经过评选，对展览的特别好的品种颁发奖品进行鼓励。参观的人很多，对农民震动很大。

为了帮助农民发展生产，研究院还设立了金融流通处，用信贷的形式，鼓励农民贷款。这对苦于无投资能力不能发展生产的农民来说，可算是旱地甘霖。一些老人们回忆说，他们都贷过款，利息很低。邹平东关一位姓高的老人说，原先他家里很穷，糊不上口，他通过金融流通处贷了120元钱，买了几张织布机，干了几年不但还清了贷款，家里生活也提高了。

研究院还帮助农民利用新法打井，研制了马拉抽水机，还研制了许多新式农具。通过农业上的这些改良措施，科学技术的引进和应用，一种接受新科学技术的风气在落后的邹平农村开始形成。优良品种的引进使粮食增产了，收入提高了。合作事业的兴起，提高了农业生产力，壮大了邹平农村的经济，邹平的农村开始有了新的转机与发展。乡村建设运动在邹平开展七年，使邹平的经济产生了前所未有的繁荣，这在当时全省来说是非常突出的。1949年以后，邹平农村经济的重心，仍以传统的棉花生产为主，进而发展成种植加工配套一条龙，在省内外颇享盛名。追根溯源，不可否认与当年研究院推广美棉种植有些渊源关系。

二 乡村建设运动推动了邹平教育事业的发展和社会风气的改良

梁漱溟倡导的乡村建设运动，主要是通过乡村教育来推行的。认为中国是一个"伦理本位"社会，伦理精神贯穿于政治、经济、社会各个方面，应该以"教化为主"，要以知识分子为引导，把农村社会中落后、愚昧、散漫的农民作为教育对象，变社会为学校，启发农民自觉地、有组织地进行自救，从而改造社会。因此自1931年冬，乡村建设研究院的师生便在梁先生的亲自指导下，到各乡去试办乡农学校，制定了一套乡学、村学的办法，推行"行政机关教育化""社会学校化"的改革措施。一乡设一乡学，一村设一村学，在村学中设立成人部、妇女部、儿童部，按入学学员的成分实施不同的教育。对因家庭困难而失学的儿童设立了导友共学处，推行了小先生制。还在农村开办夜校。这些措施对当时因贫困只顾糊口而无力求学的广大农民来说提供了极好的学习机会。

据一些老人们说，那时的乡村教育办得很好，很为群众着想。为了不耽误农活，村学将各种人的学习时间作了适当安排。上午是妇女识字班学习，中午吃饭时是共学处学习时间。村学组织了一部分高年级的学生充当"小先生"，一个"小先生"承教几个失学儿童，每当午饭或午休时间，"小先生"们就提着小黑板到指定的地点，或挂在树上、或倚在墙上，教儿童们识字。晚上是男人成年班的学习时间，冬天农闲时还办冬学。这些措施很受群众欢迎。学习的内容不外乎"识字明理""让大家齐心向上，学好求进步。"

一个姓张的老人回忆说，原先县里只有一处高等小学。研究院办起了乡村建设师范，培养了教师。全县划为十四个乡，除县城有实验学校外，每乡设一处乡学，每村有一处村级小学。在正式教育系统外，还开办乡农学校，办识字班，还根据农时办夜学、冬学。一开始老百姓还嫌麻烦，怕耽误功夫，有的老师天天晚上去叫，以后慢慢尝到甜头也就好了。

一些老人们在回忆中还情不自禁地朗诵起了乡农学校书中的一些课文："秋收农忙后，加入识字班，整整齐齐、静听讲演，快乐真无边。""活到老，学到老，一样不学拙到老。""出自己的汗，吃自己的饭，自己的活儿自己干，靠天、靠地、靠祖先，都不算是英雄汉。""腰里披着旱烟袋，头戴草帽圈，手拿农作具，日在田野间，收下劳苦与风寒，功德高大无边。士学工商轻视咱，轻视咱，没有农夫谁能活在天地间。"……这些老人们还告诉我们，这些课本不但教人们识了字，明了理，而且还大长了农民的志气，人们越念越觉得亲切有劲头。

由于乡村教育的普遍开展，当时邹平县初步形成了一个要全民接受教育的新局面。虽然由于日本侵略战争的爆发，这个局面很快被破坏了，但是乡村建设运动七年的教育实践，却对邹平县以后教育的发展，奠定了一个较强的基础。

乡村建设运动还大力提倡社会风俗的改良。一方面，他们依靠乡学、村学大力宣传我国传统的伦理道德规范，名曰"精神陶炼"，提倡敬老爱幼，礼贤恤贫，抑恶扬善，勤劳俭朴。一方面利用行政权力革除陋习流弊，如早婚、缠足、留辫、吸毒、赌博、宿娼等，当时农村中虽有一定的落后守旧的封建意识的阻力，但实验县明令禁止、强力推行，一时社会风气大振，人们的精神面貌有了很大改变。

邹平在研究院设立以前，早婚现象十分严重。当地曾流传着这样一首顺口溜："苦菜花，朵朵黄，十八岁的大姐九岁的郎，说是郎来郎又小，说是儿来不叫娘。头一宿尿了花被褥，第二宿尿到绣鞋上，狠狠心，两巴掌，又叫姐来又叫娘。"研究院来了后，制定了政策，早婚现象大大减少了。对不听劝告早结婚的，就罚款。再就是禁止吸毒赌博，乡队每天晚上要到各村去巡逻，发现有聚赌吸毒者，就抓到乡里，轻则罚款，重则拘留教育。为了解放妇女，禁止缠足，实验县组织人到各村挨门挨户查放脚，当时人们想不通，现在想起来太可笑了。

乡村建设研究院卫生院还培养了一批农村医疗人才，到乡村医治疾病，提倡新法接生，用科学去教育农民，对农村中有病求神拜佛的旧习进行了强烈的冲击。当时邹平县的社会风气在某种程度上说，要比周围的县好的多。

三　乡村建设运动没能从根本上解决农村的土地问题，没有依靠农村的主体

乡村建设运动历时七年，盛极一时，对邹平的经济、文化和社会的发展起了一定的推动作用。然而最终还是失败了。纵观乡村建设运动七年的成绩，邹平的农村社会就像一辆庞大的缓缓行进的牛车，在接受了一种外力的推动下，稍快地往前走了几步，随后又缓缓地慢下来；又像一件千疮百孔的衣服，只是在一些破烂的地方缝补了一下，除去表面上有些不同程度的变化外，本质上并没有多大改观。

首先以乡村教育为例，这是梁漱溟要农民接受教育，进行文化自救的主要措施。虽然在一定范围内、一定程度上收到了不可否认的客观效果，但这些效果比起开始设计的目标那真是微不足道的。我曾在访问中询问过许多老人："那时有那么好的学习机会，你为什么没去念书呢？"他们回答说，念书能当饭吃么？整天上顿不接下顿，为糊口累得精疲力竭，谁还有心思去念书。东关一位姓张的老人说："我家里没有地，靠给人家推脚（注：用小车运货）过日子，收入很低，一天不推，家里就断粮。早晨天不明就走，晚上顶着星星回来，哪有功夫去念书。读书是好事，可不是我们这种人家的事"。还有的老人说，研究院的那些老师们倒挺好，天天晚上挨门挨户去叫人上学，可人们还是去上几晚上就不去了。这就反映了绝大部分老百姓对乡村教育的认识和态度。他们赞成教育，乐意去接受教育，但在那沉重的压迫剥削下，农民们负重如山，何以有兴趣有时间去学习受教育？据统计，1933年邹平县有村学54处，儿童部69个班，1095名学生；妇女部11个班，214名学生；男子部54个班，5871名学生。可是到了1936年，村学数目就减为28处，儿童部减为36个班，1081名学生；妇女部11个班，181名学生；男子部尤为突出，班数减为36个，人

数锐减为 1515 人。① 虽然这个统计的注释中说明班数与学生数的突然减少是因为办学政策强调质量引起的，然而，农民们因生活牵累而不能上学，不能不说是一个更为重要的因素。梁漱溟在当时也不得不承认："在邹平的 251 个村庄里，目前只有 28 处村学，显然，还不能担负起整个县的教育职责。"② 1935 年《邹平实验县户口调查报告》中，全县法定人口教育程度统计表里也记载，全县 165000 人，未受教育者就占总人口的 84.18%。由此不难看出，乡村建设教育实际上走了一个雷声大雨点小的过场。

同样，经过农业改良措施，生产力提高了，产量收入也都增加了，广大农民的反映又是怎样的呢？生活水平又有哪些提高呢？

一些老人们回忆说，那种脱力司棉确实好，但是我们地少不能种。实验县规定，在不能保证口粮的情况下是不能种棉花的。我们地少连口粮都保不住，人家地多的地主富农才真正得了好处，沾了大光，实际上帮了富人的忙。他们还说，虽说是没有钱种棉花可以贷款，可是一般的人贷不出来。只有有头有脸的才能贷出来。贷款也需要有保人，还要视其家资还起还不起，名义上贷款给老百姓，可大部分都进了地主高利贷者的腰包。由此可以看出，乡村建设运动在农业上的许多改良措施，看起来对发展生产十分有利，但是农村中根本的生产关系却没有得到任何的触动和改变。改良在一定程度上促进了农村经济的发展，或者多数农民在某些方面的收入有了或多或少的增加，但是却没有因此而改变自己的经济地位。真正获得利益的是农村中的地主阶级，他们在推进改良，发展生产的招牌下，经济势力越来越大，相应地巩固了他们的统治剥削地位。据青阳乡的一些老人们反映，杏花河的疏浚，使沿河两岸的水患根绝，浒山泺中的沼泽变成良田。这对人口集中、土地较少而贫瘠的青阳乡（当时为邹平二区）来说，是一个发展农业的极好的条件。然而这些退水地却很快被几户地主廉价收买了去，反过来又租给农民，成了他们盘剥贫苦农民的资本。青阳乡钟家村的一个老人反映，虽说贷款必须用在发展农业生产上，但贷款对象主要是有偿还能力的地主富农。钟家村的三个大户都贷款购买了水车，其他的

---

① 梁漱溟：《邹平农村工作五年》。
② 同上。

老百姓没有一户能买得起。因此,当广大农民发现乡村建设运动并没有从根本上改变他们的命运时,他们对运动寄予的希望也就慢慢消失了。

中国自古就是一个农业大国,吃饭是摆在头里的第一件大事。在中国历史上长达几千年的封建社会里,土地问题成了农民和地主矛盾的焦点,地主阶级占有土地,而农民被束缚在土地上,受地主阶级残酷的剥削和压迫,这是封建社会生产关系的本质。这种矛盾的不断发展、变化和日趋尖锐,导致了中国封建社会的农民斗争。翻开中国革命的历史画卷,从秦末第一次农民起义,一直到辛亥革命,没有一次农民起义和农民战争不是因为土地、赋税和徭役而引起的,而且大都提出了"均田"的口号。然而一直到解放前的半殖民地半封建社会,土地问题一直没有得到解决。可以说,土地是中国农民的最切身的利益和最迫切的要求。但是梁漱溟没有认识到中国农村有阶级对立,错误地分析了农村的土地占有问题。他在《中国文化要义》里曾说:"土地垄断之情不著,一般估计,有土地的人颇占多数。""以有地者和无地者相较,当不止 51 对 49 之比,而要多的多。"他在分析邹平县的土地占有情况时也说:"多数县民为自耕农,土地分配颇为合理。"① 这里所说的"有地者"与"无地者"的界限当不知如何,但把拥有大量土地靠租赁给农民耕种的有地者,和仅有少得可怜,尚不能维持糊口的"有地者"统统划在一起,认为"颇占多数""颇为合理",就不可能认识到农村中存在的土地占有问题,也就不可能发现中国农村最基本的矛盾所在。因此,他所领导的乡村建设运动就不可能触动农村中封建的生产关系。只是在某些方面进行了改良,客观上反而更加巩固了这种生产关系。因而也就不可能得到广大人民的坚决支持和拥护。即使推行的一些有利于生产的科学、文化教育、技术等方面的措施,得到了农民的暂时欢迎,但是由于封建的生产关系没有触动,贫困的地位没有改变,这种欢迎和支持也是非常有限的。乡村建设运动一旦失去了 80% 以上的广大农民的支持,其结局也就可以想象了。

乡村建设运动的组织基础主要是村学和乡学,而村学和乡学主要是由学众、教员、学董、学长四部分人组成。梁漱溟在《乡村建设大意》中指出,学众是"指村中或乡中的一切人等而言,全村或全乡的男女老幼

---

① 梁漱溟:《邹平农村工作五年》。

通统包括在内，他就是乡村社会的主体。所以乡村社会的改进，乡村问题的解决当然要以这部分人为主力了。"既然广大的农民群众是"社会的主体，"是改进乡村社会解决乡村问题的"主力"，乡村建设运动就理应以其为主要依靠对象，为主要动力来进行。然而由于阶级和世界观的局限，梁漱溟对这个"主体"和"主力"的分析，却使乡村建设运动走上了与初衷愿望背道而驰的道路。他认为乡民"愚昧""知识短浅""尚缺乏一种共同起来想办法的要求。"① 所以要对他们进行教育，去"启示提醒他们"。而这项工作要靠学董、学长和教员。在这三种人中，除了教员是从当地或外地聘请来的有文化的人外，学董和学长都是当地农村中的所谓"德高望重"的"领袖人物"，实际上就是农村中的豪绅地主。乡村建设运动依靠了这些长期骑在农民头上的地主阶级来主持乡学和村学，大权在握，对广大农民进行所谓的"教育"，把所谓的"主体""主力"反置于一个被领导、听摆布的地位上去，乡村建设运动的客观效果也就不难想象了。据老人们反映，当时邹平县十四个乡的乡理事，没有一个不是地方上的士绅豪富，十四个乡的学董会，绝大多数出身于地主富农之家。十四乡的乡队长，更多为富裕人家子弟。乡村建设运动的领导权完全掌握在封建地主阶级的手中，上面紧紧依附于地主阶级的代表军阀头子。因此，乡村建设运动不自觉地把这种尖锐对立的阶级矛盾掩盖起来，以求达到缓和矛盾，消除对立情绪，去谋求一种和平安定的环境、富裕丰饶的生活，然而这种美好的愿望是不能实现的。

四　乡村建设运动在客观上维护了封建地主阶级的统治，压抑了人民革命的情绪

乡村建设运动之所以在客观上维护了封建地主阶级的统治，除去运动的领导权集中掌握在地主阶级手中这个重要因素以外，还有两个重要的原因。第一，就是推行"政教合一"的主张，变统治为教育，掩盖了阶级对立的矛盾，麻痹了农民的斗争意识。第二，实行了"乡村自卫"，组织训练了维护封建统治的地主武装。

---

① 梁漱溟：《乡村建设大意》。

我们知道，二十年代末期，正值第一次国内战争失败，军阀割据，民不聊生。农村中的剥削压迫日益加重，阶级对立和阶级矛盾日趋尖锐。农民们不甘忍受这种压迫和剥削，革命的情绪在日渐孕育和积蓄之中。然而这时，乡村建设运动提出了"政教合一""以教统政"的主张，把乡村的行政统治机关变为乡学和村学，把原来乡村中的区长、乡长、村长等变为乡理事、学长、学董，教育的内容主要就是推行儒家的封建伦理道德，主张"孝悌""忍让"。而那些乡理事、学长、学董们也利用这个机会，大力提倡"尊敬师长"，无条件地接受学长的训饬。正像有些老人们说的，乡村建设主要依靠的是社会上层，是有产者，对上层有好处。用的办法是以道德观念来治理社会。因此，"政教合一"完全把阶级统治和被统治关系掩盖起来，变成了教育被教育的关系，变成了师生之间的关系。让农民们俯首听命地尊他们为师长，接受他们的教育。把原先横行乡里、盘剥人民、积怨甚多的乡公所、村公所一下子变成了"教育的团体"，成为"领导人生向上，发展人们德性智能"的教育机关。同时，乡学、村学还制定许多条例，作为用来限制和束缚人们的纪律规范，并且提出"让教育站在社会的第一位，以学术指导社会的一切，社会制度就可以不断地讲求改良，用不着暴力革命了。"[⑤]按照乡村建设这个理论办下去，农民只有俯首帖耳地听命于地主阶级的统治，只有忍辱负重、含辛茹苦地承受着越来越重的剥削和压迫，只有默默无闻地永远按照祖宗传留下来的命运生活下去。因此，在农村的阶级矛盾日趋尖锐并逐渐激化的情况下，乡村建设运动给人们带来的只是一些表面上的利益，从而模糊了农民的视线，麻痹了农民的斗争意识，抑制了人民对革命的迫切要求，客观上起了掩盖和缓和阶级矛盾的作用。

梁漱溟先生搞乡村建设的目的就是要使乡村自治。要维护正常的乡村秩序，就必须乡村自卫，就要建立乡村自卫的武装。因此乡村建设一开始就注意到了这一点。然而当乡村建设运动的领导权一旦被地主阶级所掌握，乡村自卫就变成了维护封建统治的工具了。乡里组织了乡自卫队，村里组织了村自卫队，一切行动都要听命于乡理事、村理事。他们按照自己的意愿去训练，除去正常的武装训练以外，还要进行精神讲话，名曰"精神陶炼"。但无非都是讲一些封建礼教、讲一些伦理道德、讲一些安分守己，尊敬师长，服从领导，遵守纪律之类的道理，目的就是要把这部分力量牢牢地掌握在自己手中，作为巩固封建统治的工具。当然，在土匪迭起，盗劫横生，乡村混乱的情况下，乡村自卫在防匪防盗方面是起了一定的作用，一些老人们都说，那是解放前邹平县最安定的一个时期。然而也正是由于此种原因，乡村自卫才蒙蔽了一些人们的眼睛，掩盖了其真实的面目。防匪防盗固然维护了人民的一些利益，保护了乡村的正常秩序，但是真正维护的最大利益是地主阶级自己。乡村自卫使地主阶级的势力一下子壮大了，这样一来，乡村中那种初见端倪尚未爆发的对立情绪就被残酷地压抑下去，使得农村"安定"下来。与此同时，在中国的南方，中国共产党正在深入农村，组织发动农民进行土地斗争，一时群众运动如燎原大火，迅速蔓延开来。倍受压迫剥削的农民认清了贫穷的根源，翻身起来砸烂身上的锁链，把地主老财打翻在地，再踏上一只脚。农村可以说真正"乱"了起来。可是在中国北方，在山东邹平，乡村教育却掩盖了这些尖锐的矛盾，乡村改良蒙蔽了人民的眼睛。由此可以看出，乡村自卫成了地主阶级统治农村的最得力的御用工具。

　　梁漱溟在《乡村建设大意》里曾说："政府也曾提倡乡村自卫，……要农民起来防御土匪。"这部分武装"遇事则召集迅速，即时可以成军，名为强固之后备，实为常备之民兵。"由此可以看出乡村自卫的真实目的。这种强固的后备、常备的兵民，稳定了地主阶级的情绪，乡村自卫站在了农民阶级的对立面，抵制了共产党的革命影响，扩大了国民党的兵源补充。据调查，抗日战争开始后，乡村自卫队组织中除了一部分人参加了革命队伍以外，绝大多数的乡队长和骨干都加入了地主阶级的地主武装——伪六团。

　　综上所述，梁漱溟在邹平的乡村建设运动之举，对邹平的影响是巨大的。他为了探求一条救国救民的道路，勇敢地用实践闯出了一条乡村建设的道路。他虽然洞察到中国的根本问题在农村，是农民问题，但是由于阶级和世界观的局限，对如何解决这个根本问题，却违背了社会的实际，违背了社会发展的客观规律。在两个阶级激烈斗争的情况下，梁漱溟过分地夸大了教育的作用，主张用和平的、建设的、教育的方法，对社会进行改良，以求通过某些改良，达到缓和矛盾促兴建设的目的。然而他却没有认识到，封建阶级的统治是不能通过改良而改变的，封建统治阶级也不会轻易退出自己的历史舞台。因此，在这两个阶级尖锐对立，生死搏斗的大决战中，这种温和的改良便显得软弱无力。只有中国共产党，领导人民采取了革命的行动，用暴力砸烂了旧的国家机器，建立了新的社会制度，从根本上解决了一切改良主义所未能解决的农村问题，组织农民走上了社会主义道路，这才是社会发展的必然规律。

邹平乡村建设的金融业及其成就

夏文禄　柴向清

梁漱溟先生在邹平兴办的金融业是乡建活动的重要组成部分。因为它有别于当时社会的其他金融业，我们称之为"乡建金融"。"乡建金融"同乡建运动的其他事业一样，在邹平试验的七八年中，取得了一定的成就。本文就这一问题，谈一些看法。

一　乡建金融业的组织概况

邹平实验县先后创办了金融流通处、信用合作社、庄仓信用社等金融组织。

（一）农村金融流通处

邹平实验县农村金融流通处设于1933年8月，经理陈道传，营业股长成云焘、干事李允芝、王允德、陈宋山、司俊笮等人。曾发行"邹平县农村金融流通券"在邹平流通。

机构：

农村金融流通处，隶属邹平实验县政府领导，下有董事会、监督员。办事机构设经理，按业务分工有三个股，即业务股、会计股、出纳股。其组织系统如图所示：

职能：

（1）以本处为经缴赋税之收纳保管现金机关，俾征收与保管现金之职务分离，免除征收人员侵蚀挪用之弊。

（2）以本处保管教育基金，建设基金合理之运用，而减少存放商号

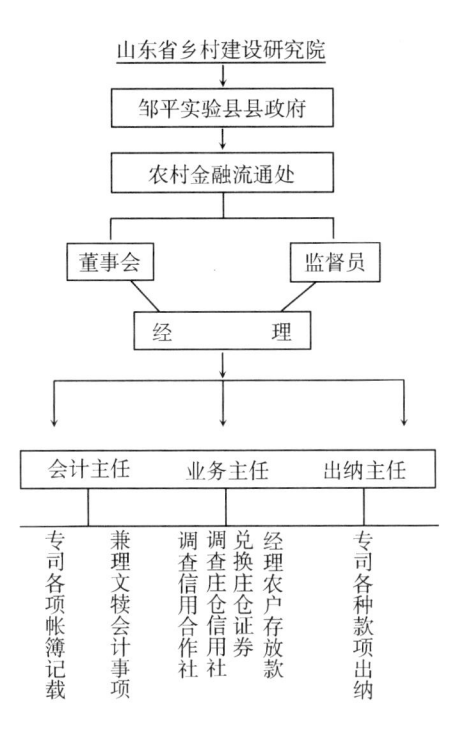

```
           山东省乡村建设研究院
                  │
           邹平实验县县政府
                  │
           农村金融流通处
              ┌───┴───┐
            董事会    监督员
              └───┬───┘
                 经  理
          ┌───────┼───────┐
        会计主任  业务主任  出纳主任
          │    ┌──┼──┐     │
        专司  兼理 调查 兑换  经理  专司
        各项  文牍 庄仓 庄仓  农户  各种
        帐簿  会计 信用 证券  存放  款项
        记载  事项 合作     款    出
                  社              纳
```

或私人手中之意外损失。

（3）以本处为全金融汇划总枢，运用保管之公款，加大货币流通之速率，减少农村资金缺乏之痛苦。

（4）以本处控制金融，减少商利盘剥增进农村生产运销之机能。

（5）以本处放款乡村及指导人民经济活动作用，增进农民对政府之信任，藉便政令之推行。

资金：

邹平农村金融流通处开办时决定县政府拨付流动资金 10 万元，直到 1935 年只拨 7 万元（相当于现在 70 万元左右），到流通处解散也未拨足。1936 年 6 月 30 日决算时自有资金 7 万元，公私存款 23549 元，证券准备金 19000 元，利润积累 8115 元，共计资金来源 120664 元，各种放款 85584 元，存出金 10000 元，库存现金 17454 元，家具用具占款 647 元，未结损支 5716 元，临时外借 1263 元。

储蓄存款：

（1）存款：种类分活期、定期、往来三种。对象：机关、团体、学校、商号、钱庄、各种合作社。

（2）储蓄：有随时储蓄、按期储蓄、特别储蓄3种。

随时储蓄即活期储蓄。

按期储蓄分月、季、年、3年等期限。

特别储蓄有6种：

（1）备婚储蓄——不论男女从生后弥月时储银1元者，至18岁结婚时可取本息12元，储2元者可取24元，多则类推。若1岁后储蓄，每增1岁，每元需增储3角，依约期结婚时方可取得12元之数。

（2）备学储蓄——不论男女从生后弥月时储银1元者，至满10岁读书时每年可支取费1元，5年为满，即储1元可共取5元。储2元者可共取10元，多则类推。若二三岁储时，其递加法与前项同。若十三四岁停学时，即不得续支。

（3）养老储蓄——不论男女从40岁储1元者，60岁时起每年可取2元，10年为尽，即可共取20元。如70岁始取每年可支3元，亦以10年为尽。多储时照前递推。若取之未尽归老时，当年可按照每年应取之数加倍给付一次，即可完结。此储蓄者在40岁以后储者，每增一岁，须增银3角，始照享权利。

（4）防灾储蓄——凡储1元满5年后，遇有水、旱、霜、雹损折田禾，以及本身失偶、牛马伤亡等灾害时，经其庄长证明，除可取其本息2元外，并加一倍在金融处低息告借，分年归还。若储满10年者，除取其本息4元外，可在金融处加2倍低息告借，分年归还。储2元者照例递增。满15年时每一年得取本息10元即告结束。

（5）建设储蓄——储蓄1元满5年后如欲修房购地，添购农具除取得本息2元外，可在金融处低息告借，额数还期临时酌定。

（6）喜庆纪念储蓄——生子、结婚、祝寿及各种义举，欲永留念而资不敷之储蓄。即储1元满6年后欲作纪念之建设或购置时，除取本息2元外，可在金融处告借，以资助成。利息还期酌定。满12年后，本息可取5元外借贷与前同。

以上6种特别储蓄提前支取，概不付息，只取原本。特种储蓄每种每户最多储10元。

放款：

1. 放款种类：

(1) 信用合作社放款——对农村在金融流通处辅导下而成立的信用社因资金不足时的放款。

(2) 庄仓信用社放款——对在合作事业指导委员会组织下成立的庄仓信用社的放款。

(3) 特别放款——对农村农民的放款。又分直接放款与间接放款两种。直接放款债权属于金融处，间接放款债权属于县政府。

直接放款曾有"整理旧债放款""促进生产放款"等，1935 年共放出 400 多户、26750 元。

间接放款曾有"凿井放款""轧花机放款""蚕业合作社放款""机关放款"等，1935 年县府共为间接放款拨款 38460 元。

农村金融流通处的放款结构，根据 1936 年 6 月 30 日的决算表分析，呈如下比例：截至决算日，流通处共放款 85584 元，其中商号占 25%，计 21290 元；棉业合作社占 24%，计 20000 元；信用合作社占 18%，计 15359 元；农户放款占 31%，计 26750 元；庄仓社贷款占 2%，计 2185 元。

农户放款用途有种子、牧畜、农具、肥料等等。

2. 放款规定：

(1) 金融处对县政府承认的各乡信用社放款为最先要务，通过信用社转对农民放款。

(2) 对私人和商号放款不得碍于各合作社借用为最要。

(3) 对私人和商号放款期限，不得超 3 个月，商号放款不超过 1000 元，私人放款不超过 100 元。都需具保或抵押。

(4) 对合作社之放款先征集申请书，得审其用途，不当者拒贷。

(5) 对整理旧债放款（合作社员）不超过总债的三分之一。

(6) 对社员贷款发现用途不正，一边记载信用程度，一边令其妥保并于最短期内归还。

(7) 借款期限一般为一年。

利率：

农村金融流通处利率规定较繁。

(1) 各项存款定期者分 3 个月、6 个月、一年三种利率参照市面及期限而定。活期存款存满 1000 元，并订明支取前 20 日前通知者按市面利率酌定，往来存款一概不起息。

（2）各项储蓄已有积算者（如特种储蓄）都以储蓄种类而异，也较繁杂，一般月息五厘。

（3）放款一般月息一分至一分五厘间。1934 年 7 月至 1935 年 6 月邹平的市面利率与流通处的利率曾有详细比较。

农村金融流通处从建立到结束共 4 年多时间，邹平陷日寇之手时，它与乡村建设研究院实验县政府等人员一同逃亡。

40 年代邹平地方伪六团将金融处的放款悉数收回。

（二）信用合作社

"乡建"时期，在研究院的合作事业指导委员会与农村金融流通处的指导组织下，全县各地成立了农民历史上第一次的一批自己的金融组织——信用合作社。它的正式名称为：无限责任邹平县第×乡××村信用合作社。信用社章程规定，每社必须有社员 15 人组成，多者不限，以贷放生产上必要之资金于社员，及为社员储金为宗旨。社员以业务区域内居住 20 岁以上之农民，无恶劣嗜好者合格，入社者要认交股金，每股 2 元，最多不准超过 20 股。设有理事会、监事会，每年召开社员代表大会一次。

组织：

1934 年冬，乡村建设研究院训练部学生下乡实验室宣传信用合作社为始，至 1935 年 7 月研究院合作事业指导委员会接受指导为止，为邹平县信用社发展的萌芽时期。1935 年 7 月至 1936 年 3 月为整顿时期。1936 年 3 月至 1936 年底为发展时期。研究院训练部学生下乡宣传，时机选择得很好。该时正值 1934 年涝、旱歉收，农民收入骤减，农民公私债务无法清偿，年关迫近，支出增加，金融迫紧，市场借贷利率由一分五厘涨至三分以上。信用社应运解渴，于是 1934 年冬发展 21 社，由于成立急促手续制度不完备，所以有第二阶段的整顿，重新登记之举。到 1935 年冬邹平县信用社的组织章程、办法、业务等方面都较健全，到 1936 年底已发展至 48 社。

邹平县信用合作社概况表（1934—1936年）

年度	1934年	1935年	1936年
社数	21	35	48
社员人数	314	614	1095
股金总数	870	1466	3807
贷款总数	6600	9803	23626
储蓄总数			680518

1936年邹平县32337户，170285人，人均土地3.39亩。

上表储蓄总额有疑，可能是存入累计额。

业务：

1. 储蓄：

种类有定期储蓄与零存整取两种。

（1）定期储蓄：

节约储蓄——由社员发起戒烟、戒酒、冠、婚、丧、祭等节约运动。（注：冠礼：旧社会的一种礼俗。男子20而冠，即成人的意思。）

励农储蓄——在农户收获之后，分夏、秋季存入，也可纳粮折款存入。

纪念储蓄——选定重要纪念日如国庆、国耻等日，社员储金以示纪念，金额最少1元或粮五升。

定期储蓄利率半年期月息七厘，一年期月息八厘，一年半九厘，最高不超一分二厘。

（2）零存整取储蓄：

此种储蓄可以随时存入，余额不得少于5角，期限不得少于半月，利率低于定期储蓄。

2. 放款：

按照章程给社员解决生产、生活上资金短缺，还包办社员集体向农村金融流通处贷款之事务。信用社的贷款只对社员，利率不超过一分五厘。

信用社贷款规定有六不贷：

（1）有烟嗜好之嫌疑者（烟指鸦片）；

（2）有游惰习气者；

（3）有侈奢习气者；

（4）不能约束家人者；

（5）旧债发生原因不明或用之不当者；

（6）旧债过多，无彻底整理之计划者。

损益分配：

（1）股金计息，年息七厘，年终计付。

（2）盈余分配：纯益的50%留作公积金；15%作职工酬劳；15%作奖励储蓄；20%发展业务与公益事业。

（3）亏损全体社员分摊。

（三）庄仓信用社

庄仓信用社由庄仓合作社演变而成。1933年始倡，1935年共成立58处，社员4000余人，积谷1700余担，发到庄仓证券38000元。此项证券由农村金融流通处代兑50%，自兑50%。并从发到之日起，在金融处存入支付准备金50%。

庄仓社筹办宗旨：

（1）以促仓贮之充实；

（2）以救济农村之穷乏。

在于使农民合作储谷，一方固可备荒，又可抵押借款，流通金融。

具体办法：以乡为单位，农民以粮入股集体仓储，成立庄仓信用社，庄仓社可以将所集之仓谷为保证，向农村金融流通处办理集体贷款，也可发到庄仓债券。这一办法的优点是农民所产之谷，存储后可得同价之"农村金融通券"，此券系农村金融流通处发行的地方性金币，可在县内与邻县流通。也可向农村金融流通处兑换银元或其它券证。

庄仓信用社的业务，也包括吸收股金存款放款等。

贷款有8条规定：

（1）社员有借款之权利；

（2）公平借贷；

（3）贷过未还者不准再贷；

（4）先贷地亩较少之社员；

（5）月利一分五厘；

（6）期限半年；

（7）贷款额不超过20元（相当现在200元）；

（8）二人担保。

二 乡建金融业的特点

金融就是指货币资金的通融，一般指与货币流通和银行信用有关的一切活动。货币与银行被谁掌握，它就为谁服务。乡建金融也必然为乡建运动服务，所以它就具有鲜明的乡村建设运动的特点。这些特点可分三个方面。

（一）团体、民主、进步

山东省乡村建设研究院在邹平组建的金融机构有三种形式：一是官办的农村金融流通处；二是信用合作社；三是庄仓信用社。这三种金融机构基本上都是团体式的组织。两种信用社由于是民间融资组织，所以采用了集资入股和民主管理社务的方式。农村金融流通处虽然属于县府的一个机构，但它的经营管理方式，却不同于县府的其它科室。它设立了董事会，监督员。董事会由11人组成，包括县府有关科2人、乡学校长7人、地方商界2人，在董事中自推董事长一人主持会务，规定3个月开会一次，审议金融处的重大事项，任期3年，到届另选。还设监督员4人（县府1人，乡理事3人），专门稽核金融处的账务和业务执行情况，实际也是一种民主管理的形式。

30年代，中国的金融业有四种形式。一是1937年在红区成立的苏维埃国家银行；二是国民党的四大官办银行；三是外国入侵设立的外国银行；四是私人办的各种形式的钱庄银号。其中除红区银行是民主管理外，其它都是唯主是听。不管它是否设立董事、监事等组织，实际上只是一种摆设。如当时的农民银行就是蒋介石说了算。外国银行与私人金融业更不必说，完全是主人说了算。但在这四种形式外的"乡建金融"业，它的组织形式与管理虽不如红色银行，但比起其它三种金融业来要民主的多。这是乡建运动的本质所决定的。其中信用社的民主管理已近似现在信用社的管理方法。

"乡建金融"具有进步性表现在：〈1〉金融处放款以集体为主。促使农民组织起来，消除散漫性。金融处规定不参加信用社者不能贷款。信用社社员贷款，以信用社为单位列名册，集体贷，集体还。所以信用组织发展迅速，使农民认识到了组织起来的好处。〈2〉倡导新的生产技术，改变旧有落后的生产方法。如设置了"新式农具贷款""水利设施贷款""优良种子贷款"等等，便从此始。〈3〉支持贫困，限制富有。信用社以有无贫农参加来衡量合格与否，并以股金不超五股为限来限制农村地主用多股份来控制信用社。〈4〉发放低息贷款，抵制高利贷剥削。如1935年大旱，市面利率高达二分以上，金融处发放无息贷款，支持农民抗旱（全县共放贷款3万余元）。市面利率降到二分以下，使一部分农民避免了破产。以上几点，在半封建、半殖民地的30年代中国农村社会来说，无疑是进步的表现。

（二）与经济紧密结合

金融是商品经济发展的产物。经济的发展决定金融的发展。而金融对经济的发展起着巨大的能动作用。它可以通过信贷、利率、汇率等经济杠杆组织、引导、促进、抑制经济的发展。

"乡建"时期的邹平金融体现了组织、引导经济发展的特点。这在它的金融理论、条例规定、具体业务实践中表现得很突出。金融处的业务宗旨中就明确提出：金融处的设立就在于："吸收都市资金，调剂农村金融，资助合作业，推进一切建设"。从其贷款业务看，设立了"棉花贷款""蚕业贷款""挖井贷款""轧花机贷款""信用社贷款"等。这都起到了引导经济的作用。如棉花贷款明确规定，按种植亩数和预计产量发放，下种时贷一半，摘拾运销时再贷另一半，销售后归还贷款。这就从信贷角度促进了扩大种植面积，促进了销售，促进了棉花种植商品化。1933年邹平棉花种植面积为18600亩，产量为18600担（仔棉）。到1935年发展为62636亩，产量为62636担，销售60000担。其它如蚕业、掘井、轧花机等项贷款都是为了倡导科学技术于农村而发放，体现了把资金融通与发展经济融为一体的特点。在存款业务中，对储蓄存款的设置有备婚、备学、养老、防灾、建设等专项种类，更具有引导、组织消费资金流向和与储户结合使用资金的特点，特别值得一提的是庄仓信用社的业务，很有现代金融经济的特点。庄仓信用社以农民贮谷入股，并以谷物换取"金融流通券"在市面流通，流通券还可以在金融处兑换银元、现钞，也可以再兑回谷物。因此极受农民欢迎，所以它的发展比信用合作社还要快。

1935年统计，庄仓信用社58处，信用合作社只有48处。

（三）教育寓于金融管理之中

乡建时期的金融业，始终把调剂农村金融、促进农村经济的发展作为主要任务。同时在业务开展过程还随时寓以教育群众的内容。通过具体的业务手段把"乡建"理论的最高目标化为最具体的教育形式，这又是当时其它金融组织难以做到的。

乡建运动对民众的要求与希望是什么呢？从"山东乡村建设研究院实验区邹平县实验计划"中可以看到："……在于引导全县民众使均能憬然于个人责任之重大，自动奋起各自努力于其德性之修养与智能之增益，成为有组织有纪律于生活能力之现代人生态度，由此各个分子是集合而成为村为乡为县建设一个有秩有序活力充实的自治体系，以为省自治乏基础，而挽救民族国家之颓运。"在当时的历史条件下，梁漱溟先生的想法虽然天真一点，想靠单纯的修身养性来改变社会性质是行不通的。但其宗旨还是希望人民有知识、有能力、奋起自救，以达富民强国之目的，这在他创建的金融业务活动中也鲜明地体现了这一点。如其放款章程中曾规定了"六不贷"。

在方法上，也善于抓住有利时机，循循诱劝，在农村金融流通处的放款章程中规定贷款要具保，并由其保人在贷款期间向贷款人劝说要勤俭、修德。为什么要这样做，"章程"做了一个说明："人当富裕无求人之必要时，凡事每多轻易看过，漫不致思，……惟当穷迫不能不求人时，于事如易发感想，易致深思……而事半功倍之教育功效。"

"乡建金融"活动这种寓以教育的内容，俯拾皆是。如在储蓄业务中，劝民众储以养德，储以致廉，还设备学、养老、建设、公益事业等储蓄种类，不但吸收了资金，还引导了民众学好向上。

三 乡建金融业的成就

（一）建立了一个独立的金融体系

山东省乡村建设研究院，视金融为经济的命脉。实验县一经成立，立即组建了农村金融流通处，以其为主体，又建立了信用合作社与庄仓信用社，并与城市及外地挂钩，进行资金融通。在县内还支持私人金融业的发展，允许自由借贷，只在利率上进行引导和限制。这样就形成了一个国营和集体并存的金融机构网络和纵横交错的金融市场。农村金融流通处与县内各信用社之间在业务上是指导与被指导关系，在核算上各自独立，资金往来是存贷关系。农民不能直接向农村金融流通处贷款，可向当地信用社贷款，信用社资金不足可代农民集体向流通处筹借，并负责收回，流通处资金不足便向济南或其他城市银行借贷。这种融资形式调剂了资金余缺，支持了生产的发展。如1935年的棉花运销贷款，便是流通处向济南民生银行借贷的，立有借据、合同，手续比较严密齐全。

邹平实验县的信用社组织始于1934年。至1936年已发展到48处，社员达1095人，股金680518元。社员人数是以人代户的，所以覆盖面还是十分可观的。48处信用社分布在13个乡的中心村镇上，基本形成了网络。

庄仓信用社始于1933年，开始叫庄仓合作社，后改为庄仓信用社，至1935年已发展到58处，社员4千余人，积谷1700余担。

另外私人钱庄，邹平镇（首善镇）有8处，明集、韩店、孙镇、旧口、辉里、辛梁等集镇都有，据统计约有百家。

（二）有一套灵活严密的业务手段

流通处、信用社的基本任务，除存款、贷款外，还发行了"邹平农村金融流通券"，发行了"庄仓证券"，也办理汇兑、结算等业务。其业务手续虽不如现代银行之齐备，但就当时来说已是很不错了。

作为金融业来说，毕竟是商品经济发展的产物，因此，金融对经济就是服务、引导和促进，其手段越多越好，越灵活越好，而且越直接越好，作为"乡建"金融业，它至少做到了下列四点：

(1) 吸资的多样性

金融处建立前，县府计划拨付流动资金10万元，实际只拨7万元，各信用社吸收股金只不过数千元，若要应付一个县的资金需要确实杯水车薪。所以流通处与信用社把吸收储蓄存款作为第一要素，为了吸引民众参加储蓄存款的兴趣，金融处设有随时储蓄，即现在的活期储蓄；按期储蓄，即定期储蓄；还有特别储蓄，是按民众需要设立的一些特殊项目。其中有备婚储蓄、备学储蓄、养老储蓄、防灾储蓄、建设储蓄、喜庆纪念储蓄。信用社还设立了节约储蓄、励农储蓄、纪念储蓄、零存整取储蓄。庄仓信用社不但可以用谷物入股，还可以用谷物认购"庄仓证券"在县内可以流通，还可以在流通处兑换现银或其他货币。

金融处对机关、团体、学校、商号、钱庄和各种合作社还办理活期、定期、往来三种存款。

由于广泛多样的吸资，调动了广大群众存款的积极性，到1936年6月金融处除县府拨付的流动资金7万元外，还通过上述方法吸收各种存款5万余元，信用社在1934—1935年间，吸收蓄储累计额达68万元以上，庄仓信用社库存谷物1700余担。

(2) 方法的灵活性

流通处在处理借贷业务中，不拘泥条款，而又不失原则，表现了高度的灵活性。如借贷利率问题，研究院早有规定，放款利率一般月息不准超过一分五厘，但由于市场利率的波动，流通处不得不实行浮动利率，原则是随行就市，低于市场利率。1935年邹平水旱灾害严重，年关金融奇缺，市场利率骤增至三分左右，流通处一方面发放救灾贷款，一方面组织信用社聚集资金，调剂资金，使贷款利率仍维持在一分八厘左右。这样，稳定了资金市场，解决了民众的生活困难。1935年3月，各方资金闲置过多，市场利率一度降至月息一分一厘，流通处以破格月息五厘放出短期贷款，以消除资金呆滞。从1934年7月至1935年6月一年的时间里，流通处的贷款利率一直低于市场利率，一般相差在3—5厘左右，年关或青黄不接之际，流通处利率要低于市场达一分左右，起到了稳定金融市场、抑制高利贷的作用。

(3) 服务的直接性

乡建金融在业务活动中，服务的直接性显而易见，以储蓄种类的设置，放款用途的要求以及庄仓办法之实行都带有这一特点。在储蓄存款中的直接服务更加突出，如六类特种储蓄存款之一的备婚储蓄，章程规定，不论男女在生后弥月时蓄银1元者，至18岁结婚时可取本息12元；蓄2元可取24元，多则类推。再如备学储蓄，生后弥月储银1元，满10岁读书时每年可支书费1元，5年为满。养老储蓄，40岁储1元，60岁起每年可取2元，10年为尽；如70岁始取3元，亦为10年为尽。防灾储蓄，凡储1元满5年后，遇有水、旱、霜、雹、损折田禾，以及本身失偶，牛马伤亡等灾害时，经证明，除可取本息2元外，并加一倍在金融处低息告借，分年归还。另外还有建设储蓄，喜庆纪念储蓄，都是以储蓄添制农具、房屋，或生子、结婚、祝寿及各种义举，建筑纪念物，都能按上述办法取得本息者借款。再如庄仓信用社、社员可执谷入股，并可执谷以购证券，参与市场流通，证券不用还可以兑现或退还谷物。

（4）管理的严密性

金融业就是以货币为商品进行经营，它的风险程度大于任何商品经营者，因此，所有银行、钱庄的规章制度都较严密。金融处尤胜一招，它的放款不但有借据、合同、具保人等应有的契约条款，还要有贷款前贷款人贷款意向书，以供金融处查阅调查之用。凡农民贷款都一律办理集体借贷手续，只写一张借据，附花名册，逐人签押，由信用社承贷。并由信用社一次收回交给金融处，再加上对贷款对象身份审查（六个不贷标准），以及贷款用途必须用于生产的规定。所以金融处的贷款，几乎是百无一失。由于它的用途完备，邹平趋于日寇之手期间，金融处发放的贷款被伪六团执据悉数收回。

再如它对信用社的管理，采用计分考核制，形同目前工作目标管理方法一样，把应考核的项目订明分数，在检查时逐项评分，规定检查总分为1630分。对信用社检查评比中，"是否准贫农参加"为主要标准，无此项扣500分，其他条则没有超过200分的。最后，以得分多少评定一、二、三级信用社，并评级别取得金融处的贷款，或得到利率的优惠。达不到级别的要进行整顿，前面统计的信用社数48处，实为68处。因有20个社达不到计分标准，故金融处视为不合格信用社，从以上情况可以看出，乡建金融业手续制度的严密性。

（三）树立了农村金融事业的地位

30年代，中国的金融业畸形发展，一方面是外国银行和官僚买办银行统治了各大中城市，另一方面农村金融机构寥如星火，广大农民遭受高利贷的盘剥。除少数苏维埃政权所在地农村金融比较正常以外，在全国大部地区也只有邹平在乡建时期创建的金融业覆盖了整个农村。而且运用利率、货币、信用手段大力聚集资金，合理发放贷款，抵制了高利贷的活动，致力于为农民办事，为农业兴衰着想，起到了组织生产，发展生产，引导资金流向的作用。实是创造了一个农村金融范例。梁漱溟先生在他制定的实验区邹平县计划中写道："查本实验区（邹平）距周村较近，一切商务均为周村所吸收，……整个农村社会……贷款之对方大都为农民，利率在30%以上，今欲禁止此项高利贷为事实所不能，免强行之，农村金融并复滞。惟有设立金融机关使货币活动之速率加大。俾农村减少资金之苦痛，则高利贷不禁自消，而生产运销自可得增进之益"。此外，梁先生还极力提倡组织信用合作社，形成了配套的农村金融体系。在同一计划中写道："支持组织信用合作社……一方面可以减低农村借贷之利率，圆滑农村金融之活动，其本身业务单纯经营较易，而少失败之危险"。

建立农村金融组织机构，面向农村吸收资金，发放贷款，在当时来说确实需要有一定的胆略和气魄。当时有一叫于永滋的人说，中国现在的银行界提倡与农民合作，但都市工商业一旦好转，银行家必要将在农村的投资收回，那农村却受不了。梁先生针对这种说法断然反驳：这是一个过虑，我敢断定，中国工业要在农村复兴中兴起，而今是以资本主义方式经营于都市者，必无好转之望，拥挤充斥于一、二大埠的资金只有通输于农村是一条出路，我却不怕他们要收回。

梁漱溟先生在农村金融方面的理论与实践现在看来仍然是行得通的，也是农村金融工作可以借鉴的。特别是目前，随着多种经济多种经营方式的出现，都迫切要求提供方便灵活的金融服务，而农村金融网点少，服务不灵活，效率低、开户难、结算难的现象依然存在。借鉴乡建时期的金融理论，建立多种形式的农村民间融资机构，搞活农村金融也是金融体制改革的需要。

四 "乡建金融"应在中国近代金融史上占有一席地位

中国近代金融史是一个比较复杂的时期，它也和这一时期的中国社会一样，呈现半封建、半殖民地的性质。这一时期中国社会变闭塞状态为开放型态，而且是在政权几乎不起作用的情况下，外国强权资本渗入到国内，使中国经济濒于破产。封建地主、官僚资本、帝国主义拼命压榨工人、农民。国内民族资产阶级以及部分小资产阶级在受着压榨的同时，也对工农阶级进行剥削。只有红区共产党领导下的政权，真正致力于为工农大众谋利益。在这种形势下，各种金融业也为本阶级的壮大、生存而奋斗、挣扎。

梁漱溟先生创办的"乡建金融"在乡建运动中出现，虽然与乡建运动一样存在了七八年的时间，但它作为一种金融形式，仍初具了规模。这就为中国近代金融史记载的四种金融形式之外又增添了一种形式。

中国近代金融史，对金融业的区分基本划为四大类。在30年代出现的"乡建金融"可以称为第五类或第五种形式，因为它既不同于红色区域的银行，又不同于白区的外国与民间银行，更不同于国民党的官办银行。它以团体、民主、进步的特点致力于农村金融而自成一体。就以山东省为例，可见一斑。据中国《实业志》记载，民国31年，就是山东乡村建设研究院建立的第二年，山东全省共有银行39家，分布在青岛12家，济南11家，潍县4家，烟台3家，威海2家，博山、滕县各1家。其中外国银行10家。这些银行都设在了工商贸易发达的城市，对农村只起挤兑盘剥作用。中国共产党领导的在山东的北海银行到了1938年10月才在掖县成立。这样从1932年至1938年间的"乡建金融"无疑是一种进步的金融活动，特别是其管理方法、经营艺术方面今天仍可借鉴。

现在我们以历史唯物主义的观点来分析近代金融业，可以这样说，红色苏维埃银行以及共产党领导的各种金融业为革命的进步的金融业，国民党官办的以及外国为剥削中国人民而设的银行为反动的金融业，民族资产阶级与小资产阶级办的金融业具有两重性，而乡建金融则能成为革命的同盟军，是进步的金融活动。

近查《中国近代金融史》（中国人民银行总行编辑、中国金融出版社出版），还没有"乡建金融"活动记述，就是全国性的信用合作社活动也了了数笔。既然是历史，就不该淹没，中国近代金融史就应该给"乡建金融"一些文字，记录下这一历史现象。

当然，"乡建金融"与乡建运动的整个活动一样，都存在历史的局限性，存在先天性缺陷，也就是梁先生自己所说的那样："高谈社会改造而依附政权""号称乡村运动而乡村不动"。因乡建运动没有从解决农民的根本——土地问题入手，只能是一种改良主义的产物。而"乡建金融"也是一种改良的有产者金融，对于赤贫还是无能为力，尽管它的眼睛已经看到了贫农。就是这样，它还是比支持内战、滥发钞票、盘剥人民的国民党银行好得多。所以我们应客观地、历史地、唯物主义地评价"乡建金融"的成就与不足，在近代金融史上赋予一席地位。

由于解放后在一段时期里，梁漱溟先生的乡建理论曾受到全国性的批判，所以人们不敢问津研究。近年来，许多同志热心于此项研究工作，给历史以真面目是完全必要的。作为乡建运动的金融活动，多年来鲜为人知，我们对乡建金融的概况及成就进行一些论述评价，目的在于引起专家、学者们的注意。通过研究，把"乡建金融"的精华部分用于四化建设，用于当前的金融体制改革。

第三条道路：改良的社会主义
——梁漱溟乡村建设理论检讨
杨善民

从20世纪20年代末到七七事变日寇大举进攻华北，一批资产阶级自由派分子，在我国掀起了颇有声势的中国农村复兴运动，试图挽救江河日下的中国。无疑，梁漱溟及其同人的乡村建设试验，是其中最有影响的流派之一。50年后的今天，我们有机会回顾这段历史，并试图对此作出客观的评价，这必将有助于我们的科学研究，对于今天的农村发展，亦或有参考价值。

一　乡村建设的理论前提

梁漱溟的乡村建设理论来自其对中国和世界文化及其发展趋势的独特认识，乡村建设运动有其系统的、庞大的理论前提。乡村建设并不单单为建设中国乡村，而是负有复兴中国文化的重要使命。因此，不了解梁漱溟对中国和世界形势的系统思考，便无从认识他的乡村建设。

1. 近百年来中华民族之不振，是文化上的失调或失败；文化的失调又在于中国文化没能适应世界大交通的新环境。或者说，是现在世界大交通破坏了中国固有文化。否则，它会沿着自己的路从此终古的。

中国旧的社会是以伦理本位，以对方为重的。但自西洋风气输入后，遂代之以个人本位和权利观念。这种个人本位对外抗争向外用力的风气，影响了中国的政治、法律及其风俗习惯，把中国人固有的行为方式调转过来。更为严重的是由于中西文化的根本差异，新风气并不能在中国占取统治地位，于是新旧冲突，翻来覆去，新精神建立不起来，回复老路又不可能，故造成了今日中国的动乱。再则，中国旧日是职业分立而非阶级的社会，它的好处是没有垄断，政治比较公开，有品性、有信用、有本事的人自然上来，但这种情况已被破坏，渐要往垄断里去，但它最终又不能造成垄断。"职业分立的社会破坏了，两阶级对立的社会也不成功"① 便导致了自此以后的文化失调和失败，社会的动荡和不安。

2. 60 年来，中国政局时时变化，以求适应，终无积极的成功，只是文化本身日趋崩溃。问题是引进了西洋的政治制度，却并没有相应的国民的新习惯作支持，因此复兴民族必须培养新习惯。但西洋的习惯是和它的整个文化连在一起的，或者说，西洋支持其政治制度的习惯是由其文化培养出来的，而中西文化却有着根本差异，也就是说，所谓西方的新习惯在中国有不可培养之处。正如梁漱溟所言："绝无法使中国人养成西洋式的政治基础（即是新习惯），绝不能培养成此种新习惯，因为其中有梗阻处，有养不成处，而其梗阻则由中国数千年文化所铸成的民族精神不同于西洋人而来。"②

3. 中国文化的失败，中国社会的崩溃，原因就在中国社会散漫、消极、和平无力。失败之处，不外两点，即科学技术和团体组织。在这两大问题里头，还是要从团体组织入手，因为团体组织是人本身的事情，人是主体，科学只是工具，只有从团体组织入手，才能引进科学技术。因此，中国文化的重建就是社会组织结构的建造。

4. 由于西方文化的干扰，"中国社会本来所具备的那套组织构造，在近数十年内的完全崩溃，一切一切只有完全从头上起，另行改造。"③ 中国文化有形的根是乡村，无形的根就是"老道理"。"老道理"有两大优越处，一是伦理主义，一是人生向上。因此，中国新社会组织结构必肇端于乡村，这也就是"乡村建设"。"培养中国式的新政治习惯，而不是西洋式的，培养之方，惟有从乡村起为最适宜。"④

5. 中国必将出现新组织结构，就是乡学村学。乡学村学就是乡村组织，它能没有一点缺憾地容纳西洋近代进步团体生活的精神，是进步团体

---

① 梁漱溟：《乡村建设理论》，重庆乡村书店 1939 年版，第 70 页。
② 梁漱溟：《自述》，见《乡村建设文集》，第 23 页。
③ 同上书，第 28—29 页。
④ 同上书，第 25 页。

的组织。但它与西洋的政治制度、团体组织不一样,因为在此它又同时尽量地、完全无缺憾地容纳了中国文化的两大长处。也就是说:"乡村这个组织是一最完善、最妥当、最合中国实情的组织,从此做去,他能够尽其改进社会之功,让中国社会继续不断地往前长进,让中国完成一个没有缺欠的文化。"①

6. 乡学村学,可以使乡村里面的每个分子对乡村的事都能渐为有力地参加,使乡村有生机有活气,能与外面世界相交通。吸收外面的新知识、新方法,使乡村自己渐渐地向上生长进步,成为一个真的团体组织,扩展为一个新的社会制度。总之,只有乡村有办法,中国才算有办法,无论在经济上、政治上、教育上都是如此。

二 乡村建设:改良的社会主义

基于对西方文化造成了中国政治经济失败的认识,梁漱溟对主张在中国发展资本主义者持强烈批评态度。他认为,西洋的近代资本主义,内部形成阶级斗争,社会惨剧,外面酿发国际大战,世界灾祸,西方实际上是发展了一种病态文明,误入了人类文化的歧途。走资本主义对外竞争的路,农业将受到桎梏,乡村要归于衰落。这在西洋当时的环境下,他们还吃得住,径直发展了工商业,回头再救济乡村;而在我们今天,则万万吃不住,并且在竞争激烈的国际环境中,即使我们想走西洋的路也不可能了。所以,欲建设中国,必须是谋取乡村的发达,完成一种"乡村文化"。

中国未来的新社会,梁漱溟认为有六大特征。(1) 先农而后工,农业工业结合为均宜的发展。中国旧日常言"农工商",这仿佛就包含有其内在发展的逻辑顺序。近代西洋社会工商业的发展撇开了农业,农业受到了严重的压抑,工业都市与农业乡村截然划分为二,实际是一种畸形的文明。虽然从发展趋势上说,生产技术越进步,就越工业化,最后说不定工业范围愈宽,农业范围愈窄,但农业——工业先后发展的顺序是不会变的。(2) 乡村为本都市为末,乡村都市不相矛盾而相沟通调和。(3) 以

---

① 梁漱溟:《乡村建设大意》,第202页。

人为主体，是人支配物而非物支配人。如西洋近代以至今日，从个人本位自由竞争，演为经济上的无政府状态，人类失去了支配力，差不多是物支配人。(4) 以伦理本位的合作组织，而不落于个人本位或社会本位两极端。(5) 政治经济教育（或教化）三者是统一的。(6) 新社会秩序的维持，是由理性代替武力，这是一个理性发挥到最高限度之社会。此时社会秩序之维持，不能靠外力，亦无外力可靠，而是靠个人自身；自身的维持，又不能靠自身之意识，而是靠无意识或潜意识；所谓礼乐仪文，即能去人暴戾之气，计较之心，使人和平雍穆，清明无我，让社会于不知不觉中融和相安。

从此看来，梁漱溟似乎有理由自视为一个社会主义者。"从反对资本主义来说，从要完成社会的一体性来说，我们的乡村建设原是一种社会主义。"① 梁漱溟认为我们发展工业有两条路，一是统筹全局而实行工业建设，一是追求利润而工业自然发达。"现在的中国人大抵都想走中间（我们亦然），谁亦不敢说走一边的话。而其实呢，骨子里都侧重第二条路（尤其政府中人为然），唯我们则真是侧重第一条路的。"② 这"侧重第一条路的""中间"的路，我们可称之为改良的、空想的第三条路线，这条路线从其反对私有财产、主张土地、工业归公，"社会化"，实行计划经济等方面看，它的确具有古典社会主义的特征。

实际上，如梁漱溟所言，他"曾有一短时间，非常热心于社会主义，……且深深地反对私有财产制度，认为世间一切罪恶，皆渊源于私有财产制度。"③ 到了后来，他仍然十分推崇苏联，认为中国适宜于走苏联的路，承认自己受苏联、共产党、马克思的影响不小。"除了不要忘记中国过去历史文化背景的特殊，以及自然地理经济地理上的不同外，所有他们二十年来的变化阅历，无论在前途目标上，在方法策略上，真是我们再好没有的借镜。"④ 关于土地问题，关于农业经营，关于农民生活的社会化，我们都可以从苏俄革命后到今日的经过，得到一些好的参考。欧洲与苏联比较，"我们似宜于后者，……从大势上看，我们唯有走后一路向，

---

① 梁漱溟：《乡村建设理论》，第433页。
② 同上。
③ 梁漱溟：《自述》，见《乡村建设文集》，第16页。
④ 梁漱溟：《乡村建设理论》，第424页。

殆无疑问。"① 对于西洋社会组织构造及其发展变化方面的思考。"得益于马克思和共产党各方面之启发不少。"② 因此,梁漱溟主张把工业收归国有,在农村则实行广泛的合作,"有计划地大规模普遍推行合作于全国乡村,要于短期内将农民纳于合作组织。"③ 由合作解决眼前困难,由合作以为过渡手段,到达理想社会。

但是,我们千万不要产生误解,以致对梁漱溟的社会主义产生过于乐观的期望,如梁氏所说:"我们虽然也是社会主义,但不同于一般的社会主义。"④ 中国的经济建设,虽然非走统制经济计划经济的路不可,但却不一定照苏俄那样。欧洲式的自由竞争的资本主义需要有安宁的社会秩序;俄国由政府统制经济、工业国有化,农业由国营农场经营逐渐改变其私有性质的路必须有强有力的政府;这两大前提中国全不具备,"以我看这两条路都是错误的。"⑤

再则,在梁漱溟看来,中国社会病在散漫,要求团结,而资本主义的个人主义,提倡分离、自由,社会主义也讲斗争反抗,无疑,这都增加了社会的离心力,加速了社会的病变。"假定个人主义是一种文化,集团主义是一种文化,它(中国)将折中于其间。"⑥ 50 年后,梁漱溟回忆道:"关于共产主义学说,我早年就读过一些经典著作,诸如李大钊先生等中共的先驱者,还曾经是我当年的挚友,但我后来并不信奉共产主义学说,尤其是关于在中国社会里,仅持阶级和阶级斗争的学说解决各种问题,我一直不敢苟同。"⑦

梁漱溟认为,在散乱的、一切调查统计都缺乏的中国,要搞统筹计划是非常困难的,即使像苏联这样的国家在实行计划经济过程中仍不免碰许多钉子,何况中国政府根本没有他们那种气魄——中国永远不会有能强霸到底的政府,我们也不必作此希望。因此梁漱溟提出了自己的主张和实施

---

① 梁漱溟:《乡村建设文集》,第 45—46 页。
② 同上书,第 29 页。
③ 梁漱溟:《乡村建设理论》,第 432、448 页。
④ 同上。
⑤ 梁漱溟:《乡村建设文集》,第 46 页。
⑥ 梁漱溟:《乡村建设理论》,第 424 页。
⑦ 《人物》杂志 1986 年第 6 期,第 54 页。

办法，即从乡村建设做起。通过全国乡村运动大联合，普遍推行合作，从社会而稳定了政局，因而社会的散漫混乱关系逐渐得到调整，秩序逐渐建立。所以这时社会本身会发生统筹的要求，而且此时社会的调节系统——乡村运动系统、政府系统、合作组织系统——已经初步建立，也就不难进行筹划。这就与苏联稍有不同，苏联是"唯其能统，故能筹"，我们是"以其能筹，便能统"。苏俄之气魄胜，我们以条理胜。条理最要紧，苏俄要在革命十年后才走上计划经济的路，就是条理不足。气魄条理兼而有之，它才能成功。当然，梁漱溟认为，"我们在系统未立条理不清之今日，方谈不到统筹，即在将来，所谓统筹亦是相对的说话，不是苏俄那样。"① 因此他又把这种不完全的社会主义推到遥远的未来。

我们把乡村建设的社会主义确定为是空想的、改良的，还基于其以下几个方面：

其一，希望用和平的方法，来解决农村的问题，实现理想社会。

梁漱溟是个虔诚的和平主义者（这或许与其曾经皈依佛教有关）。他领导的"乡村建设派"反对用任何武力的、激烈和强硬的办法解决中国现实问题。中国病在散漫无团体组织，任何和平的方式都无益于疗治此病。他们认为，共产党可以说是一种农民运动，"乡建"派的乡村运动不同于共产党农民运动处有两点：（1）共产党是斗争于乡村内的，"乡建"派则以乡村为整个，乡村外部的问题大于内部的问题，所以不取乡村斗争的方式，这也是称"乡村运动"而不称"农民运动"的原因。（2）共产党是斗争的破坏的，而今日中国社会再也经不起任何破坏了，需要的是文化补充，是建设。"共产党与吾人所以不同之由来，盖因：a. 对于农民二字理解之不同；b. 对于农民利益看法之不同；故途亦异。"② 这集中反映在农村土地问题上。

梁漱溟并不是没注意到中国土地问题，"常有人怪我们不大爱谈土地问题，土地问题怎么谈呢？问题哪个不承认？要紧的是在有办法，办法亦不难想，要紧的是谁来实行？"③ 他认为，中国土地问题包括三个问题：

---

① 梁漱溟：《乡村建设理论》，第433页。
② 《全国乡村建设运动概况》，第55页。
③ 梁漱溟：《乡村建设理论》，第411页。

（1）耕地不足问题；（2）土地使用太不经济问题；（3）土地分配不均问题。振兴中国农业国存在四大障碍，即治安问题、运输问题、农民负担问题、自然灾害问题。因此促使农业进步必须把握三个要点——流通金融、引入科学技术、促使合作组织。虽然，梁漱溟并没把土地问题赋予更重要的意义，土地不均更不是首要的、阻碍农业进步故而急需解决的问题，这都与共产党对土地问题、土地分配不均问题的极度重视大相径庭。

然而，梁漱溟也希望土地归公，然后消除土地不均现象。"土地分配不均，是从土地私有制来的流弊；私有土地的结果就难免不均，要想根本免于不均，只有土地归公"① 今后必须尽可能地师取苏俄使农业集团化的那些法子，否则便不能使农业进步，不能使农民当真组织起来。"至于共产党的做法呢？倒亦痛快，只是于大局无补——他们若建得其政权就有补。"② 但他并不同意用革命的方式、斗争的手段来解决土地不均问题，"鼓吹乡村内部斗争的话，我正极力避免。"③

梁氏认为，土地的公有或私有，并不是单讲道理就可决定其应当如何的，也不是一句话说办就办得了的，一种制度的存废，全视乎它在那个社会中还有没有它存在的基础。"中国过去对于土地私有的反响或则欲为根本推翻，或则欲为相当限制，然而历史告诉我们，欲推翻者无不失败，即限制者亦收效甚微。"④ 苏俄共产党虽号称为土地国有而实际上并不能没收一切土地，只不过是用种种方法使农民趋于集团经营。"大约生产技术进步，社会事实最后趋向亦许在土地归公，但非所论于今日。今日所得而行者，只是耕者有其田和土地的合作利用。这两点是我们应当积极进行不容稍缓的。而这两点果得作到，其去土地公有亦只一间耳。"⑤

梁漱溟认为，一种制度的存废不是人为决定的，而是要看其有否继续存在的社会条件。虽然，他以为土地私有在中国还有其存在的基础，所以土地的公有化不是近期能做的工作，目前要做的是促进农村土地的合作利用。并且，他希望随着技术进步，能有一种比苏俄共产党更好的，和平的

---

① 梁漱溟：《乡村建设理论》，第413页。
② 同上书，第441页。
③ 同上。
④ 同上书，第413页。
⑤ 同上书，第414页。

甚或是自然而然的方式，使土地公有化。无疑，这未免是一种难以实现的理论空想。

其二，实现一个无竞争、不营利的自给自足社会。

梁漱溟认为，走合作的路，为消费而生产，不营利，无竞争，从此推而广之，以至生产分配社会化，个人生存由社会来保障，使人类站在同一立场上来对付自然，这是理想社会的基本条件。乡村建设致力于农业，但其目的却是引发工业，只有实现工业化，才能有生产技术的进步，有健全的经济生活。

发展工业在中国一难于资本，二难于市场。但如果是从农村合作组织做起，则资本市场两不难。为了消费，为着需要而生产，便不愁没有市场；至于资本，除了机器设备是必需的外，其他所有如工资、购置原料、运输费等等，都因劳力现成、原料现成、运输省事（原料近、市场近）而减省好多。所以资本亦不难。也就是说："可以自己现成的劳力加工自己现成的原料，满足自己的需要。食用品如面粉，就不用购之面粉厂，而合作社自营面粉厂；又如衣用品，尽可以从羊毛棉花的生产到纺纱织布，统置于农民合作自营之下。"① 经营工业的主体，不能落在个人身上；中国工业必须建立在非营利的基础上，否则就根本不会成功。因为在这个工商业发达，竞争激烈的世界上，早没有了中国人营利的余地；只要不为营利生产，从而超出竞争的旋涡，那么就可避免世界上的商业战争，这样才能在国际上站住脚。"必须一面开出消费者的购买力来，一面将消费者联合在一起，抓住他生活上对于工业品的需要不予放过，而以合作方式经营工业。这就是所说由农业引发工业生产力，增进购买力那条路。"②

按梁氏的设想，大规模的工业就在合作组织大联合下进行，有些工业可以不由合作社经营而交给地方团体经营，有的更可以国营。在合作运动相当成功之后，地方自治体一定会健全；地方自治成功，国家政治机构也必定会健全。这样超开竞争而打倒竞争，"最后完成一个大社会的自给自足。"③ 这是中国工业发展最顺利的路，也是到达理想社会的必由之路。

---

① 梁漱溟：《乡村建设理论》，第389页。
② 同上书，第391页。
③ 同上。

这种无竞争、不营利、自给自足的目标模式，反映的是农业社会的乡村理想。对此，我们今天无需在理论上提出任何的批评，苏联东欧及中国几十年来的社会主义实践，已对此做出了有说服力的否定。

其三，社会控制用礼不用法。

梁漱溟认为，建设新的社会制度，就是建设新礼俗。乡村的团体组织，要走礼的路而非法的路。礼的内涵，一是人生向上，一是伦理情义。用柔性习惯而非硬性法律维系控制团体组织，有其固然的优点。柔性习惯无外在的标准，无最后的制裁，但是，习惯已经进入每个人的心中。这样，人人心中有一准绳，其作用大大胜于有形的法律条文。社会制裁的标准在习惯中，最大的制裁就是"为世所共弃"。法律的裁决常与情理相悖，并且从发生学上看，法令条文，后于习惯情理而产生。乡学村学这种最进步的团体，哪能舍先而从后？

在乡学村学中，不提四权——选举、罢免、创制、表决。虽然乡村中不可能没有罢免的事，"但决不能由乡民大会投票决定，那是太硬、太辣的办法，太违反人类温和礼义深细醇厚的心理。数千年陶育于礼义谦敬的中国人，哪里能走这样的路，采用这种办法？!"① 过去数千年的中国一直是从情谊出发，社会唯赖礼俗以生活，那么我们岂能根本异其途辙？选举表决不符合中国的传统。（1）多数表决决定与中国尚贤尊师敬长的风气不合，而尚贤敬长为人类社会所必需，故不能用；（2）多数表决是由西洋权利观念来，发挥权利观念则易让人走分争的路，而此刻中国所需要者为团体组织，故此不能用。所以，我们必须发挥情义观念，本着情义关系，大家和和气气商量着办事，谦以处己，敬以待人，发挥伦理上以对方为重的精神，互相感召，情义甚笃，则团结合作之路，便还有一线可通行的曙光。否则，一讲权利，各人要求各人的一份权，彼此分争对立，团体生活就永远养不成了。

虽然，走情义的路，倡导尚贤尊师敬长，实行"德治""人治"，有助于既定社会持续的维持，无疑，这是一种平和保守的想法，并且有违民主自由法治的现代潮流。再则，对于日趋崩溃动荡的中国乡村来说，仅用礼俗来维持社会团结，用道德习惯的教化力量来收拾人心的做法就显得十

---

① 梁漱溟：《乡村建设文集》，第209页。

分脆弱，甚至是不可能的。礼义道德习惯作为社会控制的手段，在原初的、同质社会里是有效的；而在复杂的、利益观念多元化的社会，则必须依赖硬性的法律规定。在阶级关系日趋紧张的情况下，仍寄希望于礼义习惯，试图用和平的、都可接受的方式来治理社会，这不能不说是不切实际和耽于理想的。

其四，政教合一，以教育力量取代行政机关。

用礼俗来维持社会就必然地要倡导教育。如梁漱溟所言："乡村建设之一面，眼前可作之事甚多，而要以民众教育为先，……要以提高一般民众之智能为主旨。"① "乡村建设也就是民众教育。"②

在邹平的乡村建设试验中，邹平县的整个行政系统，均已教育机关化，试图以教育力量代替行政力量。邹平实验计划上表明：本实验计划既集中力量推进社会，则自县政府以下悉为社会改进机关。社会改进即教育。不过这种教育机关化的县行政系统，愈到下级如村学愈成为教育机关，愈到上级如县政府愈不能不带行政机关性质。村学乡学这个团体，就是把行政的事情用教育功夫来办，即把团体的公务当做学务，把一切乡村工作学务化，实行政教合一，使政治经济教育三者合为一体。

我们一般所说的"教育"，内容较为广泛，识文字学技术求知识都算教育，而政教合一之"教"，真正严格地说，其义甚狭。它属于道德问题，特别是指："关乎人生思想行为之指点教训而言。"③ 和"教化"意思相近，"故所谓政教合一，即政治教化合一也。"④

为什么要政教合一，把行政的事情用教育的功夫来办呢？梁漱溟认为，如果把公务就当作公务来办，则不免要用一种强制性的命令来作，要你怎样办你就得怎样办，没有多少话说，没有商量的余地，因此这也就成了一种死板的办法，从而没有了生机与活力，滋生出现政府的种种弊端，最终不免落于破坏乡村的结局。梁氏欲借村学乡学来组织乡村，用教育功夫发动乡民的进取心，引导乡村自力，靠乡村农民自己的力量来改进社会。譬如革除乡村的陋风弊俗，整治乡间的不良分子，都必须照中国办

---

① 《全国乡村建设运动概况》，第72页。
② 梁漱溟：《乡村建设文集》，第34页。
③ 同上书，第192页。
④ 同上。

法。对不良分子,必须以情义相感,方可教化,如靠法律制裁,则必归无效;革除弊风陋俗同样如此,必须由教学组织,从情义出发,勉其向上——即用"教"的办法,从爱惜的意思出发,使大家自动禁绝才行,而改用法律干涉,则必定解决不了问题。

更为重要的一点,是广泛的、有效的社会教育能避免社会革命。"教育之在社会,其功用为绵续文化而求其进步;使教育果得其功,则社会宜无革命,……然人类社会卒不免于暴力革命,此盖以从来教育之在社会,无领导地位而处于被役使地位之故。"①

用教育甚至只用道德感化——教化的力量来改进社会,解决中国社会问题的企图,是经不起理论推敲的。实际上这种设计也无法在更广泛复杂的社会推行——它只不过是自给自足的小生产所培育出来的一个和平主义者的良好愿望。

总之,梁漱溟希望以和平的改良的方式,去实现一种乡村社会主义,并且试图用中国封建的"老道德"、用礼义道德,来为这种新社会建立秩序。

三 乡村建设:现代的思考

乡村建设实验,惨淡经营六七年,终以失败告终。如梁漱溟所言:"由于其根本点与阶级斗争和暴力革命相庭,就落到同许多社会改良主义者一样,终未能真正解决中国问题。"② 乡村建设"号称乡村运动而乡村不动"③。对此,梁氏总结了三点原因,一是乡村建设与政府应分而不分;二是与农民应合而合不来;三是"乡建"派内部由于其背景来历意见主张的不同而不能团结一致。

实际上,在我们今天看来,至少有以下缺陷阻碍了乡村建设运动的成功发展。其一,也是最根本之点,就是强调了中国政治经济文化问题的紧密联系,强调了解决中国问题必须从根基、从文化改造入手,而忽视了当

---

① 梁漱溟:《乡村建设文集》,第145页。
② 《人物》1986年第5期,第147页。
③ 梁漱溟:《乡村建设理论附录》。

时所有问题的关节点——政治制度问题。只有一个合理的政治制度，才能发展经济、改造文化。虽然，梁漱溟对近代以来中国所有的政治变革都深感失望，羡慕苏俄的做法，但又固执地认为中苏国情不同，苏联的制度在中国行不通，这就过分强调了各自的特殊性而忽视了共同性。由此直接导致了第二点，即变革中国的手段采用的是一种和平的、改良的教育形式，没有找到真正的革命动力和可以依靠的群体力量。梁漱溟希望城市知识分子下乡开启民众智力，启发乡民觉悟，从而造成一种社会运动，最终改良政治。这样就脱离了最广大的被压迫农民阶级，过高估计了知识分子的进步性、革命性及在整个社会改造运动中的作用。从而自然地发生了"乡村建设为着什么人？"的问题，当时就有人提出："在今日的中国是否需要乡村建设？去年大熟，农民依旧没饭吃，……所以乡村建设成功以后，是否于农民有真正利益，倒是一个大疑问。"① 这种改良的路线也是乡村建设不得不依赖他们并不满意的政府的原因。

第三，梁漱溟认为，中国社会问题全为外力所为。近百年来的世界交通，民族历史与世界历史合流，固有文化不足以应付新环境，导致了中国社会的崩溃，"苟任其历史之自演，固将无今日之社会问题"，"凡今日政治改造、经济改造乃至种种改造之要求，盖感受外围世界历史所推演，而非从其民族历史演来，为国际关系所引发，而非其社会内部自发的。"② 对导致中国社会崩溃的国际问题如何解决呢？"我此刻真没得可说。修战备吗？不是这里应当说的，而且我认为中国若修战备以求摧敌，那是错误的。我非想避免国际战争，反之，我深信在经过国际大战后，这些问题大半都可解决。在我认为，中国不应当在如何摧敌处着想，而应当在如何让敌人不容易毁灭我们处着想，乃至在我们被毁后如何容易恢复上着想，尤其要紧的是在调整内部关系以树立应付环境的根本。"③ 但所有这些功夫怎么作呢？那就是乡村建设，从中国固有文化做起。

第四，因此，梁漱溟显得对中国固有文化过于信赖，对传统文化的弊端虽有所认识，却并未采取相应的批判态度。强调了传统文化影响下的既

---

① 梁漱溟：《乡村建设文集》，第73页。
② 同上书，第148页。
③ 梁漱溟：《乡村建设理论》，第441页。

成事实，强调了中国传统文化、中国国情的特殊性，而忽略了传统文化和国情可以改造的一面。譬如中国社会过去的确缺乏法律，但这并不意味着现在就不能用法治，或者法治比礼治会更糟。

乡村建设运动从总体上看虽然失败了，但这并不妨碍其在某些具体措施上可以产生积极的影响，比如普及教育、改良粮种、革除弊风陋习等。当然，在理论上我们也可以得到某些借鉴，如梁漱溟提倡的社会化的、以整个人生为目标的教育理论；社会改造最根本的是文化建设等。并且，他们十分重视提高农民的文化素质，增强他们对社会活动的参与力，引发他们的社会积极性；提出中国的问题在某些意义上说就是农村问题，农村问题不解决，中国便没有出路；以及他那虽带有空想，但仍属"社会主义"的模式设计。

无论如何，"乡村建设"运动已成为历史，我们不必苛求前人，应该对历史所赋予他们的局限表示理解，对这样一批爱国的知识分子为解决中国问题所付出的心血表示充分的尊重。

社会学视野中的乡村建设运动

饮　冰

在20世纪的二三十年代，也就是自1926—1937年的10余年间，在我国发生了一场颇有声势的乡村建设运动，一大批爱国知识分子，企图在保存现有的社会关系的前提下，用非暴力的方法，通过社会改良，振兴中国农村，刷新中国政治，进而实现社会的现代化。这次活动，既不同于中国共产党领导的农村革命运动，也有别于国民党政府的农村复兴计划，它代表了一部分爱国的知识分子在国难当头的特殊历史条件下，对中国现代化道路的探索。总结这次活动的经验教训，可以为我们今天正在进行的各项社区工作，对深化农村改革，提供某些经验教训。

一　乡村建设运动的概况

中国的农村改良运动，最早可以追溯到清末的"村治"和"五四运动"以后的"新村"和平民教育①。本文的乡村建设运动所涉及的范围，起于河北省定县翟城村米迪刚所提倡的农村建设和晏阳初在同一地带所办的平民教育实验，止于1937年因日本大举进攻中国使各项建设事业被迫中止。在大约10年的时间里，我国各地出现了一个持续的乡村建设运动的热潮。据美国学者拉穆利（Harry J. Lamley）统计，到1934年，我国各地从事诸种建设活动的公私团体共有691个②。台湾社会学家杨懋春教授

---

①　杨雅彬：《中国社会学史》，山东人民出版社1987年版，第174页。
②　Harry J. Lamley, "Liang Shu—ming, Raral Reconstrntion, and Rural Work Dicenssion Society, 1933—1935" ChungChi Jonrnal Vol. 8, No. 2, May 1969, P. 60. Note13. p. 53.

根据申报年鉴统计，自 1925—1934 年全国各地兴办的乡村建设、农村改造、民众教育、自治实验等计划共 63 处，列表如下：[1]

名称	所在地	开始年份	主办机关
中山村	安阳	1925	中华农村促进会
北碚峡防团务局	四川碚陵	1927	峡防团务局
开弦弓丝业合作社	吴江	1927	本地自办
徐公桥乡村改进会	昆山	1928	中华职教社
唯亭山农村服务处	唯亭	1928	苏州青年会
东乡自治区	萧山	1928	国民党党部及本地
黄墟农村改进会	镇江	1929	中华职教社等
善庆农村学校	绍兴	1929	中华职教社
汤山实验区	南京	1929	省立汤山民教馆等
河南村治学院	辉县	1929	豫省府
新农试验场	绥远萨拉齐	1929	绥省府
社桥村实验民众教育馆	无锡	1930	江苏省立教育学院
高长岸实验民众教育馆	无锡	1930	同 上
中冷新村	镇江	1930	江办义教联合办事处
十家墩新农村	唯宁	1930	江苏建设农矿厅
乌江实验区	和县	1930	金陵大学
台山实验区	台山	1930	女青年会
福生园实验区	烟台	1930	女青年会
新造乡民学校	番禺	1930	（ ）
镇平自治区	镇平	1930	本地自办
黄沙坞村信用兼营合作社	海监	1930	本地自办
清河镇乡村社会实验区	清河	1930	燕京大学
俞塘汉进区	上海俞塘	1930	俞塘民教馆
定县实验区	定县	1930	平教会

---

[1] 杨懋春：《近代中国农村社会之演变》，台湾巨流图书公司 1984 年版，第 107 页。

续表

名称	所在地	开始年份	主办机关
五里亭改进区	闽侯	1930	闽教厅
善人桥农村改进会	吴县	1931	中华职教社
顾高庄农村改进会	太县	1931	同上
诸家桥农村实验学校	余姚	1931	同上
白沙改进区	鄞县	1931	同上
香泉学校	汲县	1931	（ ）
羊山实验区	九龙	1931	香港青年会
界沟实验区	南汇	1931	地方自办
山东省乡村建设研究院	邹平	1931	鲁省府
长安村农村改进区	萧县	1931	（ ）
北夏普及民教实验区	无锡	1932	江苏省立教育学院
惠北普及民教实验区	无锡	1932	同 上
西善桥乡村实验区	江宁	1932	省立南京教馆
山海工学团	宝山	1932	（ ）
东安农村改进区	武进	1932	本地自办
湖塘桥农村改进区	武进	1932	本地自办
龙山农村服务社	济南	1932	齐鲁大学
李村九水等乡建设办事处	青岛	1932	青岛市府
东阳家庄农村改进社	太原	1922	铭览学校
华北工业改进社	北平	1932	中华基督教协进会
丁桥农村服务社	芜湖	1932	芜湖青年会
湖南棉业试验场	长沙	1932	省县合办
广西垦殖水利试验区	柳城	1932	广西省府政
下蜀自治实验区	句容	1932	省立南京民教馆等
高俞卫生实验区	上海	1933	上海市政府
莫干农村改进会	莫干山	1933	本地自办
浙江第一农村合作社	杭县	1933	浙建厅
湘东乡生活改进实验区	萧山	1933	湘湖乡师

续表

名称	所在地	开始年份	主办机关
平山村自治实验区	惠阳	1933	惠阳乡师
土屋民教实验区	济南	1923	鲁省立民教馆
祝甸民教乡村实验区	济南	1933	鲁省立民教馆
河北省县政建设研究院	定县	1933	冀省府
洛阳实验区	洛阳	1933	中国社会教育社等
北平师大乡村教育实验区	杭县	1933	北平师大
金家巷农村念二社	上海金家巷村	1933	大夏大学
浙江第一农村合作实验区	杭县	1933	浙建厅
江津实验区	江津	1933	江津平教会
沈家村横板桥顾家桥	杭县留下	1934	浙江地方自治专修
凌家桥民众教育实验区	杭县	1934	学校浙江省立民教馆

在这为数众多的各项活动中,由知识分子主持的、最著名的有三家:河北定县的平民教育实验、山东邹平的乡村建设实验、江苏的乡村教育工作,由此形成全国乡建运动的三大中心。

(一)定县的平民教育活动

河北定县的平民教育运动是由中华平民教育促进会主持的。1923年8月,晏阳初在北京成立了中华平民教育促进会,开始倡导平民教育运动。1924年,促进总会的工作由城市转向农村。1926年正式选定定县为该会的华北实验区(总会把全国分为华南、华北、华东、华西、华中、西北、东北七个平民教育区),以定县翟城村为中心,集中力量,从事以县为单位的乡村平民教育运动。

定县在河北省西部,人口40万,472个村,共7万户。全县地势平坦,土质中常,从事农业者占90%,自耕中农约为60%,佃农约10%,拥有耕地20—30亩的农民为多,贫富悬殊不大,可称为典型的农村社会①。定县之所以被选为实验县,是因为"定县的农民生活,乡村组织,

---

① 《全国乡村建设运动概况》(第一辑)上册,第332页。

农业的情形，都可以相当的代表全国各县。定县距离都市较远，人民生活未受都市的特殊影响，交通上有平汉铁路的便利，比较合适的做县单位的实验"。①

在进行一段识字运动后，平教会觉得仅教农民识得文字，取得求知识的工具而不能有运用这工具的机会，对于农民是没有直接效应的。实际工作使他们觉悟到，在乡村办教育，若不参与建设工作，是没有用的。换句话说，在农村办教育，固然是重要的，可是破产的农村，非同时谋整个的建设不可。"不谋建设的教育，是会落空的，是无补于目前的中国农村社会的。"② 因此，他们逐渐放弃单纯的识字运动的主张，而谋求整个的乡村建设，并把宣传口号由"除文盲，做新民"改为"农村改造，民族复兴"。

1930年，平教会经过详细的调查，深切地感到中国人的生活，有四种基本缺点，一是愚；二是穷；三是弱；四是私。"所谓愚，我们知道中国最大多数的农民，不但缺乏知识，简直他们目不识丁。所谓穷，我们知道最大多数人民的生活，简直是在生与死的夹缝里挣扎着，实在谈不到什么生活程度。所谓弱，我们知道中国最大多数人民无庸讳辩的是病夫，人民生活的存亡，简直付之天命，所谓科学治疗，公共卫生，根本谈不到。所谓私，我们知道中国最大多数人民是不能团结，不知合作，缺乏道德陶冶，以及公民的训练。"③ 他们认为，中国因为具有此四大病症，缺乏生存上所必需的知识力、生产力、强健力和团结力，故一切建设，均无从谈起。

针对这四大问题，他们提出在人人取得最低限度的文字教育的基础上，实施四大教育，即以文艺教育培养知识力，以救农民之愚，以生计教育培养生产力，以救农民之穷，以卫生教育培养强健力，以救农民之弱，以公民教育培养团结力，以救农民之私。

文艺教育的意义，在使人民能应用传达知识的工具，促进文化生活，对于自然环境，社会生活，有能力去欣赏与了解。用艺术方法增进科学知

---

① 平教会：《定县的实验》。
② 《乡村建设实验》第一辑。
③ 同上。

识,培养文艺的兴趣,充实文化生活。并以此种教育使中国民族自觉认识其过去的光辉,增强其自信心,而着眼于未来文化的创进,发扬民族的真正精神。

生计教育的意义,在于普及科学的知识与技术,改进生计组织,提高经济生活。一面增加农民的生产能力,一面训练合作能力,造成经济的合作制度,以解决其生计困难,应付经济压迫。

卫生教育的意义,在于普及卫生教育知识,养成卫生习惯,建设卫生环境,形成卫生生活,提高平民的强健力,以期能对多难的国家负起困苦艰难的责任。

公民教育的意义,在于养成农民的公共心与合作精神,发展团结组织力量,启发民族的自觉与自信,训练自卫自治能力,并养成法治的精神。

这四大教育的实施有三种方式,一为学校式,即普通的学校教育,以个人为对象,在一定时期里施以系统的教育。二为社会式,以团体的共同教学为对象,注重表证,以轮回讲演、社会服务指导及其他直观与直感的教育方法为主,于社会的活动中施以教育。三为家庭式,是对家庭中各个分子不同的地位,由多数家庭中,联合起来,施以相当的训练,以家庭生活改良指导为方法,一方面使家庭社会化,另一方面使家庭中各分子皆不被教育所遗漏。定县的整个工作程序如图所示:

定县的平民教育的目标是通过识字、调查、示范、实验、合作等方式,探索问题,获得经验,他们企图以定县这个"研究室"为根据,从事实上研究实验以完成平教运动的整套学术,制定方案,再向全国推广,创造一条国家现代化建设的出路。1930年7月,平教会提出了10年建设计划,拟分三期将四大教育分期实施。两年以后又修改了计划,因为他们发现农村的四大问题实际上是互为因果的,故四项教育的推行也应该互相关联,不能独立进行。于是,1932年7月,平教会重新提出6年计划,将四项教育合为一体全面推进,并注意将实验工作与县政改革结合起来。经过几年的实际工作,他们发现进行乡村建设必须由农民教育、县机关相互配合才能顺利进行。定县的教育科长、民政科长都是平教会的成员,县政府的施政计划与平教会的工作计划融为一体,自然易于推行。

总之,定县的工作试图在切合农民生活的大原则下,从农民生活里找问题,以四大教育连锁进行,以求其解决。教育与建设相互联合,在一个

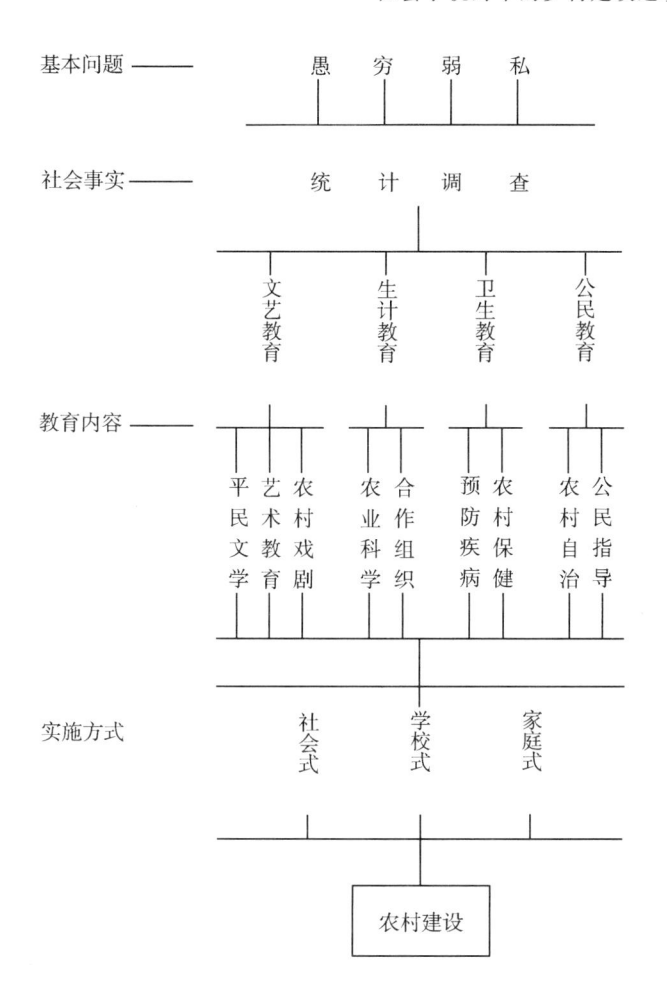

```
基本问题 ——        愚    穷    弱    私
                   |    |    |    |
                   +----+----+----+

社会事实 ——           统 计 调 查
              +--------+----+----+--------+
              |        |    |    |        |
             文艺     生计  卫生  公民
             教育     教育  教育  教育

教育内容 ——   |        |    |    |        |
           +--+--+   +-+-+  +-+-+   +-+-+
           平 艺 农   农 合  预 农   农 公
           民 术 村   业 作  防 村   村 民
           文 教 戏   科 组  疾 保   自 指
           学 育 剧   学 织  病 健   治 导

              +--------+----+--------+
                       |
实施方式 ——        社会式  学校式  家庭式
                   |      |      |
                   +------+------+
                          |
                      +-------+
                      | 农村建设 |
                      +-------+
```

整体的积极改进生活中，以乡村人民的自觉行动为根本，找出一套科学化与制度化的办法，力求能够普遍推广。由于整个实验工作吸收了 200 多位包括博士、硕士在内的高级知识分子，把现代文化和科学技术带到乡下，经过数年的经营，取得了一定的成绩。其中平民教育效果最明显。1933 年平民学校的高初两级毕业生达 7644 人，自 1927 年以来，毕业人数不下 10 万人（全县 1930 年人口普查共有 38.4 万人），该县减少文盲的工作在全国 1900 多个县中居领先地位[①]。在农业生产和卫生保健方面，引进和推广了一些诸如粮、棉、猪、鸡的优良品种，建起了实验农场，成立了消

---

① 杨雅彬：《中国社会学史》，第 181 页。

费合作社，建立了农村保健站和治疗点，注意防治村民的各种疾病，并宣传、推行了计划生育。

（二）邹平的乡村建设实验

邹平县的乡村实验是由梁漱溟主持进行的。与定县的平民教育和乡村建设不同的是，邹平的活动有其预先的系统而精致的理论指导，其乡村重新的实践是建立在"以乡村为本位"和"传统文化的现代转化"的基础之上的。

据梁漱溟自己说，他的乡村建设理论"萌芽于民国十一年，大半决定于十五年冬，而成熟于十七年。"① 与当时的大多数知识分子一样，他的社会改革方案也是从社会问题引发的。"我的问题虽多，但归纳言之，不外人生问题与社会问题两类，……所谓中国社会问题是以中国政治问题为中心，我今日所提倡并实地从事之乡村建设运动，即是我对于中国政治问题的一种烦闷而得来之最后答案或结论。"② 1918 年，梁漱溟在《吾曹不出如苍生何》一文中列举了中国社会存在的种种问题，他认为，中国社会存在的这些问题的原因是由于文化的失调，"自东西两个不同的文化相遇以后，中国文化相形见绌，老文化应付不了新环境，遂不得不改变自己学西洋以求应付西洋，但结果学西洋没有成功，反把自己的老文化破坏了。老文化破坏殆尽，而新文化未能建立，在此青黄不接前后无归的过渡时期，遂陷入混乱状态。"③ 在他看来，近百年来中国民族的处处失败和动乱，是文化的失败造成的，而文化上的失败，是因为传统社会产生的文化弱点（他谓之幼稚、老衰、不落实、落于消极亦再没有前途、暧昧而不明爽——这五大病是由中国文化的"早熟"造成的）④ 应付不了近代以来世界交通的大环境，因此，百年以来到今天尚未解决的中国问题，实际上是形成于百年以前的中国社会之上。

作为一个苦苦追求真理的学者，梁漱溟从中西文化的相遇中敏锐地发现了西方文化的长处。在《东西文化及其哲学》的成名作中，他认为近

---

① 梁漱溟：《乡村建设理论》，邹平乡村书店 1936 年版，自序第 2 页。
② 梁漱溟：《乡村建设论文集》，邹平乡村书店 1936 年版，第 14 页。
③ 梁漱溟：《乡村建设大意》，邹平乡村书店 1936 年版，第 20 页。
④ 参见梁漱溟：《中国文化要义》，学林出版社 1987 年版，第 297—301 页，第 12 章。

代西方文化的长处有三点，一是社会和政治上的德谟克拉西精神，二是思想学术上的科学方法，三是征服自然的物质文明。以后他又进一步认为，德谟克拉西精神是团体生活的一种进步，可以包容于"团体生活"中，而科学方法和对自然的征服，实际上是一个问题的两个方面，可以用"科学技术"来统括之。因此，他认为，"近代西洋是以科学技术和团体组织这两点见长。"① 他在这里实际上发现了西方现代化过程中的科学和民主这两个核心问题，并强调中国所缺少的，正是这两个东西，"我国有两大缺欠，一是团体组织，二是科学上的知识技能。这是中国应该无条件接受的。"

这种接受不能生搬硬套，必须找到民族精神的源头活水，根据他的文化发展三阶段论的公式，他认为中国文化在未来可以站得住脚的长处或曰民族精神有两点，"一是向上之心强，二是相与之情厚"②，也就是人生向上的生活态度和伦理本位的社会关系。

基于此，他主张，要解决中国的社会问题，必须从积极的文化建设方面来进行。"乡村建设除了消极地救济乡村以外，更要紧地还是积极地创造文化，所谓乡村建设，就是要从中国文化里转变出一个新文化来。"③ 在另一个地方，他更进一步明确，"我们讲建设就是建设新礼俗。所谓新礼俗，就是中国固有精神与西洋文化的长处二者为具体事实的沟通调和（完全沟通成一事实，事实出现我们叫它新礼俗）。不仅是理论上的沟通，要紧的是从根本上调和沟通成一事实。……当中国精神与西洋长处二者调和的事实有了时，就是一个新社会的实现，也是人类的一个新生活。"④ 只要把中西许多冲突的地方解决了以后，就能形成一个全新的社会组织，"这个组织乃是以伦理情谊为本原，以人生向上为目的。……它充分发挥了人类的精神（理性），充分容纳了西洋人的长处——一是团体组织，此点矫正了我们的散漫；二是对团体生活为有力地参加，此点矫正了我们的被动；三是尊重个人，此点增进了以前个人的地位，完成个人的人格；四

---

① 梁漱溟：《乡村建设理论》，第50页。
② 梁漱溟：《中国文化要义》，第134页。
③ 梁漱溟：《乡村建设大意》，第25页。
④ 梁漱溟：《乡村建设理论》，第143页。

是财产社会化,此点增进了社会关系"。①

这种建设新社会的方案,单靠纸上谈兵无法实现,在混乱的中国也无法从上而下组织实施,只有由下而上,从乡村一点一滴做起,由乡村开端倪,然后推广到全国,才能实现。

梁漱溟认为,建立新的社会组织,必须靠乡村建设运动,"中国是一个以乡村为本的社会,百分之八十以上的人口住在乡村,过着乡村生活,中国的命运是寄托在乡村,寄托在农业。"②"中国文化是以乡村为本,以乡村为重,所以中国文化的根就是乡村。"③ 因此,"中国问题的解决,其发动以至于完成,全在其社会中知识分子与乡村居民,打并在一起所构成之一力量。"④

梁漱溟的乡村建设的实践活动,经历了三个时期,1928年在广州办"乡治讲习所",1930年在河南辉县与彭禹廷、梁仲华等人办河南村治学院,1931—1937年在山东邹平办乡村建设研究院。在邹平,历时7年的乡村建设实验把全国乡村建设运动推向了高潮。

山东乡村建设研究院分为三部分,另外还有一个附属农场及其他附属机构。第一部分是乡村建设研究部,任务是研究乡村建设理论,招收大专院校的毕业生,每次招收四五十人学习一年。第二部分是乡村服务训练部,任务是训练乡村服务的工作人员,招收高初中毕业生或同等学力者,每次招收300人左右,毕业后回各县担任乡村建设的骨干。第三部分是乡村建设实验区,以邹平全县为实验区,县政府隶属研究院,县长由研究院提名,省政府任命。以后又增设菏泽、济宁为实验县,其研究院的整个组织机构如图所示:

邹平的整个工作,是采用行政机关教育化的制度,依据丹麦"始终以人生问题为中心"的教育模式,通过建立乡学、村学,吸收全部乡村的人做学众,启发农民的自觉性。

乡学、村学是新社会组织的形式。乡农学校由四部分人组成:校董会、校长、教员、学众。梁漱溟认为,借助于乡学村学,可以完成下面的

---

① 梁漱溟:《乡村建设理论》,第175—179页。
② 梁漱溟:《乡村建设大意》,第12—14页。
③ 同上书,第21页。
④ 梁漱溟:《乡村建设理论》,第344页。

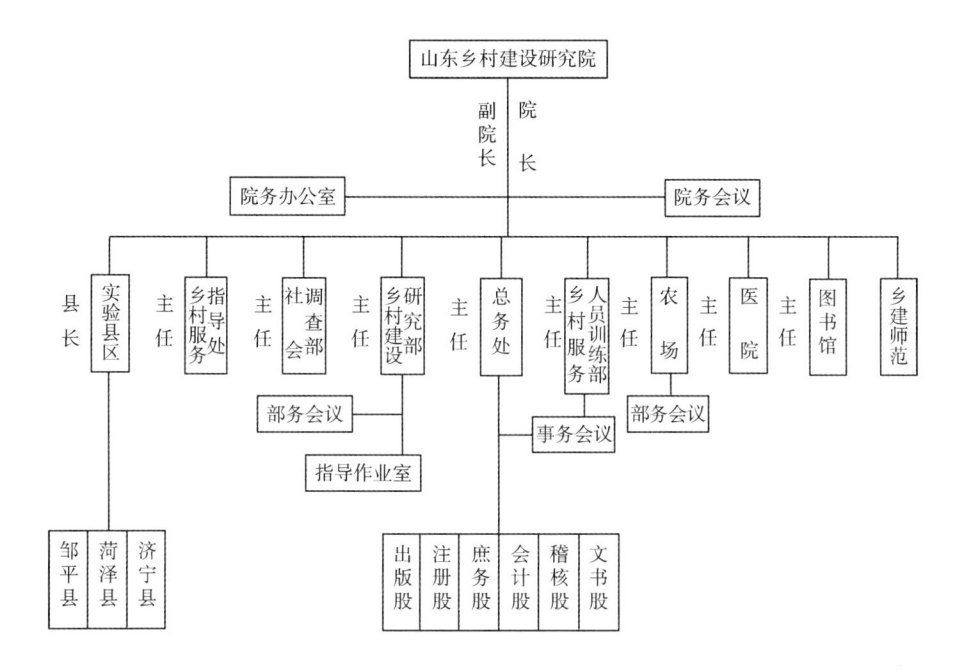

```
                        山东乡村建设研究院
                         副        院
                         院        长
                         长
              ┌──────────┴──────────┐
           院务办公室              院务会议
    ┌────┬────┬────┬────┬────┬────┬────┬────┬────┬────┬────┐
   实验  指导 调查 乡村 研究 总务 人员 农场 医院 图书  乡建
   县区  乡村 会部 建设 部   处   训练 (主任)(主任)馆    师范
  (县长)服务  (主任)部   (主任)(主任)乡村       (主任)(主任)
        处         (主任)     服务部
        (主任)                (主任)
                   部务会议         部务会议
                          事务会议
                   指导作业室
    │                          │
  ┌─┼─┐                 ┌──┬──┼──┬──┐
 邹 菏 济               出  注 庶 会 稽 文
 平 泽 宁               版  册 务 计 核 书
 县 县 县               股  股 股 股 股 股
```

任务：（1）保持了伦理情谊和人生向上的中国民族精神。（2）克服了中国乡村社会一盘散沙的局面，将农民组织起来，把共同困难的问题拿出来，让他们认识到自己共同的不幸，促使他们自觉地共同合力来解决，即是说乡农学校可以使农民生发自觉和合作的要求。（3）在此基础上，大家遇事共同商量，在这种自治氛围中慢慢生发出一种具有中国特色的民主政治。（4）也是最重要的，即是通过教员这些新知识的传播者，把先进的科学技术如良种、机械、农药等带到农村。这样，通过乡农学校，就能实现经济上的生产与分配的社会化，为消费而生产，从农业引发工业，组织生产合作社，以及教育民众，推广识字运动，整顿不良风俗，引导大家关心社区问题，参与社区生活。实际上，乡农学校在兴办教育、开发民智，促兴农业、发展经济，风俗改良和卫生习惯的养成，提高办事效率方面，确实做出了相当可观的成绩（参见《全国乡村建设运动概况》一书）。

（三）江苏的乡村教育工作

与北方定县、邹平相呼应的是江苏省的乡村教育与乡村建设实验。他们由中华职业教育社、中华教育改进社和江苏省立教育学院分别主持推行。

中华职业教育社是由黄炎培、江恒源、赵叔遇等人发起的。1926年冬天，中华职业教育社在江苏昆山县徐公桥以乡为单位设立乡村改进试验区，1928年又在该地成立乡村改进会以促成徐公桥的乡村自治，1934年扩大以昆山县为自治实验区。中华职教社认为，农村教育决不能脱离农业而独立，如果不全力改进一个新的环境，则教育就无从实施。如果农村经济没有改进，农村生产没有增加，则教育不易进步。同时非农村组织健全，有自治能力，则农村建设事业就也不能保持长久。因此，他们致力于农村事业，努力使中国农民"无业者有业""有业者乐业"。以教育为一切农村改进事业的中心，从经济方面做起，而以农村自治为终结，实施之际，对于教育事业的推进，以政治经济为辅；对于政治事业的改革，则以教育经济为辅；对于经济事业的发展，则以教育政治为辅。教育、政治、经济三管齐下，以达到农村发展生长、壮大的目的。

1927年，中华教育改进社在南京设立了乡村师范学校，即著名的"晓庄师范"，其宗旨是以教育推进和改造乡村的生活。他们在《改造全国农村教育宣言》中宣称："征集一百万同志，促办一百万所学校，改造一百万个乡村。"为了达到这个目的，他们实行了生活即教育、社会即学校和教学做合一的办学方针，强调教学与实际工作的结合。为保证学校办在社会里，学校一方面与地方机关单位如水利、卫生、工厂等相配合，一面自己设立社会事业单位如中心茶园、巡回剧团、民众学校、展览会等，用以密切与社会的关系。

设在江苏无锡的江苏民众教育学院，后改称江苏教育学院，是俞庆棠、高践四等人于1928年成立的。其设立的主旨在培养江苏61县的民众教育与农事教育的服务人才，它与普通的教育学院性质不同。俞庆棠曾留学美国，专攻成人教育（又称民众教育、社会教育），其教育对象是正在从事社会生产活动的成年人，他们的学习在工作之余进行。教育学院以民众教育为手段，以乡村建设为目的。他们认为民众教育不走向乡村建设的目的去，则会流为空泛无用。而乡村建设不取道于民众教育，一切也无从下手。因此，他们认为："救济农村的衰落，应以民众教育为动力，农村建设是实施民众教育的目的，民众教育是完成农村建设的方法。"[①] 民众

---

① 《研究实验中心问题》，江苏教育学院编。

教育所以能成为乡村建设之路，即因它是一种工具，可以启发民众，引出问题，能使民众有组织，有力量，能自觉自动地起来谋求所以求解决问题之路。教育学院分为三部分，总务部总理事务，教务部主持人才训练及有关教务事项，研究实验部研究各种实验计划，主持各部实验工作。其组织系统如图所示：

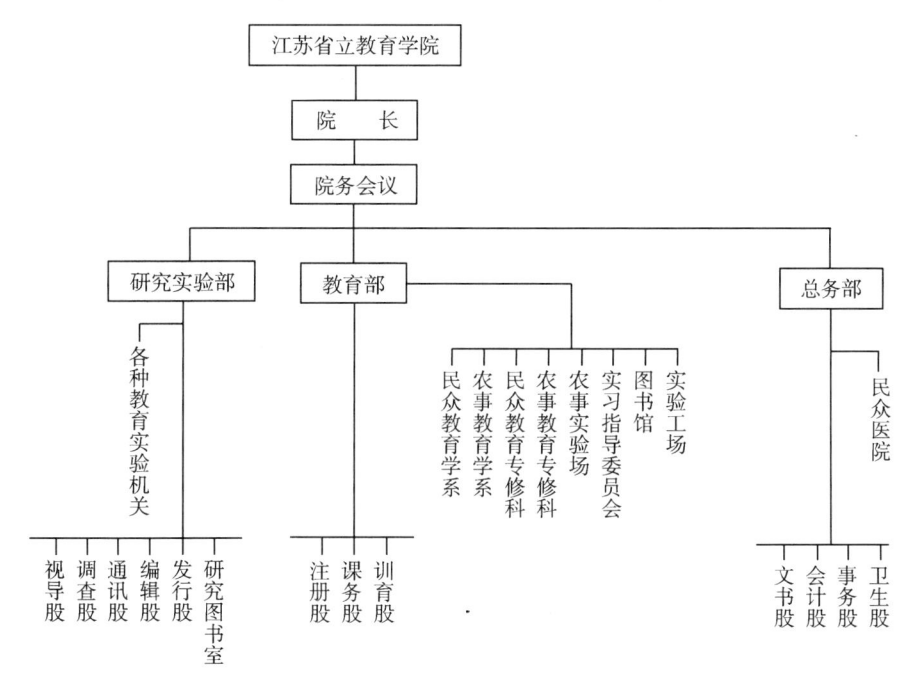

```
                    江苏省立教育学院
                          │
                        院  长
                          │
                      院务会议
          ┌───────────────┼───────────────┐
      研究实验部         教育部          总务部
          │               │               │
     各种教育实验机关   ┌───┼───┐       民众医院
          │           民众 农事 实习      │
      ┌─┬─┬─┬─┐      教育 教育 指导   ┌─┬─┬─┐
      视 调 通 编 发 研 学 专 实 委 图 实 文 会 事 卫
      导 查 讯 辑 行 究 系 修 验 员 书 验 书 计 务 生
      股 股 股 股 股 图     科 场 会 馆 工 股 股 股 股
                  书             场
                  室
      ┌─┬─┐
      注 课 训
      册 务 育
      股 股 股
```

1932年，教育学院设立北夏普及民众教育实验区，希望借着教育的力量，组织民众，建设乡村。他们在实验区内设立了民众实验学校、乡村小学、民众学校、合作社员训练班以及乡村建设讲习会等，教育内容涉及了自卫、自治、识字，推广农业改良，提倡合作组织，举办健康指导等等，并企图在此基础上，实现一个政教合一的社会组织。

以上所述是10年乡村建设运动的几个主要方面，我们从中不难看出乡建运动当时的潮流趋势。从事乡村建设的知识分子，为了相互沟通，取长补短，还举办过三次全国规模的乡村工作讨论会。第一次讨论会于1933年7月在邹平召开，参加者70余人，所属团体35个；第二次于1934年10月在定县举行，到会者150余人，代表76个团体机关，分属11个省；第三次于1935年10月在无锡举行，到会者169人，代表104个团体，包括政治性机关 25 个，学校 25 个，民间团体 21 个，民众教育馆 13 个，学校团体 5 个，教会团体 7 个，其他银行、报社等 8 个，分属 18 省。① 会议的规模一次比一次大，参加的人数一次比一次多。

值的一提的是，俞庆棠在创办江苏教育学院之后，又于 1933 年发起成立了社会教育社。这是一个从事社会教育工作的人自愿参加的学术性的民间组织。社会教育社把很多从事乡村工作的知识分子吸引到自己周围，互相切磋经验，起到了协调发展的作用。社会教育社的三位负责人是俞庆棠、梁漱溟、赵步霞。

由于日本军国主义的入侵，也由于乡村工作的改良性质所导致的自身难以舒解的困难，整个活动基本上于 1937 年后半年停顿下来。10 年经营的一点成果，也被炮火毁于一旦。

二 乡建的社会背景与理论根源

10 年乡村建设运动，众多的知识分子，从各种不同的立场抱有不同的目的，运用不同的方法，集中到农村改良方面来，这自然不是偶然的事情，其中包含有深刻的经济、政治、文化背景，它是一部分爱国、正直、自由的知识分子基于中国当下的社会现实和对民族文化及世界文化未来方向的体认，对民族现代化道路的选择。

梁漱溟在全国乡村工作讨论会上演讲《乡村建设的旨趣》时曾说："四面八方的来到一块，这证明今日乡村运动好像是天安排下的，非出偶然。他（指乡村建设——笔者）是从两面来的：一面从中国历史演下来，一面从西洋历史演下来，二者相遇，发生近百年的中国问题。从中国问题产生数十年的民族自救运动，辗转变化，而到最后这一着（乡村建设这一着）。此其故亦很容易明白，用简单的两句话来说，就是中国原为乡村国家，以乡村为根基，以乡村为主体，发展蔚成高度的乡村文明；而近代西洋文明来了，逼着它往资本主义工商业路上走，假如走上去也就完了，没有我们的乡村建设了。无奈历史命运不如此，10 年来除乡村破坏外没有都市的兴起，只见固有农业衰残而卒不见新工商业之发达。我们今日的

---

① 《中国农村论文选》上，人民出版社 1983 年版，第 271—272 页。

苦痛正在此，然而未来的幸运也在此。盖从大势上反逼着我们走一条不同的路……这一条不同的路，便是从农村引发工业，以乡村为本而繁荣都市，这是中国今后一定的路线。新社会的创成在此，中国得救在此。中国之得救是要新社会文明的创成而得救的，我们只有向着创造新文明去努力才可以救中国，此殆为历史命运所决定。没看清大势的人嚷着救济乡村，乡村自救，而不知其为民族自救运动之最后一着；或知其为最后的民族自救运动，而不知其恰已负担着创造新文明的使命。"①

这一番大有"普天下舍我其谁"的自负言语，道出了部分知识分子忧国忧民的悲凉心境和"以天下为己任"的共同心态。也明确地向我们透示了乡村建设运动的社会背景。

以农业文明为基础的中国民族，当她斯文地迈着方步走向近代的时候，突然遇到了以火与血开路的西方文明的严峻挑战。这种挑战是整体性的。中国被迫纳入了世界性的现代化潮流中去。外国资本的侵略，民族主权的丧失，历史进程的急剧转型，都使中国出现了一些问题。

（一）经济方面。自近代以来，外国帝国主义的侵略破坏了中国自给自足的自然经济，他们挟其优势的工业品冲垮了中国的乡村工业，动摇了中国的社会基础。加上自民国初年以来，几乎连年的灾荒和军阀的盘据战乱，使整个社会一片混乱。中国农村在内外矛盾的夹击下，在慢性破产的基础上，长期地沉沦于恐慌的深渊，农民购买力极度减少，乡村资本急剧流入城市，加重了整个社会的危机。这种危机到了"九一八"之后，更加空前的紧张。在这种情况下，人们重新把眼光转到中国的社会基础方面，企图复兴中国农业，以挽救民族的经济危机。这样，"外国侵略虽为患，自身有力量可以御外也，民穷财尽虽可忧，使有秩序则社会生活顺利进行，生养长息不难日有起功也。"②

乡村运动者正确地把握了中国的基础在农村，因此，他们都注意倡导知识下乡，从而改造农民素质，改良农业技术，提高农民收入，重建社会的微观基础。

（二）政治方面。在西方文明狂潮般的侵袭下，也使中国政治得到了

---

① 参见《乡村建设论文集》。
② 《中国农村论文选》上，第295页。

回应：1898年的新法要求学习西方民主，1905年废除科举，1911年推翻清政府建立共和……然而，道路并不顺利，自强新政的洋务措施，在开矿、练军、举办工业方面积累了33年的成绩，经不住甲午海战的一次考验。康、梁、谭等人的维新，更是在人头落地的现实面前宣告失败。辛亥革命推翻了专制，却重新开始了专制中的混乱。定县平教会的平民文学部主任孙伏园认为，自鸦片战争以来，为着挽救垂亡的国运，曾发生过六次政治运动，即太平天国、戊戌新政、辛亥革命、五四新文化、1926年的国民革命，"以上这五次运动，其目的都在挽救鸦片战争以来垂亡的国运，论范围是一次比一次的扩大，论意义是一次比一次的深沉，论对于挽救危亡的目的是一次比一次的接近。"但是"危亡的症象也一天比一天的增加和暴露"①。对社会体制的更化曾寄予过高期望的知识分子，在经历了辛亥、民初的政治沦丧之后，突然发现他们应当去做的，是更迫切的整个国民的精神的工作：让国民自主地掌握社会发展的方向，培养他们的新政治习惯。正如梁漱溟所说，以前中国的政治运动之所以失败，乃是由于只注意于上而不求统一于下，中国的政治制度的改造，需要从基础做起，打好基础。"国家宪政要以地方自治为基础，从基础做起，就是从最基层开始做，搞乡村的自治，一村一乡的自治搞好了，宪政的基础也就有了。"② 在他们看来，从乡村做起，慢慢培养中国农民的新政治习惯，就可以建立起民主政治的基础，这种思想，或多或少地受了孙中山"将政权归于平民"主张的影响，而当时流行的看法，平民主义应以推进平民的能力与知识为本，因此，他们主张社会与政治改革应从乡村建设入手。

我们可以看出，乡村建设运动的勃兴，是有着深刻的经济、政治、文化等方面的原因的，其中农村的破败和建立新政治制度的憧憬是导致许多知识分子离开都市，走向民间的主要原因。

乡村建设运动，在当时也有着一定的理论根源。

（一）中国传统民本思想的影响

中国历来有重视人民力量的传统。关于民犹如水，能载船亦能覆舟的

---

① 《民间》半月刊创刊号。
② 梁漱溟：《忆往谈旧录》，中国文史出版社1987年版，第117页。

记载史不绝书。"民为邦本,民强邦固"是定县晏阳初乡村建设的哲学基础。邹平梁漱溟也认为进行任何工作,若没有大多数的人民参加,是不能成功的。我国基于民本思想的从宋代开始的"吕氏乡约"直接影响了乡村运动的组织机构。吕氏乡约是北宋吕和叔1076年在陕西兰田县推行的,它是一种邻里乡党之间互相要求、监督的书面承诺。内容分"德业相劝、过失相规、礼俗相交、患难相恤"四部分,后经南宋理学家朱熹加以修改,推行于全国。明朝王守仁也曾订有"南赣乡约",实行移风易俗。明代末期理学家陆世义著有"乡治三约",以乡约为纲,以社学、保甲、社仓三者为目,实行区域性的地方自治。乡村工作者受其启发,认为古代"乡约"实际上就是现代的"地方自治组织",乡约合于乡村居民自动、自发、自为的原则,并符合将教育、政治、经济的工作内容融于一体的做法。

(二) 西方平民教育思想和社区发展理论的影响

随着西方工业化的发展,要求乡村居民不断适应正在飞速发展的机器生产的需要,提高自己的文化水平和工作能力,从实际中产生了平民教育思想。其中丹麦的民众教育最为成功。我国一些平民教育家曾留学欧美,对西方的平民教育思想比较熟悉。俞庆棠留学美国学的就是平民教育专业,从理论到实践都受过严格的专业训练。梁漱溟虽没有负笈欧美,却对丹麦平民教育最为详熟,对丹麦教育中的人生行谊、人生自觉、互助合作、学做合一以及爱国心的培养等内容均有正确的把握。[①] 因此主张将"组织起来"和"人生向上"做为中国平民教育和乡村工作的方向。

在20世纪的二三十年代,现代社会学的关于社会发展、社区工作理论,经由近百年的努力,已臻完善。当时的社区发展理论认为,落后社区的社会开发,应以科学的社会调查与实地研究为基础,采取社会各方面协调发展的整合计划,自下而上地推行,他们强调社区人民的主动参与和其素质的提高。这些理论直接影响到了乡村建设运动的措施。晏阳初强调社区人的问题,梁漱溟的户籍调查、农民自觉和团体组织双管齐下的做法,俞庆棠、陶行知的教育在于改造生活的宗旨,实际上是社会发展理论在中

---

① 参见《丹麦的教育与我们的教育》,《梁漱溟教育文集》,江苏教育出版社,1987年版。

国的发展和运用。

另外，乡村建设运动也明显地受到了美国乡村生活运动的影响。美国乡村生活运动是谋求农村生活的改良而兴起的一种农村生活研究与建设的运动。20世纪初年，因为受到了工业革命和城市发展的影响，许多美国农村中发生了各种社会问题，如农业生产减产，农民生活贫乏，教育水准下降，青少年大批离乡等等，乡村呈现出全面解体衰败的现象。当时的罗斯福总统，于1908年组织了一个美国乡村生活委员会，由7名对乡村生活有研究的学者为委员，对农村进行调查，1911年写出报告。1912年美国社会学年会，即以乡村生活的研究为主题。从此，与美国农业推广、乡村教育、农村经济学与农村社会学相互联系在一起的各地区的活动就繁荣起来。中国的一些乡建巨头如晏阳初、陶行知、俞庆棠、李景汉、高践四等人，在思想和做法上受到美国这一运动的影响，借鉴了他们的一些做法。

三 乡村建设运动对中国和世界的影响

由知识分子发其端的乡村建设运动，在当时就引起了中国共产党人、南京国民党政府和一些西方人士的注意。

（一）对中国的影响

20年代后半期，中国共产党领导的革命运动正处于低潮，但仍关注着知识分子的农村改良活动，他们批评乡村建设运动企图在现存制度下，用和平的方法达到国家改革的理想，是用幻想代替严酷的现实。并指出中国面临的社会问题是帝国主义和封建主义及代理人的压迫，只有用暴力革命改变既存的社会关系，才能实现国家富强的目标。而对那些抱着爱国热情投身农村工作的青年知识分子，则是给予热情支持，并努力争取他们走到革命的道路上来。

乡村工作者对农村的改良，对农业科学技术的改进，客观上符合了国民党政权的利益。1932年12月，第二次全国内政会议，有在各省设立县政实验区及县政建设、研究院的决议，并采用"政、教、富、卫"合一的精神，改革县政。抗战爆发后，晏阳初又在重庆马歇场成立了乡村建设学院,并设定番实验县,在继承10年乡建工作优点的基础上,进行学术和实践结合的县政改革。它强调的行政学术化,学术的实际化,试图用学术刷新中国的政治,实现民主共和的理想。

乡村建设对平民教育的强调,影响到了当时的南京政府。1928年5月国民党政府第一次全国教育会议上,就有设立乡村师范学校与训练乡村教育师资的议案。1930年4月全国第二次教育会议,又提出了实施义务教育的初步计划,并规定在5年内健全全国乡村师资培训机构,同时决定开办城市和乡村义务教育实验区1500处,预定在1931年底,全国实施4年义务教育。可见定县、江苏等地的民众教育实验对全国民众教育政策及发展均具有推动的作用。

(二) 对国际的影响[①]

中国的乡村建设工作刚一开始,就引起了外国人士的注意。美国学者甘布尔(Sidney D. Gamble)曾亲自参与河北定县的实地调查研究工作,并写成《定县——一个中国北部的乡村社区》一书,对定县的实际生活状况和平教会在定县的工作方法进行了详细介绍。1945年3月,美国女作家赛珍珠(Pearl S. Buck)通过对定县的考察后,出版《告语人民》一书,向全世界介绍了中国定县平民教育运动,并强调了它在世界范围内的意义。她指出,目前世界上有四分之三的人民正处于文盲、疾病、饥饿与残暴政治的统治之下,如不能使占人类绝大多数的普通人民接受教育,获得最低生活水准,则人类的幸福、和平、繁荣就没有保障。因此,她认为定县的平民教育运动不仅可以推行于中国,也可以推行于世界,尤其是亚洲、非洲、拉丁美洲的乡村社区。此书出版之际,正值联合国的有关会议在美国旧金山举行,各国的政府领导为战后的复兴计划寻找对策,中国乡村建设工作的经验可以为世界各国提供一种把战后的贫穷社会予以救济的新观念。1945年11月联合国教科文组织在巴黎举行会议,中国代表翟世英根据定县平民教育的工作经验,向大会提出了报告,介绍了中国的做法。1952年晏阳初由国际平民教育运动委员会的介绍,前往菲律宾介绍

---

① 本节的写作借鉴了台湾东吴大学社会学教授徐震先生的有关材料,参阅《中华民国历史与文化讨论集》第四册,台湾正中书局1984年版,第374—379页。

中国定县乡村建设的经验，并长期居住菲律宾，帮助推行乡村建设。1961年7月，晏氏应邀赴拉丁美洲及非洲各地讲述乡村建设的经验，引起反响和实际行动。一直到1973年，美国学者哈福特（Charles W. Hayford）以《中国的乡村建设》为题，撰写了哈佛大学的博士论文，对我国的平民教育与乡村建设，作了学术性探讨。1979年世界展望会国际总会在非洲开会，该会主持人专门介绍了晏阳初在中国和菲律宾的农村建设工作的理论与方法。可见定县的经验已在世界许多地区流传和接受。

关于邹平的乡村建设实验，日本学者菊田太郎（Kjkata Taro）曾于1941年发表《梁漱溟的村治论》，小野川秀美（Onogana Hidemi）于1948年发表《梁漱溟乡村建设理论的成立》，分别对梁漱溟在邹平进行的乡村工作的理论、方法及实际工作做了介绍和评论。本文开始提到的美国学者拉穆利（Harry J. Lamley）发表《梁漱溟，乡村建设与乡村工作讨论会》，对中国乡建10年的工作计划作了详细整理。现任美国芝加哥大学教授的美国学者艾恺（Guy S. Alitto）在他那本发表于1979年并荣获美国"东方著作奖"的《最后的儒家：梁漱溟与中国现代化的困境》中，对邹平的社会重建的实验，辟专门章节进行了研究。使邹平的工作得以介绍到世界各地，对战后各国的社会重建和改组的构想，特别是落后地区乡村的建设与改造，起了参考性作用。

1949年，我国社会工作专家张鸿钧应邀参加联合国工作，先后任社会局研究主任、中东地区社会发展办事处主任、联合国亚经会社区发展顾问等职，负责亚太地区各国社区发展的训练和规划工作。张氏在我国乡村建设运动期间，任燕京大学社会工作教授兼山东汶上实验县县长，是我国推行和实际参与乡村工作的领袖之一。他以实际工作经验，参与有关联合国的会议、规划与决策，使中国乡村工作的有效经验，得以在决策层次上推行于世界。

四 乡村建设运动对我们的启示

前已论及，乡村建设运动是企图在保存现有社会关系的前提下，用改良的方法，实现社会现代化的理想。由于中国二三十年代，民族矛盾和阶级矛盾空前激烈，致使当时不存在社会改良的条件，因而使整个乡村重建的工作最终不可能顺利进行。

乡村建设运动开始之初，就遭受了或平和或尖锐的批评。比较有代表性的批评是，城市救国论者吴景超，全盘西化论者陈序经，社会学理论家孙本文，以及孙冶方、千家驹、李紫翔为代表的中国农村经济研究会在《中国农村》上对乡建改良的批评。其中，中国农村经济研究会比较全面系统地从中国社会政治历史的发展，分析了产生农村改良主义运动的背景，并指出在当时社会条件下，用和平的方法进行社会改组是行不通的。他们公开批判了乡村建设的理论和实践方面的错误。第一，中国的国民经济，无论从其与各国的关系上，或其自身的结构上，都已成为世界经济的一个环节，在整个民族陷入沦亡危机的时候，中国经济的复兴与政治的解放是不可分割的一个事实的两个方面。因此，中国的乡村建设不能离开民主解放运动而单独进行。第二，中国的问题，是整体性的，想由"农业引发工业"，或以农村复兴振兴都市，都不能从根本上解决中国问题。第三，农村或农业问题，实包含有生产手段的分配，生产物的分配，农业经营和农村金融等问题。乡村运动者忽视生产手段和生产物分配的问题，尤其是土地分配问题，仅从农业技术、农业改良、农品运销、流通金融等枝节问题上下功夫，不可能从根本上解除农民的痛苦。第四，乡村工作者在当时社会条件下所做的恢复农业的事情，客观上有利于既存社会制度的维持和帝国主义的经济侵略。当时兰溪实验县的工作报告验证了中国农村经济研究会的结论。兰溪县的乡村工作者指出他们遇到的困难："第一，手工业无论如何提倡，总敌不了外来货物的倾销，则手工业还有什么前途？第二，外来农产品倾销到农村，有什么办法可以把洋米洋面赶出去？如果赶不出去，则改良农业生产，增加收获，岂非更将使农产品价格跌落，农民愈不能维持。对此有何救济？第三，特殊原料之输出，不能一般通行于各县，而且可因在外之竞争而被阻，此事并非根本恢复经济的方法。第四，农民贷款，如果从理论上讲，土产农产品价格必自然的日渐低落，仓库抵押必有不能实行之一日，否则银行有亏本之虞。这些困难，……第一、第二两点，非地方力量所能办，有待于省与中央，第三、第四，只能做到局部，然而中央与省两方面又都认地方县政，才是抵御外来经济侵略的政治细胞……。如何能解决外来经济侵略问题，正是中国政治是否有前途的唯一关键。"① 兰溪实验县的例证，说明了农村改良并不能够解除经济的危难，亦不能抵御帝国主义的经济侵略。

乡村工作者在实际工作中也遇到了一系列困难，诚如乡建巨头俞庆棠所说："目下乡村工作中的保卫事业，保得住一村一乡或一县少数人的生命财产，却挡不住黄河长江的怒潮，更保不了整个国土的完整……乡村工作中的生计设施，可以增加几个乡村或几个县份的收入，却抵不住国际经济侵略的深入农村，也不能使农产品的价格不低落，从事生产的资源不枯竭……从事于乡村工作者，费了九牛二虎之力，使每亩农作物的田地，增加半担以上的收获，这是了不起的成绩了。如果一旦洋米倾销，或麦棉大量进口，每担作物的价格，立刻可以跌到原有价格的半数。"② 由于改良者不能从根本上解决农村业已集聚严重的土地问题，因此，他们就找不到现实的力量来支持这个运动。1983 年深秋，笔者随山东大学调查组前往拜访梁漱溟时，这位一生抱有救国宏愿的世纪老人还对当年知识分子空有救国之心却不能解决农民的土地问题而导致"号称乡村运动而乡村不动，高谈社会改良而依附政府"的结局感叹不已。

尽管如此，乡村建设运动在当时仍有其积极的意义。（1）发现了中国社会的真实性，他们的工作避免了以前历次运动对农村的忽视，否定了拿少数都市社会来代表真正中国的见解，他们一致地指出中国真正的社会是那占全国百分之八十五以上的人口分散居住着的广漠的乡村，要解决这一个乡村社会的问题，天然不能忽略了或弃置了他们本身。乡村工作者深入农村所搞的调查研究，如李景汉先生对定县土地分配与农作物种类的调查，邹平对户籍和农村人口调查，不仅发现了新的社会事实，向全国各界介绍了中国农村的现状，而且保存了珍贵的历史资料。（2）发现了解决中国社会问题的力量是在基层。他们认为，解决中国问题的根本，是使这个社会本身生发出力量来，社会的改造，绝对不是外铄力量可以做得了的，要培养社会发展的动力，必须从潜伏在广漠的乡村的农民做起。乡村工作者深入到真正的社会里去，做艰苦的自动与自觉的启发工夫，指出社会基层组织的重要，在某种意义上抓住了解决中国问题的根本。

---

① 《中国农村论文选》上，第 297 页。
② 同上书，第 273 页。

乡村建设运动惨淡经营 10 年，终因整个活动的改良倾向与时代课题的不符而归于失败，当时曾叱咤一时的人物也大都消失于默默的历史长河之中。经过半个多世纪后，它以悲剧色彩留下的启迪还是能引起人们深深的思考。从一个大的历史跨度看，我国的现代化建设仍在进行中，农村和农业，仍然是国家的基层和基础，在今天深化农村改革的过程中，总结乡村建设运动的经验教训，我们发现，当年的一些理论和措施，仍有着方法论上的启发作用。

（一）注重民为邦本，发挥乡村居民自身的作用。"民为邦本"是中国的固有哲学，乡村建设运动，在很大程度上是发现了农民力量在中国社会中有特殊作用，并努力培养他们的自治能力。晏阳初曾深刻地指出："现在国家所以弄到如此地步，主要的原因，就是忘本……我们要救亡图存，必先认清症结所在。过去的政治经济文化之所以落后，就是因为设施没有着眼于民众，民众伟大的力量，非但从来没有运用过，而且根本没有发现过。所以乡村建设运动的目标，在发现组织和训练民众伟大的力量。"[①] 平民教育的目标是知识力、生产力、公共心，也就是培养社区居民的"共同意识"，亦即梁漱溟所说的"学习团体生活""参与团体讨论。"

乡村工作者都强调启发民众自身的力量，晏阳初认为挽救农村的破产，不应该用救济的办法，而是协助他们自己解决自己的问题，所以他强调"不是救济，而是发挥"。梁漱溟也认为工作的重点要放在启发"人生向上"方面，倡导社区居民对社区生活为"有力的参加"和"商量着办事"。

这种观点符合联合国发展署关于社区发展的经典定义，即社会工作者和政府引导和配合社区居民通过自己的努力，改善自己的社会环境和生存环境。乡村工作者 50 年前的方法，在今天我们正在进行的社会救济和社会保障工作，对我国某些落后社区的开发，仍有着现实的启发作用。

（二）在现代化过程中，面对中外文化的冲撞、融合，既注意吸收西方文化的长处，又注意本民族文化的特长及对外来文化的接受方式。定县和江苏的乡村教育工作，都明显地受到西方教育思想的影响，但他们在实

---

① 《中国农村论文选》上，第 301 页。

验中，在工作的开展上，注意将实践的内容与作法符合中国国情，提供一个既合于西方科学方法，又能被我国农民所接受的教育模式。梁漱溟的社会实验，更多地注意了民族传统的重建问题，他比较注重维护和发展中国固有的传统，注重中国社会自身的特点，并把它作为建设新社会，开创新事业的重要依据。梁氏的关于中国的现代化是实现传统文化的现代转化的思想，在今天仍有着方法论上的意义。

（三）解决乡村问题的整体观点。定县、邹平、无锡等地的乡村工作，都有着详尽而严格的工作计划，如定县解决愚贫弱私四大问题的6年方案，江苏北夏实验区的平民教育步骤等。在工作方法上，定县的教育采用了家庭式、学校式、社会式相结合的方式，邹平则采取把"农民自觉"和"乡村组织"的双重目标通过乡农学校的形式一同实施的措施，这种整体性、全盘考虑的方法，也值得今天从事社区工作的同志借鉴。

（四）知识分子深入实际，走入民间，与广大人民联合起来谋复兴之路的精神。梁漱溟指出："乡村问题的解决，第一固然要以乡下人为主力，第二亦要有学问、有眼光、有新知识的人与他合起来。"① 他认为中国社会问题的解决，中国新社会制度的建立全靠知识分子下乡，与乡村居民联合起来才能完成。在他及同人的倡导下，许多知识分子换上布底鞋，从都市来到闭塞的乡间，做艰苦的民族自救的工作，其精神是极为可嘉的，当时就受到了学界的普遍称赞。

知识下乡，始终是中国社会现代化中的一个大问题。这在今天，仍有着迫切的现实意义。在农村改革逐步深入的新形势下，随着产业结构，多种经营的不断发展，农民对教育，科技不断提出越来越高的要求，科教兴农呼声已不绝于耳。据研究，我国30年来农村依靠科学技术所提高的生产力极为有限。因此，科技下乡，是加速农村改革的题中应有之义。但直到目前，知识分子大规模下乡的迹象还没有出现。在这方面，30年代前辈学人的牺牲精神是值得提倡的。

另外，30年代乡村工作者大胆探索与开辟新路子的勇气，以一个县的规模来进行社会改革的实验，对今天的农村发展，也有着某种现实意

---

① 梁漱溟：《乡村建设大意》，第152页。

义。当然,"意义"不等于"有用"。30年代与80年代的农村毕竟有着不同的社会背景和人文环境。但是,不安于现状、勇于探索和以天下为己任的精神是任何时候都必需的。

附录

乡村建设理论（摘录）

梁漱溟

乡村建设运动，实为吾民族社会重建一新组织构造之运动。这最末一层，乃乡村建设真义所在。

作乡村运动而不着眼整个中国问题，那便是于乡村问题亦没有看清楚，那种乡村工作亦不会有多大效用。须知今日整个中国社会日趋崩溃，向下沉沦；在此大势中，其问题明非一乡、一邑或某一方面（如教育一面、工业一面……）所得单独解决。所以乡村建设实非建设乡村，而意在整个中国社会之建设，或可云一种建国运动。

我们必须把握着中国问题所在，而后才有工夫好作。

然则中国问题在那里？

今日中国问题在其千年相沿袭之社会组织既已崩溃，而新者未立；或说是文化失调。"人非社会则不能生活，而社会生活则非有一定秩序不能进行；任何一时一地之社会必有其所为组织构造者，形著于外而成其一种法制、礼俗，是即其社会秩序也。"一社会之文化要以其社会之组织构造为骨干，而法制、礼俗实为文化之最重要部分。中国文化一大怪谜，即在其社会构造（概括政治构造、经济构造等）历千余年而鲜有所变，社会虽有时失掉秩序而不久仍旧规复，根本上没有变革，其文化像是盘旋而不能进。但到今天，则此相沿不变的社会构造，却已根本崩溃，凤昔之法制、礼俗悉被否认，固有文化失败摇坠不堪收拾，实民族历史上未曾遭遇过的命运。而同时呢，任何一种新秩序亦未得建立。试问社会生活又怎得顺利进行？所以"处此局中者或牵掣牴牾，有力而莫能施；或纷纭扰攘，力皆唐捐；或矛盾冲突，用力愈勤而为害愈大。总之，各方面或各人其力不相顺益而相妨碍，所成不抵所毁，其进不逮其退。"（录《乡建理论提纲》旧文）这就是为什么中国社会不向上而向下，不进步而沉沦的缘故了。在此时，纵有强敌外患，亦不见他有力地反应；良以组织构造崩溃解体，失去一个民族社会所应有的机能，陷于社会的麻痹瘫痪症。——从四万万人一个个来看，未尝不是活人，无奈社会几乎是半死的社会。

旧社会构造崩溃之由——中国文化的失败

近百年来，以世界交通，使中国与西洋对面，只见他引起我们的变化，诱发我们的崩溃，而不见我们影响到他有何等变化发生。这无疑地是中国文化的失败。从来以文化致胜、以文化称尊者，为什么这次失败了？究竟失败在什么地方？——若加思考，这可有总括的、特指的、浅的、深的几种回答。

总括地说，中国之失败，就在其社会散漫、消极、和平、无力。这里要说，有无穷的话可说；但若将上面已说过的领会在心，则中国社会是多么散漫、消极、和平、无力，早已看出，不必再说。所以我只要求读者闭目回想我已说的那些，而于旧时的社会人生体会一番，更同近代西洋来比较。在比较中，更可形见他是多么散漫、消极、和平、无力。因西洋的社会人生，偏是集团的、积极的、斗争的、强有力的，正好两相反。

若特指失败之处，那要不外两点：一是缺乏科学技术；二是缺乏团体组织；更无其他。而近代西洋正是以科学技术和团体组织这两点见长，亦更无其他。我在《东西文化及其哲学》上，曾指出近代西洋的长处有三点：一是社会和政治上的德谟克拉西精神；二是思想学术上的科学方法；三是征服自然的物质文明。现在我的说法又有点变换。因我悟得德谟克拉西精神是团体生活的一种进步，不宜只提这一种进步，而忽置其根本团体生活；所以改用"团体组织"一句话来统括他。至于科学方法和对于自然的征服，可以分开来说，亦可合为一事；所以改用"科学技术"一句话来统括他。因此，三点就变换成两点。

上面所说的两点，自是近百年来中国与西洋相遇，处处失败，接二连三地失败的原由。此殆为人人共见的事实；然仍属一种浅的说法。若深求之，则知尚不在这些地方不济事，而在自己人生理想的不健全。换句话说，尚不在中国与西洋相遇，我们应付不了他；而在根本人生上我们有缺欠。此缺欠经西洋风气的启发而见出来，使得我们对于固有文化不满意，固有人生理想不满，甚至于厌弃反抗。这厌弃与反抗，是中国社会崩溃的真因。引起这厌弃反抗的自身缺欠，是中国文化的真失败点。

建设新的社会组织构造——新礼俗

所谓建设，不是建设旁的，是建设一个新的社会组织构造；——即建设新的礼俗。为什么？因为我们过去的社会组织构造，是形著于社会礼俗，不形著于国家法律，中国的一切一切，都是用一种由社会演成的习俗，靠此习俗作为大家所走之路（就是秩序）。我常说：人类的生活必是社会生活，而社会生活又须靠有秩序，没有秩序则社会生活不能进行。西洋社会秩序的维持靠法律，中国过去社会秩序的维持多靠礼俗。不但过去如此，将来仍要如此。

中国将来的新社会组织构造仍要靠礼俗形著而成，完全不是靠上面颁行法律。所以新礼俗的开发培养成功，即社会组织构造的开发培养成功。新组织构造、新礼俗，二者是一件东西。此其理前已说过，于此姑再分两点来说：

第一点：因为中国社会的崩溃，让中国几十年来乃至最近的未来，没法子建树起来国家权力；虽然从种种方面看，强大的国家权力在中国是个必要，但是建立国家权力的条件在中国完全没有，任何形式的国权都建立不起（其故前面已详）。国家权力既不能建立，则法律没有来源。我在从前讲"中国之地方自治问题"时曾说：中国的地方自治有四个特点与西洋不同，其中一点即说中国在最近的将来要有的地方自治不是西洋的地方自治，也可以说不叫地方自治。地方自治在中国不会有；因为须先有国家才有地方自治，地方自治是出于国家的许可，是从上演绎下来的东西；而此刻的中国把国家最低限度所应当做的事情都做不到。所谓最低限度的事情就是：国家要一面挡住外来的侵扰，不许外人来杀人放火；一面在国内亦不许任何人杀人放火，不许家里各自以武力解决问题，一切问题必须依法律解决。

而现在的中国则各地乡村自己要武装自卫，土匪打破了乡村，算土匪走运，乡村打退了土匪算乡村走运，国家问不了许多，这算什么国家！各自以武力解决问题，此种事实完全证明没有国家。所以假定将来的中国乡村能走上自治之路，此自治亦必不是从国家法律系统演下来的，而是从下面往上长起来的，故不得叫作地方自治。——与近代国家中的地方自治，完全不同。这些话都是说明：假令中国社会将来开出一个新组织构造的路子来，一定不是从国家定一种制度所能成功的，而是从社会自己试探着走路走出来的；或者也可叫作一种教育家的社会运动，或也可说社会运动者要走教育的路开出的新构造。大家听我说国家权力建立不起，或者问：国权不建立，中国不能统一，还能有办法么？我的回答是：中国的转机在统一，中国亦将要统一；但统一与否不在国家权力之能否建立。此意大家或不明白；但事实是如此，中国将来的社会组织构造是礼俗而非法律。这是一个意思。

第二点：过去中国人比较是走理性的路，所以他拒绝不从理性来的那个办法。因为那个办法使他感觉痛苦，你强他去行，他简直不能受（此处说理性两字是指一种自觉的思维的行为而言），必须是他自觉的，经过他思维的，领着他走这条路才行；不能强捏造他成功一个什么样子，——俄国现在就是在捏造的，用一种大力量强弄成那个样子，不是经多数人自觉思维而来的；将来中国不能如此。其故还是那个意思：须有强力才能硬造，你要捏造中国人，总得要有一个捏造者，而在中国没有这个东西；所以天然要走教育的路，也就是要走理性的路，与强力恰相反。再明白一点说：从教育启发他自觉而组织合作社，而形成其自治团体。我们常听人说：丹麦的合作社在世界上最有名，可是你若到丹麦去考察的时候，你却搬不回来什么东西，因为他并没有许多条文章程。他的一切一切，多半不形著于条文章程，而形著于习惯礼俗。我想丹麦合作社之所以好，正在于此。他是完全靠人的习惯，条文就在丹麦人的身上，没写在纸上；大体上中国人也须如此。中国将来的新社会组织构造成功，虽然也要有法律制度，可是法律制度产生必在礼俗已形著之后。

中西具体事实之沟通调和

我们讲新的建设，就是建设新礼俗。那么，所谓新礼俗是什么？就是中国固有精神与西洋文化的长处二者为具体事实的沟通调和（完全沟通调和成一事实，事实出现我们叫他新礼俗），不只是理论上的沟通，而要紧的是从根本上调和沟通成一个事实。此沟通调和点有了，中国问题乃可解决。现在中国问题所以不好解决，就是因为这个问题已经到了深微处——中西人生精神的矛盾，找不出一个妥帖点，大家只在皮毛上用力，完全不相干！所以我们必须从此根本矛盾处求其沟通调和，才是真的解决。从根本矛盾求得沟通调和之点，把头绪找清楚了，然后才有用力处；如果用不上力量，则你建设也是白建设！再找补一句，当中国精神与西洋长处二者调和的事实有了时，就是一个新社会的实现，也是人类的一个新生活。新社会、新生活、新礼俗、新组织构造，都是一回事，只是名词不同而已。

中西精神具体的融合，如何融合法？其实这个法子，不等我们来找，人类历史走到今天，已让中西两方面渐往融合里去。

第一层：因为中国人与西洋人同是人类，同具理性；所以彼此之间，到底说得通——我们的理他们承认；他们的理我们也承认，人与人本来是说得通的；所以说不通的，实在还是习惯的问题。从人类的理性上说，是可以说得通的；不过照心理学家的见解，认为：一个人都是某一个地方、某一个社会或某一个家庭的人，不承认有一个空洞的抽象的人；而认为凡人都是染了色的，他有他的一团习惯，有他的由刺激而反应成功的一个系统，没有一种是白白的人。因此所以虽然在理性上是可以说得通的，而因其各人所受的刺激以养成习惯不同，于是就说不通了。我是中国人，他是英国人，二人就有讲不通的地方了。但是人类历史走到现在，情境变迁，已经渐往接近里去。这还是因为他同是人类，所以到底有接近的可能。

第二层：因为事实的变迁让他到融合里去。假使中国与西洋在事实上都无变化，恐怕是要你不承认我的道理，我也不承认你的道理。可是现在两方面的事实都在变化；因为事实的变迁，促成中西的融合。这个融合，是从事实的变迁、事实的必要而来的。所谓"变迁""必要"何指呢？可用两句话去说：一是关于我们这方面，从事实上促逼我们要有一个团体组织；一是关于西洋那方面，也是事实上促逼他们的团体组织之道要变。简言之：就是我们要往组织里去，他们的组织之道要变。有这两方的缘故，所以事实上将要一天天地接近。从现在看，虽只是意识上的一天天地接近，而具体融合的事实尚未出现，但是为期已经不远。就在中国旧社会组织构造崩溃之后，所要有的未来的中国新社会，将不期然而然地是一个中西具体的融合，人安排都不能安排得如此之巧，几乎是一条条、一点点统统融合了。底下先从我们这方面讲：

眼前的事实问题，就是让中国人必须有一个团体组织。这个必要，不必多讲，很明显的，中国人居现在的世界，如不往团体组织里去，将无以自存，事实上逼着我们往组织里去，向西方转。底下要问：我们的新方向是往团体组织去，是往西方转；但是会不会转得与我们旧的精神不合了呢？大体上说不致如此，没有什么冲突不合；——中国人虽然缺乏团体组织，并非反对团体组织，所以大体上说没有冲突的必然性。

乡约之补充改造

这个新的芽——新的组织，具体地说是个什么样子呢？一句话就是：这个新组织即中国古人所谓"乡约"的补充改造。大体上是采用乡约；——不过此处所谓乡约，非明、清两代政府用乡治力量来提倡的那个乡约，而是指着当初在宋朝时候，最初由乡村人自己发动的那个乡约是吕和叔先生的一种创造。现在我们把他大致说一下：

在古人当初发动乡约的时候，是由吕和叔先生与他的兄弟及其邻里族党所发起；发起之后，约会大家承诺，加入这个组织。这个组织，大体上的意思就是说明我们邻里乡党本来是很有关系的，不能够彼此不过问。在他的发起文上有这样一段话："人之所赖于邻里乡党者，犹身有手足，家有兄弟，善恶利害皆与之同，不可一日而无之。不然，则秦越其视，何与于我哉！大患素病于此，且不能勉，愿与乡人共行斯道。惧德未信，动或取咎，敢举其目，先求同志，苟以为可，愿书其诺！成里仁之美，有望于众君子焉！"他这一段话很好。他第一句即点出来：我们大家是相关系的，人生是互依的。他一上来即认识了社会的连带关系，点明了组织的必要。从认识了我们的关系，而要求增进我们的关系。他们发起乡约的意思，就是因为他们认识了他们关系之后，想努力把他们的关系做得好；他这个就对了。乡约中分四大纲领：一、德业相劝；二、过失相规；三、礼俗相交；四、患难相恤。四大项中，每一项都包含许多小的条目；如第四项包含重要的条目有七：一、水火（遇有水火之灾，大家相救），二、盗贼（土匪来了，大家联合自卫），三、疾病

（遇有瘟疫疾病，大家扶持），四、死丧（死丧事情，要彼此帮忙），五、孤弱（无父母之子女大家照顾），六、诬枉（打官司冤枉者大家代为声冤），七、贫乏（无衣无食者大家周济之）。在这第四项中他提出这七个具体问题，要大家来互相帮忙；如果把这七项都充实起来，每样都能做到，那么，这就是一个很好的地方自治团体。譬如在英国有许多地方，其下级地方自治团体中，皆以救恤为很要紧的一项事情，差不多其地方自治的开始，即为救恤而来，仿佛即以救恤的区域为地方自治的区域。在上述的七项中，也都可以见出救恤的意思；如果照那七项积极地做去，更可以包括很多的事情。譬如为救止水火而可成立消防队；更积极做去，可有水利之兴办；从盗贼的防御，可有自卫的组织；从疾病的救护，可有卫生医院的设立；从诬枉可有息讼会；从孤弱的照顾可有育婴堂、孤儿院等的设立；从贫困的周济，亦可有许多办法，慢慢到合作关系的密切、财产的社会化。总之，从那七事充实作去，可以包括很多事业。假定这个乡约能继续不断地增进其关系，则可成为一个很好的地方自治组织。

于此我们看出，乡约这个东西，可以包含了地方自治，而地方自治不能包含乡约。如果拿现在的地方自治与乡约比较，很显然地有一个不同。现在的地方自治，是很注意事情而不注意人；换言之，不注意人生向上。乡约这个东西，他充满了中国人精神——人生向上之意，所以开头就说"德业相劝""过失相规"。他着眼的是人生向上。这种乡约的组织，实在是西洋人所不能想象的，他做梦也梦不到能有这么一个组织。他很容易一来就到宗教里去，成为教会组织；到宗教里去就不对了，非自觉地相劝向上之意了！再不然，他就单从人的生活、事情、欲望、权利出发，而成为一个政治的组织，不含有人生向上之意。在西洋不为宗教的组织，即为政治的组织，绝不会有像乡约似的一个组织。以上的话，我们意思是点明乡约这个组织，即合乎我们以前所讲的原理原则，为我们所要求的一个组织，是一个伦理情谊化的组织，而又是以人生向上为目标的一个组织。以之与现行地方自治法规来比较，其气味很不相同。

乡农学校

乡约原是叫人学好的；不过这还不够，我们补充改造的乡约，主要的一点是要求进步。这个意思，在从前的乡约里很少。从前的乡约，虽有社学，但不过读书识字讲道理而已，不会像我们的乡农学校一样。我们的乡农学校很注重新知识，很注重社会的改进问题。换言之，从我们人生向上求进步的意思，要有这个乡农学校；非有乡农学校，不足表现我们求进步的要求，发挥我们求进步的作用。以下我们就要讲乡农学校。

所谓乡农学校这个东西，是补充改造后的乡约中自然要有的机关。这个机关主要的是讲求进步；而同时我们即以乡农学校来表示乡约，表现我们的组织。乡农学校，一面是为讲求进步所不可少，一面是用以形著我们的组织。现在我们所用的乡学、村学，与乡农学校不十分相同。现在的乡学、村学已见出他是一种组织——从前的乡村农学校已是一个组织，不过现在的乡学、村学，更可以明显地看出他是一种组织。在以前我们所讲的，都是用乡农学校这个名称（乡学、村学是一新的办法），现在还是用这个名称来讲，因为乡农学校的办法，是在我们未取得地方自治实验权以前的一种办法，现在一般的地方比较容易作，私人即能举办，绝不与现行法令冲突，所以现在仍用这个来讲。

我们的这个旧办法——乡农学校的构造——有四部分是很重要的：（1）校董会；（2）校长；（3）教员；（4）乡民（学生）。

这四部分合起来则构成一种乡村组织。很有些人只注意乡农学校为一个学校，而忽略了他是一种组织，实是错误。

我们这个乡农学校所以能构成一种乡村组织的原故，即因其为四部分配合，在一定范围内的社会，构成这么一个组织。换句话说，如果不注意划定范围，不注意内容的配置，那么，大概就不能成功一个组织。普通的民众学校，所以不能成为组织，即因未划定地方区域范围，没有组织乡村之意，故不能成功组织。

建成一个社会运动团体系统

我们要有一个注意点，就是我们必须成功一个系统。这个系统或名之曰社会运动团体的系统，或名之曰文化运动团体系统，无此系统，则乡农学校不能解决种种问题。我们在讲乡约的补充改造时，也会讲到这一层，——从前的乡约是与外面不相往来，没有广大联合，现在我们是要作到广大的联合，即这里的乡约与那里的乡约相联，大家更与外面相联。这是因为：一面非与外面相联，得不到外面的帮助，解决不了本身的问题；一面他不与外面相联，解决不了整个的问题；不能解决整个的问题，也不能解决自己的问题。也可以说大问题解决时，局部问题才能解决；所以联合是必要的。——或者仿佛先有一个局部小范围的乡约，然后再与外面相联合，或从外面大团体分到乡间为许多小范围的乡约也行。总之，须要相联，须要成功一个大的社会运动团体的系统。乡农学校的教员要直接于这个大系统。当他直接于这个大系统的时候，他才有他的效用；如果他与大系统断了气，则没有了效用。因为乡农学校里的教员，他是代表一个新知识、新方法、新眼光，去帮助乡村人解决问题的；但他所以新，所以能够常常不断的新，所以能够解决问题，不是他本人的力量，而是由于他是从这个大系统来的。如果他与这个大系统断了气，则他自己没有多大本领，并且即有知识方法也不是新的；因失其大系统无从与外面相流通故也。这个大系统的建立，是推进社会的一个根本，没有这个系统，则不能推进社会；有这个系统，对于各种学术的研究、各种知识技术，都能利用得上。这个系统仿佛是个总的脑筋，乡农学校的教员，是一个末神经梢；有此总的脑筋，才可以应付种种问题，解决种种问题。

乡农学校的独特作用——推动、设计

我们的乡农学校则是构成组织的一面，在我们组织中它是不可少的一面，它有它的独特作用。什么作用？就是"推动、设计"。"推动、设计"是我们所想的两个名词，别人或者觉着很新鲜，看不出是什么意思；但在我这里是很必要的，是中国此刻的乡村组织中所不可少的东西。

我们必须知道，中国此刻不是一个平常的时候，乃是文化转变、社会改造的时期；我们此刻的社会，须要赶快进步，并且须要是一个有方向的进步，尤其是内地乡村。

中国此刻顶要紧的就是有意识地、自觉地有计划地往前推进社会；也就是以上所说的我们要想法子构成一个大的系统（即文化运动团体系统）。这个大系统，也可以说是一个大的网。我们要有眼光地看准方向去推进社会；不能等着内地乡村没有眼光、没有方向的农民去瞎碰瞎摸。推动设计本为立法机关的事，我们把它分开了，我们从立法机关中又分出一个推动设计的机关。本来团体意思的决定应付之于众，一件事情要如何办法，须大家表决。我们也是把意思的决定付之于众；不过要由有知识的人（教员）提醒大家，大家在想一想之后以为不错，都同意承认了，就算是团体意思的决定。现在的农民，非有人替他出主意不可，这个机关非特别提出来不可；因为现在的农民对于很多重要的事情，他都是模糊、因循迂缓，不知注意。例如卫生的事情，本来很重要，但是卫生的习惯，他们（农民）一点没有；所以非有有知识的人提出来警告他们，要他们去作不可。还有一件事情，在眼前或者无人看成问题，但不久的将来，在乡村中将成为很大的问题：这就是节制生育问题。如果家中生计艰难，而小孩又愈生愈多，这个问题很大，将来在乡村运动中节制生育非办不可。这个问题与将来乡村文化的建立很有关系，假使不作节制生育的功夫，则乡村文化总不能提高。因为即令是经济进步，大家的生活好一点，而小孩子愈生愈多，经济生活总不能很多，文化总不能增高，所以这个问题很重要。不过现在普通人还没有注意到；但在不久的将来，非注意不可。类乎此节制生育问题，乡村人不能知道这个道理，不会自动去作，必有有知识、有眼光的人提醒大家，替他想办法去作方可。一切事情都是如此：从对人的提醒上说，谓之推动；从事情的办法上说，谓之设计。乡民大会虽有，然一般农民不会设计，譬如你对他说这件事情如何重要，往往他们虽承认了，而终于想不出办法来；所以非再替他们设计不可。推动、设计，本来公共意思的决定是在一块的，我们则把他分开独立成一机关，这在西洋及其它自治组织中都没有的。可是我们认为必要，我们把中国几十年来的变法维新革命等所有没有作好、没有作了的工作，我们都放进这里头来——放进乡农学校里来。乡农学校（推动设计机关）实是完成中国社会改造，完成中国新文化建设的一个机关。这个机关所以能发生这么大的作用，即因其是在一个大的系统中，能够利用各地乃至全世界的知识技术。

将来的政治制度从此长成

我们以上所讲的这个组织固然是一个乡村组织，或曰乡村自治组织；可是我们想着我们将来的整个的国家政治制度，也就是本着这么一个格局、这么一个精神、这么一个规模发挥出来。所以我常常喜欢说：我们是在创造一种新的社会组织构造，我们是要从乡村培养新组织构造的苗芽。这个意思就是说整个的社会制度（政治制度、经济制度），都是在乡村中生他的苗芽，后来的东西就是他的发育。将来的政治制度，大意不外此，就是从这个根芽长成的。

末后我们所可能成功的社会

我们回想前后所有的话，融会贯串起来，从眼前大局问题的相当解决，开出中国经济建设的机会，促进了乡村组织的生长开展，所有新经济制度、新政治制度、新教育制度便从中成长建立起来，则社会改造就成功了。这个新社会和旧社会相比较，仿佛有种种的不同，其实只有一点变动；总括地说，就是："转消极为积极"。

中国社会以前何以谓之消极？散漫就是消极。虽然以前伦理关系很发达，人与人有义务的联锁，在生存上互相保障；无奈他没有积极的发达社会关系，籍团体的力量创造优美的人生，所以我不能不说那是消极的。可是此后当然要增进社会关系，借团体力量解决人生种种问题，那就是转消极而入于积极的路子了。再则过去的中国社会没有能够发挥人类的理智来抗天行，所以让中国人受自然的限制很大，受自然的灾害很凶，水来了没有办法，天旱了也没有办法，瘟疫来了也听其流行；总之，自然的灾害在中国人看着是不可抗的，这就是太没有发挥人的能力，让人完全受制于自然，这真是中国人很不行的地方！这正证明中国过去社会的消极。我们以后恰好能够引进科学技术，发挥人类的智力，驾驭自然、利用自然、控制自然；而且我们由团体力量去引进发挥，庶乎这种技术可达于最高度，这样就可以产生富有积极性的人类文明。我想新旧社会的比较，除了转消极为积极外，再没有旁的。

所以除了转消极为积极之外没有旁的，就是因为中国所患是不足之症，而不是有余之症。他文化造端很正，只是有些缺欠要补足，空虚要充实起来；并没有多少过火处，必得要克伐铲除的。所谓他文化造端很正，具体说来就是两点：一点是乡村（包括农业）；一点是理性。这两点是中国文化的根本，更无其他。我们现在就是要发挥理性组织乡村；以组织的力量运用科学技术，来解决生活上之一切问题。那便是团体组织、科学技术这两样新材料来培养来发展那造端已得其正而尚待引伸发挥的端倪了。

若以这个新社会，对西洋近代社会来比较的话，仿佛矫正了西洋近代以来偏欹形态的人类文明，而成为正常形态的人类文明。中国未来新社会，对老社会说转消极为积极；对西洋近代社会来说，是转偏欹为正常。但怎样叫正常形态的人类文明呢？可以分六点来说：

一、新社会是先农而后工，农业工业结合为均宜的发展。中国旧日所谓农工商三字，仿佛有点顺序在内，先农而后工商；可是近代的西洋社会呢？工商业撇开了农业，超过了农业，而自己去发展；并且农业还受到很严重的抑压。其工业都要向外寻市场的，亦不靠国内乡村来支持，工业单从一种营利的目的，市场交通的方便（商业上的方便）而集中在几个地点，形成一种工业都市，与乡村划然为二。这就是农工分家而为偏欹的文明。正常的文明是由农以及工，农工结合，平均适宜地发展。虽然生产技术愈进步，就是愈工业化，最后说不定工业范围愈宽，农业范围愈小；但先后顺序是不变的，适宜的原则是不变的。照我们所讲的路线，很自然的就是这么一个正常的路。

二、新社会是乡村为本，都市为末；乡村与都市不相矛盾，而相沟通，相调和。西洋现在社会可以谓之为二本的，不是从一个很合适的系统来的。他是都市离开了乡村，超过了乡村，独自发达；初时则压倒了乡村，后来则转回救济乡村；总之，让都市与乡村仿佛成了两极端，成了很不相同的东西。其实都市与乡村，不应当有很大的不同，不应当是截然两种东西，而应当调和。尤其不应当同在一大社会里而表现矛盾冲突，陷社会于不安。

三、新社会以人为主体，是人支配物而非物支配人。如西洋近代以至今日，从个人本位自由竞争，演为经济上之无政府形态，人类失去支配力，差不多是物支配人的；那当然不是正常状态的人类文明。新社会所以人作主来支配物的，全在我们一意社会关系的调整增进，减少人与人之间的隔阂矛盾，形成一社会意识以为主宰。

四、新社会是伦理本位合作组织，而不落于个人本位或社会本位的两极端。伦理就是确认相互关系之理，互以对方为重，团体与分子之间得一均衡；合作亦恰好符合此义，既不是个人本位，也不是社会本位，社会与个人之间得以调和，这就是正常的。此理已经讨论过不少，此处不再多说。常常有人问我：你常说我们要创造一个理想的社会，那么，所谓理想的社会到底是怎么样的一个社会呢？我回答的时候，开头就说这句话：团体与分子之间是均衡的；既非个人本位，又非社会本位。为什么开头就说这句话呢？因为一般所理想的新社会，都有社会本位的意思在内；我们虽然也是社会主义，但不同于一般的社会主义，故不能不先说这句话来表明我的意思。

五、新社会内政治、经济、教育（或教化）者是合一而不三相离的；合一的是正常，相离的非正常。

中国的经济要想进步，天然不能走自由主义的路，一上来就必趋向于团体组织，所以那亦就是一上来便趋向于政治经济的合一了。此事已经谈过很多，不再叙。

当真地说，今之所谓政治，在将来看好多是冤枉的事，多余的事。将来的政治大概其主要的内容就是经济和教育了，所谓国家一面是经济的团体，一面亦就是教育的团体。本来人生亦只有经济和教育两件事：经济是生活；教育是生活的向上发展。所谓政治，在这里不过表见个人意志和团体意志的那些事。可是意志的内容是什么呢？这不外经济和教育罢了，到经济生活安排得很好的时候，无处不含有教育意义在内，亦即无处不是教育。通统是经济，亦通统是教育。"政治、经济、教育三者合一"，到此乃真合一了；人类生活亦才真正合理化了。

六、新社会秩序的维持，是由理性替代武力；而西洋近代国家还不外武力统治，其社会秩序之最后维持在武力的。社会秩序出于理性，靠理性来维持，是正常的；反之，靠武力是非正常的。

我们要知道，人类之有社会非出于自觉地组织，而国家的机械性尤大。人类历史直到现在，支配一切的是政权或曰国家。这些政权或国家，虽有许多高下不等的形式，而究其内容始终不外一武力统治之局。其较进步的政治形式固武力渐隐渐抑，理性渐显渐扬；然社会秩序之最后维持端在武力，而非以理性。像是牖启理性涵养理性的教育（或教化），从来在社会上就不居领导地位而处于被役使地位。因此教育虽尽可能有助于社会进步，而社会真的改革进步却常是些出其不意的事；教育总无力来改造社会，暴力革命到底不可免。暴力革命就是社会问题之机械地解决，正从社会之机械的构造（武力统治）而来，虽欲回避有时而不能。然每经一度改造，必经一层自觉，亦即较进于理性；最后必达于自觉地组织，以理性为社会之维系力而不以武力；此时教育必站在社会的第一位，以学术指导社会的一切；社会制度就可以不断地讲求改良，用不着暴力革命。从前的可名曰机械的社会，后者名曰理性的社会。

中国旧社会病在散漫，然社会秩序自尔维持，较富于理性；缺乏阶级，武力统治意味最少，不像国家；这都是前面说过的。中国新社会的成功，不外原来散漫的中国人转向团体生活；此转向除外围环境刺激它逼迫它使其发生团结组织之自觉外，其自身实缺乏一大机械力量来强迫它作成团结。这样，就反逼它只有自觉的思维的要求团结，才得团结了。前讲中国人之进于团结生活，大概要从经济上合作组织来；又讲中国人不进于团体生活则已，要进于团体生活不能不发挥其固有的伦理互以对方为重的精神。凡此都见出要有其自觉认识，要有一种思维了解在内。不过我们所谓理性还不仅在自觉和相互了解上，更在人生向上的自励和互相敦勉。

人生向上（个人的和社会的）里面含藏着自爱爱人的深厚意思，是人类生命力量的源泉。我常说，中国人若单从自卫自治和经济上的合作出发来组织团体，都不会有好的希望，有真的成功。必须从较深的动机、更高的要求——人生向上——出发，而后才有力量克服许多困难（妨碍团体生活成功的那些因子），完成大社会团体的建设。在西洋人固然从其很久的集团生活，使他们身上较少那些妨碍团体生活的习惯，而具有许多适应团体生活的习惯；但若想撤废武力，那仍非另有一种力量来替代不可。不然的话，单从理智的思维计算上以维系团体生活怕是太不够的；必须有超计算的感情力量才可以。此力量在往时多半是借重于宗教的情操；在今后则将在我所谓的理性。理性是一种很强的感情力量，然而是明智的。当其自发就是志愿；要志愿久而不衰，则外面环境的涵养启牖功夫不可少。教育（或教化）在这里就成了顶重要的事情。说以理性替代武力，其实就是以教育（或教化）替代武力。这种教育怕以中国古代的礼乐为最好；在将来文化中就是要复兴礼乐教化，一定而不易。我在《东西文化及其哲学》上曾经说过这话，今不再详说。（见原书一四〇、一六七、一九四各页）。

总之，现在的国家都不外借着民族斗争阶级斗争这两大力量在那里为种种形式的团结。可是将来阶级要消除，民族斗争亦跟着要消歇，就没有可以资籍的机械力量。此时团体生活的维系，并且要他发育得很好，那就非充分发挥人类的理性不可。当然，亦唯有从理性而组成发育的社会，才是正常形态的人类文明。这件事，中国将先一般近代国家而作到；这是我的估料。

（此书于 1937 年 3 月出版，全书约 30 万字。现摘录其中较重要的一些段落，段落的小标题有部分是编者所加。）

回忆我所从事的乡村建设运动

梁漱溟

我的家庭，从曾祖父、祖父、父母，到我，都是生活在城市中，没有在乡村生活过。我是怎样去搞乡村建设的呢？怎么起了这么个念头呢？这要从我的中学时代说起。

我在中学读书的时候，就很关心国事。那时候，中国很落后，经常遭受到帝国主义的侵略和欺侮。我认为，要改变这种局面，中国的政治必须改造，救国也必须从政治入手。根据当时的知识，我心目中好的政治模型，就是英国式的宪政。英国宪政一开始不是靠广大人民，是靠中产阶级，靠有钱的人，后来范围逐渐扩大，工人和劳动人民都有选举权和被选举权，广大的人民有权与闻政治。因此我认为英国式的宪政是最理想的政治。这种认识现在看来，当然是很粗浅的想法，但是在当时，这不仅是我一个人的认识，可以说是要求改造中国政治者的共同认识。举例来说，清末中国许多人要求君主立宪，辛亥革命后，民国二年开国会，国会分参议院和众议院；袁世凯称帝后，全国要求宪政，这些都是学习英国。还有，中国同盟会改组为中国国民党时，国民党的党章，也是参照英国式宪政。

当时，我还有一种认识，或叫觉悟，就是认为英国宪政成功、有效，是靠英国人民争取来的。英国公民的公民权、参政权、对国事的参与过问权，都是英国人自己要求和争取来的。自己不要求、不争取，是不能实现的。在民众没有要求的情况下，靠赏赐是不行的，一纸公文，没有用。当时，中国的民国宪法中也规定了公民的一些权利，但不过是白纸写黑字，广大民众不懂这个事。选举时，让他们走几十里地去投票，他们不去，没有时间；把选举权送给他们，他们还不要。我看到这一点，感到要改造中国政治，必须从基础做起。国家宪政要以地方自治为基础，省也是地方，但是太大。从基础做起，就要从最基层开始做，搞乡村的自治，一乡一村的地方自治。一乡一村的自治搞好了，宪政的基础也就有了。具体的做法，我设想是把农民首先组织起来搞合作社，由低级到高级，由小范围到大范围；引进先进的科学技术，把它运用到生产和生活中去，进行农业的改革和改良，进行农村的各种建设事业，搞工业化的农业。科学技术的运用和生活的提高是互为因果的关系，生产技术改革了，生产就会发展，也就使生活得到改善；生活改善了，对先进的科学技术的要求也就更强烈了。科学技术的运用和组织生产团体也是互为因果的关系，互相影响，互相促进。运用新式的科学技术，个人的力量不行，需要团体的力量。有一个团体组织，才能引进一份科学技术；有一份科学技术，才能促进一个团体组织。团体组织越大，能够引进和运用的科学技术就越先进、越多。这样团体组织也会进一步巩固和发展。

经济上的合作组织和政治上的地方自治团体是相因而至的。随着经济上合作组织的建立，农业生产的发展，农民生活的改善，他们参与过问国事的要求和可能就增强了。这样政治上的地方自治团体也就会搞起来。总之，乡村工作搞好了，宪政的基础就有了，全国就会有一个坚强稳固的基础，就可以建立一个进步的新中国。

我就是基于这样一种想法去搞乡村工作，以这样一个主观愿望为指导离开城市到乡下去的。这是我20岁到30岁时候的事。

搞乡村工作的理想、志愿确定后，我总想找一个地方试试看。首先我选择了广东。我生长在北京，工作以后，又在北京大学教书，怎么选择广东实践我的理想呢？因为我看广东有一个方便条件，就是我的朋友、孙中山先生的部下李济深在广东掌握政权。他希望我去，我也想去，我就从北京去了广东。

我在广东时，没有用乡村建设这个词儿，用的是"乡治"，这是从中国古书上借用的一个名词。我想在广东收一批学生，办乡治讲习所，把我的乡治主张和办法，讲给他们听。后来，办乡治讲习所的设想没有实现，在一个叫"地方武装团体训练员养成所"的机关，我以《乡治十讲》为题，作了十次讲演，讲了乡治的意义和办法。

地方武装团体训练员养成所是干什么的呢？广东这个地方，地方绅士很有力量，他们建立了武装力量，叫民团。名曰保护地方，防止土匪，实为保护自己。广州与香港相近，商业发达，商界的势力很强，也组织有武装力量，叫商团。1924年，国共合作，广东的革命空气很浓厚。共产党在农村搞农民运动，组织农民协会，建立农民的革命的武装，叫农团。李济深领导搞"地方武装团体训练员养成所"就是想要训练一批人，毕业后到各县地方当武装训练员，把民团、商团、农团搞在一起，避免左派和右派武装力量的冲突。我讲课时，听讲的训练员有数千人。

可是，不久政局发生了变化。当时，中国有不少的军事政治巨头，蒋介石是一个巨头，李济深是一个巨头，阎锡山、冯玉祥、张学良也都是巨头。南京国民党政府成立后，蒋介石成为国民党政府的头儿，占据中央的领导地位，成了中国的第一个巨头，其余的都成了地方巨头，要听蒋介石的。蒋介石若是可以信任人，本来是可以团结住这些人的。但是，蒋介石不是这样，他排除异己，要把这些巨头一一铲除掉。这样就先后爆发了蒋介石同桂系、同晋系阎锡山和西北军系冯玉祥等的战争。蒋介石要除掉李济深的势力，把李济深软禁在南京城外的汤山，共囚禁了两年。李济深倒了，我的乡村建设计划在广东搞不成了。于是，我离开了广东。这是我搞乡村工作的第一阶段。

1929年正月，我离开广州北上，沿途考察了各地的农村情况，写了一篇论文《北游所见纪略》，后来发表在《村治月刊》上。

是年春天，我回到北京。这时，北方有一批朋友，在思想上与我共鸣，也在搞乡村工作，但不叫"乡治"，叫"村治"，在北京出版《村治月刊》，在河南创办村治学院。《村治月刊》是王鸿一先生创办的。王鸿一，山东人，曾任山东省议会副议长，很有名望。他与阎锡山、冯玉祥等都是朋友，给他们提建议，是他们的座上客，但是他不当官，不作他们的部下。《村治月刊》在北京出版，钱主要是由阎锡山捐助的。那时，阎锡山在山西省搞村政运动，省政府设有村政处。村政处的任务有两个：一是禁吸毒品，即禁抽大烟；二是禁妇女缠足。我从广东回北京途中，曾至上海昆山、南京晓庄、河北定县和山西考察过农村运动。河南村治学院是王鸿一先生向当时占据河南的冯玉祥建议，得到冯玉祥的赞助搞起来的，创办人大部是河南人，经济上主要是靠河南地方上的力量。村治学院的院长是彭禹廷，副院长是梁耀祖（字仲华）和王怡柯，都是河南人。为什么一批河南人倡导和支持村治呢？河南省地处中原，自古以来是主要战场，战争给河南造成严重的破坏，人民经受了很大的痛苦。战争中，败兵逃兵四散，很多人落草为匪，更多的变卖枪支，所以河南土匪多，乡间散失的枪支多，社会秩序很不安定。为了自卫，农村建立了一种武装组织，叫红枪会。它是凭借宗教迷信把人团聚在一起的，常常被人利用。红枪会的领袖大都是当地有钱有势的人。这些人掌握了红枪会后更有势力。红枪会被有钱有势的人利用，相互之间经常发生磨擦。建立红枪会本来是好事，但是也有很大的流弊。所以，地方上的一些开明人士、知识分子就想改变这种局面，教育农民，破除迷信，不被利用。基于这种动机，他们办村治学院。

由于我搞的乡治，与他们搞的村治差不多，他们欢迎我参加，请我接办《村治月刊》，担任河南村治学院教务长，主持学院的具体工作。我很高兴地接受了他们的邀请。当时，河南村治学院正在筹建，我便把筹建工作抓起来。首先起草了《河南村治学院旨趣书》，阐明了河南村治学院的宗旨。这篇文章收入我的文集中。我还起草了村治学院的章程等。1929年，河南村治学院招收了第一批学生，有400人左右。正在搞的时候，蒋、阎、冯的中原大战爆发，河南是主战场。战火纷飞，村治学院难以继续办下去，学生学习了不足一年，便草草结业，学院也就结束了。这是我搞乡村工作的第二阶段。

第三阶段，是在山东，在这里搞的时间最长。从1931年初到1937年底，日军侵占山东以后结束。

我们在河南办村治学院时，河南的当权者是冯玉祥。他的部下韩复榘任河南省政府主席。韩复榘的省主席只是一个名义，因为事事都要听冯玉祥的，省政府的事冯玉祥又派薛笃弼主持。韩复榘虽然不掌省政府的实权，但他也关心村治学院的事，并同我们相熟悉。

中原大战前，冯玉祥有20多万军队，占据着山东、河南，以及整个西北地区。冯玉祥在蒋介石的压迫下，放弃了山东、河南，向西北撤退。部队撤入陕西潼关以后，冯玉祥在陕西省华阴县召开军事会议，韩复榘在会上反对他的西撤计划，冯很生气，怒斥韩复榘并打了他一个耳光。这时，韩复榘在政治上已经是省主席，在军事上是几万人的总指挥，冯玉祥对他的态度，使他很受不了。韩复榘回到部队以后，便带他的嫡系部队1万多人，出潼关向东开去，脱离了冯玉祥。这正是蒋介石与阎锡山、冯玉祥的矛盾即将爆发之际。蒋介石看见冯玉祥内部分化，很是高兴。1930年9月，蒋介石任命韩复榘为山东省政府主席。

中原大战爆发后，河南村治学院匆匆结束。院长彭禹廷回到本乡河南镇平县，我回到北京。副院长梁仲华到济南，向韩复榘报告河南村治学院的结束情况，因为如前所说，河南村治学院是韩复榘任河南省主席时办的。韩复榘对梁仲华讲，欢迎你们大家都来山东，在山东继续河南的事业。梁仲华到北京找我，说韩复榘欢迎我们大家都去山东。当时，河南村治学院虽然已经结束，但是人员还没有散伙，大家便聚集山东。这是1931年1月。

我们在山东的做法与在河南的做法略有不同。在山东不叫"乡治"，也不叫"村治"，叫"乡村建设"。这个名称是我在《山东乡村建设研究院办法概要》这篇文章中第一次用的。为什么叫"乡村建设"？因为当时人们都在提倡建设，建设有许多方面，我想我们搞的工作是乡村的建设工作，所以用了乡村建设这个名称。

我们的机关叫乡村建设研究院。院长是梁仲华，副院长是孙廉泉，名则让。我担任研究部主任。不久，梁仲华、孙廉泉二位相继调任济宁专区专员等职，负责鲁西分院工作，由我接任院长。

乡村建设研究院分三部分，另外还有一个附属农场。

一、乡村建设研究部

研究部是高级研究机构，任务是研究乡村建设理论。它招收的对象是大专院校的毕业生，或者虽未取得大学文凭，但学识有相当根底者。这些人都作为研究生。学习一年，每期招收四五十人。

二、乡村服务训练部

训练部的任务是训练到乡村服务的人员。招收的学员都是有相当中学文化程度的年轻人。因为他们毕业后，要去乡村工作，年龄一般不能太小，也不能太大，大都是20岁左右的。招收的人数比研究部多一些，每期约300人。

三、乡村建设实验区

为了实施我们的乡村建设计划，经山东省政府同意，以邹平县为乡村建设研究院的实验区。这个县的全部事情都由研究院管，县长由我们提名，省政府照提名任命。县政府的机构设置，行政区域的划分，完全由研究院根据需要决定。那时,各县县政府都设有四个局:民政局、财政局、建设局、教育局。我们改组了县政府,废去四个局,改为设置五个科。全县划分为十个区,县城内一个区,县城外九个区。

邹平县自然条件、地理位置都较好,是我们搞实验理想的地方。它交通方便,在胶济铁路沿线,县城离周村火车站只有 30 多里地。县不大,人口不多,当时有 17 万多人。

实验区确定之后,我们对全县的情况进行了全面的了解,对人口作了普查。县政府设立了户籍室,掌握全县的户籍情况。各区政府都和县政府装有直通电话,我们要求各区政府及时报告本区人口变动情况。全县的户籍情况,户籍室都有档案。有两种人,作为特殊人口,另立卡片:一种是有文化知识的人,即受过小学以上教育的;一种是乡村中的坏人和不务正业的人,像流氓、盗窃分子、赌徒、好吃懒做的人等等,以便对他们的使用与管理。

我们在县城办了卫生院,设有病床。医院的大夫,均聘请济南齐鲁大学医学院的毕业生。

我们的实验工作,是从发展生产入手的。邹平县是产棉区,我们首先帮助农民改良棉种,同时,还推广优良麦种和畜禽良种,植树造林,疏通河道,努力发展生产,改善农民的生活。当地的棉花都是运到青岛纱厂去纺纱的。我们以孙家镇为点收购棉花,经初加工运往青岛。我们还计划在邹平建设纱厂,就地加工。因为抗日战争爆发,没有来得及办。这是推广科学技术,发展生产方面的建设。

我们还积极倡导和支持发展合作社,即搞团体组织。合作社是从信用合作社到生产合作社这样发展的。组织合作社的工作,是由罗子为负责。他带几个助手在乡村奔走,帮助农民组织起来。当时,乡村中建立了不少的合作社。为了支持发展生产合作社,县里设立金融流通处,兼县金库。什么人都可以存款,但是借款必须是集体,也就是合作社才能借,不借给个人,以资助集体引进和使用新式科学技术,发展生产。

我们的实验区,开始在邹平,后来菏泽县也划为我们的实验区。

我们的乡村建设研究院,先设有出版股,后改为乡村书店。乡村书店在"七七事变"后,迁到了武汉,后又迁至重庆,在重庆还办了一个时期。

与我们在山东搞乡村建设的同时,全国有不少的人也在搞乡村工作,影响较大的除我们之外，还有三个点：河北省定县的平民教育会；江苏省无锡的江苏民众教育学院；中华职业教育社。以上三个机构均有实验区，中华职业教育社的实验区在江苏省昆山县徐公桥。

设在河北省定县的平民教育会，创办的时间比我们早。它是由晏阳初先生主持的。晏先生是四川省北部人，小川北。这个地方是比较苦的。晏先生自幼在当地美国教会办的学校读书。由于他天资聪明，教会资助他去美国留学，又由美国转到欧洲。他到欧洲正赶上第一次世界大战。大战期间，法国男子大部上前线作战，国内劳力不足，工厂缺乏工人，资本家便到中国来招收华工。这些华工全部是在青岛集中，乘船到法国的。他们中的绝大多数人是农民，没有文化，不识字，远离家乡，往家写信也写不了，很是苦恼。晏阳初在法国看到这种情况，很是同情。于是创办平民教育会，在华工中搞识字运动，教华工识字。很多人识字以后，可以往家写信了。晏阳初的这种做法，深受华工的欢迎。他自欧洲回国以后，还继续搞识字运动。人们告诉他，最需要识字的是农村的农民。于是，他便选定河北省定县为他的平民教育会的实验区。他的经费主要是从美国的慈善机关募捐来的，来的比较方便，也很充足。我们的经费主要是靠中国的地方政府，在河南靠冯玉祥，在山东靠韩复榘。但是，晏阳初也遇到另一个问题，那就是在解放战争后期，他去美国捐款，美国的捐款人对他说，你只许站在国民党一方，不许站在共产党一方。他从美国回到国内时，蒋家王朝的颠灭已成定局。黄炎培在上海对他说，蒋介石不行了，共产党将取得全国政权，你不要跟国民党跑，劝他留在大陆。他说，不行，我的捐款人都要我只能站在国民党方面。结果，他没有听劝告，随国民党逃到台湾。他在台湾的国民党农村复兴委员会搞了一段，后来转到菲律宾定居，继续搞乡村工作。晏先生今年88岁，仍健在。

设在江苏省无锡市的江苏民众教育学院，后改称江苏教育学院，创办人是俞庆棠女士。俞先生是美国留学生，在美国学习民众教育。民众教育又称成人教育，或叫社会教育。民众教育的对象是广大民众，是成年人，不是小孩，也不是少年。成年人，不论工人、农民、店员、职员等等，都有职业，从事社会生产，不能像小孩那样进学校读书，只能在工作之余进行学习，进学校也只能进夜校。中国的民众主要在农村，在中国搞民众教育，主要的对象是农民。教育的目的在于推动农业发展，改造农村，也就是发展乡村建设事业。俞庆棠先生从美国回国以后，在江苏省无锡开办民众教育学院，后来取消民众二字，叫江苏教育学院。俞庆棠先生辞去院长职务以后，由高阳先生接任。高先生任院长多年，一直到抗日战争开始。日本帝国主义占领江苏省后，学院撤到广西省继续办。

黄炎培当时在搞职业教育运动，团体叫中华职业教育社。职业教育社本来在城市办职业教育学校，后来他们的工作逐渐发展到农村，在江苏省昆山县徐公桥搞了建设农村的实验区。

以上是几个重点，那个时期全国搞乡村工作、乡村建设的人很多，形成一种社会运动。

俞庆棠先生在办江苏省民众教育学院之后，发起组织一个团体，叫社会教育社。这是一个从事社会教育的人自愿结合起来的组织，相当于现在的一种专业的研究学会。由于当时许多有志改造农村的人在搞乡村工作；全国各省、市政府都办有民众教育馆，也有一批人。所以参加社会教育社的人相当多。社会教育社大约于1933年正式成立。大家推选出三个主要负责人为常务理事，有俞庆棠、赵步霞，我也是一个。

社会教育社成立后，曾召开过几次年会。每次开会都登报，欢迎各界人士参加，是会员的可以参加，不是会员的也可以参加。

此外，我们还举办过三次全国乡村工作讨论会。这三次会是在邹平、定县、无锡先后举行的。

1937年"七七事变"后，上海、南京相继失守。12月22日，韩复榘对日本的侵略不作抵抗，退出济南，接着退出山东。邹平的乡村建设事业被迫结束。我们从山东退到武汉，又退到四川。在四川，我没有再搞乡村建设，除参加政治活动外，办了一所中学，目的是使我的朋友在四川有一个落脚的地方。

河北省定县平民教育会的晏阳初先生，退到四川以后，继续从事乡村工作，改用了乡村建设的名称，在重庆北碚歇马场，办了四川省乡村建设学院。

关于乡村建设工作，我的主要著作有两本，一本是《乡村建设理论》，一本是《乡村建设论文集》，这两本书都是由乡村书店出版的。

原载《忆往谈旧录》，中国文史出版社1987年版，本书选载时略有删节。

我的努力与反省(摘录)

梁漱溟

一 错在"中国特殊论"

我的错误实错在过份强调中国问题的特殊。

我对于近百年来中国社会所发生的变化,早料到它不成社会主义不止,多年来便提出"对外求得民族解放,对内完成社会改造"两句口号。

同时在问题如何解决上,我始终没有那种"教育救国论"一类思想,而是强调第一必要解决当前政治问题(指"非使政权掌握在革命一方面不可"——编者注)。

我不走武力夺取政权之路,……。我乃是自始认为中国不属一般国家类型,因而中国革命应当别论的。

下列三点我至今不放弃原有意见:(一)历史背景特殊,秦汉以来两千余年只有一治一乱之循环而没有革命;(二)文化背景特殊——秦汉后的中国,是融国家于社会,它没有构成阶级统治,不属一般国家类型;(三)近百年世界大交通后乃引发了中国革命。

根据以上三点,作出以下判断:

(一)1911年后,为了完成中国革命所需要解决的政权问题,不再是政权属谁的问题。其问题乃在政权分裂、单弱、不固定。只需有了统一稳定的国权,就能完成中国革命。

(二)由于以上判断,我虽极强调解决当前政治问题为第一必要,却全然无意要取得政权,而把功夫用在力求如何使散漫的中国社会联成一体,有其明朗的一大要求可见,以为树立国权之本。过去我所作乡建运动,以至抗战中和胜利后所有为国事的一切奔走活动,都是作这个功夫。

根据以上判断，我认为：中国政治问题须要分两步解决。树立统一稳定的国权是为头一步。有此统一稳定的国权即可进行有方针有计划的建国——建设一个政治上达成民主主义，经济上达成社会主义的新中国。必须到建国完成，方为政治问题的完全解决，是为第二步。从开头到末尾说作两步，却全靠一个乡村建设运动贯彻其间。乡建运动实是建国运动；它为自己创造出它在政治上所需的前提条件——统一稳定的国权——于先，又随着经济和文化的建设而推进政治的民主化，以至奠定它完美的民主制度于后。

关于乡建运动创造出一个统一稳定的国权的设想是，这一运动在空间上代表着广大要求，时间上又有其远大前程，当此运动广泛展开于全国而成立其一大联合组织的时候，散漫的中国社会不是就联系为一体了吗？而当此一大社会从乡建运动而统一起来，武力就有主体。

二 "无秩序"还是"有秩序"

若干年来我坚决不相信的事情竟出现在我眼前——一个全国统一稳定的政权竟从阶级斗争而奠立起来。同时其另一面，当然就是我所深信不疑者完全落空，这就使我不能不好好反省究竟错在那里。

1911年后秩序破坏，军阀彼此对立混战，那时我认为是社会旧秩序（法律、制度、礼俗、教条等）已失，而新秩序未立，即认为中国为"无秩序"，因而要通过乡建运动以建立秩序。现在认识到，旧中国财产私有是公认的制度，剥削一般仍有效，可见秩序还是有的。

三 原来我没有革命

我所谓特殊处理自是对一般革命之路而言，究竟其不同处何在呢？那不外革命是讲斗争的，而我则讲联合。如今看来我错在哪里呢？很简单，我不该片面强调联合。把"联合"与"斗争"对立起来，以为二者不能相容。联合是可以讲的，却要在斗争中讲就对了；特殊处理是应该有的，但离开一般而作特殊处理那就错了。

特殊处理的思想是怎样形成的呢？假如说中国已成了一个资本主义国

家，那么都有一强大矛盾简单明切构成在我们眼前，谁还说什么特殊处理。恰为它不如此，而是在几个帝国主义侵略下的半殖民地，除我们对帝国主义矛盾之外，帝国主义彼此间还矛盾着；同时国内四分五裂，统治与被统治矛盾之外，统治者彼此间更有矛盾。实则其矛盾重叠、分散、零碎，此复杂还不止此，此不过其大端。于是我的注意就被吸引到为祸最烈的连续内战（无秩序）上。这是几方面矛盾的集中尖锐表现，却掩盖了寻常有秩序的剥削被剥削那种矛盾。当我迫切要求国权统一稳定之时，是主观自觉地是在要有方针有计划的社会主义建设，却不自觉地早把社会生产上剥削被剥削那种矛盾——社会最基本重要的矛盾转而看轻，自己恍若置身矛盾之外来处理矛盾，而实际却是从有产者立场出发了。

同时，结合着我一向对于老中国社会构造特殊的认识，我很快看出中国这种分裂内战与我国所有的分裂内战殊不相同，它并不代表社会什么一定势力分野，它完全是没有根的。这恰是数千年同化融合而无可分的一大民族单位，经两度革命后老社会构造崩解而一新社会构造未成的现象。当兹民族危难之时，为了共同对外御辱对内建国，苟得其联合团结之道自不难从社会意志统一而实现国权的统一。特殊处理的结论就这样作成。其间有许多设想未见得完全不对：譬如我策划在经济建设中要增进社会关系、调整社会关系，而避免矛盾之加深，从阶级之缺乏（矛盾不大）径直渡达于阶级之消灭；譬如我要把国家政权建立在一种联合团体的基础上。然而毕竟不能不落空。因为就在自己恍若置身矛盾之外而实际却从有产者出发那一瞬间，在自己便从此失去革命立场，遇事便从此不能实事求是。亦可以说，从此便成了革命的外行人，以空想代革命。像调整社会关系是要站在革命立场去调整的；没有站在革命立场，还靠什么去调整？讲联合团结亦复如是。没有站在革命立场，又靠什么去联合？没有立场，联合起来又算什么？

过去我自己没有一定立场，殊不自觉。现在看起来很是明白。抗战中奔走团结，胜利后争取和平，确乎亦都是事实。辛辛苦苦、忙忙碌碌，革命早已落空还自以为革命。为什么自信是革命呢？因我坚决否定西欧宪政之路，而要求有方针有计划的建国，廿多年向着远大目标努力，从来没有满足于改良呀！

起初我判断中国不能以阶级为武力主体，实有见于国民党模仿布尔塞维克之失败。国民党十三年改组，请俄国顾问，师法俄国，要从建党而建军、建国，所以在军队里设党代表，设政治部，如是种种。然其结果，军队还是落在个人（蒋、李、阎、冯……）手中，并没有掌握于党。其故即在党的阶级基础不明，……。党不成其为党，于是个人就超于党之上，只见个人不见党了。然其所以失败，须知不全由于个人之糊涂，而是因为要迁就中国社会具体事实所不得不然。共产党不嫌近代产业工人在中国那样少。作为阶级基础看似太狭窄，而标明自己是无产阶级的党，其如党太小而国太大何？却不料毛主席领导共产党严其基础而宽其运用，又遇到日寇入侵，从对内转而对外，有扩大联合必要。于是从斗争而联合，有联合又有斗争，联合发展了斗争，斗争推进了联合。

而我片面地要联合不要斗争，回想起来明明是不切于事实的空论。奇怪的是：我最恨中国人散漫无组织，怀抱着要为中国人养成团体生活的志愿四十余年（邹平工作予以培养乡村组织为第一义是其例），而临末了自己今天却是不在任何团体组织的一个人。何以会如此？其近因自是为了要大圈而不要小圈——为了要团结全国而声明自己“只发言不行动，只是个人不在组织”。根本原因则在没有敌我分别，正如前说：“恍若置身矛盾之外”而来观察矛盾、处理矛盾。在我眼中看中国人都是一样的，从其待我联合而言则不是我，从我要联合他而言则不是敌。他们彼此有矛盾，而我则不在矛盾之内。

社会上剥削被剥削那种阶级矛盾是看轻不得的。在时间上这是人类历史转变发展的线索所在，在空间上则能从这里串联到任何角落。共产党把握这一点，纵横无不可通，是其所以有前途无尽发展的根本，而我却只从表面看问题不能深入，为一时严重的其他矛盾所吸引，转而轻视了基本重要的这一点。

具体地来说，我所看轻者就是地主与农民间的问题。我以为至少是对于中国多数乡村此时应把它看成整个的，而不要分化斗争于乡村之内。乡村内部虽不是没有问题，然而乡村外面的问题——整个乡村遭破坏——更严重。身体生命财产的自由在都市居民比较还有一点，乡村已绝对无可言。乡村居民的痛苦表现为中国问题的灼点。况地主绅士此时已避离乡村，所余居民间纵有问题要留待后一步解法。——我总期望土地问题要靠乡村运动建立起统一国权后再来解决。而共产党站在被压迫被剥削的农民一边，抓住农民的痛痒而发动之，就结合成功革命力量。我自己呢，竟落得"号称乡村运动而乡村不动！""高谈社会改造而依附政权"（1936年于邹平讲演中自作检讨语，见《乡村建设理论》附录）。

（以上摘自作者《我的努力与反省》一文。此文写于1952年，全文约4.5万字，此仅摘其中直接论及乡建运动的一部分。文中的小标题是编者加的。）

今天看来犹是对症下药

梁漱溟

我一个生长在大都市（北京）的知识分子而自愿投身乡村建设运动者，最初动机就是想从小范围的地方自治团体入手养成以国人从事民主政治生活的能力。中国要走向民主，全在从散漫转进于组织，全在国人学习组织团体来生活，在政治上就是组成地方自治团体，在经济上就是组成互助合作社，却非要像西洋人那样起来争求个人自由和公民权利。西洋人那种求争，虽表见一种离心倾向，却适应矫正其过强的集团生活之偏弊，而得其中道。事情相反，中国人在集团生活上既病在向心力不足矣，则必进求组织以补救之，乃为适当也。此在四五十年后之今天回首看来犹是对症下药，未云有误。

（以上一段摘自作者1970年所写《中国——理性之国》（草稿）。标题是编者所加。）

梁漱溟乡村建设活动大事记

1928 年

7月,梁漱溟由南京到广州,担任广州政治分会建设委员会主席并一中校长。随后提出开办乡治讲习所建议案及试办计划,经政治分会议决转请中央核示。

在广州一中演讲,阐述自己的乡治主张。

本年,梁漱溟在广州为广东地方警卫队训练委员会职员讲述乡治,有《乡治十讲》笔记稿一本。

1929 年

梁漱溟鉴于开办乡治讲习所条件不成熟,开始到国内各地作乡村运动考察。

2月,先行考察江苏昆山安亭乡徐公桥中华职业教育所办的乡村改进会。对提倡教育的同人注意到乡村改进感到高兴,但批评徐公桥对于农村"一无人,二无钱"的困难"不是去解决问题,而是避开问题"的做法。

接着继续北上,到北平访翟城村自治事业创办人米迪刚等。然后前往定县,参观中华平民教育促进会定县实验区,考察平教会工作。

最后访问山西,考察山西村政,会见阎锡山,先后去太原、清源、衍阳、介休、赵城各县考察。写有《北游所见纪略》。

从山西返北平后,因广州政局变化,故未返粤,借居清华园,计划写作《中国民族之前途》。适逢此时,经王鸿一介绍,与梁仲华、彭禹庭、王柄程合作筹办河南村治学院。

春，参观陶行知创办的晓庄师范，并借用了潘一尘、张宗麟、杨效春三位学生，他们后来都参加了邹平乡村建设研究院的工作。

秋，到河南辉县百泉，被聘为河南村治学院教务长，开始工作，作《河南村治学院旨趣书》。

12月，河南村治学院招生。

1930年

1月，河南村治学院开学，担任乡村自治组织等课程，并接编北京《村治》月刊。

6月，《村治》1卷1期出版，发表《主编本刊之自白》，陈述其乡治运动的主张，批评民国以来社会上的思想运动。

本年，应邀为北京大学、燕京大学作《中国问题之解决》的演讲。

9月，因蒋、阎、冯中原大战，河南村治学院停办。

本月山东省政府改组，韩复榘正式接任山东省主席，使乡村实验得以在山东进行。

1931年

1月，梁先生与同人到山东。鉴于"村治""乡治"两词不甚通俗，改称"乡村建设"，定机构名称为山东乡村建设研究院。

3月，山东省政府委任梁仲华为山东乡村建设研究院院长，孙则让为副院长。

24日，研究院设筹备处于济南省实业厅内。

26日，省政府根据研究院组织大纲划定邹平为研究院实验县。

30日，研究院委任梁秉锟为邹平县长兼本院实验县主任。同时委派总务主任叶云表会同梁漱溟到邹平东关选定研究院院址。

4月，研究院派员分赴旧济南道属27县，办理招考事宜。

5月，各区统一考试。考试结果，研究部录取学生30人，外省附学者3人。训练部录取学生280人，除邹平县40人外，其他各县每县8—10人，附学生21人。

6月，韩复榘当"选"为国民党政府委员会委员。15日，在邹平正式成立山东乡村建设研究院。该院设研究部、乡村服务人员训练部、邹平实验县、农场四部分。梁仲华任院长，梁漱溟任研究部主任。同日研究院在济南的筹备处结束，改设驻省办事处。16日两部学生入学，举行开学典礼，开始授课。

研究院农场同时开办，试验各种园艺及作物育种。

7月，邹平划为山东乡村建设研究院实验县区，设主任一人，由县长兼任办理本县乡村建设实验事宜。

9月，举办邹平实验县区乡村小学教师讲习班。课程除精神陶炼外，有乡村建设理论、教育原理、乡村学校改进法、合作、乡村自卫、社会调查、农家副业、党义等。两期共培训学生270人，另有外县要求加入者26人。

10月，韩复榘视察山东乡村建设研究院，由正、副院长陪同到学生宿舍、研究院图书馆、农场参观后，在研究院大礼堂讲演。

研究院全体师生募款援助东北义勇军。

邹平县设度量衡检定分析处。

11月，研究院两部学生分赴各区实习，教员亦一同下乡，计300余人。成立乡农学校91处，分为高级部和普通部。

邹平县设清乡办事处。

造林专家、研究院教师带领学生在黄山造林，共植橡树200余株。

研究院聘请凿井专家李子棠讲授凿井经验课，并下乡实习。

研究院为宣传农业改良，推广种子及改良耕种方法，举办邹平实验区第一次农品展览会。展览会共展出农品一万多种，参观者达46060人。

本年，梁漱溟作《山东乡村建设研究院设立旨趣及办法概要》，阐述中国的建设问题是"辟造正常形态的人类文明，要使经济上的'富'、政治上的'权'综操于社会，分操于人人。其纲领则在如何使社会重心都市移植于乡村。"

1932年

1月，研究院邹平实验县区主任梁秉锟辞职，朱桂山继任。

春，研究院筹办邹平实验县公报。下半年《邹平实验县公报》创刊号问世。这是当时山东省为数不多的县级报纸之一。

召开全县区长会议，制订《邹平县联庄会训练实施细则》。

农场选脱力司美棉种4000余斤，在孙镇一带推广试种。

5月，全县乡镇长训练班开办。

6月，研究院第一届乡村服务人员训练部学员结业前赴济南、青岛各处考察教育、经济、乡村运动及地方自治。10日，在省党部礼堂举行山东乡村建设研究院第一届乡村服务人员训练部结业典礼。韩复榘讲话。

训练部第一届学生280余人，附学生20余人结业，回本县服务。省政府通令各县，每县划定一区，由学生试办民众学校，并得担任区长职务。研究院派员分赴各县指导。同年，统计27县共成立民众学校77处，学生5280人。

19日，邹平县实验县区主任朱桂山辞职，徐树人继任。

夏，杭州成立乡村建设研究会，梁漱溟到会讲演，说明山东乡村建设研究院的宗旨和办法，颇引当地人士兴趣。

7月，研究院在鲁西、鲁南41县招收乡村服务人员训练部第二届学生280人，8月13日开始上课。

9月，研究院院务会议决定成立乡村服务指导处。

18日，在研究院帮助下，邹平县孙家镇村成立全县第一个美棉运销合作社，29户农民入社。

同月，梁漱溟《中国民族自救运动之最后觉悟》（村治论文集）由北平村治月刊社第一次出版。本书为作者在社会改革方面的代表作。

山东民生银行，拟办农民贷款业务，派人来邹平调查。

30日，在霍家坡乡农学校，成立梁邹美棉运销合作总社。

秋，研究院成立社会调查股。

10月，梁漱溟发表《丹麦的教育与我们的教育》，指出教育要着眼于人生行谊的问题，并再次提出私人办学的主张。

25—27日，研究院征集旧济南道属历城等27县举行第二届农品展览会。来自济南、青岛等山东20余县和河南部分地区的代表参加，展品数量比第一次增加一倍，赴会者57000多人。

11月15日，研究院为引发乡村自卫能力，由训练部举行军事大检阅。

12月，梁漱溟作为特约专家，参加南京国民政府内政部召开的全国第二届内政会议。应邀出席的还有定县中华平民教育促进会的晏阳初、无锡教育学院的高阳等人。会议讨论地方自治问题，通过县政改革草案。会议有发起全国乡村工作组织之举。

22日，定县平民教育促进会社会调查部主任李景汉到邹平参观。

1933 年

1月，邹平县法院奉令取消，县长兼理司法。财政、建设、教育各局改科。原邮寄代办所改设三等邮局。

2月，南京国民政府教育部召集民众教育专家会议，讨论拟定民众教育实施办法，通过困难时期民众教育案等。推选梁漱溟与钮永建等五人负责起草"民众教育在教育系统上的地位"草案。

乡村教育专家张宗麟等到邹平参观。张在研究院礼堂讲演《为儿童请命》，批评了邹平偏重成人教育忽视儿童教育的偏颇。

3月，梁漱溟被国民政府教育部聘为民众教育委员会委员。

3日，研究院奉省政府令发山东县政建设研究院实验区条例及实验区条例实施办法等条文，并令研究院改称"山东县政建设研究院"。划菏泽为实验县，孙则让为县长。同日，省政府委任王绍常为研究院副院长。

菏泽进行县政改革，将原来的7个区（每区200余村庄）改划为20个乡（每乡约7—10个村不等），每乡设一个乡农学校。乡学设乡长，以乡农学校代替区级政权。

4月，梁漱溟《中国民族自救运动之最后觉悟》一书由中华书局出版。

6日，山东省主席韩复榘到邹平视察，在研究院礼堂讲中外形势及乡村建设问题。

邹平县乡村建设实验区正式划为县政建设实验县。7日成立实验县政府。

8日，国民党浙江省主席张难生赴邹平参观。

28日，研究院呈奉山东省政府任命王怡珂为县政建设实验区邹平县县长。

5月，梁漱溟在无锡教育学院讲演《民众教育何以能救中国？》。

9日，研究院第二届训练部学生分赴菏泽、邹平两实验区实习。

6月，20日，研究院研究部第一届学生举行结业典礼。

7月，14—16日，第一次全国乡村工作讨论会在邹平召开。会议发起人为梁漱溟、王怡柯、李景汉、梁仲华、晏阳初、高阳、张鸿钧、许士廉等11人。参加会议的机关团体35处，63人。会议通过成立"乡村建设学会"。梁漱溟作《山东乡村建设研究院工作报告》。各乡村工作领导人介绍了自己的情况。

本月，设邹平戒烟所，架设临县长途电话。

16日，裁撤民团大队部及孙家镇公安局分驻所，成立民团干部训练所。

成立邹平县乡建师范，定名为"邹平县学师范部"，分设教育股、总务股、实验股。负责人为杨效春、张石舫。

本月，邹平县废区改乡，取消区公所及乡镇公所，成立乡学。全县除城关划为首善乡外，另划13个乡，每乡为一个乡学。

邹平县立第一小学改称县立实验学校儿童部，县立女子小学改称县立实验学校妇女部。

8月，梁漱溟参加中国社会教育社在济南举行的第二届年会，会议以"由乡村建设以复兴民族案"为讨论中心。22日，梁漱溟拟定《社会本位的教育系统草案》，其基本目标是欲以社会运动于教育系统中，直以教育解决社会问题。"草案"具体提出了社会本位教育设施的原则，并阐述了教育的社会功能。

本月，创立了邹平县农村金融流通处。

9月1日，立法院财政委员会委员长、交通大学教授、经济学家马寅初携同浙江地方自治专修学校校长马巽伯赴邹平参观。3日在研究院作题为"乡村工业"的讲演。

本月，梁漱溟在研究院研究部主讲《杜威民本主义与教育的方法及其根本观念》，对杜威的实用主义教育观表示赞赏。

10月1日，研究院第一任院长梁仲华辞职，第二任院长梁漱溟接任。

同日，邹平县学乡村教师讲习会开学，报到者313人，学习乡村建设、实验计划、国内外形势等课程。

研究院第二届训练部学生实习结束后，于月底结业，此届学生正额数274人，附学生25人。

本月，举办庄仓合作社。组织庄仓合作社147处，社员9465人，存粮5300余石。

11月，研究院乡村服务指导处整理有关民众学校资料，移交山东省民众教育辅导委员会。

12月，菏泽实验县因遭黄河水灾，梁漱溟院长亲临该县，详慎察考县府组织、民众训练以及抢险、放账、救护难民事宜。

本月，邹平县第一届第一期联庄会训练班开始在县城集中训练，计有学员537人，本届训练期至1934年2月12日止。

1934年

1月，研究院开办乡村建设讲习会。梁漱溟在会上发表题为《自述》的演讲，叙述了自己自童年时代迄今的思想发展。

梁仲华正式调任济宁专员。黄艮庸接替梁漱溟任研究院研究部主任。

研究院与邹平实验县开办第一届合作社职员讲习会。课程有农民合作概说、美棉运销合作社、合作社簿记法、梁邹美棉运销合作社章则、脱力司美棉种植法、农业常识等。

开办成人教育特别班。拘收小偷、赌棍、地痞、毒品犯等施以特别教育。

2月，举办第二期联庄会训练。

3月5日，山东省政府拨济南辛庄地600亩，为研究院扩充农场之用。

4月，重修监狱及看守所。县政府下达女子放足令。

冯玉祥将军东游胶东，途经邹平，在城内向邹平各界群众发表抗日演讲，动员国人行动起来，团结一致收复失地。

9日，研究院为提倡农产制造，在邹平设立酱油制造厂，聘请中央大学金贵湿主理技术事务。

28日，研究院呈准省政府于菏泽实验区设立山东乡村建设研究院第一分院。

7月，1日，研究院邹平实验县县长王怡珂因事请假两月，县长职务暂由梁漱溟院长兼代。

研究院呈准省府自1934年，邹平、菏泽两实验区实行变更县行政组织，经费预算保留省地方收入30%充做实验之用。

2日，研究院根据省令招收乡村建设研究部第二届学生14人，在鲁东鲁北四十县招收乡村服务人员训练部第三届学生274人，自费生51人。

6日，省府命令研究院附设乡村自卫干部训练班，凡山东警校毕业学员在各县实习者，一律调赴研究院第一分院听受训练，训练期为四个月。

梁漱溟在研究院讲《精神陶炼》。认为现在所处的时代，是人类历史剧变的特别时代，中国民族的复兴要靠中国教育，靠精神陶炼。

20日，研究院菏泽实验县举办乡村教师讲习班，就全县小学教师招取600余人，讲习期为四个月。同日，研究院第二届研究部学生、第三届训练部学生开始上课（14日入学），并补行开学典礼。

邹平县学师范部改名为"邹平县立简易乡村师范"，并入县立实验学校成人部。

8月，国民政府首次纪念孔子诞辰，梁漱溟应邀在中央举行的纪念会上发表题为《孔子学说的重光》。

9月，24日，张店日本领事等赴邹平实验县参观并转赴青城调查棉业。

25日，丹麦教育家安迪生、贝尔斯来夫等教授到研究院参观并演讲丹麦农业合作及民众教育。

10月，1日，邹平医院举行开幕典礼。梁漱溟、医院李玉仁院长讲话。3—4日，又举办了卫生展览运动大会。

县政府将金融流通处扩大改组，采用银行组织制度。机构设出纳、会计、业务三股。

开始组织邹平各信用合作社。

10—12日，乡村工作讨论会第二次会议在河北定县召开。到会者150人，代表76个团体机关，分属11省。会上，梁漱溟讲述《乡村建设旨趣》，提出以农业引发工业，农业工业为适当的结合；以乡村为本而繁荣都市，乡村都市为自然均宜的发展的方针。认为乡建运动的旨趣在建设以乡村为重心的新文化。

11月，邹平县第二届联庄会训练开始。

12月，梁漱溟对邹平实验小学教职员讲《目前中国小学教育方针之商榷》，指出近几十年来中国教育离社会太远，主张"教育要兼顾个人和社会"。

邹平实验县美棉运销合作社将第一批美棉500包装运到济南，售予中棉公司。第二批售予青岛华新纱厂。

冬天，梁漱溟携李渊亭赴桂林，会见了李宗仁、白崇禧，在广西基础教育研究院讲述乡建理论，半年后回到邹平。

本年，乡村建设研究院出版《乡村建设论文集》《自述》。

1935 年

1月，1日，在济宁成立县政建设实验区长官公署。省府任命研究院副院长王绍常为实验区长官兼山东第三路军民团指挥，以菏泽县长孙廉泉调任公署秘书主任，参赞一切，以研究院乡村服务人员训练部主任陈亚三接任菏泽县长。

8日，邹平实验县举行户口调查，实行人员登记全县大检查。成立各乡户籍处，县府设户籍室。统计结果，全县普通户32407户，铺户39户，寺庙户50户，共计32496户。普通人口165453人，寺庙人口131人，共计165735人，寄居1588人。

2—3月，邹平遭水旱灾荒。经金融流通处指导，组织信用合作社，以资救济。截至1935年6月，完成登记手续者25社。11—12月成立新社，呈请设立信用合作社者，计40余处，完成登记手续者，计11社。

7月，山东省政府第413次政务会议议决通过："设立县政建设实验区。以济宁、郓城、菏泽、曹县、单县、巨野、鱼台、东平、汶上、金乡、嘉祥、鄄城、定陶、成武14县为管辖区域，区长官公署设在济宁。派王绍常（研究院副院长）为实验区长官，由省政府资请内政部转呈行政院备案，总揽本区一切行政事宜，并直接指挥监督各县政府之行政。"从此，济宁一带正式成为乡村建设活动的基地。

戒烟所与成人教育特别班合并，改名为自新习艺所。

本月，成立邹平县国术馆，进行国术训练。

8月20日，梁漱溟夫人黄靖贤病逝于邹平。

9月，张宗麟任邹平简易师范校长，兼乡村建设研究院教师。

县府备贷款17000余元，无息贷出，奖励凿井，各乡贷款凿井333眼，外贷款凿井702眼。

10月，10—12日，梁漱溟参加在无锡教育学院召开的全国乡村工作讨论会第三次会议。到会者170人，代表团体机关99处，分属19省市。

24日，邹平乡师补行开学典礼，乡农图书馆、乡农科学馆开幕，牛瘟预防注射大会、邹平联合篮球赛同时举行。

本月，日本帝国主义策划"华北五省三市自治"，华北局势日趋紧张。山东乡村工作转入备战阶段。梁漱溟等乡建领导人多次与韩复榘谈话，拒绝日本胁迫搞"华北五省三市自治"，并提出地方行政改革、民众自卫训练的"三年计划"。

25日，梁漱溟在研究院讲演《我们的两大难处》。承认乡村运动的两大难处是：一、"高谈社会改造而依附政权"；二、"号称乡村运动而乡村不动"。提出为"不致自毁前途"，应"守定社会运动的立场，绝对不自操政权"；"我们的领袖愈要退居政府之外"，以保持平衡；"工作机关只受政府津贴而不受政府干涉"。

10月，由唐现之编辑的《梁漱溟先生教育文录》由山东乡村建设研究院出版。该书汇集22篇文章，书前有"编者赘言"一篇。

12月，成立邹平妇婴保健会，在全县248个村庄、10505人中试种牛痘。

1936年

1月，邹平简师校长张宗麟以"共产党嫌疑分子"的罪名被乡村建设研究院以武装军警押解出邹平。

山东乡村工作开始分期分区训练民众，组织民众，并集中训练八校师范生下乡担任训练组织民众任务。

梁漱溟《乡村建设大意》一书由邹平乡村书店出版。该书系由梁先生为邹平全县小学教师讲习会第二、三届会上讲词整理而成，通俗简要地阐述了乡村建设的由来、意义、任务以及乡村建设的组织（村学、乡学）等。

春，将研究院的训练部改为"第一乡村建设师范"。菏泽研究院分院与菏泽第五师范合并，改为"第二乡村建设师范"，同时在济南筹办"乡村建设专科学校"。

3月，研究院请准省政府，划济宁等10县为第一行政区，划菏泽等9县为第二行政区，划临沂等8县为第三行政区。分任梁仲华、孙则让、张里元为各区的行政专员，普设乡农学校于所属各县。

4月，梁漱溟前往日本作为期1月的乡村工作考察。归来后于5月20日在邹平研究院礼堂报告《东游观感记略》。

6月，梁漱溟赴济宁为师范学生训练处演讲"乡村教育及建设"。

《朝话》由邹平乡村书店首次出版。本书是根据梁漱溟在研究院朝会时讲话的部分笔记汇集而成。内容涉及治学、修养、人生、社会、文化各个方面。该书于1940年由商务印书馆重新出版。

7—8月，山东八处师范学校的500余名应届毕业生，分别集中在济宁、邹平受训。

8—9月，研究院训练部学生訾乃全，系共产党员，他发展了柳运光、刘怀璞入党，组成了邹平地下党支部。

12月28日，梁漱溟在王柄程的追悼会上，发表《追悼王柄程先生》的讲辞。

1937 年

3月，梁漱溟《乡村建设理论》（一名《中国民族之前途》）由邹平乡村书店出版。此为梁先生代表作之一。自称是其"困勉研索的结果"。"这里面的见地和主张，萌芽于民国十一年，大半决定于十五年冬，而成熟于十七年。"本书主旨在讲中国民族的前途在于乡村建设。

5月，国民党高级顾问、意大利人史丹法尼及秘书马格利尼以及蒋百里等人来山东考察，与梁漱溟在济南会晤，并赴邹平参观，对邹平户籍行政询问甚详。

国民党内政部长蒋作宾出巡华北各省市，18日携山东省民政厅长李树春赴邹平考察。

6月，梁漱溟在南京中央政治学校讲演《乡村建设与合作》。

5日，梁漱溟在重庆青年会讲演《略述乡村建设运动的要旨》。

9日，梁漱溟在成都四川省党部对全市师范学生讲演《中国今日需要哪一种教育》。

11日，梁漱溟在四川大学讲《如何创造中国的新学术》。

13日，梁漱溟在成都四川省党部讲演《我们如何抗战》，号召知识分子尽力于战时民众动员工作。同日在华西大学讲演《中国近来社会上几个趋势》。

14日，梁漱溟在成都四川省政府行政研究会讲演《如何作行政研究与人事地方行政》。

16日，梁漱溟在成都聚兴诚银行对银行公会讲演《这些年来银行界对于农村投资的由来》。

29日，梁漱溟出川经武汉前往北平，7月初到达北平。7月5日回邹平。旋往济南准备南下。从此，全力为抗战奔走。

梁漱溟离开邹平后的院务工作由陈亚三代理，办理结束撤退事宜，半月后，陈亚三离开邹平回到菏泽。

7月7日，卢沟桥事变爆发，抗日战争全面展开。

8月，上旬，梁漱溟在上海《大众报》上发表《怎样应付当前的大战》，提出抗战"要实行系统化、民主化、国力化"的观点。

14日，蒋介石电邀梁漱溟赴最高国防会议参议会。17日参加国防参议会，在会上提出大规模发动知识分子有计划地下乡从事民众动员工作的主张，并建议改造教育制度。19日，梁漱溟陪同蒋百里到山东视察防务。

10月，梁漱溟与晏阳初、黄炎培、江向渔同见蒋介石，面陈抗战动员工作的缺点。其后，梁先生起草《非常时期乡村工作大纲》。

9日，黄炎培、江向渔到山东了解民众动员工作，梁漱溟由邹平赶赴济南与其会晤，介绍了山东防务情况。13日，日军进逼禹城，深夜山东省府召开紧急会议，决定将省府迁宁阳县。14日晨梁漱溟得知消息后，即见韩复榘，阻止省府迁移，但未如愿。梁见山东局势已无可为，当夜赶回邹平，处理乡村建设研究院的结束事宜。16日，梁漱溟最后一次离开邹平赴济南。20日接电梁漱溟稍作停留即转南京出席最高防务会议参议会。

11月16日，国民政府开始西迁。梁漱溟顾念山东事情，先回山东。26日与梁仲华、王绍常、何思源、余心清聚会，对如何收拾人心，挽回山东危局，特别对韩复榘乱抓壮丁、收缴民间自卫枪支共商对策。其建议遭到韩复榘拒绝。当日，梁漱溟接到李宗仁电报，12月3日到达徐州。

本月，陈亚三从菏泽到邹平，动员邹平实验县长徐树人将队伍带往菏泽，遭到拒绝。

23日夜，日军在齐东县的罗家圈强渡黄河。24日晨派飞机轰炸邹平县城。徐树人见情况危急，是日下午带部分干部及百余名警察退出县城。是夜，日军占领邹平县城。

12月，27日，马耀南、廖容标、姚仲明、赵明新等率领长山中学师生百余人在黑铁山起义，成立"山东人民抗日救国军第五军独立团"。

本年，曾有山东八校师范生训练处800余人携枪支粮款从济宁退入河南集训。1938年秋，这部力量整队渡河返鲁参加抗战。

1938 年

1月，1日，梁漱溟飞抵西安。认为"这是我奔走国内团结的开始。"

5日，梁漱溟前往延安访问，与毛泽东长谈八次。梁漱溟阐述了他的中国社会的特殊性是"伦理本位，职业分途"的观点。毛泽东指出梁的主张是改良主义，不能解决中国的根本问题。

25日，梁漱溟结束访延安，返抵西安。

2—5月，梁漱溟前往曹州、徐州、武汉、潢川、长沙、南阳、镇平。在徐州曾住一个月，与失散的山东同人联系，并检讨自己的失败，写成《敬告山东工作同人同学书》。其中总结山东乡建工作失败的原因为："第一，抗战起后（韩复榘）未容吾人尽力于抗战的民众工作；第二，当局急切退离山东，遂以毁灭吾侪工作。"

（郭蒸晨辑）